이 책에 쏟아진 찬사

앤 버지스는 범죄자 프로파일링 분야에서 역사적인 획을 그은, 단연 돋보이는 선구적인 연구자 중 한 사람이다. 미국 전역에서 발생한 연쇄살인과 성폭력, 아동 학대 등 다양한 강력 범죄 사건에서 FBI의 과학적인 행동 분석을 지원하며 체계적인 범죄 수사의 기틀을 설계하는 데 일조했으며 특히 성폭력과 같은 범죄를 분석할 때 최초로 피해자 관점을 도입해 범죄자들의 심리 연구 체계를 수립하고 그들의 연쇄적인 범죄를 막는 데 기여했다. 『살인자와 프로파일러』에서 앤 버지스는 FBI 아카데미 깊숙이 자리한 프로파일러들의 회의실을 중심으로 범죄자 프로파일링 절차와 범죄 심리 분석의 틀을 마련하던 당시의 기억을 생생하게 되살리고 있다. 프로파일링 기법이 발달한 이 초기의 역사에 대한 소중한 증언을 통해 우리는 범죄와 싸우는 데 필요한 보다 넓은 이론적, 실무적 관점을 얻을 수 있을 뿐 아니라 범죄를 바라보고 이해하는 우리의 시각을 한층 폭넓게 확장할 수 있을 것이다. **박지선**(숙명여자대학교 사회심리학과 교수)

범죄심리학에서는 연쇄살인범을 '동족 포식자'라고 부른다. 평소에는 평범한 이웃처럼 위장해 의심이나 경계를 피하고 살인할 때는 맹수로 변하는 이들은 존재 자체가 사회적 재난이다. 이들이 저지른 범행을 피해자와의 원한이나 치정, 혹은 금전 문제 등이 동기가 된 사건으로 오판하는 경우, 초기 수사 단계에서부터 사건은 미궁으로 빠지기 쉽다. 프로파일러는 추가 피해자가 발생하지 않도록 이들의 실체를 밝혀내기 위해 자신의 모든 것을 바치는 사람들이다. 앤 버지스는 미국 1세대 프로파일러이자 프로파일링 연구 및 교육 훈련의 일인자로, 대중에게 널리 알려진 스타 프로파일러 존 더글러스나 로버트 레슬러의 가장 가까운 동료이자 멘토, 조력자였던 인물이다. 오랫동안 장막 뒤에 서 있던 그가 FBI 프로파일링의 생생한 현장 모습을 세상에 내놨다. 프로파일링은 물론, 범죄 수사에 관심 있는 분들과 피해자의 아픔에 공감하는 인간애를 가진 모든 분께 강력하게 일독을 권한다. **표창원**(프로파일러, 표창원범죄과학연구소 소장)

사회변화로 사이코패스 등 이상심리에 의한 범죄가 늘어나면서 범죄 현장에는 물리적 단서들이 줄어들고 있다. 이런 범죄들은 연쇄적으로, 치밀한 계획하에 발생해 흔적을 많이 남기지 않기 때문이다. 프로파일링은 이에 대처하기 위해 FBI 행동과학부에서 연구하고 발전시킨 수사 기법으로, 수사관으로 하여금 사건 발생 초기에 범행의 동기와 목적, 어떤 유형의 범죄자가 이런 범행을 저지르는지를 추정하게 함으로써 범죄 수사에 획기적인 전기를 마련했다. 『살인자와 프로파일러』는 이러한 혁신적인 수사 기법이 막 발전하기 시작한 1980년대 행동과학부의 심장부로 독자들을 안내한다. 앤 버지스는 프로파일링에 방법론을 제시하고 교육 프로그램을 개발했던 이답게 그 역사적 현장을 생생하게 되살려낸다. 당시 미국의 범죄 상황은 오늘날 한국의 범죄 상황과 많이 다르지만 프로파일러들이 회의실에서 실제 어떤 대화를 나누고 어떻게 범죄자가 남기고 간 난제를 풀어나가는지 궁금해할 독자들에게 흥미로울 이야기를 가득 담고 있다. **권일용**(프로파일러, 동국대학교 경찰사법대학원 겸임교수)

함께 일한 동료를 통틀어 가장 날카로운 사람이자 가장 강인한 사람을 꼽으라면 단연 앤이다. 앤이 드러나지 않는 곳에서 수행한 작업은 FBI 행동과학부에 근본적이고 막대한 영향을 미쳤다. 이해하기 어려운 연쇄살인범의 심리를 어떻게 활용할지 알려주고, 해독 불가능한 것들을 해독하도록 도와준 사람이 바로 앤이기 때문이다. 앤의 이야기가 널리 알려져야 할 때가 되었다. **존 E. 더글러스**John E. Douglas(전 FBI 프로파일러, 『마인드 헌터』 저자)

앤 버지스 연구팀의 강간 살해에 관한 독창적인 논문을 읽은 뒤로 내 업무의 속성이 근본적으로 달라졌다. 앤은 진정 최초의 마인드 헌터 중 한 명이라 할 만하다. 앤은 세부 사항을 놓치지 않는 날카로운 눈과 피해자에 대한 따뜻한 공감을 바탕으로 프로파일링 기법을 발전시켰으며, 이 책에 그 과정을 생생하게 담았다. 이 책은 출간되자마자 내 책장의 두고두고 읽을 칸에 자리 잡았다. 포식자의 심리를 체계적으로 탐구하는 기법이 어떻게 발달해왔는지 알고 싶다면 반드시 읽기를 권한다. 악에 맞서는 우리의 싸움에서 앤 버지스는 진정한 영웅이다. **폴 홀스**Paul Holes(FBI 태스크포스 요원, 전 미제사건 수사관)

저명한 행동과학부 사무실 안팎을 정신없이 돌아다니던 FBI 신참 프로파일러 시절, 나는 일을 제대로 배우려면 내가 열망하는 지식과 숙련도와 역량을 갖춘 선배들을 멘토로 삼아야 한다는 것을 빠르게 깨달았다. 그때도 지금도 내게 앤 버지스는 그런 사람의 상징이다. **그레고리 M. 쿠퍼**Gregory M. Cooper(콜드케이스 재단 사무총장, 전 FBI 프로파일러)

1970년대 말 FBI에서 행동과학부가 성장하고 진화해가던 시기에 앤 버지스는 행동과학부의 교육, 연구, 운영이 통상적인 수사와 기소 관점을 넘어 정신의학 전문가들과 접점을 갖도록 이끌었고, 이 새로운 관점과 통찰이 범죄자와 피해자 모두의 행동을 더 잘 파악하는 데 적용될 수 있게 했다. 『살인자와 프로파일러』는 버지스가 오랜 기간 행동과학부와 긴밀하게 일해온 과정을 그만이 가질 수 있는 시각으로 생생하게 들려준다. 강력하게 추천한다. **케네스 V. 래닝**Kenneth V. Lanning(전 FBI 프로파일러)

행동과학부에서 내가 했던 일 중 하나는 버지스 박사가 보스턴에서 분석한 데이터를 나의 경찰 펠로우십 프로그램으로 가져오는 것이었다. 나는 펠로우십 프로그램에 참여한 수사관들이 사건에 대해 말하는 것을 버지스 박사가 말하는 것과 비교했다. 우리가 도입한 기초적인 프로파일링 기법은 범죄자의 신상과 특징을 논리적이고 엄정하게 파악하는 접근 방식으로 이어졌으며, 이후에도 시간이라는 시험을 거치고 살아남아 타당성을 입증했다. 『살인자와 프로파일러』는 이 중요한 일이 이루어지던 최전선에서 어떤 일들이 있었는지를 생생하게 들려준다. 영화나 텔레비전에서의 묘사를 넘어 범죄자 프로파일링이 '정말로 무엇인지' 알고 싶다면 꼭 읽어야 할 책이다. **저슨 M. 레이**Judson M. Ray(전 FBI 프로파일러)

날마다 전 세계의 수많은 수사관과 형사 들이 앤 버지스 박사의 연구 결과를 기반으로 업무를 수행하고 있으며, 나도 그렇다. 하지만 이 책을 통해서야 범죄자 프로파일링이라는 새로운 기법을 발전시키는 데 토대가 되었던 그 당시의 사건들을 따라가면서 통계, 인물, 사실관계, 진행 과정의 이면에 있는 흥미롭고도 마음 아픈 이야기들을 접할 수 있게 되었다. 너무나 흥미진진한 책이며 전문가인 형사뿐 아니라 형사물을 좋아하는 일반인도 꼭 소장할 만한 책이다. **새러 케일리언**Sarah Cailean(범죄행동학자)

펜실베이니아 대학에서 앤 버지스의 강의를 처음 들었던 날을 잊지 못한다. 자신이 어떤 일을 하는지 설명하는 앤의 강의에 강당을 빼곡히 메운 사람들 모두가 홀리듯이 빠져들었다. 앤은 법과학 전문 간호사로서 자신이 수행했던 일과 범죄 피해자 및 그들이 겪는 트라우마에 대한 혁신적인 연구를 대학으로 가져왔다. 특히 수사당국이 강력 범죄와 그로 인한 트라우마를 겪는 피해자에 대해 생각하는 방식을 완전히 바꾸었으며, 그럼으로써 미국 문화의 오랜 가정假定들에 도전했다. 앤의 이야기는 널리 알려져야 한다. **클레어 패긴**Claire Fagin(전 펜실베이니아 대학 간호대학원 학장)

살인자와 프로파일러

살인자와 프로파일러

FBI 프로파일링 기법의 설계자
앤 버지스의 인간 심연에 대한 보고서

A KILLER BY DESIGN

앤 울버트 버지스
스티븐 매슈 콘스탄틴

김승진 옮김

북하우스

로버트 케네스 레슬러,

로버트 로이 헤이즐우드,

린다 라이틀 홈스트롬을 기리며

이 책을 바칩니다.

차례

저자의 일러두기

독자 여러분께,

트라우마 경고: 폭력, 살인, 납치, 성폭력, 가정폭력(아동과 동물에 대한 폭력도 포함), 성차별과 여성혐오, 인종차별, 정신건강 등과 관련해 적나라한 내용이 표현되어 있을 수 있습니다.

이 책은 수사 당국자들, 끔찍한 범죄의 피해자들, 그리고 그러한 범죄를 저지른 가해자들과 직접 상호작용하며 진행했던 일을 다루고 있습니다. 책에 등장하는 대화는 실제의 녹취 기록과 속기록에서 가져온 것입니다. 다만 실제의 대화 기록이 존재하지 않는 경우에는 맥락적 기록과 최대한의 기억에 의존해 대화를 재구성했습니다.

이 책에는 그 속성상 끔찍할 수밖에 없는 내용이 포함되어 있습니다. 하지만 선정적으로 만들려고 과장하거나 꾸민 것이 아닙니다. 범죄와 범죄가 일으킨 트라우마의 진정한 속성을 왜곡하지 않기 위해 사건이 발생했던 그대로의 진실에 충실하고자 했습니다.

절대로 피해자를 잊지 말아야 한다는 것을 다시금 상기하는 데, 그리고 여기에 등장하는 사건을 겪은 사람들을 기리고 기억하는 데 이 책이 도움이 되기를 진심으로 바랍니다.

서문

테스트부터 통과해야 한다

나는 탁자에 펼쳐져 있는 사진을 하나씩 살펴보았다. 세 묶음으로 나뉘어 있었고 각각 원거리, 중거리, 근접거리에서 찍은 표준적인 법과학 사진들이었다. 라벨에는 '대니 9.21'이라고 표시되어 있었다. 첫 묶음의 원거리 사진들은 한적한 네브라스카주 시골의 평화로워 보이기까지 하는 풍경을 담고 있었다. 하지만 풍경은 맥락을 가리킬 뿐이고 사진의 진짜 초점은 그 안에 숨어 있는 자그마한 시신이었다. 비포장 도로변에 자라난 키 큰 수풀에 몸 일부가 가려진 상태로 유기되어 있는 것이 보였다. 중거리 사진들은 더 섬뜩했다. 시신은 어린아이 또는 십 대 초반쯤으로 보이는 남성이었고 몸이 부자연스럽게 뒤로 꺾여 있었다. 손목과 발목은 밧줄로 묶여 있었고 남색 팬티만 빼고 옷은 모두 벗은 채였다. 근접거리 사진들에서는 시신의 훼손 상태를 볼 수 있었다. 가슴 부분은 난자당한 칼자국으로 어지러웠고 뒷목에 깊이 찔린 상처가 하나 있었으며 머리카락은 먼지와 혈액으로 엉겨 붙어 있었다. 그리고 시신 전체에 파리가 잔뜩 꼬여 있었다.

'대니 9.21' 사진을 내려놓고 '크리스토퍼 12.5'라는 라벨이 붙은 파일을 집어드는데 마치 데자뷔를 보는 것 같았다. 바로 전날 찍은 이 사진들과 조금 전에 본 사진들이 연속적인 패턴을 보이고 있었다. '대니 9.21' 피해자와 분간이 안 될 정도로 비슷한 연령대와 외양을 가진 남아가 이번에도 네브라스카주의 외진 곳에 숨져 있었다. 둘은 놀랍도록 유사했다. 다만 계절이 가을에서 겨울로 바뀌어서, 중거리 사진을 자세히 보니 피해자의 창백한 피부 위로 살짝 눈이 덮여 있었다. 살얼음 정도였지만 몸의 상흔과 얼굴의 특징을 가릴 정도는 되어서 시신이 마치 마네킹 같았다. 근접거리 사진들에서는 흘러나온 혈액이 머리와 몸통을 따라 실루엣을 그리면서 시신 옆에 고인 채 얼어 있는 것이 보였다. 부검 사진도 두 장 있었다. 아주 밝은 조명으로 부검대 위의 시신에 선명하게 초점을 맞춘 이 사진들은 한층 더 소름 끼쳤다. 첫 번째 부검 사진은 범인이 칼로 피해자의 목을 뒤에서 찌른 뒤 반시계 방향으로 비틀어 몇 센티미터 더 쑤셔넣으면서 오른쪽 귀부터 턱 아래까지 생긴 칼자국을 보여주고 있었다. 두 번째 부검 사진에서는 피해자의 배와 가슴에 나 있는 일곱 군데의 자상을 볼 수 있었다. 마구잡이로 찌른 것인지 모종의 의미를 전달하기 위해 그런 모양으로 칼자국을 낸 것인지는 사진만으로 알기 어려웠다.

생각을 정리하기 위해 숨을 흡 하고 들이쉬었다. 1980년대 초 12월의 어느 날 아침이었고, 나는 버지니아주 콴티코에 위치한 'FBI 아카데미' 건물의 지하 깊숙한 회의실에 다섯 명의 요원과 함께 있었다. 이 회의실은 '방공호'라고 불렸다. 벽에 사진들이 붙어 있지도 않았고 전화도 없었으며 정신을 다른 곳으로 흩뜨릴 만한 것은 아무것도 없었다. 망입강화 유리로 된 작은 창문이 하나 있을 뿐이었는데, 창문 너머로는 빈 복도와 빈 사무실만 보였다. 방공호는 아는 사람이 몇 없는 공간이었다. 이곳은 FBI의 '행동과학부Behavioral Science Unit'가 사용하는 곳으로, 이렇게 지극히 고립되어 일한다는 사실 자체가 우리 일이 FBI 내부에서 얼마나 논쟁적인지를 날마다 상기시켜주었다. 우리 임무는 연쇄살인범을 추적하는 것이었다. 더 정확하게는 연쇄살인범을 연구하고 사고방식을 파악해서 그들을 잡을 수 있는 방법을 최대한 빠르게 찾아내는 것이었고, 우리는 '범죄자 프로파일링criminal profiling'이라는 새로운 기법을 활용해서 이 일을 하고 있었다. 당시에 FBI 내에서 프로파일링은, 정도의 차이는 있었지만 전반적으로 의구심 내지는 경멸을 사고 있었다. 하지만 다른 이들의 비판은 중요하지 않았다. 중요한 것은 결과였고, 우리는 이 접근법이 실제로 얼마나 효과적일 수 있는지를 결과로 명백하게 입증하겠다는 투지를 불태우고 있었다.

그날 방공호에 모인 이유도 프로파일링이었다. 네브라스카주에서 벌어진 긴급 사건을 맡은 특수수사관 로버트 레슬러Robert Ressler가 전날 밤에 행동과학부 내의 소수로 구성된 우리 팀 전원에게 사건 개요를 팩스로 보내면서 회의를 소집했고, 우리가 도착하면 바로 볼 수 있게 회의실에 자료를 세팅해두었다. 해도 뜨지 않은 이른 아침에 회의실에 모인 우리는 그가 오기를 기다리면서 커다란 탁자에 놓인 자료들을 바삐 살펴보았다. 사건 파일, 부검 보고서, 목격자 진술서, 스케치 전문가가 그린 현장 묘사, 용의자 목록, 그리고 내가 보고 있는 법과학 사진들이었다. 전체적으로 이 모든 것이 끔찍하면서도 인상적이었다.

적어도 내게는 그랬다. 나는 〔외부인이긴 했으되〕 이미 몇 개월째 행동과학부의 일원이었고 프로파일링 방법론의 뼈대를 개발하는 데 주도적으로 참여해왔지만, 요원들은 여전히 내게 거리를 두고 있었다. 그들은 나를 어떻게 활용해야 할지 알지 못했다. 나는 범죄 피해자학 및 성범죄 분야 전문가로 합류했고 내가 이 분야에서 가진 전문성을 요원들로부터 충분히 존중받고 있다고 느꼈지만, 그렇더라도 나는 여전히 외부인, 예비 전문가, 유리창을 깨고 들어가야 하는 류의 긴급 상황에서 활용하는 인력 정도로 여겨지고 있었다. 나는 전문가였을지는 몰라도 요원은 아니었다. 그래서 그날 아침의 회의가 내게는 매우 중요했다. 진행 중인 수사에 참여를 요청받은 첫 사건이었던 것이다. 이것은 일종의 테스트였다. 내부인이 되어 그들과 나란히 사건을 다뤄가는 것을 감당할 수 있을지 확인하는 테스트 말이다. 내게 이날의 회의는 이미 시작되어 있었다.

여기에 작동하고 있는 다이내믹은 이것 말고도 또 있었다. 나는 처음으로 실제 수사에 팀의 일원으로서 참여하게 되었다는 사실뿐 아니라 행동과학부의 유일한 여성이자 남성 지배적인 FBI 아카데미 전체에서 극소수인 여성 중 하나라는 사실과도 씨름해야 했다. 까다롭게 뜯어보는 시선이 늘 내게 쏟아지는 것을 여실히 체감할 수 있었다. 이러한 위치가 주는 부담에 때때로 화나고 좌절하지 않았다면 거짓말일 것이다. 나는 그저 나를 입증할 수 있는 기회를 갖고 싶었다. 지난 몇 개월간 나는 세상에서 가장 꾹 닫혀 있는 기관이 어떻게 돌아가는지를 안에서 볼 수 있었고 이제 이곳의 가치 있는 일원으로 인정받을 준비가 되어 있었다.

사실 딱히 유별난 이야기는 아니다. 누구라도 FBI에 들어서는 순간부터 "어디 무너지나 안 무너지나 보자"는 식의 테스트를 당한다. 채용 때는 기술, 숙련도, 능력, 재능, 강점으로 평가를 받겠지만, 들어오고 나면 무엇을 못하는가에 기반해 평가받는다. FBI의 문화가 작동하는 방식이 그렇다. 물론 이런 식의 테스트는 통과하기가 매우 어렵고, 그가 일을 어떻게 못할 것 같은지로만 평가한다는 점에서 지나치게 환원적이기도 하다. 하지만 효과적이다. 그리고 버텨낸 사람들, 파도처럼 밀려오는 압도적 부담의 시험대를 모두 거치고 살아남은 사람들은 'FBI 사람'으로 받아들여진다. 그들은 조직에 꼭 필요한 사람이 되어 중요한 임무를 부여받고 그 일을 뛰어나게 해내리라고 기대된다. 그날 나와 함께 방공호에 있었던 다섯 명의 요원 모두 이 과정을 통과한 사람들이었고, 나도 그렇게 되고 싶었다.

그래서 내 주위에서 늘 웅웅대는 억측과 의구심의 소리를 밀어내고 다시 사진에 집중했다. 나는 이 사진들 각각에 사건의 해결을 좌우할 세부 사항과 실마리가 숨겨져 있다는 것을 알고 있었다. 답은 이 안에 있었고 나는 그것을 찾아내기만 하면 되었다.

"어떠세요, 앤 교수님? 하실 만하세요?"

나를 부르는 소리에 화들짝 놀랐다. 한 장만 빼고 나머지 사진을 내려놓으면서 누가 말했는지 보려고 고개를 돌렸다. 존 더글러스John Douglas 요원이 내 대답을 기다리고 있었다.

"네, 괜찮아요. 하지만 이 자가 누구든 간에 자신감이 더 붙기 시작했네요. 여기 자상들을 좀 보세요." 나는 들고 있던 두 번째 피해자의 가슴 사진을 더글러스에게 건넸다. "칼자국이 더 이상 마구잡이가 아니에요. 이 자는 점점 더 의도적이 되고 있어요."

더글러스가 고개를 끄덕였다.

하지만 나는 이 사진도, 내가 발견한 내용도, 지금 그의 관심사가 아니라는 것을 알고 있었다. 더글러스는 내가 끔찍하고 적나라한 면면을 모두 보면서도 사건을 견딜 수 있을지 확인하고 있었다. 나는 전에도 그가 이렇게 하는 것을 본 적이 있었다. FBI 전체적으로 그랬듯이, 더글러스는 동료들의 취약점이 어디일지 알아내기 위해 계속해서 찔러보았고, 그것도 티나게 그랬다(다른 요원들도 마찬가지였다). 일례로, 더글러스가 좋아하는 테스트 중 하나는 해골을 책상 위에 잘 보이게 놓아두는 것이었다. 누군가가 그의 사무실에 들어왔는데 해골을 똑바로 보지 못하면 테스트를 통과하지 못한 것이다. 일단 해골이 있다는 것을 명확하게 인식한 뒤에 그것이 전혀 신경 쓰이거나 불편하지 않다는 듯이 용건으로 넘어가야 통과였다.

나는 해골 테스트를 통과했고 그 외에도 수많은 테스트를 통과했다. 사실 그날 아침 더글러스와 함께 방공호에 있었을 무렵에는 FBI 부국장 권한대행 제임스 D. 매켄지James D. McKenzie로부터 내 역할에 감사하며 행동과학부 합류를 환영한다는 공식 서한을 받았을 정도로 충분히 여러 차례 나를 입증한 상태였다. 하지만 FBI가 여성이자 외부인인 나를 영입하는 전례 없는 조치를 '공식적으로' 취했는데도 요원들 본인들은 아직 나에 대해 완전하게 확신하지 못하고 있었다. 그들은 내가 폭력을 전적으로 날것 상태에서 직면하고 다룰 수 있는지 확인하고 싶어 했다.

이 마지막 테스트를 통과한다는 것은 더글러스와 레슬러가 그해 초부터 비공식적으로 진행 중이던 프로젝트에 합류할 수 있다는 의미이기도 했다. 그들은 표준적인 수사 방식에 도전하는 매우 설득력 있는 아이디어를 가지고 있었다. 수십 년 동안 수사기관들은 몇몇 특이한 유형의 범죄를 합리적 이해의 범위를 벗어난, 순전히 정신 나간 행동이라고 치부했다. 하지만 더글러스와 레슬러의 생각은 달랐다. 그들은 복역 중인 살인범을 찾아가 이야기를 들어보면 무엇이 그들의 행동에 동기를 부여했는지 알아낼 수 있을 것이고, 여기에서 흉악범의 행동을 이해하는 데 중요한 통찰을 얻을 수 있을 것이며, 그 통찰을 역이용해서 살인범의 생각을 살인범과 싸우는 무기로 쓸 수 있을 것이라고 생각했다. 이 아이디어에 잠재력이 있다고 본 FBI는 더글러스와 레슬러가 비공식적으로 진행하던 연쇄살인범 면담을 공식적인 범죄자 심리 연구 프로젝트로 전환했다. 하지만 더글러스와 레슬러 둘 다 심리학에는 그리 배경 지식이 없었기 때문에 그들이 발견한 내용에서 의미를 도출하려면 접근법을 정식화하고 자료 수집 방식을 체계화하는 데 도움이 필요했다. 바로 이것이 내가 여기 오게 된 연유였다.

박사학위가 있는 정신의학 전문가로서 나는 정신이 교란된 사람들의 심리, 그리고 이렇게 혼란스럽고 수치화되지 않은 유형의 조사를 표준적인 연구로 발전시키는 데 필요한 일들을 알고 있었다. 또한 성범죄 및 성범죄 트라우마의 피해자를 오랫동안 연구했기 때문에 이 팀이 앞으로 계속 보게 될 것이 틀림없는 형용하기 어려운 유형의 폭력 사건을 직접 다뤄본 경험이 있었다. 무엇보다, 나는 여기에 걸려 있는 것이 무엇인지, 이 일이 사회에 얼마나 근본적인 영향을 미칠 수 있는지 알고 있었다. 이 일은 수많은 피해자가 나의 예전 환자들이 겪은 것 같은 끔찍한 트라우마에 내몰리는 상황을 막을 수 있을 것이었다. 이 일은 범죄자의 심리를 파악하는 데 새로운 지평을 열 수 있을 것이었다.

이 일은 범죄와 싸우는 방식을 이제껏 존재했던 어떤 방식과도 다르게 혁명적으로 바꿀 수 있을 것이었다. 그리고 그렇게 되게 만드는 것이 내 일이었다.

1장

FBI가 부를 때

정신간호학 박사 과정생으로 병원에서 일하면서 인간 본성의 폭력적인 측면을 처음으로 진지하게 접하게 되었다. 나는 사람의 마음이 너무 흥미로웠다. 인간의 정신이 어떻게 작동하는지, 그것이 불안정해질 때 어떻게 가장 극단적인 형태의 행동으로 이어지게 되는지와 같은 것들이 궁금했다. 하지만 명시적인 성차별주의가 일상의 문화를 이루고 있었던 1970년대에 다들 그랬듯이, 남자 선배나 상사들은 이러한 비정상적 인간 행위의 동기를 알고 싶다는 내 관심사에 대해 "다들 거쳐가는 단계야"라든가 "신기한 아이디어군"이라든가 최악으로는 "귀엽네" 정도의 반응을 보였다. 당시에 간호 분야에서 커리어를 쌓겠다고 선택한 여성들은 으레 '시녀 스테레오타입'에 부합할 것으로 기대되었다. 새하얀 간호사복과 빳빳한 모자, 긴 양말 차림을 하고서 인형처럼 말하고 행동하는 사람 말이다. 우리의 가치는 의사의 지시를 얼마나 잘 따르느냐로 평가되었지 우리 자신이 무엇을 기여할 수 있느냐로는 평가되지 않았다. 하지만 내게는 이러한 문화가 통하지 않았다. 나는 변화를 만들고 싶었고, 고릿적의 문화적 기대가 내 성별에 어떤 역할을 부여했든 간에 그 변화를 **나 자신의** 방식으로 만들고 싶었다.

나도 안다. 나는 인생을 스스로 고단하게 만드는 유형이다. 문화적인 장애물도 장애물이었지만 당시에 정신간호학이라는 분야 자체가 대체로 알려지지 않은 개념이었다는 현실에도 맞닥뜨려야 했다. 1955년이 되어서야 정신간호학 분야가 간호사 교육 과정에 공식적으로 포함되었다. 2차 세계대전 후 제대 군인 중 정신의학적 증상이 있는 사람들을 돕기 위해 전문가들이 점점 더 많이 필요해진 덕분이었다. 간호학에 박사 과정이 생긴 것도 내가 졸업하기 불과 몇 년 전에야 이뤄진 일이었다. 그래서 나는 가뜩이나 전문가가 적은 간호학에서 더더욱 알려지지 않은 분야의 극소수 전문가 중 한 명이 되었다. 내가 들어온 영역은 말 그대로 미답의 영역이었다.

나는 메릴랜드주 스프링그로브 주립병원에서 대학원 실습을 하면서 처음으로 정신의학적 개입이 필요한 환자를 돌보게 되었다. 상당히 규모가 있는 대형 병원이었지만 정신과는 환자가 너무 많고 인력과 자원은 부족했기 때문에 '내가 가장 많이 도울 수 있을 법한 환자'부터 고르다시피 일할 수 있는 상황이었다. 나는 여성 환자들에게 마음이 끌렸다. 정신병동의 여성 환자 대부분이 선천적인 정신장애나 어렸을 때 발생한 정신질환을 가진 게 아니라는 점은 대번에 명확히 알 수 있었다. 이들의 공통점은 성폭력 피해자라는 사실이었다. 성폭력을 당했고, 그로 인해 낙인이 찍혔고, 밖으로 떠들지 말고 트라우마를 홀로 삭히도록 내몰렸고, 이야기를 하면 자신이 겪은 잔인한 폭력에 대해 다 본인이 자초한 것 아니냐는 뻔한 비난에 시달렸다. 이것은 감당 불가능한 압박이었고 그치지 않는 고통을 가했다. 그러다 더 이상 버틸 수 없게 되면 그들은 정신병동에 갇히는 신세가 되었다.

그중 한 환자가 특히 눈에 띄었다. 이름은 마리아였고 이십 대 초반이었다. 남편은 마리아가 강간당한 것을 알자마자 마리아를 쫓아냈다. 처음 보았을 때 마리아는 두 손을 비비고 무언가를 중얼거리면서 병원의 긴 복도를 시종 왔다 갔다 했다. 복도의 나무 마루는 셀 수 없이 많은 사람들이 지나다닌 흔적으로 거의 푸르스름하게 색이 바래 있었다. 나는 지지와 지원의 의미로 마리아 옆에서 함께 걸었다. 언젠가 내게 마음을 열어주리라 희망하면서 말이다. 그렇게 몇 주가 지나고 어느 날, 나는 마리아가 점점 더 빠른 속도로 걷는 것을 가까스로 따라잡고서 중얼거리는 말을 들으려고 마리아 가까이로 몸을 기울였다. 그러자 마리아가 나를 똑바로 쳐다보면서 물이 다 끓었을 때 쉭쉭 소리를 내는 물주전자처럼 정신없이 새된 소리를 내질렀다. "그만 좀 따라다녀, 이 빨간 머리 년아!"

나는 그 자리에서 걸음을 멈추었다. 마리아의 말이 내 머리를 딩 하고 울렸다. 그때까지 나는 하나의 상황을 두 사람이 이렇게 다르게 해석할 수 있으리라고는, 각자의 머릿속에서 완전히 반대의 현실이 펼쳐질 수 있으리라고는, 생각도 해본 적이 없었다. 나는 마리아의 마음을 편안하게 달래주고 곁에 있어주는 역할을 하고 있다고 생각했는데, 마리아에게는 그렇게 가까이에서 끈질기게 따라다니는 내가 폭력범과 다를 바 없었다. 나는 이러한 동태적 과정이 폭력 사건의 상호작용에서도 핵심 요소이리라는 점을 깨달았다. 훨씬 더 중대한 정도로 말이다. 그때까지 나는 피해자에게만 초점을 맞추느라 사건에 또 다른 쪽이 관여되어 있다는 것을 고려하지 않고 있었다. 잔혹하거나 포악하거나 정신병이 있는 사람이라고 치부하고 제쳐놓았던 것이다. 하지만 마리아의 말을 들었을 때, 범죄의 속성을 온전하게 이해하려면 한 사건의 두 측면으로서 피해자와 가해자 양쪽 모두를 보아야 한다는 것을 깨달았다. 가해자가 **왜** 그렇게 행동했는지, 형언할 수 없는 극악한 행위를 했을 때 그의 머릿속에 어떤 생각들이 오갔는지 알아야 했다.

그날의 경험은 내게 중대한 전환점이 되었다. 이후 몇 주 동안 나는 여성 환자들에게서 정신과 내 사법병동의 남성 환자들에게로 초점을 돌렸다. 이들은 형사 사건 피의자들로, 법원에서 사건이 심리될 때까지 정신병동에 수용되어 지내고 있었다. 상당수가 성폭력, 강간 등 중범죄 혐의자인지라 의사들조차 그들에게 크게 관심을 기울이지 않았다. 하물며 그들이 저지른 범죄에 대해 그들과 이야기할 생각을 하는 사람은 아무도 없었다. 하지만 나는 그들이 흉악범이라는 바로 그 이유 때문에 이야기를 들어봐야 할 것 같았다. 자신이 저지른 범죄와 피해자에 대해 본인은 어떻게 생각하는지, 그리고 그것으로부터 내가 어떤 지식을 끌어낼 수 있을지 알고 싶었다. 분명히 말해두지만, 나의 관심사는 이들을 갱생시키는 것이 아니었다. 내게 이들은 범죄심리학이라는 새로운 분야에서 훗날 피해자들을 돕는 데 유용하게 사용될 수 있을 법한 통찰을 가해자로부터 끌어낼 기회였다. 나는 잃을 것이 없었다. 그래서 그들을 만나 면담 조사를 시작했다. 어린 시절과 청소년기의 배경에 초점을 두면서 궁극적으로는 그들이 자신의 범죄를 자신의 언어로 설명하게 하는 것이 목적이었다.

그들은 내가 그들에게 관심을 보인다는 점과 그들의 이야기를 들으려 한다는 점에 놀란 것 같았다. 그도 그럴 것이, 그들은 정신병동에 들어온 순간부터 상종 못 할 말종 취급을 받고 있었다. 그들이 경계를 풀고 때로는 조심스럽게, 때로는 신나서, 때로는 공격적으로 자신이 저지른 범죄의 모든 순간을 되짚어 이야기해나가는 과정에서, 차차 그들 사이에 존재하는 행동상의 깊은 공통점이 드러났다. 그들 모두 자신의 폭력에 대한 적나라한 묘사에 내가 어떻게 반응하는지 보려고 나를 뚫어지게 바라보는 습관이 있었다. 그들은 소름 끼치는 묘사에 내가 움츠러드는지 아닌지 확인하고 싶어 했다. 이것은 이상하지만 그들 사이에 거의 보편적으로 존재하는 통제 강박으로 보였다. 또한 그들 모두 이런저런 정신질환이 있다고 되어 있었지만(조현병, 우울증, 그 밖에 당시에 뭔지 잘 알 수 없는 이상행동을 뭉뚱그려 부르던 수많은 진단명 중 하나가 적혀 있었다) 각자가 가진 정신질환만이 아니라 무언가 다른 요인이 작동하고 있는 것이 분명했고, 그게 무엇인지 알아보는 것은 충분히 가치 있는 일일 것 같았다.

나는 너무나 관심이 동했다. 조금만 더 파고들면 피해자와 가해자 사이의 동태적 관계를 설명하는 데 도움이 될 중요한 통찰을 포착할 수 있을 것 같았다. 이것이야말로 내가 늘 찾고 있던 '차이를 만드는 일'이 될 수 있을 것 같았다. 하지만 동료들은 관심을 보이지 않았다. 그들은 성폭력을 외설스럽거나 사회의 극히 일각에서 벌어지는 문제이거나 연구할 거리가 되지 못하는 '여성 이슈'로 치부했다(성폭력에 남성은 관여되어 있지 않다는 듯이 말이다).

하지만 이러한 태도는 현실과 거리가 멀었다. 강간은 미국에서 4대 강력 범죄에 속했다. 1970년 한 해 동안에만도 3만 7990건의 성범죄가 신고되었을 만큼 규모가 큰 문제였고, 이후에 심리적 고통에 시달리는 피해자에게 제공될 치료 수단이 거의 존재하지 않았다는 점에서 한층 더 심각한 문제였다.

나는 동료들이 이 주제가 연구 대상이 되지 못한다고 할 때마다 이렇게 말했다. "핵심을 놓치고 있는 거예요. 이제껏 연구된 적이 없는, 인간 행동의 독특한 유형을 이해할 수 있는 기회라고요. 이것은 아직 지도가 그려지지 않은 연구 영역이에요. 중요하면서 동시에 좋은 일이기도 한 무언가를 할 수 있는 기회란 말이에요."

하지만 다들 똑같은 말을 하며 손사래를 쳤다. "아이고, 그만둬요. 커리어를 망칠 만큼의 가치가 없는 일이에요. 나중에 정년 보장 안 받고 싶어요?"

믿을 수가 없었다. 날마다 함께 일하고 연구하던 동료, 선배, 스승을 포함해서 정신과 분야의 존경받는 전문가들이 내가 드러내고 싶었던 바로 그 낙인을 영속화하는 데 공모하고 있었다. 그들은 이해하지 못했거나 이해하고 싶어 하지 않았고, 어느 쪽이든 문제를 악화시키고 있었다.

*

이 깨달음은 내게 결정적인 영향을 미쳤다. 박사 과정을 마치고 병원에서 임상 간호사로 한동안 일했지만, 병원 동료들이 비정상적인 범죄 행동을 더 자세히 관찰할 필요성을 인식하지 못하리라는 것이 확실히 느껴졌을 때 일을 그만두고 학계에서 새로운 경력을 시작하기로 했다. 환자 개개인을 치료하는 것이 중요하다는 사실도 물론 알고 있었지만, 시스템 수준에서 변화를 만드는 일을 하고 싶었다. 피해자들이 마땅히 받아야 할 치료와 지원을 받지 못하게 막고 있는 장벽을 부수고 싶었다. 내게 학계는 이를 위한 다음 단계였고, 강간, 성폭력, 성범죄 가해자의 심리를 더 완전하게 파악하기 위한 연구를 통해 그 관심사를 이어갈 수 있었다. 그리고 이러한 연구는 피해자를 비난하는 낡아빠진 태도 속에 단단히 뿌리를 내리고서 이 같은 유형의 범죄가 횡행하게 만드는 더 큰 문화를 바꿀 기회로 이어졌다.

스프링그로브 주립병원의 여성 환자들이 한 사건을 구성하는 두 측면으로 피해자와 가해자를 모두 봐야 할 필요성을 알려주었다면, 남성 환자들은 (나중에서야 깨닫게 된 것이지만) '통제'가 얼마나 광범위한 영향을 미치는 요인인지 알려주었다. 통제, 더 정확하게는 '자신에게 통제력이 없다는 느낌'은 성범죄를 신고하고 트라우마를 입밖으로 꺼내는 여성이 너무 적은 한 가지 이유였다. 또한 이것은 강간이 여성의 옷차림 때문에, 혹은 여성이 강간 환상을 가지고 있어서 생긴다는 성범죄에 관한 정신분석학적 관점이 전혀 말이 되지 않는데도 수십 년간 도전받지 않고 있는 이유이기도 했다. 통제는 낙인으로 이어졌고 낙인은 문제 전체가 드러나지 못하고 숨겨져 있게 만들었다. 그리고, 어쨌거나 아무도 피해자의 생각을 묻지 않았다.

이러한 문제의식에서 사회학자인 린다 라이틀 홈스트롬Lynda Lytle Holmstrom과 나는 강간 피해자의 반응에 초점을 둔 통합학제적 연구를 시작했다. 린다는 내가 보스턴칼리지 정신간호학 교수가 되고서 곧 알게 된 이 학교의 사회학 교수였다. 우리 연구의 목적은 성폭력이 미치는 정서적, 정신적 트라우마를 알아보는 것이었다. 이러한 트라우마는 물리적 행동 자체가 야기하는 성폭력의 신체적 피해보다 훨씬 오래 남아 피해자를 괴롭혔다. 우리는 이 연구가 임상 전문가들이 강간 트라우마의 징후를 더 잘 이해하고 포착하는 데뿐 아니라 피해자가 더 폭넓은 서비스를 제공받을 수 있게 하는 데도 기여하기를 바랐다. 구체적으로 우리의 연구 방법은 다음과 같았다. 1년간 보스턴 시립병원 응급실에 강간 피해자가 오면 최초에 환자를 보는 간호사가 린다와 나에게 연락을 했고, 그러면 우리는 곧바로 병원에 가서 환자를 면담했다. 이는 당시에 일반적이던 연구 방법론과 크게 달랐다. 우리는 대규모 조사원을 동원해 대상자들의 임상적 징후를 일괄적으로 파악하기보다, 즉 피해자들을 관찰값을 얻기 위한 측정점으로 보기보다, 피해자가 자신의 언어로 이야기할 수 있도록 했다. 면담은 대부분 개인 병실이나 응급실 내의 칸막이가 쳐진 공간에서 비공개로 진행되었다. 요컨대 우리는 그들 각자를 개인으로 대했다. 이렇게 해서 그들은 우리에게 자신의 이야기를 들려주었고, 우리는 정신적 위기에 빠진 그들에게 상담 치료를 제공했다. 당시에는 이러한 유형의 전문화된 치료를 받을 수 있는 피해자가 거의 없었다. 금전적인 거래는 전혀 없었다. 우리는 피해자들이 연구에 참여하는 데 돈을 지불하지 않았고 피해자들도 우리가 제공하는 상담 치료에 돈을 지불하지 않았다. 하지만 우리는 우리대로, 그들은 그들대로, 돈으로 매길 수 없는 귀중한 통찰을 얻었다. 이 접근법으로 우리는 피해자와 더 잘 교감할 수 있었고, 그들이 겪는 문제에 처음으로 이름을 붙일 수 있었다. 그 이름은 **강간 트라우마 증후군**rape trauma syndrome으로, 성폭력을 당한 이후에 피해자가 겪는 정신적 외상을 일컫는다. 가장 중요하게, 우리의 접근법은 효과가 있었다. 우리는 3세부터 73세에 걸친 피해자 총 146명을 면담했고, 2900쪽 분량의 면담 내용을 정리하고 분석하고 해석했다. 우리는 피해자에게 목소리를 주었다.

1973년에 우리는 연구 결과를 정리한 「응급실의 강간 피해자The Rape Victim in the Emergency Ward」라는 논문을 『미국 간호학 저널*American Journal of Nursing*』에 게재했다. 이어서 1974년에 후속 결과를 정리한 두 번째 주요 논문 「강간 트라우마 증후군Rape Trauma Syndrome」을 『미국 정신의학 저널*American Journal of Psychiatry*』에 게재했고, 이로써 우리의 연구가 간호학 분야를 넘어 정신의학 분야로 확장될 수 있었다. 우리가 얻은 가장 큰 교훈은 성폭력이 성적인 행동 자체에 대한 행위라기보다 권력과 통제에 대한 행위라는 사실이었다. 피해자의 경험을 바라보는 이 새로운 관점은 커다란 파생 효과를 가져왔다. 이 관점은 수사관이 피해자를 대하는 방식, 의료기관이 피해자의 필요에 대응하는 방식, 사법 시스템이 강간 사건을 다루는 방식을 재점검하고 변화를 요구할 수 있게 해주었고, 피해자가 겪는 트라우마가 체계적으로 정당한 인식을 얻게 하는 데 기여했다. 그런데 이 연구의 파생 효과는 전혀 예상치 못했던 데로도 이어졌다. 우리의 연구 결과는 자체의 힘과 추진력을 가지고 나아갔고, 이는 성범죄에 대한 사회의 뿌리 깊은 인식만 뒤엎은 것이 아니라 내 경로도 완전히 달라지게 만들었다.

FBI가 이 연구를 알게 된 것이다.

*

린다와 내가 진행한 연구와 별개로, 1970년대 말에 FBI도 성범죄가 급증하고 있다는 사실을 이미 인지하고 있었다. 강력 범죄의 새로운 경향을 포착하고 파악하는 것은 FBI의 중요한 임무다. 즉, 성범죄 신고가 지역 치안 당국이 감당할 수 있는 수준을 크게 넘어 증가하고 있었다는 것은, 성범죄 확산이 FBI가 진지하게 해결해야 할 문제가 되었다는 의미였다. 처음에는 늘 해오던 대로 이에 대응했다. 전국의 수사기관이 이 새로운 유형의 범죄를 더 잘 파악하고 대응할 수 있도록 FBI 아카데미 교관들에게 추가적인 교육 업무를 할당한 것이다. FBI는 모든 '경향'이 다 그렇듯이 이 경향도 곧 지나갈 것이라고 생각했다. 그런데 한 가지 문제가 있었다. FBI 아카데미 교관 중에는 성범죄에 대해 잘 아는 사람이 없었다. FBI에는 성범죄, 강간, 강간살해, 성범죄 피해자학 등을 이야기할 만한 전문성이나 배경 지식을 가진 요원이 없었고, 따라서 이들이 동료 요원이나 지역의 치안 당국에 이러한 내용을 가르치는 것은 그저 불가능했다.

전문 지식을 가진 교관이 없다는 사실에도 불구하고 FBI가 바라는 바는 명확했다. FBI는 모든 교육에 성범죄 내용이 의무적으로 포함되어야 한다는 새 지침을 교육 부서 전체에 하달했다. 행동과학부에 새로 합류한 로이 헤이즐우드Roy Hazelwood도 새 지침에 따라 1978년에 LA경찰들에게 인질 협상을 교육하면서 성범죄 내용을 포함시켰다. 하지만 강간 피해자에 대해서는 자신도 아는 것이 없다고 인정하고서 이 주제는 슬쩍 언급만 하고 넘어갔다. 전에도 이렇게 얼렁뚱땅 건너

뛰었는데 별다른 질문이나 말 없이 넘어간 바 있었다. 그런데 이번에는 좀 달랐다. 교육이 끝나자 한 여성 경찰이 그에게 다가왔다. 간호사 자격증이 있고 비번인 주말에는 지역 병원 응급실에서 간호사로 일한다는 그 여성 경찰은 성범죄의 신체적, 심리적 속성을 다룬 논문을 읽고 있는데 그것이 헤이즐우드가 언급한 것 같은 유형의 사건에 접근하는 데 유용해 보인다고 말했다. 헤이즐우드는 호기심이 생겼고, FBI에는 아는 사람이 아무도 없어 보이는 문제에 대해 통찰을 얻을 기회라고 생각했다. 그래서 자세한 내용을 물어보았고 다음 주에 그 여성 경찰은 나와 린다가 공저한 논문의 복사본을 헤이즐우드에게 우편으로 보냈다.

그 즈음이던 1978년 가을에 나는 대학에서 수업을 하고 새 연구 프로젝트를 기획하느라 정신이 없었다. 9월 중순이라 학기가 막 시작된 참이었고, 심장병 환자들이 겪는, 특히 치료 후 일터로 돌아갔을 때 겪는 심리사회적 위험에 대한 연구 지원금을 신청하느라 너무 바빴다.

어느 날, 연구실에 노크 소리가 들리더니 조교가 빼꼼히 문을 열고서 전화가 왔다고 했다.

"그냥 메시지 받아놔 주실래요? 지금 너무 바빠서요." 나는 고개도 들지 않고 말했다.

조교는 나가지 않고 머뭇거렸다. 나를 바라보고 있는 게 느껴졌다. "받으셔야 할 것 같아요. FBI래요."

FBI? 궁금하지 않을 수 없었다. 나는 고개를 끄덕이고서 조교에게 자리를 비켜달라고 한 뒤 수화기를 들었다.

"여보세요?"

수화기 저쪽에서 상대방이 절도 있는 말투로 대답했다. “안녕하십니까? 저는 특수수사관 로이 헤이즐우드라고 합니다. 앤 버지스 교수님이십니까?”

“네, 그런데요.” 내가 대답했다.

“「응급실의 강간 피해자」라는 논문을 쓰신 앤 버지스 교수님 맞으신가요?”

“네, 맞습니다.”

“아, 그러시군요. 제가 방해가 된 게 아닌지 모르겠습니다. 교수님께서 하시는 연구가 정확히 어떤 것인지 구체적으로 좀 알 수 있을까 해서 이렇게 연락을 드리게 되었는데요…….”

헤이즐우드의 어조가 갑자기 달라졌다. 공식적이고 딱딱하던 말투는 사라졌고 더 부드러우면서도 정확하게 말하려 애쓰는 것 같았다. 그는 친절했지만 어휘를 신중하게 골랐고 말하려는 바가 따로 있는데 빙빙 돌고 있는 것처럼 길고 느리게 말했다. 처음에는 무엇 때문에 굳이 내 연락처를 알아내어 전화를 한 것인지 감이 잡히지 않았다. 그가 내 논문을 어떻게 알게 되었는지 설명하는 데 몇 분이 걸렸고, 전화한 이유를 설명하는 데 또 몇 분이 걸렸다.

“예, 그러니까 FBI처럼 자원과 인력이 많은 기관도요, 때로는, 뭐 드물게이기는 합니다만, 외부 전문가의 도움을 구하곤 하거든요. 새로운 관점을 제공받기 위해서요. 그리고 교수님께서 논문에서 언급하신 것 같은 범죄 경향이 저희로서는 이해하는 데 어려움을 겪고 있던 것이어서요.” 그는 잠시 멈추었다가 다시 말을 이어갔다. “제 생각에는 자신의 경험을 나서서 이야기하는 사람이 너무나 적어서인 것 같습니다.

제 말씀은, 이제까지 저희는 이 문제 전체를 뒤로 돌아가며 꿰맞춰보려는 식으로 접근했던 것 같아요. 문제의 범위를 가늠하는 데 도움을 주는 통계를 얻긴 했는데 거기서 끝나고 더 나아가지 못했지요. 그런데 교수님께서는 벌어지고 있는 일들의 인간적 측면을 파고 들어가셨더라고요. 그래서 어떻게 그렇게 하셨는지 알고 싶어졌습니다. 혹시 콴티코에 오셔서 교수님 연구에 대해 강의를 해주실 수 있으실까요? 저희 요원들이 범죄 피해자학과 성폭력 가해자에 대해 귀중한 정보를 얻는 데 크게 도움이 될 것 같습니다."

나는 주저했다. 그때까지 내가 연구에 대해 강의했을 때의 청중은 간호사와 강간 위기 센터 활동가들이었다. 여성 청중은 이 주제에 매우 호의적이었고 내 연구와도, 또 나와도 모종의 유대감이 있었다. 그들은 학부 시절에 내가 병원 실습이 끝나면 깜깜해지기 전에 여학생 기숙사로 돌아오려고 넓은 보스턴코먼 공원을 왜 냅다 뛰어서 지나갔는지 너무 잘 이해했다. 더 중요하게, 그들은 어느 날 밤에 십 대 남자아이들이 골목에서 우르르 나와 내 간호사 모자를 집어채고 팔을 붙잡으며 괴롭히기 시작했을 때 (간신히 도망치긴 했지만) 얼마나 공포스러웠는지 너무 잘 이해했다. 그런데 남성 청중도 같은 반응을 보여줄지 알 수가 없었다. 그래서 잠시 망설였지만 결국에는 호기심이 이겼다.

"네, 좋습니다, 헤이즐우드 수사관님. 세부 사항을 팩스로 보내주세요. FBI가 성폭력 범죄에 대해 어떻게 교육하는지 보고 싶습니다."

*

FBI 아카데미에서 내가 진행한 첫 강의의 청중은 40명 정도 되는 남성 요원이었다. 대체로 텔레비전에 나오는 대중문화적 이미지를 빼다 박은 듯한 모습이었다. 바짝 깎은 머리에 다부진 운동선수 체격의 사람들이 빳빳하게 풀을 먹인 푸른색의 똑같은 셔츠를 단정하게 입고 있었다. 5분 일찍 들어와 자리를 잡고서 노트와 펜을 들고 성실하게 준비하는 모습을 보노라니 그러한 〔엘리트〕 이미지를 의식적으로 수행하고 있는 것 같기도 했다.

나는 낙관적인 마음이 되어서 질문 하나를 던지며 강의를 시작했다.

"여러분, 강간 사건 피해자학에 대해 무엇을 알고 계시나요?"

몇몇은 눈길을 아래로 돌렸고 몇몇은 능글맞게 히죽거렸다. 하지만 아무도 대답을 하지는 않았다.

높은 이상을 가진 뛰어난 'G-맨'*을 상상했던 나의 환상은 짧게 끝났다.

"전통적으로는 성별로 〔피해자가〕 규정되었지만, 사실 성범죄는 그런 식으로 작동하지 않습니다. 강간은 권력과 통제의 행위입니다. 그리고 피해자들은 그것을 알고 있습니다. 너무나 많은 피해자들이 나서서 이야기하지 못하는 것이 바로 이 때문이지요. 그들은 무력하다고 느끼고 압도되었다고 느끼고 수치심을 느낍니다. 그들은 폭력이라는 단어가 갖는 가장 절대적인 의미에서 폭력을 당했어요. 드물게 피해자가 나서서 자신이 겪은 일을 이야기하면서 여러분에게 도움을 구하는 경우에는, 통제력이 없는 상태에서 자신이 빼앗긴 것, 손상되고 더럽

* 정부 요원 'government-man'의 줄임말로, 오류를 저지르지 않고 모든 일을 척척 처리하는 이미지의 FBI 엘리트 요원을 의미한다. 옮긴이

혀진 것을 다시 찾는 데 여러분이 도움을 줄 수 있을 것이라는 작은 믿음 하나에 의지해서 그렇게 하는 것입니다. 바로 이것이 강간에 대해 수사관 여러분이 아셔야 하는 것입니다. 피해자가 힘겹게 나서서 이야기를 하는 순간에 여러분이 어떻게 반응하는가가 무엇보다 중요하기 때문입니다."

강의 노트에서 고개를 들어 주위를 둘러보니 모두 꼿꼿이 자세를 고쳐 앉은 것을 알 수 있었다. 이제 다들 집중하고 있었다.

"자, 그럼 몇 가지 사례를 살펴보겠습니다."

나는 천장 조명의 밝기를 줄이고 프로젝터를 켠 뒤 피 묻은 속옷 사진, 때려 부숴서 엉망이 된 방 사진, 멍 자국과 맞은 자국이 가득한 피해 여성 얼굴의 클로즈업 사진 등을 보여주었다. 메모를 하는 사람도 있었지만 대부분은 범죄의 심각성을 여실히 드러내는 사진들을 가만히 응시했다. 더 이상 아무도 히죽거리지 않았다.

첫 강의가 꽤 잘 진행된 덕분에 곧 정기적으로 강의를 해달라는 요청을 받게 되었다. 초현실적인 경험이었다. 사무 여직원과 비서를 제외하면(이들은 호기심 어린 눈으로 보는 것 외에 내게 직접적으로 접근하지는 않았다), 종종 나는 건물을 통틀어 유일한 여성이었다. 게다가 내 전문 영역을 생각해볼 때, FBI의 새로운 성폭력 전문가인 나에 대한 소문도 무성했을 것이다. 하지만 내가 다른 문제를 겪지 않게 헤이즐우드가 미리미리 챙겨주었다. 그는 시간을 내서 FBI 문화의 미묘한 부분들을 설명해주었고 자신이 진행하고 있는 연구와 담당하고 있는 사건에 대해 내 견해를 물었다. 또 수시로 나를 다른 요원들에게 소개시켜주었다. 이러한 대화는 짧았고 형식적이었고 거리감이 있었다. 나와 요원들의 상호작용 대부분이 그러했다. 하지만 중요한 예외도 있었다.

그러한 예외적 상황 하나가 FBI 아카데미 일을 시작하고 얼마 지나지 않았을 때 나타났다. 새로 임명된 켄 조지프Ken Joseph 부국장이 FBI 아카데미의 모든 교관은 각자 연구 주제를 정해 리서치를 수행해야 한다는 지침을 발표했을 때였다. 여기에는 행동과학부의 '마인드헌터'(살인자의 생각을 추적하는 데 관심 있는 사람이라는 의미에서 이렇게 불렀다)들도 해당되었다. 이 지침은 FBI가 기존의 사고방식에서 주목할 만하게 변화했음을 의미했다. FBI의 수문장이 교체되고 있음을 시사하는 것이기도 했다. 에드거 후버* 시절의 지도부가 은퇴하거나 다른 곳으로 옮겨가면서 FBI에서 퇴장하고 있었고 이와 함께 "FBI의 일은 범인을 잡아 법정에 세우고 감옥에 집어넣는 것이고 리서치는 사회학자의 일"(조지프의 전임 부국장이었던 존 맥더모트John McDermott가 한 말이다)이라고 보던 태도도 물러가고 있었다. 시대가 달라지고 있었다. 헤이즐우드는 이를 잘 알았고, 나를 동료 요원인 로버트 레슬러와 존 더글러스에게 소개시킬 기회라고 생각했다. "레슬러와 더글러스가 교수님 연구에 대해 알고 싶어 합니다." 헤이즐우드가 엘리베이터에 타라고 손짓하면서 말했다. 우리는 몇 층 아래로 내려갔다. "두 사람이 교수님께서 진행하시는 연구의 범위에 매우 감탄했습니다. 왜냐하면요 그게……." 그는 말을 잠시 멈추었다. "말씀드리면 안 될 것 같기는

* Edgar Hoover, FBI 초대 국장으로 1924년부터 1972년까지 48년이나 FBI 국장 자리를 지키면서 막강한 권력을 행사했다. 옮긴이

한데요, 사실은 그들이 교수님께서 관심 있으실 법한 가욋일을 하나 하고 있거든요. 그 사람들하고 잘 통하실 겁니다."

헤이즐우드의 말이 맞았다. 처음부터 나는 레슬러, 더글러스와 죽이 잘 맞았다. 내가 강력 범죄에 대해 이야기하는 것에 거리낌이 없었기 때문이기도 했고 그들이 하고 있는 가욋일에 대해 다른 사람들과 달리 진심으로 관심을 보였기 때문이기도 했다. 하지만 무엇보다 레슬러가 외부 전문가의 견해를 듣는 것이 중요하다고 생각하는 사람이었다는 점이 가장 주효했을 것이다.

사실, 더글러스는 처음에 약간 시큰둥해 보였다. 하지만 레슬러가 그들의 '그다지 교과서적이지는 않은' 일에 대해 설명하기 시작하자 더글러스도 마음을 열었다.

더글러스가 말했다. "우리는 이것을 '범죄자 성격 연구criminal personality study'라고 부릅니다. 밥〔로버트〕 선배의 아이디어였는데요, 아카데미에서 다른 지역으로 출장 강의를 나갈 때, 가는 김에 그곳의 감옥에 가서 복역 중인 연쇄살인범을 면담하자는 것이었어요. 그들이 저지른 사건들 모두 범행 동기가 상당히 불분명해 보였거든요. 답을 얻는 가장 좋은 방법은 그 사건들로 유죄가 확정된 범죄자 본인을 만나보는 것이라고 생각했어요. 그런데 진행해보니 면담은 그나마 쉬운 부분이더라고요. 우리는 FBI 요원이니까 감옥에 들어가는 건 어렵지 않거든요. 에드문드 켐퍼Edmund Kemper부터 시르한 시르한Sirhan Sirhan, 리처드 스펙Richard Speck까지 다 만나서 면담을 하고 그것을 녹음할 수 있었습니다."

레슬러가 말을 이어받았다. "맞습니다. 그런데 어려운 부분은 녹음

된 면담 내용이 실제로 **의미하는 바**가 무엇인지 알아내는 것이었어요. 현재로서는 그저 대화를 녹음해놓은 것일 뿐이거든요. 그러던 중에 헤이즐우드가 교수님의 연구에 대해 이야기하는 걸 듣고는 이거다 싶었죠. 교수님께서 사용하시는 연구 기법과 저희가 알아내고자 하는 것 사이에 접점이 있을 것 같은데, 교수님은 어떻게 생각하세요?"

나는 완전히 흥미가 동했다. 나도 그들에게 동의했고 곧바로 녹음테이프를 들어보았다.

녹음을 듣고 있자니 인간 존재의 가장 날것인 측면을 엿듣는 것 같았다. 하나씩 하나씩 테이프를 카세트에 넣고 테이프 돌아가는 소리가 멈출 때까지 집중해서 들었다. 중간중간 메모를 했고 그다음에 또 다시 들었다. 이 대화는 살인자의 오만을 드러내고 있었고 흥미로우면서도 으스스했다. 한편, 면담은 체계적이지 않았고 학계의 일반적인 연구 방법론 중 어느 것에도 토대를 두고 있지 않았다. 면담 사이에 일관성이 없었고, 사전에 질문을 계획적으로 구성한 것 같지도 않았으며, 향후의 분석을 염두에 두고 진행된 것으로 보이지도 않았다. 면담의 유일한 목적은 살인자가 계속해서 말을 하게 하는 것인 듯했다. 어쨌든 이들의 작업은 굉장히 인상적이었다. 레슬러와 더글러스는 정말로 유례 없는 행동과학 리서치를 수행하고 있었다. 그래서 다음 회의 때 그러한 생각을 전했다.

"무언가 중요한 것을 확보하신 것 같아요. 범죄 행동을 완전히 새로이 이해할 수 있게 될지도 모르겠어요. 제가 알기로 연쇄살인범이 왜 사람들을 죽이는지 알아내려 시도한 경우는 아직 없었거든요. 여기에서 아주 근본적인 시사점을 도출할 수 있을 것 같아요."

"그럴 줄 알았어요!" 더글러스가 레슬러 쪽을 돌아보면서 웃었다.

하지만 레슬러는 더글러스에게 맞장구를 치기보다 신중하게 내 말을 조금 더 파고들었다. "잠깐만요, 교수님께서 우리가 확보한 것 같다고 보시는 게 정확히 무엇인가요? 제가 듣기에는 그냥 미친놈이 자신의 범죄를 환상적으로 극화해서 말하고 있는 것 외에 달리 통찰을 제공해주지는 않는 것 같아서요. 제가 놓치고 있는 게 무엇인가요?"

"지금으로서는 우리가 놓치고 있는 것이 많아요. 배경 정보도 없고, 자라온 환경이라든지 폭력에 노출된 경험 같은 정보도 없고요." 나도 동의했다. "하지만 두 분의 접근 방식을 체계적으로 정식화하고 제대로 된 방법론을 사용하면 그것들을 다 찾을 수 있어요. 일단은 구조화된 질문 목록이 필요할 것 같아요. 이번 면담 내용과 다음 번 면담 내용을 대비해볼 수 있도록 기준점을 만들기 위한 것이죠. 진짜 데이터 수집과 분석을 목적으로 하는 진짜 리서치처럼 접근하셔야 해요. 그래야만 무엇이 살인마를 움직이는 동인인지 알아낼 수 있어요. 그리고 연구에서 발견한 것을 출간하셔야 합니다. 다른 사람들도 알 수 있게요."

"출간이라면, 책을 말씀하시는 건가요?" 더글러스가 물었다.

"제가 생각한 것은 학술 논문이에요. 학술지에 논문을 게재하면 발견한 내용을 검증하고 확인하는 데 도움이 될 거예요. 물론 책이 될 수도 있겠지요."

듣자마자 더글러스는 덥석 나에게 도와줄 수 있냐고 물었다.

*

FBI가 하는 일이 일이니만큼 그들은 정확히 이 프로젝트가 필요로 하는 유형의 사건에 대해 믿을 수 없이 방대한 목록을 이미 가지고 있었다. 우리에게 필요한 사건은 강간 등 성폭력이 수반된 연쇄살인 사건이었는데 이 사건들 자체를 접하는 것은 어렵지 않았다. 문제는, FBI 내부에서 분명히 직면하게 될 강도 높은 검증의 눈초리를 이기게 해줄 엄정하고 일관성 있는 접근 방법이었다. 안 그래도 레슬러는 이미 FBI 국장 윌리엄 웹스터William Webster의 점심 회의 자리에 불려간 적이 있었다. 다들 식사를 하는 와중에 레슬러는 예고도 없이 범죄자 성격 연구가 무엇이며 어떤 의의가 있는지 설명하라는 요구를 받았다. 그는 설명을 했지만 돌아온 대답은 "하나마나한 연구"를 하면 봐주지 않겠다는 국장의 엄포였다. 레슬러는 하나마나한 연구가 될 걱정은 하지 않았지만 입도 못 대본 샌드위치 값으로 7.61달러나 낸 것에는 분개했다.

나도 여기에 걸려 있는 것이 무엇인지 분명히 알고 있었다. 강간 연구를 하면서 겪었던 일들과 의료계와 학계의 동료들이 보인 의구심에 직면했던 경험을 통해서 나도 어떤 형태로건 관료제에서 거쳐야 할 경계와 검증을 견딜 수 있을 만큼은 단련되어 있었다. 나는 우리의 프로젝트가 기존의 방식에 대한 도전으로 여겨지리라는 것을 잘 알고 있었다. 우리는 비웃음을 사고 방해를 받을 것이었고, 내심 우리가 실패하기를 바라는 사람도 많을 것이었다. 대부분의 사람들은 살인마가 그저 정신이상자라고 생각했다. 그게 다일 뿐 더 정교하게 알아내야 할 세부 내용이나 그들로부터 얻을 수 있는 통찰 같은 것은 없다고 말이다. 따라서 이 주제에 노력을 기울인다는 것은 그 노력을 낭비하는 것으로 보일 터였다. 하지만 다른 이들이 무어라 생각하는지는 우리에게 중요하지 않았다. 나는 정신심리학적 진실이 그렇게 단순하지 않다는 것을 알고 있었고 더 중요하게, 좋은 연구는 언제나 진리에 빛을 비춘다는 것을 알고 있었다. 나는 그 과정을 신뢰했다.

정작 걱정스러웠던 것은 당시에 범죄자 성격 연구의 범위가 너무 넓고 다양했다는 점이었다. 뚜렷이 구별되는 초점을 가진 부분들로 나누어야 연구가 현실적으로 작동 가능해질 것 같았다. 적어도 세 부분으로 나눌 필요가 있어 보였다. 첫째, 복역 중인 범죄자들과 진행한 면담을 분석해야 했다. 이것은 명백한 동기가 없어 보이는 범죄를 이해하는 데 도움을 줄 것이었다. 둘째, 연쇄살인 사건을 분석해야 했다. 이를 위해서는 36명의 연쇄살인범 목록이 있었고, 우리는 이들에 대한 분석을 통해 가해자의 어린 시절 환경과 성격의 어떤 부분이 그들의 범죄 행동 및 패턴과 상응하는지 살펴볼 것이었다. 마지막으로, 범죄자 프로파일링 작업 자체를 가능하게 할 토대를 마련해야 했다. 물론 각 부분은 서로서로 연결되어 있었지만 리서치 과정으로서 방법론이 타당성을 가질 수 있으려면 전체를 각 부분들의 결합으로 체계화할 필요가 있었다. 뒷 부분이 앞 부분을 토대 삼아 지어져 올라갈 수 있는 방식으로 말이다.

또 하나 나의 뇌리를 떠나지 않았던 것은 더글러스와 레슬러가 나를 완전히 신뢰하기까지 얼마나 시간이 걸릴까 하는 염려였다. 내게 도와달라고 하고 나서도 그들은 내가 주변에 있으면 말을 삼갔다. 피해자에 대해 말할 때 조심스러워했고 적나라하게 폭력적인 세부 사항은 상세히 공유하지 않으려 했다. 그런데 그것이 자신들의 이해관계 때문인지 아니면 나를 보호하려고 그러는 것인지 알 수가 없었다.

그래서 일단 나는 내가 통제할 수 있는 범위에만 집중하기로 했다. 범죄자 면담이 주된 자료 수집 도구이자 이 프로젝트의 뼈대였으므로 면담을 중심으로 방법론을 설계하는 것이 합당해 보였다. 다음의 세 가지에 주목하면서 연쇄살인범의 속성을 최대한 많이 알아내는 것이 면담의 목적이었다. 첫째, 왜 죽였는가? 둘째, 자신이 저지른 범행을 어떻게 생각하는가? 셋째, 범행이 시간이 지남에 따라 어떻게 진화했는가? 나는 5개 절, 488개 항목으로 구성된 57쪽 분량의 데이터 수집 도구를 만드는 작업부터 시작했다. 각 범죄자의 인구통계학적 정보부터 피해자의 특성, 범죄자의 동기, 피해자 선택, 가해 전술, 가해 방식 등 수많은 법과학적 세부 정보들을 항목별로 수집할 수 있는 도구였다. 이 도구는 동료 심리학자인 닉 그로스Nick Groth의 작업에 착안해서 개발되었다. 그로스는 비슷한 도구를 이용해 코네티컷주 서머스 교정시설에 수감된 강간범들의 범행 동기를 연구한 바 있었다. 하지만 내가 개발해야 했던 도구는 학자가 사용할 것이 아니라 FBI 요원들이 밀폐된 공간에서 최악으로 극악무도한 살인마와 대화를 시도할 때 사용할 것이었다. 따라서 닉의 개념을 이곳의 임무에 더 잘 부합하도록 직관적으로 이해하기 쉽고 더 유연하게 적용 가능한 방식으로 만들어야 했다.

이렇게 해서 탄생한 데이터 수집 도구는 융통성 있게 사용하기 쉬울 만큼 단순했다. 설문지처럼 생겼고 설문지처럼 구성되어 있었지만 이것의 진짜 기능은 수사관이 주도권과 통제력을 유지하면서 대화를 이끌어갈 수 있도록 은밀히 가이드를 제공하는 것이었다. '통제'는 여기에서 핵심 요소였다. 수사관이 전체 과정에 대한 통제력을 내내 유지해야만 단순히 가해자가 하고 싶어 하는 이야기를 두서없이 모으는 게 아니라 자신이 필요로 하는 정보를 수집할 수 있을 터였다. 이것은 연쇄살인범의 마음에 자물쇠를 풀고 들어가 그들의 정신이 어떤 방식으로 작동하는지, 무엇이 그들의 정신을 다른 사람들과 '다르게' 만드는지 이해하게 해줄 열쇠였다. 바로 그것이 우리가 알고자 하는 것이었다. 그래서 나는 폭력에 대해 그들이 갖게 된 초창기의 개념과 판타지, 과거에 폭력에 노출되었던 경험, 그리고 무엇보다 범죄자 본인이 이야기하는 범행 묘사에 분명하게 초점을 유지한 채로 면담이 진행될 수 있도록 질문지를 설계했다.

또한 우리는 공식 수사 기록, 법과학 사진, 의학 소견서, 정신 감정서, 피해자 정보도 살펴보았다. 이 단계는 매우 중요했다. 범죄자 본인이 생각하는 바가 사건의 객관적인 증거와 얼마나 부합하는지 판단하는 데 기준이 될 것이기 때문이었다. 면담 중에 범죄자가 일관되지 않거나 사실과 다른 이야기로 빠지려 할 경우 바로잡는 데도 도움이 될 터였다. 요컨대 우리는 양적, 질적 정보 모두를 조직적으로 수집하고 그다음에 그것을 흉악범의 정신심리적 구성을 탐구하는 데 사용할 수 있게 해줄 학문적인 리서치 방식을 개발했다. 이것은 살인자들이 도대체 어떤 인물인지 암호를 풀고, 살인자 본인의 마음을 그들에게 맞서는 데 역이용할 우리의 방법이었다.

행동과학부가 범죄자의 행동을 분석하는 독특한 연구를 하고 있다는 소문이 콴티코에 활활 퍼졌다. 모두가 저마다의 견해를 가지고 있는 것 같았다. 어떤 사람들은 반감을 보이며 우리 연구가 형사 놀이에 불과하거나 기껏해봐야 현장 요원들이 하는 일에 비해서는 수사에서 의지할 만한 도구가 되는 데 어림도 없는 접근이라고 말했다. 하지만 어떤 사람들은 우리의 분석이 수사에 쓰일 실용적인 잠재력이 있다고 인정했고 그에 대한 증거를 보고 싶어 했다. 이는 우리 일을 조금 수월하게 해주었다. 증거에 기반해 우리 일의 가치를 입증할 수만 있다면 FBI의 인식을 우리에게 호의적으로 기울일 수 있다는 의미였기 때문이다. 바로 이것이 범죄자 성격 연구의 세 번째 부분인 '프로파일링 기법 개발'이 해야 할 일이었다. 프로파일링은 리서치 세계의 결과와 현실 세계의 수사 결과를 이어주는 다리가 될 것이었다. 프로파일링은 복잡한 사건을 수사관들이 이제까지 가능하다고 여겼던 그 어떤 수준보다도 빠르게 풀 수 있도록 수사관들의 역량을 강화해줄 것이었다. 프로파일링은 우리 연구의 실용적인 성과가 될 것이었다.

첫 두 부분인 데이터 수집 및 분석에 대한 방법론을 마련하고서 세 번째 부분으로 넘어갔다. 우리는 프로파일링을 진전시키는 가장 좋은 방법은 빠진 것 없이 종합적이고 명료하게 구성된 매뉴얼처럼 단계별 절차를 개발하는 것이라고 판단했다. 리서치를 통해 관련 데이터는 이미 수집하고 있었으므로, 이제 그것을 정교화하기만 하면 될 터였다. 즉, 우리는 범죄자의 심리에 대해 전반적으로 알게 된 지식을 명료한 청사진으로 만들어야 했다. 사건이 발생했을 때 수사관들이 피해자, 범행 방법, 범죄 현장 등 해당 사건의 구체적인 정보를 그 청사진에 비추어 보면서 무엇이 이 가해자에게 동기를 부여했고 무엇이 그를 다른 사람들과 다르게 만들었는지 파악할 수 있도록 말이다. 이 청사진은 이해하기 쉬우면서도 도구로서 강력해야 했다. 우리는 다음과 같은 다섯 단계로 프로파일링 도구를 구성하고 여기에 '범죄자 프로파일 생성 절차criminal profile-generating process'라는 이름을 붙였다.

프로파일링 인풋 수집: 첫 단계는 데이터 수집에 초점을 맞춘다. 데이터는 다음과 같은 것들을 포함한다. 범죄 현장 분석(물리적 증거, 증거의 패턴, 시신의 자세, 무기), 피해자 정보(배경, 습관, 가족 구성, 마지막으로 본 사람, 연령, 직업), 법과학적 정보(사인, 상처, 사망 전이나 후의 성적 행동과 상처 자국, 부검 결과, 실험실 보고서), 1차 수사 보고서(배경 정보, 경찰에서 확인한 정보, 범죄 시간, 신고자, 동네의 사회경제적 환경, 범죄율), 사진(항공 사진, 범죄 현장 사진, 피해자 사진).

의사결정 과정 모델 도출: 두 번째 단계에서는 살해의 유형과 양식, 1차적인 의도, 피해자의 리스크, 가해자의 리스크, 범행 강도의 심화, 범죄 시간, 위치와 장소 요인을 살펴본다.

범행 분석: 세 번째 단계는 범행을 재구성하고 분류하는 데 초점을 맞춘다. 체계적/비체계적/혼합적 범죄 중 어느 것인지, 피해자를 어떻게 선택했는지, 피해자를 어떻게 통제했는지, 시간대별로 범행이 어떻게 이뤄졌는지, [범죄 현장을 의도적으로 조작, 연출한] 스테이징의 요소는 없는지, 범행 동기가 무엇인지, 범행 당시의 동태적 상호작용이 어떠했는지 살펴본다.

범죄자 프로파일 작성: 네 번째 단계는 가해자에 대한 종합적인 프로파일을 작성하는 것이다. 가해자의 신체적 특징, 버릇, 범행 이전의 행동, 범행 이후의 행동 등을 특정하고, 현장 수사팀이 용의자 풀을 최대한 좁힐 수 있도록 방향을 제안한다.

수사와 체포: 마지막 단계에서는 현장 수사팀과 협력해 가해자를 특정하고 체포한다.

다섯 번째 단계를 포함시키는 데는 더글러스가 주되게 기여했다. 그는 지역 수사기관에 가장 난해한 미제 살인 사건들을 보내달라고 해서 우리가 그 사건의 해결을 돕는다면 프로파일링의 효과성을 가장 잘 입증할 수 있으리라고 생각했다. 그는 지역 경찰이 수사에 난항을 겪고 있을 때면 언제나 행동과학부가 도움을 줄 수 있어야 한다고 강조했다. "그것이 이 모든 일의 목적이니까요. 우리는 가능성이 가장 높은 용의자들로 수사의 초점을 좁혀서 범인을 선제적으로 파악하는 기법을 그들에게 제공할 수 있습니다."

전국에서 수많은 응답이 쏟아져 더글러스의 말이 옳았음을 증명해주었다. 첫 한두 달 동안에만도 도움을 요청하는 사건이 수십 건이나 들어왔다. 의뢰가 너무 많아서 현지 경찰이 적어도 3개월 동안 자체적으로 해결하려 시도해본 사건이 아니면 행동과학부가 관여하지 않는다는 원칙까지 세워야 했고, 이렇게 제한했는데도 우리가 고를 사건의 풀은 아주 많았다. 이제 우리가 일해야 할 시간이었다.

여덟 명으로 구성된 프로파일링팀은 최대한 부지런히 사건을 연구하기 시작했다. 각 사건마다 3~6명의 행동과학부 요원이 배정되었고 늘 여러 사건이 동시다발로 진행되었다. 그런데 프로파일링이 우리 연구 중 한 부분에 불과했고 연구 자체도 각자의 업무 중 일부에 불과했기 때문에 빠르게 진전시키기가 쉽지 않았다. 행동과학부 요원들은 일반 교육, 출장 강의, 사건 분석, 그 외에도 계속해서 떨어지는 수많은 업무 사이사이에 짬을 내서 프로파일링을 해야 했다. 또 한 가지 어려움은 더글러스와 레슬러가 지역 경찰이 수사 정보를 완전하게 보내오지 않은 사건은 누구도 프로파일링에 착수하지 말아야 한다는 규칙을 세우고 엄격하게 적용한 것이었다. 근시일 내에 후속 범행이 일어날 가능성이 큰 연쇄 사건의 시급성을 생각하면 그렇게 기다리고 있기가 쉽지 않았다. 하지만 방법론 면에서는 합리적이었고, 덕분에 프로파일링의 질과 통합성을 더 잘 유지할 수 있었다. 그리고 누구든 간에 더글러스와 레슬러가 날카로운 눈길로 한 번만 쳐다보면 규칙을 어기고 먼저 시작하지 말라는 경고가 되기에 충분했다.

온갖 장애물과 주말 근무, 장시간 야근, 잠 못 이루는 수많은 밤에 시달리면서도, 프로파일링 회의에 모이면 우리는 불꽃 튀는 대화를 나누었다. 사건마다 주무 요원이 한 명씩 배정되어서 그가 해당 사건의 모든 정보를 미리 살펴보고 회의 때 최대한 간명하게 설명했다. 이때 그의 임무는 순전히 사실관계에만 입각해 사건을 설명하는 것이었다. 주무 요원이 누가 무엇을 언제 했는지에 대한 기본 정보와 경찰 수사 기록, 부검 기록 등의 추가 정보를 설명하고 나면, 세부 내용을 더 분명히 파악하기 위해 다른 사람들이 질문을 했다.

진짜 프로파일링은 그다음에 시작되었다. 팀원들은 범죄 현장에 남겨진 실마리, 피해자의 특성, 범행 방식의 미세한 특징과 같은 갈래들을 집어들고 엮어나갔다. 여기에서부터 우리는 가해자의 눈으로 사건을 보면서 최대한 구체적이고 분명하게 이 '미확인범unsub'('unknown subject' 또는 'unidentified subject'의 줄임말이다)이 어떤 인물인지 묘사해나갈 수 있었다. 우리는 가해자가 보인 특유의 행동과 특성에 초점을 맞춰서 그가 누구이고 다음에 어디로 갈지 예측했다. 간단히 말해서, 프로파일링은 우리가 가해자의 머릿속에 들어가는 방법이었다.

프로파일링 회의는 매우 밀도 있었다. 묘사는 적나라했고 토론은 열띠었으며 빠르게 주고받는 대화에는 연극적인 요소도 있었다. 어쨌든 모든 회의는 주무 요원이 우리에게 도움을 청한 지역 수사기관에 보낼 종합적인 프로파일을 생성하는 것으로 끝을 맺었다.

이 시기에 들어온 사건 중 유독 끔찍한 사건이 하나 있었다. 네브라스카주에서 발생한 이 사건은 곧바로 행동과학부 부장 로저 데퓨Roger Depue의 눈길을 끌었고, 그는 즉시 레슬러에게 전화해서 오마하로 가는 가장 빠른 비행기를 잡으라고 했다. 연쇄살인범이 막 두 번째 아동 피해자를 발생시킨 상황이었고 지역 수사진은 실마리를 잡지 못하고 있었다. 하지만 그들이 보내준 현장 사진과 부검 자료를 보니 한 가지만큼은 분명했다. 살인자가 점점 더 자신감을 얻고 있었다. 빨리 그를 잡아서 멈추게 하지 못하면 세 번째 피해자가 나올 것이었고, 네 번째, 다섯 번째 피해자가 계속해서 나올 수도 있었다. 시간이 없었다. 서둘러야 했다.

2장

방공호

"모든 연쇄살인범은 언젠가 실수를 합니다. 그게 무엇일지를 우리가 아직 모를 뿐이죠."

레슬러는 네브라스카주에서 첫 번째 소년이 실종되고 나서 이렇게 말했다. 그가 이 말을 하는 것을 들은 게 이때가 처음이 아니었다. 사실 나는 모든 요원이 이렇게 말하는 것을 들은 적이 있다. 요원들 사이에서 이 말은 가장 난해한 사건들을 조금 견디기 쉽게 만들어주는 격언 같았다. 효과도 있었을 것이다. 낙관과 지지를 담아 동료들끼리 주고받는 이 짧은 문장에는 마음을 편하게 해주는 면이 있었다. 하지만 내게는 이것이 변명처럼 들리기도 했다. 생사가 달린 사건을 장악하고 통제할 힘이 우리에게 부족하다는 것을 암묵적으로 인정하는 것 같아서, 나는 이 말이 좀 불편했다. 그리고 범죄자들로부터 통제력을 되찾아와야 한다는 생각이 내가 이 일에 나서게 된 동기였다. 바로 이 지점에서 프로파일링이 우리의 역량을 강화해줄 수 있다고 보았기 때문이다. 프로파일링이 (내가 믿은) 잠재력을 십분 발휘할 수 있을 만큼 우리가 그것을 정교하게 개발한다면 판을 우리 쪽에 유리하게 돌릴 수 있을 것이었다. 더 이상 연쇄살인범이 실수하기만을 기다리고 있는 게 아니라 실수할 기회조차 갖기 전에 먼저 추적해서 그들을 잡아낼 수 있을 터였다.

12월의 어느 날 아침, 이런 생각을 하고 있을 때 레슬러가 네브라스카주 사건 회의에 들어와달라고 말했다. 너무 뜻밖의 요청이라 처음에는 깜짝 놀랐다. 행동과학부에서 프로파일링 연구와 방법론 개발에 오랫동안 관여해오고 있긴 했지만, 나는 요원이 아니었고 진행 중인 사건을 논의하러 방공호에 내려가본 적은 한 번도 없었다. 하지만 지금 레슬러에게 이런 것은 문제가 아니었다.

"규칙 따위는 지금 걱정하지 말자고요. 나는 이 사건에 내가 얻을 수 있는 모든 도움이 필요합니다. 살인이 또 벌어지기 전에 이 자를 알아내야 해요."

물론 그의 말이 옳았다. 이것은 내가 피해자들을 도울 수 있는 기회였다. 내가 수사에 관여하는 것이 규칙 위반이라고 누군가가 지적한다면, 그건 그때 가서 감당할 작정이었다. 지금은 훨씬 더 중요한 것들이 여기 걸려 있었다.

다음 날 아침 회의실에 레슬러가 들어왔을 때 그가 느끼는 긴박함은 여실했다. 그는 방공호에 들어오자마자 천장 형광등을 끄고 곧장 프로젝터로 가더니 바로 설명을 시작했다.

"자, 우리 똑똑해집시다. 이 개자식은 아이들을 노려요. 나는 피해자가 또 생기는 것을 정말 원치 않습니다."

이어서 그는 사진과 목격자 진술 등으로 몇몇 세부 사항을 더 정확하게 설명하면서 사건을 브리핑했다. 그는 전적으로 사실관계들로만 한정해 말하려고 신경을 썼다. 이것은 의도적인 것이었고 이 단계에서 매우 중요한 원칙이었다. 새로운 프로파일링을 시작할 때 주무 요원은 최대한 중립적인 자세로 임해서 이 미확인범이 어떤 범주에 속하는지를 팀원들이 판단하는 데 개인적인 견해나 편견이 드러나 영향을 미치지 않게 해야 했다. 이 사건의 범인은 사악한 아동 살해범이었다. 알려진 피해자만 벌써 두 명이고 더 있을지도 몰랐다.

*

1983년 9월 중순의 어느 일요일 새벽, 13세의 대니 E.는 조용히 침대에서 일어나 옷을 갈아입었다. 네브라스카주 벨뷰에 사는 그는 새벽에 신문 배달을 했다. 아직 어두웠고, 그는 부모님 방 옆 복도를 더듬더듬 지나 밖으로 나왔다. 매미 소리가 요란했다. 대니는 체인 소리가 나지 않게 조심하면서 자전거 자물쇠를 풀고 집 진입로 끝까지 자전거를 끌고 나왔다. 멀리 자동차가 한 대 서 있었고 헤드라이트 불빛이 보였다. 5시 15분이었고 해는 아직 지평선 아래에 걸려 있었다. 그는 신발을 신지 않은 채로 페달을 밟아 동네 편의점으로 갔고, 편의점에서 그가 맡은 분량의 신문을 받아 창문 옆 바닥에 놓고 접었다. 그리고 늘 다니던 경로로 배달을 하러 갔다.

한두 시간 뒤, 7시가 조금 넘은 시각에 대니의 아버지가 전화벨 소리에 잠에서 깼다. 대니의 신문 배달소 상사였다.

그가 씩씩대며 말했다. "신문이 안 들어왔다는 항의 전화가 계속 와서요. 대니 좀 깨워서 바꿔주세요."

"네? 그럴 리가 없는데." 대니의 아버지는 대니 방에 가서 노크를 했다. "얘, 대니야!" 잠시 기다렸다가 다시 큰 소리로 대니를 불렀다. "대니야!"

기척이 없었다. 대니는 방에 없었고 자전거도 없었다. 걱정이 되기 시작한 아버지는 차를 타고 아들이 다니는 경로를 따라 아들을 찾아 나섰다. 일단 편의점으로 가서 점원에게 대니를 보았느냐고 물어보았다. 그리고 대니가 배달을 하는 첫 번째, 두 번째, 세 번째 집까지 지났을 때 아들의 자전거가 울타리에 기대어 세워져 있는 것을 발견했다. 하지만 대니는 어디에도 보이지 않았다. 세 부를 제외한 나머지 신문은 천으로 만든 신문 가방에 고스란히 들어 있었다. 이때가 대니의 아버지가 경찰에 신고한 시점이었다.

지역 경찰은 즉시 실종자 수색에 나섰다. 그들은 건물 하나도 빠뜨리지 않고 동네를 샅샅이 살폈다. 대니의 자전거도 구석구석 살펴보았지만 싸우거나 저항한 흔적은 없었다. 다른 주에 볼 일이 있어서 가 있던 삼촌 부부를 포함해 일가친척도 다 조사했지만 대니의 행방을 아는 사람은 없었다. 한 목격자가 못 보던 자동차 한 대가 자전거 있던 곳 가까이에 세워져 있었고 누군가가 차에서 나와 길쪽을 바라보았다고 말했지만, 이 진술에 중요성을 부여할 만한 추가적인 정보는 없었다. 대니는 그냥 감쪽같이 사라진 것 같았다.

경찰은 수색 범위를 넓혔고, 이틀 반 뒤에 한 소년의 시신이 키 큰 수풀에 부분적으로 가려진 채 외진 비포장 도로변에서 발견되었다. 손목과 발목은 등 뒤로 묶여 있었고 입은 반창고로 막혀 있었다. 시신의 상태는 참혹했다. 어깨에 큰 자상이 있었고 얼굴에는 심하게 얻어 맞은 듯한 타박상이 있었으며 다리에도 깊이 베인 칼자국이 있었다. 목에는 목뼈까지 들어가는 깊은 상처가 있었고 가슴 부분도 난자당해 내장 기관이 다 드러났을 정도였다. 남색 팬티만 빼고 옷은 모두 벗은 채였고 나머지 옷은 발견되지 않았다.

부검팀은 칼로 여러 군데를 찔리면서 발생한 과다출혈을 사인으로 보았다. 다리와 등의 칼자국은 사망 이후에 난 것으로 감정되었고, 지그재그인 모양은 무언가를 상징하거나 의도적인 패턴을 나타내는 것일 가능성이 있었다. 하지만 확실하지는 않아서, 그냥 찌르려고 찌른 것일 수도 있었다. 피해자의 어깨에서 살점이 한 군데 떨어져나간 것을 보면 이쪽이 말이 되어 보였다. 성폭행 흔적은 없었다. 가해자는 자신을 드러낼 만한 증거를 거의 남기지 않았는데, 특이 사항이 하나 있긴 했다. 피해자의 손발을 묶을 때 사용한 밧줄이 매우 독특한 종류라는 것이었다. 밧줄 속이 푸른색 섬유로 되어 있었는데, 지역 경찰이 손발이 결박된 것을 풀기 위해 밧줄을 끊었을 때 드러난 사실이었다.

FBI 오마하 지국장이 레슬러에게 이 미확인범에 대한 1차 프로파일을 작성해달라고 요청해왔다. 레슬러는 네브라스카주에 가서 현장 수사팀의 이야기를 들어보고 나서 프로파일링을 맡기로 했다. 설명을 들어보니 FBI가 알고 있는 두 건의 예전 사건과 소름 끼치도록 비슷했다. 둘 다 미제 사건이었고 둘 다 비슷한 연령의 소년이 피해자였다. 하나는 1년 전에 디모인 근처에서 발생한 사건으로, 이 피해자도 일요일 아침에 신문 배달을 나갔다가 실종되었고, 시신은 발견되지 않았다. 다른 하나는 플로리다주에서 벌어졌는데, 엄마와 함께 도시 외곽의 큰 쇼핑몰에 갔던 어린 소년이 사라졌고 며칠 뒤에 운하에 떠내려온 소년의 머리가 발견되었다. 누군가가 아이를 쇼핑몰에서 유인해 차에 태웠고 차 번호판이 플로리다주의 것이 아니었다는 몇몇 목격자 진술을 확보했지만 범인을 특정하기에는 정보가 불충분했다. 곧 관할권 문제와 그 밖의 여러 관료제적 문제 때문에 FBI는 옆으로 빠져야 했고 수사는 흐지부지되었다.

네브라스카주 현장 수사진의 이야기를 듣고 범죄 현장을 직접 확인하고 사건 기록들을 살펴본 레슬러는 연쇄살인범의 소행일 가능성이 있다고 판단하고서 이를 염두에 두고 1차 프로파일을 작성했다. 그는 범인이 십 대 후반이나 이십 대 초반의 남성이고 대니를 알고 있었을 것이며 살인을 지배력과 통제력을 과시하는 행위로 여기고 있었을 것이라고 보았다. 성폭행 흔적이 없다는 것은 범인이 적어도 우리가 일반적으로 생각하는 섹스에는 관심이 없다는 것을 의미했고 어쩌면 무성애자일 수도 있었다. 이때는 정보가 너무 적었기 때문에 레슬러가 작성한 1차 프로파일은 그다지 깊이 있지 않았고 피해자의 나이, 이 동네가 범죄가 드문 동네라는 점, 비슷한 피해자가 대상이었던 예전 연쇄살인범에 대해 우리가 연쇄살인범 연구를 통해 파악한 유형 분류 정도에만 의존해 작성되어 있었다. 레슬러는 이 분석을 지역 경찰, 주 경찰, 군 당국, 그리고 FBI 오마하 지국으로 구성된 합동 태스크포스팀에 전달했다. 이들 기관 중 어느 곳도 이렇게 잔인한 아동 살해 사건을 본 적이 없었다. 하지만 자원과 지식을 최대한 서로 공유하고 종합하는 것만이 범인을 찾을 수 있는 길이라는 것만큼은 잘 알고 있었다.

*

형광등을 켜면서 레슬러가 말했다. "안타깝게도 첫 프로파일에서는 건질 게 많지 않았습니다. 묘사가 너무 일반적이에요. 백인 남성, 십대, 그 근처에서 일하는 사람, 아마도 주류에 어울려 들어가려고 클럽이나 모임 같은 데 어슬렁거리는 사람, 이 정도였지요. 수사를 진전시키기에는 불충분했습니다. 더 진행된 일들이 있긴 했어요. 최면, 법의학 조사, 목격자에 대한 거짓말 탐지기 조사, 납치 당시에 근처에 있었을 수도 있고 아닐 수도 있는 목격자 진술에 바탕한 스케치 같은 것들이요. 하지만 기본적으로는 소득이 없었습니다. 이게 첫 사건입니다. 대니 사건이요. 질문 있으세요?"

"네." 헤이즐우드가 가장 먼저 질문했다. "피해자 어깨에서 살점을 도려낸 것 말인데요, 떨어진 살점은 나중에 발견되었나요, 아니면 아직 발견되지 않았나요?"

레슬러가 대답했다. "발견되지 않았습니다."

"크기는요?"

"1달러짜리 동전 정도 크기일 겁니다." 레슬러는 잠시 생각하더니 말을 이었다. "한 번에 깔끔하게 도려냈어요. 커다란 햄의 가장자리를 베어낸 것처럼요."

더글러스가 끼어들어 말했다. "저기요, 선배. 이 도로변은 시신을 유기하기만 한 곳인가요, 아니면 살해 장소이기도 한 건가요?"

레슬러가 대답했다. "유기만 한 장소인 것이 분명해 보입니다. 피해자 몸 여기저기에 자갈에 눌린 자국이 있었는데 시신이 발견된 곳의 땅에는 자갈이 없거든요. 피해자는 자갈이 있는 곳에서 살해되었거나 자갈이 있는 곳에 한동안 방치되었다가 차에 실려 유기 장소까지 왔을 겁니다."

내 머릿속에서 어떤 아이디어가 떠올랐다. 사진을 보니 시신은 비포장 도로변에서 발견되었지만 그리 잘 숨기거나 가려놓은 상태가 아니었고 서둘러 던지고 떠난 듯했다. 이것은 실수로 이어질 가능성이 큰 행동이므로 무언가를 더 남겼을 수 있었다. "타이어 자국 같은 것도 조사되었나요? 그 밖에 유용한 법과학적 조사가 있었나요? 제가 보기에는 범인이 불안한 상태에서 시신을 유기한 것 같아요. 황급하게요."

"타이어 자국은 뚜렷하지 않았습니다. 신발 자국도 없었고요. 길 옆에 차를 대고 시신을 내던지고서 곧바로 떠난 것 같습니다. 내려서 시신을 다시 잘 놓는다든가 하지 않고요. 그냥 떨어뜨리고 간 거지요."

켄 래닝Ken Lanning 수사관이 손을 들었다. 레슬러가 그쪽을 보고 고개를 끄덕였다.

"색이 들어간 섬유로 만들어진 밧줄 이야기를 하셨는데요, 그와 관련해 알게 된 정보가 더 있습니까? 이를테면 피해자의 사지에 밧줄 자국 같은 것이 남아 있었습니까?"

"좋은 질문이에요. 현지 경찰이 손발을 묶은 밧줄을 잘라내고 살펴보았을 때 피부에 짙은 밧줄 자국이라든가 그밖에 장시간 묶어두었던 것으로 보이는 흔적은 없었어요. 시신이 놓인 땅 위의 풀 자국이 밧줄 자국보다 뚜렷했을 정도니까요. 밧줄은 우리 실험실로 보내서 분석했는데, 알려져 있는 샘플 중에는 일치하는 것이 없었습니다."

래닝이 후속 질문을 하려 했지만 더글러스가 끼어들었다. "피해자는 어떻게 분류하시겠습니까? 수동형? 공격형? 아니면 자기 주장형?"

"전형적인 중서부 시골의 사내아이였던 것 같습니다. 꽤 평범했어요. 방을 수색했을 때 약물이 발견되거나 이런 짓을 저지를 만한 사람과의 연결고리가 발견되거나 하지는 않았습니다."

"흉기는요?" 내가 물었다. "사용된 칼이 어떤 종류인지 알 만한 흔적은 없나요?"

"상처는 약 7~9센티미터 정도 깊이였습니다. 가장 그럴 법한 추측은, 사냥용 칼 같아요. 특이한 톱니라든가 양날이라든가 그런 것은 아닌 것 같습니다. 가게에서 쉽게 구하지 못하는 종류는 아니었던 것 같아요."

래닝이 손을 들었지만 레슬러는 자기 생각에 골똘하게 빠져서 알아차리지 못했다. 팀의 막내인 래닝은 종종 형들에게 치이는 막내 취급을 받았다.

레슬러가 다시 말했다. "보세요, 여러분 모두 좋은 질문을 해주셨지만 아무도 자전거 이야기는 안 하시네요. 제게는 이게 중요해 보입니다. 그러니까 제 말은, 자전거가 바닥에 내동댕이쳐져 있었으리라 예상들 하셨을 텐데 울타리에 잘 기대어져 있었어요. 그렇다면 이자가 피해 아동을 알고 있었던 것일까요? 이자가 총을 가지고 있었을까요? 무언가 개인적인 감정이 여기에 관련되어 있는 것 같아요. 통제라는 측면과 관련해 중요한 무언가가요. 공격성의 정도나 피해자를 결박한 방식도 그 점을 시사하지요. 그런데 성적인 폭행은 없었어요. 그러면 납치 후 살해까지 24시간 사이에 무슨 일이 있었던 걸까요?"

"엇, 조심하세요, 선배." 더글러스가 말했다. "지금 저희 생각을 유도하는 쪽으로 가고 계세요. 벌써 프로파일링에 들어가셨는데, 여기에 개인적인 감정이 개입되어 있는지 아닌지는 아직 판단할 수 없다고 봐야 할 것 같습니다."

레슬러가 말을 멈추었다. 형광등이 지직거리는 소리가 커졌다.

"네, 그렇네요. 그럼 두 번째 사건으로 넘어가죠. 지난 주 금요일에 발생한 사건입니다."

레슬러는 새 슬라이드 묶음을 프로젝터에 넣고 형광등을 끄고서 하나씩 넘기면서 사진을 보여주었다.

"피해자 모습이 얼마나 유사한지, 유기 장소가 얼마나 유사한지, 상처 자국이 얼마나 유사한지 곧바로 알아차리셨을 겁니다. 두 사건 사이에는 유사점이 많아요. 단지 두 번째 사건이 첫 번째 사건보다 정도가 더 심합니다."

*

오펏 공군기지 장교의 아들인 크리스토퍼 W.는 12월 2일 금요일 오전 7시 반경에 유괴되었다. 크리스토퍼는 키가 크고 마른 소년이었다. 이 동네에 이사온 지 얼마 안 되어서 아직 친구도 없었지만, 아버지의 지위 때문에 동네에서는 크리스토퍼가 누군지 다들 알고 있었다. 이곳은 공군기지에서 1.5킬로미터 정도밖에 떨어져 있지 않았고 군인들이 많이 사는 동네였다. 오펏 공군기지 외곽이자 오마하의 바로 남쪽이며 벨뷰의 바로 오른쪽인 이 네브라스카주의 마을에서, 한 목격자가 크리스토퍼가 웬 백인 남성과 이야기하는 것을 보았다고 했다. 목격 당시에 가까운 거리에 있지는 않았기 때문에 용의자의 인종("백인이었어요"), 나이("꽤 젊어 보였습니다"), 그리고 그들이 이야기할 때 입김이 서릴 만큼 매우 추워 보였다는 정도 외에 더 자세한 것은 보지 못했다. 목격자는 크리스토퍼가 몸싸움이나 저항, 언쟁의 기미 같은 것은 전혀 없이 범인의 차 뒷자리에 올라탔다고 했다. 걱정하는 듯 보였던 것 같기도 했지만 자동차에 탄 일은 강압이 아니라 자발적이었던 것 같았다.

목격자는 "그저 학교까지 태워다주려는 건 줄 알았다"라고 했다.

이것이 피해자가 생존한 채로 목격된 마지막 모습이었고 사흘 뒤에 그의 시신이 발견되었다. 앞서의 피해자가 발견된 장소와 매우 비슷한, 숲속 외진 곳의 탁 트인 공터였다.

시신이 발견이나마 된 게 다행이었다. 그 주말에 네브라스카주 일대에 눈폭풍이 닥쳤는데, 사냥하러 온 사람들이 눈에 다 덮이기 전에 우연히 시신을 발견했다. 그들은 뇌조 사냥을 하러 마을에서 외곽 쪽으로 차를 몰고 와서 도로 한쪽에 세웠는데, 길에서 멀어지는 방향으로는 두 사람의 발자국이 나 있었지만 돌아오는 방향으로는 한 사람 발자국뿐인 것을 발견했다. 그들은 발자국을 따라가보았고 약 140미터쯤 갔을 때 시신을 발견했다. 그들은 즉시 지역 당국에 신고했다.

태스크포스팀은 곧바로 이 사건과 이전 사건을 관련지었다. 첫 사건의 피해자처럼 이번 피해자도 팬티만 입고 있었고 가슴과 배에 비슷하게 깊은 칼자국이 있었다. 목에는 목뼈 위부터 턱 아래까지 칼자국이 있었는데 목을 베려고 시도한 것 같아 보였다. 이번에도 성폭행 흔적은 발견되지 않았다. 피해 아동의 나이는 13세였고 몸무게는 약 57킬로그램이었다. 어느 모로 보나 엄하고 반듯한 교육을 받으며 큰 아이였다.

피해자 특성과 유기 장소가 매우 흡사하기는 했지만 두 사건 사이에는 세 가지 차이점이 있었다. 우선 첫 번째 피해자는 옷이 발견되지 않았는데 두 번째 피해자의 경우에는 옷이 시신에서 몇 미터 떨어진 곳에 차곡차곡 놓여 있었다. 둘째, 두 번째 피해자에게서는 밧줄이 발견되지 않았다. 셋째, 1차 실험실 분석 기록에 따르면 두 번째 피해자의 시신에서 사후에 가한 것으로 보이는 상처가 더 많이 발견되었다.

*

"여기까지입니다." 불을 다시 켜면서 레슬러가 말했다. "세부 내용은 아직 더 들어오는 중이고 목격자 조사도 한 명 더 있을 예정입니다. 하지만 지금으로서 태스크포스팀이 아는 것은 이것이 전부입니다. 지역 경찰은 현지 신문과 텔레비전 방송국의 협조로 대중의 도움을 구하고 있습니다. 관련 정보나 번호판, 의심 가는 사람 등을 제보할 수 있는 핫라인이 개설되었고, 아이에게 말을 걸거나 수상하게 어슬렁거리는 사람을 보면 신고하라는 공지도 나갔습니다. 질문 있으십니까?"

"옷이 개어져 있었다고 하셨는데요, 그 사진 좀 다시 볼 수 있을까요?" 더글러스가 말했다.

레슬러는 슬라이드를 몇 장 앞으로 돌렸다. "네, 사진으로는 잘 안 보이긴 하는데, 그냥 하나씩 위로 던져놓았다기보다는 확실히 의도적으로 정리한 흔적이 있습니다. 완전히 깔끔하게 개어져 있는 것은 아니지만 신경써서 정리한 것은 맞아요. 말하자면, 겉옷을 휙 던져놓지 않고 대충이라도 개어놓을 때처럼요. 옷이 순서대로 놓여 있다는 점도 주목할 만합니다."

우리가 기록할 시간을 주기 위해 레슬러가 잠시 말을 멈추었다. 이어서 래닝이 질문했다.

"장기가 제거된 흔적이 있는지 궁금합니다."

"그런 것은 없었어요." 레슬러가 고개를 저으며 말했다. "상처는 다 긋거나 찌른 자국들이었어요. 그은 상처에 패턴이 있는 것처럼 보이기도 하지만, 그저 베려고 벤 게 명백합니다."

래닝이 이견을 제기했다. "제 생각에, 그건 아직 우리가 잘 모르는 것 같은데요. 지난번 피해자와 상처 자국이 너무 비슷해서요. 지금으로서는 여기에 의례적 요소가 있다고 봐야 할 것 같습니다. 분노를 드러낸 것으로요."

"아, 네. 잠깐만요. 방금 전 설명 가운데 하나만 수정하고 넘어갈게요." 레슬러가 말했다. "우리 쪽 수사관들이 첫 피해자에 대한 법의학 조사 결과를 살펴보았어요. 그은 상처에 대해서는 별다른 말이 없었지만, 어깨에서 도려낸 살점에 대해서는 다른 해석을 내놓았어요. 치흔이 발견되었거든요. 일부만 남아 있었는데, 여기에서 중요한 것은 살을 도려낸 게 이로 깨무는 버릇을 감추기 위해서였을 수도 있다는 점입니다."

"피해자 정보는 어떤가요? 이 모든 것에서 피해자의 특성과 그것이 가해자와 어떤 방식으로 연결되었는지가 중요할 것 같은데, 우리가 본 사진 중에는 피해자 얼굴이 분명하게 나온 것이 없어요. 연령이 핵심인가요? 아니면 외모도 비슷한가요?" 내가 물었다.

레슬러가 대답했다. "외모도 매우 비슷합니다. 그리고 '피해자-가해자' 관계에 대해서는 알 수 있는 것이 꽤 많습니다. 가해자는 손쉬운 피해자를 골랐습니다. 어린 남성을 골랐어요. 여성이 아니고요. 이것은 중요합니다. 남자아이들을 범행 대상으로 고르는 범죄자 유형을 보세요. 나는 이것이 그의 성격에서 핵심이라고 봅니다. 이자는 용기 없는 타입이죠. 네, 알았어요, 알았어. 지금 내가 편견을 개입시키고 있죠." 그가 흘낏 더글러스 쪽을 보며 동료들이 지적하기 전에 자진해서 자신의 실수를 이야기했다. "그럼 그냥 바로 들어가보는 게 어떨까요? 지금 프로파일링으로 들어가죠."

마지막 부분이 이 회의의 진짜 이유였다. 그날 아침 방공호에 모인 사람들 모두 사건에 대해서는 이미 충분히 숙지하고 있었다(우리는 브리핑 자료를 미리 받아보았고 면밀히 살펴보았다). 레슬러의 발표는 상세하고 통찰도 있었으며 사진과 슬라이드로 새로운 맥락도 설명해주었지만, 그렇더라도 여전히 그것은 사건 설명일 뿐이었다. 이러한 설명의 진짜 목적은 뛰어난 프로파일러들이 협력해서 용의자의 범위를 가능한 한 최소한으로 좁히는 것이었다. 이것이 프로파일링 과정이 작동하는, 그리고 효과를 내는 방식이었다. 참여자 각각이 고유한 관점과 통찰로 가해자가 어떤 인물일지 규명해내는 데 기여했다. 프로파일링은 예술이자 과학이었다. 그 때문에 FBI의 몇몇 사람들은 프로파일링에 오류가 있다고 보기도 했지만, 나는 오히려 이것이 장점이라고 생각했다. 물론 이는 프로파일링 과정이 최대한 엄정해야 한다는 의미이기도 했다. 우리는 증거 하나하나, 면밀히 고려한 세부 사항 하나하나를 맥락에 비추어 조심스럽게 검증하고 정교화해서 종합적인 하나의 인간으로서 용의자가 어떤 사람일지에 대해 더 명료한 상을 구성했다.

이렇게 해서 최종적으로 각 부분의 합보다 큰 전체가 형성되었다. 프로파일링으로 범인이 정확히 누구인지를 짚을 수는 없지만, 입수 가능한 모든 증거를 종합해서 나이, 인종, 신체적 특징, 직업, 교육 수준, 취미, 그 밖에도 떠올려볼 수 있는 모든 특징으로 범인이 어떤 인물일지 깊이 있고 세밀하게 묘사하는 것은 가능했다.

네브라스카주 사건에서도 우리는 입수 가능한 모든 증거를 사용해 최대한 종합적인 묘사를 끌어냈다. 우리는 레슬러가 전에 작성했던 1차 프로파일에서 출발했다. 살인자가 축구 코치나 보이스카우트 조교처럼 어린 남자아이들과 가까이 할 수 있는 일을 했으리라는 점은 1차 프로파일에서 이미 추론한 바 있었다. 그리고 조악하게나마 치흔을 없애기 위해 칼을 쓴 것을 볼 때 레슬러는 이 미확인범이 과학수사 이야기가 나오는 수사물이나 탐정 잡지를 많이 읽는 사람이리라고 추정했다. 우리는 그가 통제 강박이 있고 언론이 자신을 어떻게 그리는지 알기 위해 자신의 범죄에 대한 보도를 열심히 확인하고 있으리라는 데도 동의했다. 여기에, 우리가 진행하던 연쇄살인범 연구로부터 꽤 명백하게 알 수 있었던 기본적인 인구통계학적 정보를 추가했다. 연쇄살인범은 자신과 같은 인종을 살해하는 경향이 있으므로 이 미확인범은 백인일 것이었다. 피해자의 나이가 어리다는 것은 가해자가 성적으로 미성숙하다는 것을 의미하므로 가해자는 젊은 사람일 가능성이 높았다. 또 공격이 과도한 폭력성을 보이고 있다는 점에서 그는 깊은 분노를 품고 있고 자신이 세상에 잘 부합하지 못한다고 여기는 사람일 것이었다.

하지만 프로파일링의 성패를 좌우하는 것은 늘 작은 세부 사항이고, 우리는 이 점에 초점을 맞춰야 했다. 종합적으로 우리는 이 미확인범을 다음과 같이 묘사했다.

그는 십 대 후반이나 이십 대 초반의 백인 남성이다. 그는 잘 관리된 자동차를 소유하고 있다. 과시하기에도 손색없을 정도로 잘 관리되어서 피해자들이 차에 타는 것을 편안하게 여겼을 것이다. 연령대가 비슷하므로 목표로 삼은 대상자에게 자신 있고 편안한 모습을 보이면서 다가가 대화를 이어갈 수 있었을 것이다. 하지만 이 자신감은 표면적인 모습일 뿐이다. 범행을 미리 계획했다는 점(밧줄을 미리 준비했고 피해자를 통제하기 위해 결박했다)과 대비되게 시신의 유기가 경험 부족과 다급함을 드러내는 방식으로 황급히 이뤄졌다는 사실이 이를 보여준다.

또한 밧줄의 사용은 이 범행의 성적인 속성을 암시하는 것일 수 있다. 이것은 사망 전과 사망 후 모두에서 명시적인 성폭행의 흔적이 없다는 사실과도 부합한다. 밧줄로 피해자를 결박하는 행동에는 성적으로 피해자를 통제하는 것과 유사한 요소가 있다. 그리고 후속 행동이 없었다는 것은 성적인 미성숙, 경험 부족, 그리고 편집증을 드러낸다. 칼자국은 공격의 강도가 매우 높았음을 드러내는데, 범행을 성적인 경험으로 전환시키는 것에 실패한 데 대해 느낀 좌절과 분노를 보여준다. 이것은 가해자의 행동이 성적 판타지대로 살고자 하는 동기에서 추동되었으리라는 점을 암시하며, 그 판타지는 가해자 본인이 어린 시절에 겪은 성적 트라우마에 뿌리가 있을 가능성이 크다.

새벽에 납치하는 습관은 야간에 일하는 반숙련 기술자 같은 블루칼라 노동자의 시간 패턴을 암시한다. 다시 이는 평균적인 수준의 지적 능력을 암시하는데, 아마 고등학교 교육은 얼마간 받았겠지만 그 이상은 아닐 것이다. 그는 미혼일 것이고 여성과 있는 상황을 편하게 여기지 못하는 사람일 것이다. 또한 성적인 경험도 없을 것이다. 그는 감정 발육이 부진하고 충동적이며, 이 지역 사람이다. 그는 어린 남자아이들에게 집착하는데, 이에 비추어 볼 때 어린이 스포츠팀 등 어린 남자아이들과 어울리는 기회를 가질 수 있는 활동에 관여했을 가능성이 크다. 그는 아파트에 혼자 산다. 그에게는 수사물과 탐정 잡지가 일종의 포르노다. 과거에 어린 소년들을 대상으로 성폭력을 시도한 청소년 범죄 이력이 있을 것이다. 그는 외톨이이고 이 마을을 벗어나고 싶어 하지만 일자리를 구할 수 없을 것 같아서 떠나지 못하고 있다. 그는 〔범행에서〕 점점 더 자신감을 획득해가고 있으며 위험도가 높은 행동을 통해 곧 자신을 노출하게 될 가능성이 있다.

우리는 이 미확인범이 오랜 시차를 두기보다는 빠른 시일 안에 다음 범행을 감행할 것이라고도 언급했다. 지금 사건만으로도 압도된 상태인 지역 경찰로서는 듣고 싶지 않은 말이었겠지만, 우리는 가장 발생 가능성이 큰 현실에 그들이 천착하게 해야 했다. 게다가 이 미확인범은 첫 번째와 두 번째 범행 사이에 기법상의 진전을 보여주고 있었다. 그리고 겨울 방학이 다가오고 있었는데, 이는 아이들이 안전한 교실이 아니라 공격에 더 취약한 환경에 놓이게 되리라는 의미였고 살인자에게 이것은 저항하기 어려운 유혹적인 기회가 될 것이었다.

이후 몇 주간 경찰은 수많은 용의자를 조사했다. 그중에는 어린 소년들을 억지로 차에 태우고 소아성애 행위를 한 사람도 있었다. 이 일로 체포되어 유죄가 선고되긴 했지만, 대니와 크리스토퍼 사건과는 관련이 없었다. 12월은 추가적인 범행 없이 지나갔고 1월 초도 그랬다.

사건은 1월 11일 아침에 해결되었다. 학교들이 개학을 했고 교회 부속 어린이집의 한 여교사가 주차장에서 의심스러운 자동차가 어슬렁거리는 것을 보고 차 번호를 적기 시작했다. 하지만 운전자가 알아차리고 뒤로 후진해 차를 세우더니 차에서 나와 적은 종이를 내놓지 않으면 죽이겠다고 협박했다. 교사는 가까스로 그를 밀치고 건물 안으로 뛰어들어 뉴스에서 보았던 핫라인 번호로 신고했고 남자는 달아났다.

지역 경찰과 FBI 오마하 지국 수사관은 곧바로 행동에 나섰다. 그들은 해당 자동차를 추적해 인근 차고에서 발견했고, 차량을 조회해 오펏 공군기지의 이등병이 빌린 것이라는 사실을 알아냈다. 그 이등병 본인의 차는 차고에서 수리 중이었다. 수사관들이 이등병의 차 안을 들여다보니 첫 번째 피해자에게서 발견된 것과 비슷한 밧줄이 있었다. 그들은 공군 특수수사국에 연락해 자동차 소유주의 거처에 즉시 들어갈 수 있는 압수수색 허가를 받아냈다. 자동차 소유주는 레이더 수리공 존 조지프 주베르 4세John Joseph Joubert IV였다. 압수수색 결과 동일한 유형의 밧줄이 더 발견되었고 큰 사냥용 칼과 닳도록 읽은 탐정 잡지 수십 권이 나왔다. 그중 하나는 신문 배달 소년을 죽이는 내용이 나오는 페이지 한구석이 접혀 있기까지 했다. 이러한 점들과 함께, 21세의 젊은 백인 남성이고 왜소한 체구의 소유자라는 사실까지 모두가 프로파일이 묘사했던 바와 완벽하게 일치했다.

나중에 알려진 바에 따르면 주베르는 공군기지의 저숙련 정비병이었고 야간에 일했다. 또 오랫동안 보이스카우트에서 활동했고 공군기지 내 보이스카우트 부대의 조교였다.

주베르는 처음에는 소년들을 죽인 사실을 부인했지만 증거를 들이대자 크게 동요하는 것 같았다. 수사관이 자동차에서 발견된 밧줄이 첫 번째 피해자에게서 발견된 것과 일치한다고 말했더니, 그는 자신이 보이스카우트 조교이며 그 밧줄은 보이스카우트 단장이 선물로 준 것이라고 설명했다. 이어서 그 보이스카우트 단장과 이야기하고 싶다고 했다. 이것은 우리에게 전략적인 기회로 보였다. 용의자가 신뢰하고 있는 사람을 통해 용의자의 두려움을 누그러뜨리는 수사 기법을 활용하기에 좋은 조건이 형성된 것이다. 보이스카우트 단장과의 만남이 주선되었고, 주베르는 긴 대화 끝에 보이스카우트 단장의 조언을 받아들여 대니와 크리스토퍼의 살해를 자백했다. 그는 아이들을 납치하자마자 살해했다고 했다. 또한 합의에 의한 성관계를 가져본 적이 없으며 어린 소년에게 성적으로 흥분을 느낀다고 했다. 그뿐 아니라 그는 지배, 권력, 통제를 다루는 탐정 잡지 매니아였다.

주베르의 자백 내용도 FBI가 작성한 프로파일과 일치했다. 그는 정서 발육이 부진한 상태였고 성적 지향이 모호했으며 충동적이었다. 모두 우리의 추정대로였다. 그가 어떤 인물인지는 대니를 죽인 경위를 목록 정리하듯 차근차근 밝힌 그 자신의 묘사에서 잘 볼 수 있다.

> 나는 나가서 그걸 하기 위해 시계를 (5시 30분에) 맞추었습니다. 차를 타고 퀵숍 스토어에 갔고 한 아이가 거기 있는 것을 보았습니다. 그는 신문을 배달하고 있었습니다. 나는 그 아이를 지나쳐서 주차장으로 갔습니다. 아이 옆을 지나가는데 어떤 생각이 떠올랐습니다. 저 아이를 납치해서 트렁크에 넣고 어디론가 데리고 가자고요. 나는 아이의 뒤로 걸어

가서 손으로 아이의 입을 막고 "소리내지 마"라고 말했습니다. 아이의 입에 반창고를 붙이고 손을 등 뒤로 묶었습니다. 그리고 여기에서는 할 수 없다고 생각했습니다. …… 그래서 흙길을 따라 운전해가서 차를 세웠습니다. 그다음에 아이를 트렁크에서 꺼내 셔츠와 바지를 벗으라고 했어요. 손으로 아이의 목을 조르고 있었던 것이 기억납니다. 아이는 손을 묶은 것이 느슨해지자 나를 막으려고 했습니다. 나는 "걱정 마"라고 말했습니다. 그리고 칼을 꺼냈습니다. 낚시에서 쓰는, 생선 다듬는 칼이었습니다. 비싼 것은 아니었어요. 반창고는 병원에서 구했습니다. 모델을 만들다가 엑삭토(엑스액토X-Acto) 칼에 손을 베인 적이 있는데, 그때 병원에서 받은 반창고였습니다.

주베르는 그다음에 대니의 가슴을 한 번 찔렀고 아이가 비명 지르는 것을 들었으며 다시 천천히 여러 차례 아이를 칼로 찔렀고 칼이 푹 들어갈 때마다 점점 더 성적으로 흥분되었다고 당시 상황을 묘사했다.

대니의 왼쪽 허벅지에 난 큰 자상을 설명하는 대목에 이를 때까지 주베르의 자백에서 감정 상태를 암시하는 부분은 전혀 없었다. "치흔을 없애려고 한 것이었어요. 아이들을 매뉴얼에 따라 죽이는 것이 중요했거든요. 정확하게 말이에요." 그리고 대니를 실제로 죽이던 순간에 아무런 감정도 느끼지 못했다고 강조했다. 그는 사전에 잘 연습된 판타지를 상연하고 있을 뿐이었다. "어처구니 없도록 냉정하게 들리리라는 것을 압니다." 이렇게 말하면서 주베르는 살해를 하고 나서 "손에 피가 잔뜩 묻은 채 맥도날드에 가서 남자 화장실에서 손을 씻고 아침 식사를 시켜서 먹었다"고 덧붙였다. "그리고 집에 갔고 침대에 쓰러져서 한두 시간쯤 푹 잤습니다."

주베르는 우리가 연구하고 있던 연쇄살인범들과 많은 유사점을 가지고 있었다. 사건을 하나씩 검토할 때마다 점점 더 뚜렷하게 발견되는 패턴이 있었는데, 주베르가 바로 그 패턴을 보이고 있었다. 주베르의 어린 시절과 배경 환경은 처음부터 내가 그렇지 않을까 생각하고 있었던 점 하나를 확증해주는 것 같았다. 연쇄살인범이 무작위로 연쇄살인범이 되는 것이 아니라 특정한 논리에 따라서 연쇄살인범으로 발달해간다는 생각 말이다. 연쇄살인범은 왜곡된 설계에 의해, 어린 시절과 성격, 심리의 혼합에 의해 형성되었고, 특정한 트리거가 있는 상황에 처하면 이 모든 것이 합쳐져 그가 끔찍하게 폭력적인 방식으로 그 트리거에 반응하게 만들었다. 주베르는 이를 보여주는 교과서적인 사례였다.

주베르의 부모는 그가 어렸을 때 이혼했고 어머니는 아이를 데리고 생판 낯선 메인주로 이사했다. 이곳에서의 생활은 경제적으로 매우 곤궁했다. 주베르는 분노하고 좌절했고 공격성을 보이기 시작했다. 연쇄적인 폭력 행위를 처음 보인 것은 고작 13세 때였고, 그때의 연쇄 행위는 4개월에 걸쳐 이뤄졌다. 가장 먼저, 자전거로 자신을 앞질러 간 6세 여자아이를 연필이나 드라이버 같은 것으로 찔렀다. 몇 주 뒤에는 길을 걷다가 자신을 앞질러 간 27세 여성을 칼로 찔렀다. 두 달 뒤에는 엑스액토 칼로 9세 남아의 목을 그었다. 피해자는 생존했지만 약 5센티미터 길이의 상처를 십여 바늘이나 꿰매야 했다. 주베르에게 이러한 공격은 살인 판타지를 발달시키는 예비 과정이었다.

주베르는 기억할 수 있는 아주 옛날부터 폭력 판타지를 경험했다고 말했다. 그가 떠올릴 수 있는 가장 이른 경험은 여섯 살 때로, 베이비시터 뒤로 몰래 다가가 목을 조르고 베이비시터가 다 사라질 때까지 먹어치우는 환상이 떠올랐다고 했다. 그는 어린 시절 내내, 그리고 첫 살인을 할 때까지도 계속해서 이 판타지를 머릿속에서 여러 차례 재생했고 그러면서 점점 더 정교하게 개선했다고 말했다. 판타지의 대상이 언제 여성에서 어린 남자아이로 바뀌었는지는 기억하지 못했다. 하지만 그는 판타지가 현실보다 더 진짜 같아 보인다는 것은 알고 있었다. 그에게 현실은 좌절과 제약의 연속이었다. 반면, 판타지는 그가 자신의 상상에 탐닉할 수 있게 해주었다.

체포되고 나서 그의 정신 감정을 담당한 정신분석학 전문의는 이렇게 평가했다. "그는 감정적 경험에서 너무나 분리되어 있어서 만성적인 정서적 해리 상태를 겪는 것으로 보인다. 나는 본인도 이 결함을 어렴풋이나마 알고 있지 않았을까 생각하며, 살해가 그에게는 강렬한 감정을 경험하려는 시도인 측면이 있었을 것이라고 본다." 이 분석에 주베르 본인도 동의하는 것 같았다. 그는 자신의 판타지가 아버지가 어머니를 수없이 때린 것을 포함해 어렸을 때 목격한 가정 폭력을 잊기 위해서였으며, 그 이후로 심리적 압박을 느낄 때면 언제나 판타지를 떠올렸다고 말했다.

"그런 생각을 떠올리면 긴장이 누그러졌습니다. 그렇게 하면 기분이 나아진다는 것을 알게 되었고 커가면서 그게 습관이 되었습니다."

또한 주베르는 범행 대상의 연령대에 대해서도 중요한 정보를 제공했다. "11~13세 때 매우 불행했거든요. 제 생각에, 그 나이대 아이들을 고르는 것은 나 자신을 대상으로 삼는 것과 같았습니다."

보고서의 다른 내용들도 주목할 만했고, 나는 이러한 내용이 우리가 진행하고 있던 연쇄살인범 연구에 포함되도록 신경을 썼다. 첫째, 정신 능력 테스트 결과 주베르는 높은 IQ와 뛰어난 기억력을 보였다. 둘째, 그는 자신의 범행을 이야기할 때 매우 객관적이고 거리를 둔, 거의 임상적인 태도를 보였다. 본인이 저지른 끔찍한 범행을 이야기하는 것이 아니라 영화 내용을 회상하는 것처럼 보일 정도였다. 셋째, 그는 사고와 행동 모두가 지극히 구조화되어 있었다.

내가 주목한 바는, 주베르가 똑똑하고 주도면밀하며 매우 체계적인 사람이면서 다른 이에게 공감하는 능력은 거의, 혹은 전혀 없는 사람이라는 것이었다. 그와 동시에, 그는 자신이 남들과 다르다는 것을 충분히 잘 알고 있었고 그 때문에 깊은 고립감을 느꼈다. 이것은 주베르가 주변 세계와 자신의 감정 사이의 분리에 다리를 놓으려는 시도로서 정교한 판타지를 만들도록 이끌었다. 하지만 그것만으로는 충분하지 않았다. 무엇이라도 실제의 감정을 느끼기 위해서는 다른 이들에게 고통을 야기해야 했다. 피해자를 물색하면서, 그리고 타인에게 그의 방식으로 고통을 촉발하면서, 주베르는 자신이 오래도록 접하지 못했던 감정을 경험하는 기생적인 방법을 발견했다.

*

주베르 사건은 더글러스와 레슬러와 내게 결정적인 전환점이었다. 그때까지 우리가 진행하던 범죄자 성격 연구의 초점은 유죄 판결을 받고 복역 중인 연쇄살인범을 면담하고 분석하는 것이었다. 그런데 이제 프로파일링을 통해 연구 결과를 수사 기법에 적용함으로써 정말 중요한 다음 단계를 밟은 셈이 되었다. 우리는 범죄자에 대한 실시간 프로파일링이 가장 긴박한 수사에서도 도움이 될 수 있다는 것을 입증했다. 아직 초기 단계이긴 했지만 우리는 프로파일링이 강력하고 효과적인 도구가 될 잠재력이 있다는 것을 확인했다. 끝으로, 하지만 매우 중요하게, 우리는 여러 기관이 협업해야 하는 복잡한 상황에서도, 즉 지방, 주, 연방 기관들이 자원을 공유해야 하는 복잡한 상황에서도 프로파일링이 성공적일 수 있다는 것을 보여주었다. 한마디로 프로파일링은 효과가 있었다!

레슬러는 기관 간 협업이 얼마나 중요한지 보여주는 사례로 주베르 사건을 그의 FBI 아카데미 교육 내용에 곧바로 포함시켰다. 이 무렵, 메인주 포틀랜드에서 교육에 참가한 한 경찰이 강의를 듣다가 자신의 관할 지역에서 미제로 남아 있던 사건 하나와 네브라스카주 사건이 비슷하다는 것을 발견했다. 그는 강의가 끝나고 레슬러에게 이야기를 나눌 수 있겠느냐고 청했다. 그리고 메인주 사건이 일어난 시기가 주베르가 공군기지로 이사하기 3개월 전 메인주에 살던 시절이라고 말했다. 레슬러도 우연이라고 흘려보내기에는 사건의 유사성이 너무 공교롭다는 데 동의했고 그 경찰에게 메인주 사건의 수사 기록 사본을 보내달라고 했다. 1982년 8월 22일에 11세 소년 리처드 스텟슨Richard Stetson('리키'라고 불렸다)이 칼에 찔리고 목이 졸려 살해된 사건이었다. 레슬러에게 가장 눈에 띈 사실은 부검 사진 속의 피해자 다리에 난 치흔이었다. 가해자는 지그재그로 칼질을 해서 치흔을 가리려 한 것으로 보였다. 레슬러는 주베르가 네브라스카주에서 저지른 두 건 외에 메인주에서 벌어진 스텟슨 사건의 범인이기도 하다는 증거로 치흔 분석을 제시했다.

주베르 사건은 더 큰 범위에서도 중요했다. 이 사건은 전국적으로 기사화되었다. 그가 범행을 저지른 네브라스카주 우드포드 카운티의 지명을 따서 '우드포드 슬래셔'라는 별명도 생겼다. 이것은 행동과학부가 스포트라이트를 받은 첫 번째 사건이었다. 그리고 이 사건을 성공적으로 해결하면서 우리는 FBI 국장 윌리엄 웹스터에게 인정을 받을 수 있었다. 그는 프로파일링이 사건 해결에 결정적인 역할을 했음을 치하하는 공식 감사 서한을 보내왔다. 또한 전국적인 언론의 관심 덕분에 이 사건의 내용은 연방의회 의사록에도 올라가게 되었는데 다음과 같은 언급이 포함되어 있다. "모든 관련자들이 최고의 찬사를 받아야 마땅하다."

대중적인 지지는 FBI 내부에서 행동과학부가 가치를 인정받는 데도 큰 도움이 되었다. FBI의 전통주의자들은 여전히 프로파일링이 너무 학구적이어서 실제 세계의 범죄와 관련해서는 별 영향을 미치지 못하리라고 보았지만, 가장 완고한 반대자라 해도 이 성공을 부인할 수는 없었다. 우리는 범죄자의 마음을 파악하는 것이 할 만한 가치가 있는 일임을 입증했다. 우리는 올바른 경로를 밟고 있었다.

마침내 전국적으로 인정받았다는 사실은 믿을 수 없을 만큼 힘이 나는 일이었지만, 무엇보다 큰 보람은 실제 수사에서 범죄자를 잡아내는 데 프로파일링을 사용할 수 있었다는 점이었다. 이제까지 직면했던 의구심과 테스트, 끝없는 비판 등은 모두 사소하게 느껴졌다. 우리는 프로파일링 기법으로 얼마나 더 많이 발생했을지 모를 아동 피해자를 막을 수 있었다. 하지만 아직 시작일 뿐이었다. 1980년대에 연쇄살인 사건은 전례 없는 수준으로 증가하고 있었고, 주베르는 이 추세에서 하나의 사례에 불과했다. 우리의 일은 이제 시작이었다.

3장

프로파일러들을 프로파일링하다

학교 일과 행동과학부에서 새로 맡은 일을 병행하기 시작했을 때, 보스턴과 워싱턴DC를 오가는 것은 완전히 다른 두 세계를 오가는 것 같았다. 흥미로웠다. 비행기를 타고 보스턴을 떠나 DC로 갈 때면 온화한 교수님에서 범죄와 싸우는 강철 같은 요원으로 변신하는 기분이 들었다. 게다가 나의 '이중 자아'를 아는 사람이 거의 없었기 때문에 이 모든 상황이 더욱 극적으로 여겨졌다. 두 세계를 분리하는 것은 내게 매우 중요했다. 나는 이제 막 가정을 꾸린 참이었고 행동과학부 일에서 접하게 되는 끔찍한 사건들과 가정 생활을 분리하고 싶었다. 하지만 칸막이를 치는 게 늘 쉽지만은 않았다. 이를테면, FBI 요원이 언제 전화를 해올지 알 수 없었다. 때로는 간단한 질문이었지만 때로는 "가능한 한 빨리 와주세요" 같은 긴급한 요청이었다. 언제라도 돌발 상황이 생길 수 있다는 데 늘 대비하고 있어야 했다. 내가 일상의 세계에서 해야 하는 일과 그 세계에서 누리는 즐거움이 무엇이건 간에 요원의 전화는 누군가의 목숨이 달린 문제일 수 있었기 때문이다. 일의 속성상 그럴 수밖에 없었고, 애초에 그럴 줄 알고 이 일을 하기로 했다는 사실 또한 나는 잊지 않고 있었다.

아무튼 그래서 출장용 가방을 늘 준비해두는 버릇이 생겼다. 기본적인 짐을 미리 챙겨놓은 가방을 요원들은 '출동 가방'이라고 불렀는데, 나도 출동 가방을 쓸 일이 아주 많았다. 전화를 받으면 후다닥 짐을 들고 가장 빠른 비행기를 잡았다. 그 당시에 보스턴과 DC를 오가는 쌍발 엔진 프로펠러 비행기는 예약을 할 필요가 없었고 보안 검색도 없었다. 그냥 표를 사서 비행기에 타고 자리에 앉으면 되었다. 만석이면 다음 비행기 티켓으로 바꿔주었고 〔기다리는 동안〕 샌드위치와 음료를 제공해주기도 했다. DC에 도착하면 눈에 띄지 않는 검정색 차가 마중 나와 있었다. 그 차를 타고 FBI 아카데미까지 가는 동안 사건 서류와 메모 들을 검토했다. 그러다 보면 연방정부 건물들에서 주택단지로, 다시 숲으로 풍경이 바뀌었고 마침내 어느 외진 곳의 한복판에 도착했다.

이때는 1970년대 말이었고 FBI 아카데미가 DC에서 남쪽으로 약 65킬로미터 가량 떨어진 버지니아주 콴티코의 해병대 기지로 옮겨온 지 얼마 되지 않았을 때였다. 새 부지는 약 2제곱킬로미터의 들판, 구릉, 습지에 조성되어 있었고, 동쪽으로는 포토맥강, 서쪽으로는 오래된 숲에 둘러싸여 자연적으로 고립된 조용한 곳이었다. FBI의 규모와 범위와 전문성이 커지면서, 콴티코는 크기 자체만으로도 FBI의 중요한 자산이 되었다. FBI는 1969년에 새 요원들을 첨단시설에서 훈련시키기 위해 거대한 복합단지를 짓기 시작했다. 그리고 내가 왔을 무렵이면 FBI는 크게 두 영역으로 나뉘어 있었고, 위치도 하나는 그대로 DC에, 다른 하나는 콴티코에 나뉘어 있었다. DC는 FBI '본부'였고, 콴티코로 이전한 '아카데미'는 강의, 사격 훈련, 실험실 분석, 그 밖의 연구 프로그램이 돌아가는 교육 훈련 부서였다.

하지만 이러한 기술과 전문성의 발달은 양날의 칼이었다. 수사 당국의 역량이 발달하는 한편으로 범죄자의 독창성과 정교함도 꾸준히 진화했다. FBI는 이것을 알고 있었고 범죄자보다 늘 한 발 앞서 있는 것이 얼마나 중요한지도 잘 알고 있었다. 그럴 수 있는 수단을 제공하는 것이 바로 콴티코의 임무였다. 콴티코의 FBI 아카데미는 과학수사 교육, 실험실 분석, 범죄 현장 모의 훈련 등을 통해 요원 훈련 방식을 확대했다. 사격 훈련도 현장과 유사한 환경에서 진행했다. 그리고 아마도 가장 중요하게, FBI 역사상 처음으로 범죄 행동의 기저에 있는 심리를 이해하기 위한 연구에 인력과 자원을 할당했다. 지난 10년 사이 유괴, 강간, 연쇄살인 등 특이한 유형의 사건이 놀라울 정도로 급증하고 있었고 FBI는 이유를 알아야 했다. 이렇게 해서, 그 이유를 알아내는 임무를 부여받은 행동과학부가 탄생했다.

나는 초청 강사로 행동과학부를 오가던 초기에 이 같은 FBI의 현대화 과정을 직접 목격할 수 있었다. 인상적이었다. 새 시설에는 극장 스타일의 대강당, 24개의 강의실, 두 동의 기숙사, 식당, 체육관, 최신식 도서관, 그리고 커다란 사격장이 있었다. 복합단지 전체가 FBI 요원뿐 아니라 군 장교들과 전국의 수사기관에서 온 경찰들의 다양한 활동으로 들썩였다. 많은 면에서 대학 캠퍼스와 비슷한 느낌이었지만, FBI 전체가 그렇듯이 이곳은 무엇보다 규율과 충성심의 전통이 지배하는 공간이었다.

FBI 아카데미에서 내 위치가 독특하긴 했지만 내가 지켜야 했던 규칙은 그들과 마찬가지였다. 콴티코는 신성한 땅이었다. 들어가려면 신원 조회를 거치고 서류와 허가증을 얻어야 했으며 늘 행동을 신경쓰지 않을 수 없게 하는 커다란 방문자 출입증을 항상 패용하고 있어야 했다. 또한 이곳에서는 내 모든 행동이 늘 예의 주시 대상이라는 것과 돌아가는 방식이 위계적이라는 것에도 적응해야 했다. 이러한 특징은 방문 강연자로 일을 시작하자마자 바로 알 수 있었다. 한번은 밤 늦게 도착해서 등록을 하고 두 기숙사동 중 작은 곳에 있는 손님용 숙소로 들어가 곧 곯아떨어졌다. 그렇게 몇 분밖에 지나지 않은 것 같았을 때 천지에 진동하는 총소리에 소스라치게 놀라 잠에서 깼다. 오전 6시였고, 약 90미터도 떨어지지 않은 곳에서 진짜 총성이 울린 게 맞았다. 사격장이 막 문을 연 것이다. 하지만 그런 식으로 잠에서 깨는 것이 얼마나 기겁할 일이었든 간에 절대로 요원들에게 말하면 안 된다는 것을 나는 잘 알고 있었다. 새로운 환경에 유연하게 적응하면서 스스로를 완벽하게 통제하고 있다는 것을 보여주어야 했다. 이것은 예기치 못한 일에 어떻게 대처하는지를 보는, 또 하나의 테스트였다.

내가 일원으로 인정받기까지는 5년이 걸렸다. 1978년에 헤이즐우드의 전화를 처음 받았을 때부터 1980년대 초에 주베르 사건이 성공적으로 마무리되었을 때까지였고, 이 시기를 거치면서 나는 FBI 아카데미의 초청 강사에서 행동과학부 요원들로 구성된 특별팀의 일원이 되었다. 아무튼 내가 여기까지 오게 된 공식적인 이야기는 이렇고, 요원들이 가욋일로 하던 비공식 프로젝트를 도우며 발을 들인 순간부터 장막 뒤에서 내가 정확히 어떤 일을 했는지 아는 사람은 거의 없었다. 어쨌든 나는 팀의 일원이 된 것이 마냥 기뻤다. 레슬러와 나는 함께 '범죄자 성격 연구'의 공동 디렉터가 되었다. 우리는 이 프로젝트를 연쇄살인범 연구와 프로파일링 개발이라는 두 부분으로 나누어 진행하고 있었다. 그리고 얼마 전에 미국 형사정책연구소에서 연구 지원금을 딴 덕분에, 나는 범죄자 성격 연구의 예산과 연구 설계 파트, 그리고 보스턴 시립병원에서 이 연구의 데이터 입력, 통계 분석, 범죄자 면담과 프로파일링 녹취 정리 등을 담당하는 여덟 명의 프로젝트 스태프를 지휘하는 일을 맡게 되었다.

내가 합류하게 되었다는 소식을 듣고 처음 인사를 건넨 사람은 헤이즐우드였다. 그는 이 기쁜 소식을 악명 높은 지하 방공호 옆 사무실 동료들에게 한시라도 빨리 전하고 싶어 하면서 엘리베이터까지 가는 지름길로 나를 안내했다. 우리는 총기 일습이 구비된 곳에서 교관이 훈련생들에게 총기 다루는 법을 강의하고 있는 곳을 가로지르게 되었는데, 모두가 일순간 하던 일을 멈추고 우리를 쳐다보았다.

"괜찮아요, 이분은 우리 팀이에요." 헤이즐우드가 말했다.

나는 미소를 짓고서 상황을 받아들이느라 잠시 걸음을 멈추었다. 처음으로 내 일의 가치만큼이나 FBI에서의 내 역할에 대해 자신감을 느낀 순간이었다.

하지만 감상에 빠져 있을 수 있는 시간은 길지 않았다.

"교수님, 뭐 하세요, 안 따라오시고?"

나는 황급히 헤이즐우드를 따라 엘리베이터에 탔고 그는 아무 표시도 없는 버튼을 눌렀다. 우리를 익숙한 지하층까지 아래로, 아래로, 아래로 데려갈 버튼이었다. 문이 열리자 마중 나와 있던 더글러스가 농담을 했다.

"축하드립니다, 교수님. 강력 범죄 분석을 위한 국립 지하 감옥의 공식 일원이 되셨습니다. 이곳은 지하 18미터이고 우리는 죽은 사람들보다도 열 배나 더 아래에 있어요."

요원들 모두 웃었고 나도 웃었다. 그러면서도 FBI가 우리를 다른 이들 눈에 띄지 않는 곳에, 그리고 뭐든 우리끼리 알아서 하도록 둔 것이 의아했다. 여기는 지하로 몇 층이나 내려온 창문도 없는 공간이었고, 원래는 국가적 긴급 상황에서 연방 법 집행 당국자들이 사용할 장소로 고안된 곳이었다. 아무도 우리가 무엇을 하고 있는지 와서 확인하지 않았고 우리가 거기 있는 것을 아는 사람 자체가 거의 없었다. 이것은 시사하는 바가 있었다. FBI가 범죄 행동의 기저에 있는 의미에 대해 관심을 갖게는 되었지만, 그리고 우리의 프로파일링이 초기의 몇몇 사건에서 성공하긴 했지만, 이 일 자체는 아직 인력이나 자원을 충분히 지원받을 만큼 가치가 입증되지 못한 상태였다. 프로파일링 기법이 폭넓은 범위에서 체계적이고 일관성 있게 적용 가능하다는 점을 입증하느냐 못하느냐는 우리에게 달려 있었고, 우리는 그것을 알아서 해나가야 했다.

나는 이러한 고립이 행동과학부의 정체성에도 중요하게 영향을 미치고 있다는 것을 금세 알아차릴 수 있었다. 행동과학부의 모든 요원은 각자의 강의 업무가 있었고,* 각자의 전문 분야에 대해 리서치 프로젝트를 진행하고 있었다. 다들 아주 열심히 일했지만 공통된 임무가 별로 없다 보니 이들 사이에서는 독립성과 자율성의 감각이 굉장히 강했다. 또한 이는 팀이 함께 모일 기회가 거의 없다는 의미이기도 했다. 예외적으로 다 같이 모이는 경우는 지극히 이례적인 사건이 들어와서 방화, 폭발물, 의례성 폭력 등 다양한 분야 전문가에게 의견을 들을 필요가 있을 때였다. 그런데 프로파일링의 성공 사례들이 알려지면서 그러한 이례적인 사건이 점점 더 많이 들어오고 있었다. 곧 우리는 아무도 해결하지 못하고 있는 희한한 사건에 대해 도움을 청할 수 있는 FBI 부서라는 평판을 얻었다. 이 상황은 행동과학부가 돌아가는 양상에 영향을 미쳤다. 처음에는 알듯 말듯한 미세한 변화였다. 하지만 곧 각자 자신의 관심사를 유지하는 가운데서도 공동의 목적의식이 점점 더 우리를 하나의 팀으로 묶어주었다.

내가 행동과학부 사람들 사이에서 발견한 또 하나의 공통점은 권위에 대한 불신이었다. 그들이 대놓고 반항했다는 의미는 아니다. 그보다는, 상황이 자신에게 유리하게 돌아가도록 은근슬쩍 회피하거나 오도하는 종류의 습관이 있었다. 이를테면, 상사인 로저 데퓨를 대하는 태도에서 이 점을 잘 볼 수 있었다. 행동과학부의 개척자 중 한 명인 데퓨는 1970년대 말에 행동과학부 부장으로 승진한 이래 교육 업무와 부서 관리 업무를 함께 맡고 있었다. 그는 규칙과 질서를 잘 따르고 조

* FBI 아카데미에서 풀 타임으로 강의를 진행해야 했을 뿐 아니라 때때로 2주간의 출장 강의도 나가야 했다. 출장 강의에서는 2인 1조로 한 번에 두 도시를 도는데, 일요일에 첫 도시에 도착해서 일주일간 교육하고 다음 도시로 이동해서 다시 일주일간 교육하는 일정이었다.

직 내에서 문제를 일으키지 않는 것으로 길을 닦은 사람이었다. 행동과학부 요원들에게 애정과 존경을 받고는 있었지만 그들을 통솔하는 데서는 고전했다. 그는 행동과학부 사람들을 고집스럽다고 묘사했고, 한번은 자신이 쿼터백으로만 이뤄진 미식축구팀 코치 같다며 "무엇을 해야 하고 그것을 어떻게 해야 하는지에 대해 각자가 저마다의 강한 견해를 가지고 있다"고 말하기도 했다.

참으로 정확한 평가였다. 행동과학부는 FBI에서 범상치 않은 성격을 가진 사람들만 모아놓은 부서 같았다. 성격, 관심사, FBI에 오게 된 배경도 다 달랐다. 하지만 이런 그들을 한데 묶어주는 공통점이 하나 있었는데, 다들 범죄자의 심리를 짚어내는 타고난 능력이 있다는 것이었다. 인간의 행동이나 사고를 전문적으로 공부한 사람은 아무도 없었지만 대신 탁월한 감과 요령이 있었다. 나는 그들이 어떻게 수사 기록을 분석하고 행동 패턴을 찾아내는지 보면서, 또 범죄와 범죄 동기를 긴급하게 해석해야 하는 현지 수사팀이 이들에게 도움을 구하는 것을 보면서 이러한 특징을 여실히 볼 수 있었다. 이들 모두 자기 일을 아주 잘했고, 일에 대한 열정을 주어진 업무로만 한정하지 않았다. 그들은 자신의 고유한 재능을 무언가 더 큰 일을 위해 개발하고 싶어 했다.

하지만 문제가 하나 있었다. 집단으로서 행동과학부는 FBI가 수사에 심리학을 적용하는 방식을 획기적으로 재구성할 막대한 잠재력을 가지고 있었지만, 그러려면 일단 그들이 스스로를 한 팀으로 보아야 했다. 그리고 그러기 위해서는 각자가 전체에 무엇을 기여할 수 있는지 알아야 했다. 나는 내가 그들을 개인적으로 더 잘 알게 된다면, 그들 각자의 연구 관심사에서 협업을 할 수 있다면 이 과정을 단축시킬 수 있으리라고 생각했다. 그래서 곧 나는 '1세대 프로파일러' 네 명 모두와 공동 연구 경험을 갖게 되었는데, 바로 로이 헤이즐우드, 켄 래닝, 존 더글러스, 로버트 레슬러다.

헤이즐우드는 행동과학부의 최고참 중 한 명이었다. 아이다호주 출신으로, 원래는 군에 있다가 1971년에 FBI로 왔다. 그는 중서부 특유의 사람 좋아 보이는 친절함을 가지고 있었는데, 딱딱하고 진지한 요원들 사이에서 단연 돋보이는 특징이었다. 유머 감각도 있었고 자신이 행동과학부에 오게 된 경위를 말하기도 좋아했다. 때는 1978년 겨울이었고 그는 FBI의 '관리 적성 검사'를 치렀는데 운영 전문성에서 높은 점수를 받아 지국장으로 발령될 우선순위에 있었다. 하지만 가족이 있는 버지니아주에 계속 있고 싶어서 당시에 콴티코에서 근무할 수 있는 유일한 직책이었던 것을 맡기로 했다. 행동과학부의 성범죄 전문 교관이었다. 1월에 이 일을 시작하게 되었을 때 그는 지하의 가장 어둡고 외진 곳에 있는, 청소 비품 창고를 개조한 곳으로 안내받았다. 그의 새 사무실이었다. 불을 켜보니 환영 선물로 검정 레이스 팬티가 책상 위쪽 벽에 걸려 있었다.

헤이즐우드는 열악한 환경에서도 열심히 일했고 곧 성범죄와 강간살해 전문가로 유명해졌다. 그는 탐구적인 마음을 가지고 있었고 질문하기를 좋아해서 행동과학부에 제격이었다. 또한 리서치에도 제격이었다. 행동과학부에 온 지 두어 달쯤 되었을 때 그는 수사 중인 사건 하나에 대해 아이디어를 얻으려고 악명 높은 '하비 글래트먼Harvey Glatman 사건'*을 살펴보고 있었는데, 대답할 수 있는 사람이 아무도 없어 보이는 질문들이 계속 떠올랐다. 왜 글래트먼은 피해자를 다양한 자세로 묶고 다양한 상태로 옷을 벗게 해서 그것을 사진으로 찍었을까? 어디에서 그런 걸 배웠고, 왜 그러한 것에 흥분이 되었을까? 왜 피해자의 발목만 묶지 않고 다리 전체를 꽁꽁 묶었을까? 한 박스 분량의 사건 파일을 파고들다 보니 글래트먼 사건에서 더 배울 게 있다는 생각이 점점 더 강하게 들었다. 누군가가 성범죄를 저지르는 데는 이유가 있다는 생각과 그 이유가 정확히 무엇인지 알아내는 것이 중요하다는 생각이 떠나지 않았다. 그는 살인자의 과거를 알면 그가 어떤 사람이 되었고 왜 그런 사람이 되었는지에 대해 통찰을 얻을 수 있으리라고 생각했다. 그리고 글래트먼의 어린 시절에서 실마리를 발견했다.

사건 파일의 한 문서에서 글래트먼이 어렸을 때 끈 한쪽은 자신의 성기에 묶고 다른 쪽은 서랍장에 묶고 있는 것을 엄마가 발견했다는 내용을 보았다. 몇 년 뒤 부모는 또 한 번 글래트먼(아직 청소년이었다)이 자기성애적 질식auto-erotic asphyxia을 시도하는 것을 발견했다. 이번에는 욕조에서 끈 한쪽은 목과 성기에, 다른 쪽은 수도꼭지에 묶고 있었다. 초기 수사에서 이러한 과거 행동을 훗날 저지른 강간 살해와 연결시킨 사람은 아무도 없었다. 하지만 헤이즐우드에게는 명백히 관련이 있어 보였다.

1979년에 한 회의에서 헤이즐우드는 당시 행동과학부 부장이던 래리 먼로Larry Monroe에게 자기색정사auto-erotic fatality를 연구해서 여타의 비전형적 행동과 어떤 관계가 있는지 알아보게 해달라고 요청했다.

---

* 글래트먼은 1950년대의 연쇄살인범으로, 피해자들을 성폭행하고 살해하면서 다양한 사진을 찍은 것으로 유명하다.

먼로가 바로 대답하지 않자 헤이즐우드는 이 연구의 중요성을 설명하려고 했다. 그러자 먼로가 날카로운 질문으로 말을 막았다. "왜 이렇게 드문 사건(연간 1500건)을 연구하는 데 FBI의 시간과 자원을 써야 하나?" 헤이즐우드는 두 가지 이유를 들었다. 첫째, 이 연구를 통해 피해자의 가족이 사건을 매듭짓는 데 도움을 줄 수 있을 것이다. 종종 유가족은 이러한 유형의 사망이 벌어진 상황 때문에 고통받는다. 둘째, 경찰은 살인, 자살, 사고사를 구별해야 하는데, 자기색정사를 자살로 잘못 분류하는 것은 충분히 피할 수 있는 오류다. 이 오류를 피한다면 연구에 들어가는 비용보다 큰 시간과 자원의 낭비를 막을 수 있을 것이다. 먼로는 고개를 끄덕였고 헤이즐우드는 승인을 받았다. 조건은 연구 결과를 전국의 수사기관에 공유해야 한다는 것이었다.

헤이즐우드는 곧바로 연구에 착수했다. 그는 FBI 아카데미에 교육을 받으러 온 전국의 수사관들에게 1970년 이후 발생한 자기색정사로 보이는 사건을 알고 있으면 사망 현장 묘사나 사진과 함께 수사 자료를 제출해달라고 요청했다. 3년 사이에 157건의 사례가 들어왔다. 그는 나와 닉 그로스에게 도움을 청했다. 닉은 FBI 아카데미에서 강간범에 대해 강의하고 있었고 교정시설에서 강간범 연구를 한 적이 있는 심리학자였다. 우리 둘 다 관심이 있었지만 자기색정사에 대해서는 아는 것이 없었다. 사실 이 주제에 대해 잘 아는 사람은 아무도 없어 보였다. 이 주제를 생각이라도 해본 유일한 사람이 헤이즐우드였을 것이다. 그는 맨 땅에서부터 시작해야 했다. 헤이즐우드는 자기색정사의 정의를 성적인 흥분을 자극할 목적에서 시도된 기도 폐색, 흉부 압박, 화학물질이나 가스, 전기자극 등이 사인이 되어 발생한, 성적 행동에 의한 우발적 사망으로 규정했다.

닉과 내가 동참하기로 하면서 우리 셋은 저녁마다 콴티코에서 모든 사건에 동일하게 적용해 데이터를 분석하는 데 사용할 질문지를 설계했다. 그런데 연구를 시작하자마자 난관에 봉착했다. 닉이 시신 사진을 못 보겠다고 한 것이다. 하지만 내 경우에는 호기심이 공포를 이겼다. 그리고 나는 강간 피해자들을 연구한 적이 있었기 때문에 공포보다는 데이터에 집중하는 법을 알고 있었다. 나는 내가 도움이 될 수 있으리라는 것을 알고서 트라우마를 삼키는 법을 터득했다. 결국 우리는 내가 사진을 보고 분류하면 닉이 데이터를 입력하기로 업무를 분장했다.

157건을 모두 분석하고 나서 우리는 먼로가 제시한 조건대로 전국의 수사기관이 볼 수 있게 결과를 공개하려 했다. 하지만 거의 알려지지 않은 주제라 발견한 내용을 알리기가 쉽지 않았다. 이제 자기자극 행동과 폭력 행동 및 사망과의 관련성에 관해 거의 유일한 전문가가 된 헤이즐우드는 지역 경찰서에서 강의 요청이 들어오면 자신이 교육할 수 있는 주제 목록에 자기색정사(오토-에로틱 사망)를 크게 강조해 포함시켰다. 그것을 본 한 경찰서장이 잠시 머뭇거리더니 이렇게 말했다. "여기는 교통사고 사망은 많지 않은데요……."

헤이즐우드가 구석의 청소 비품 창고를 사무실로 써야 하긴 했지만 켄 래닝이 배정받은 공간에 비하면 양반이었다. 팀의 막내인 래닝은 문도 없는 예전 창고 공간에서 일해야 했다. 그래도 더글러스와 레슬러의 바로 맞은 편이라는 점은 행운이었다. 밧줄 이야기를 알게 된 것도 그 덕분이었다. 그는 두 선임이 사건의 상세 사항에 대해 이야기하는 것을 다 들을 수 있었고 모든 것을 스폰지처럼 흡수했다. 시간이 지나고 사건이 쌓여가면서, 이 과정은 그에게 프로파일러로서 더할 나위 없이 좋은 교육이 되었다. 그는 이것이 자신이 받은 최고의 교육이었다고 내게 말하기도 했다.

래닝은 브롱크스에서 자랐고 어린 시절 대부분을 정부가 지원하는 'FBI 청소년 클럽'에서 활동했다. 열 살밖에 안 되었을 때 회장을 맡기도 했다. 학교에서도 우수한 학생이었고 수영 선수로도 발군이었다. 그는 베트남전쟁이 막 과열되던 시기에 맨해튼 대학을 졸업했다. 결정을 내려야 한다는 것을 알고서 해군에 자원했고 학사장교 과정에 합격했다. 그곳에서 수중 폭발물과 사제 폭발물 해체 등이 포함된 전문 프로그램에도 자원했다. 그리고 이를 통해 FBI와 연이 닿았다. 어느 날 FBI 폭발물팀의 두 요원이 메릴랜드주 인디언헤드에 해군의 폭발물 처리 프로그램을 참관하러 왔다가 래닝의 실력을 보게 된 것이다. 그들은 래닝에게 계속 연락했고, 래닝은 3년의 복무 기간이 끝나자 FBI의 견습 수사관 특별 채용 서류를 받았다. 입사 시험을 거치지 않고 채용한다는 뜻이었다. 초봉은 연 1만 252달러였다. 그가 늘 원했던 일자리였다.

이후 10년 동안 래닝은 전국의 수사 현장에서 많은 경험을 쌓았다. 그는 뛰어나고 헌신적인 요원이었다. 그리고 1980년 12월에 보상을 받았다. FBI 아카데미 행동과학부 감독특수수사관으로 발령받은 것이다. 그는 이 일의 장점을 곧바로 알아보았다. 10년 넘게 현장에서 얻은 지식을 바탕으로 자신의 연구를 진행할 수도 있고 수사에 자문을 할 수도 있으며 신참 요원들을 교육할 수도 있을 터였다. 하지만 이 모든 계획에도 불구하고, 문도 없는 지하 사무실은 그에게 다른 경로를 예비해놓았으니, 바로 유능한 프로파일러가 되는 길이었다.

래닝의 성격은 그의 일과 떼놓을 수 없었다. 그는 어려움이 닥쳐도 침착했고 전문가다웠으며 말하기 전에 늘 먼저 생각했다. 또한 그는 행동과학부가 해결할 것으로 기대되는 종류의 끔찍한 범죄들을 다루기에 더할 나위 없이 평정심을 잘 유지했다. 1981년 초에 헤이즐우드가 성범죄자의 동기를 알아내기 위한 연구 프로젝트를 함께하자고 했을 때 래닝은 주저 없이 응했다. 이것은 그가 행동과학부에서 자신의 이름을 알릴 수 있는 기회였다. 다른 요원들은 모두 비슷비슷한 프로젝트를 하고 있었다. 래닝은 자신이 그저 밧줄에 대해 알고 있는 신참이 아니라는 것을 입증할 기회라고 생각했다. 그렇긴 해도, 종종 나는 래닝이 정말 무엇을 하게 될지 알고 동의한 것이었을까 궁금해질 때가 있었다. 그와 헤이즐우드는 역할을 나누어 그가 아동 성범죄 사건을 주로 맡고 헤이즐우드가 성인 대상 성범죄 사건을 주로 맡기로 했는데, 두 부류 모두 악몽 같은 범죄이지만 내 경험으로 보건대 아동 사건이 더 견디기 힘들다.

래닝의 연구는 아동 폭력범의 행동을 분석하는 것이었다. 그는 아동 폭력범들의 인구통계학적 특성과 개인적인 이력을 살펴보고서 유형 분류법을 개발하기 위해 그들의 동기와 행동 패턴을 분석했다. 그는 '아동 성범죄자chlid molester'와 '소아성애자pedophile'라는 용어를 둘러싼 모호한 점들을 명확하게 정리하고자 했다. 그의 연구는 아동 폭력범의 매우 예측 가능한 행동 패턴과 관련해 새로운 사실들을 드러냈고, 이를 토대로 래닝은 아동 폭력범을 '상황적 아동 성폭행범'과 '선호적 아동 성폭행범'이라는 두 유형으로 분류했다. 래닝이 발견한 사실들은 곧 아동 사건 수사에서 지극히 가치 있는 도구가 되었다. 또한 그의 연구는 신고가 잘 되지 않고 아동 대 성인의 진술 싸움이 되기 쉬운 사건의 수사에 새로운 준거 틀을 만드는 데로도 이어졌다.

나는 공개된 법정에서 증언하는 것이 아이에게 얼마나 트라우마적인 경험인지 인식하게 해준 것이 래닝이 이 분야에 남긴 가장 큰 업적이라고 생각한다. 래닝은 아동 사건의 경우 수사기관이 피해자와 독립적으로 사건을 조사해야 한다고 강조했다. 〔피해자와 별도로〕 가해 사실을 입증할 충분한 증거를 쌓아서 그것을 바탕으로 유죄협상제도〔형량조정제도〕를 통해 사건을 처리함으로써 사건이 법정으로 갈 필요가 없게 만드는 것이다.

래닝은 헌신과 실력, 그리고 강철 같은 외양으로 곧 FBI 내에서 아동 범죄 전문가라는 평판을 얻었다. 그는 아동 범죄 사건의 행동 분석을 강의했고 현장 수사팀이 이러한 범죄에 직면하면 으레 도움을 구하는 사람이 되었다. 특히 '실종 및 학대 아동 방지 센터National Center for Missing and Exploited Children, NCMEC'가 그의 연구에 주목했다. 그들은 수사기관, 검찰, 사회복지사, 의료 전문가, 그 밖의 전문가들이 교육훈련 목적에서 공유할 수 있도록 래닝의 연구 결과를 교안으로 만들어 달라고 요청했다. 래닝은 관심이 있었지만 어떻게 만들어야 하는지를 몰라 내게 도움을 청했다. 우리는 아동 포르노와 '아동 섹스 링'*에 대한 논문을 써서 『법 집행 회보*Law Enforcement Bulletins*』에 게재했고 이

* child sex ring, 적어도 한 명의 성인과 다수의 아동이 관여된 성범죄. 옮긴이

논문을 토대로 래닝은 NCMEC를 위해 아동 성폭행범의 징후와 행동을 심도 있고 종합적으로 분석한 단행본을 집필했다. '그루밍grooming', '성적 유인seduction' 같은 새로운 개념을 소개한 것도 바로 이 책이다. 이 책은 빠르게 전국의 수사기관들이 사용하는 중요한 도구가 되었다.

래닝은 누군가가 그의 성공을 언급할 때면 "윗사람들이 이해하지 못하거나 신경 쓰지 않거나 동의하지 않는 상황에서도 많은 성취를 이뤄낸 헌신적이고 똑똑하고 자기 동기 부여가 강하고 성과가 뛰어나고 자아가 강한 요원들이 있는 〔행동과학부〕 팀" 덕분이라고 말하곤 했다. 윗사람들에 대한 좌절이 서려 있기는 해도(우리 일이 워낙 새로운 일이었으므로 모두 한 번쯤 이러한 좌절을 경험한 적이 있었다), 행동과학부 팀에 대한 그의 묘사는 정확했다. 나는 특히 "자아가 강한"이라는 표현이 그가 팀의 동료들에게 날린 친근한 일격이었다고 생각한다.

존 더글러스도 뉴욕 사람이었다. 하지만 도시에 증가하던 범죄를 피해 열 살 때 가족이 브루클린에서 교외로 이사했다. 그는 고등학교에서 뛰어난 운동선수였고 몬태나 주립대학에 진학했다. 하지만 학점은 좀 문제가 있어서, 더글러스는 (본인의 표현으로) "자폭" 상태로 뉴욕 집으로 돌아왔다. 곧 공군에 징집되었고 복무가 끝나고 학부 과정을 마쳤다. 그리고 이스턴뉴멕시코 대학 산업심리학 대학원 과정에 들어갔다. 사교 활동이 거의 없어서 대학 캠퍼스 근처에 있는 체육관에 다녔고 그곳에서 FBI 현장 요원 프랭크 하인즈Frank Haines를 만났다. 더글러스는 곧바로 프랭크의 눈에 들었다. 프랭크는 더글러스에게 FBI 요원의 생활을 이야기해주면서 지원해보라고 권했다. 조언대로 지원을 했는데, 원서도 훌륭했고 신체 조건도 좋았지만 체중을 FBI 기준인 약 88킬로그램 이하로 줄이지 않으면 들어갈 수 없었다. 그의 주장에 따르면, 2주 동안 젤로Jell-O〔젤라틴 젤리 브랜드〕와 삶은 달걀만 먹고 이발도 세 번이나 해서 마침내 FBI 신분증 사진을 찍을 수 있는 몸무게에 도달했다. 이때는 1970년이었고 더글러스는 겨우 25세였다. 당시에 FBI 요원 중 상당히 젊은 축에 속했다.

더글러스는 진심과 허세가 혼합된 태도를 가지고 있었고 그래서 호감을 샀다. 대체로는 다들 그를 좋아했지만, 성격이 워낙 강해서 중용의 여지를 잘 허용하지 않았고 그를 비판하는 사람들은 종종 드러내놓고 큰 목소리를 내곤 했다. 하지만 일에서만큼은 누구도 그에 대해 지적할 수 없었다. 그는 장시간 일했고 가능한 한 모든 사건을 연구했다. 또 끊임없이 질문했고 과정과 절차를 개선하려 했다. 어떻게든 일이 되게 만드는 사람이라는 평판을 갖게 되면서, 1977년 6월부터 행동과학부 특수수사관으로 일하게 되었다. 더글러스는 선임인 레슬러 밑에서 견습 과정을 밟으면서 본격적으로 프로파일링 일을 하게 되었다. 선임 밑에서 견습 과정을 거치게 하는 것은 전혀 징계성이 아니었고 그저 행동과학부의 방식이었다. 선임이 신참을 데리고 다니면서 실제로 일을 해나가는 과정을 통해 본보기를 보이며 일을 가르치는 것이었다. 이것은 새 요원을 빠르게 훈련시키는 데도 효과적이었지만 같은 팀의 선임과 신참 사이에 강한 신뢰를 일구는 데도 도움이 되었다. 이러한 응집성과 유대감은 행동과학부의 독특한 특성이었다. 보고 있으면 감동적이었고, 나는 이러한 특성이 앞으로 닥칠 어려운 나날들에 진가를 발휘하리라는 것을 알았다.

그러한 견습 교육의 일환으로, 더글러스와 레슬러는 한 번에 2주간 이어지는 '출장 강의'를 여러 차례 함께 맡아야 했다. 전국을 다니면서 수사관들을 교육하는 일이었다. 출장 강의는 수요가 많아서 몇 개월치나 일정이 밀려 있었는데, 대부분의 FBI 아카데미 교관은 이 일을 그리 반기지 않았다. 콴티코에서 가르치는 것과 동일한 것을 다시 가르쳐야 해서 지루했기 때문이다. 그래서 더글러스와 레슬러는 지역 수사관들에게 범죄심리학을 가르치는 일을 마치고 나면 기분 전환을 할 수 있는 기회를 반겼다. 보통은 수업 이후에 수사관들과 함께 맥주를 마시거나 담소를 나누는 방식이었다. 이런 자리에서 그들은 지방의 작은 수사기관들이 해결하지 못했던 특이한 살인사건 이야기들을 듣기 시작했다. 상당수는 몹시 기이했고 어떤 사건도 말이 되어 보이지 않았다. 대개 이런 사건은 무작위적인 범행으로 치부되어서 더 이상의 연구가 이뤄지지 않았지만, 더글러스는 생각이 달랐다. 그는 이 사건들의 기저에 이유가, 어떤 논리 같은 것이 있을 것이고, 따라서 그것을 알아내면 이러한 범죄를 체계적으로 파악하는 일이 가능하리라고 생각했다.

더글러스는 그것을 알아내는 가장 좋은 방법은 원천에 직접 접근하는 것이라고 생각했다. 감옥에 가서 비슷한 범죄를 저지른 범인들을 만나보자는 것이었다. 레슬러는 이미 복역 중인 흉악범을 면담하고 있었는데, 더글러스에게 따라와도 좋다고 했다. 1979년의 일이었다. 이 무렵 더글러스와 레슬러는 이 범죄자들의 머릿속 어딘가에 답이 숨겨져 있다는 것을 알고 있었지만 무엇을 질문해야 할지, 또 신나서 범행을 회상하는 범죄자의 이야기에서 어떻게 가닥을 잡아 정보를 취해야 할지를 모르고 있었다. 이후 몇 년간 그들은 이 문제를 가지고 씨름하게 된다.

로버트 레슬러는 시카고에서 나고 자랐다. 미시간 주립대학을 다닐 때 ROTC로 복무했고 졸업 후 경찰이 되기 위해 고향 시카고로 돌아왔다. 하지만 "가방끈이 너무 긴 사람은 문제를 일으키기 때문에 채용에서 선호하지 않는다"라는 말을 들었다. 좌절한 레슬러는 독일 주재 미군 소대의 헌병사령관 일자리를 잡았다. 그는 일을 잘했고 이어서 베트남전쟁에 반대하는 저항 세력 집단에 잠입하는 언더커버 임무를 맡게 되었다. 그는 머리를 길게 기르고 불만 많은 퇴역 군인인 척하면서 저항 세력 모임에 참여했다. 군에 평생 몸 담을 계획이었는데, FBI에 있던 친구들이 설득해 1970년에 FBI로 오게 되었다.

레슬러는 고도의 군 경험을 FBI에 가지고 왔다. 그는 똑똑하고 규율이 잘 잡혀 있으며 타고난 리더라는 평판을 얻었다. 이러한 특징은 하워드 테튼Howard Teten과 패트릭 멀레이니Patrick Mullany의 눈길을 끌었다. 이들은 프로파일링이라는 비정통적인 전략을 써서 용의자 풀을 좁혀나가는 것으로 유명했던 선임 요원들이었다. 테튼과 멀레이니는 초창기 프로파일링의 개척자라 할 만하며, 여기에는 범죄 현장이 단순히 물리적인 실마리만 제공하는 것이 아니라는 전제가 깔려 있었다. 둘은 '범죄자 심리 프로그램'이라는 교육 과정을 만들었고 1972년 행동과학부 창설에도 기여했다. 하지만 테튼과 멀레이니는 방법론보다는 감에 의존하는 편이었고, 프로파일링이 기본적으로 수사관의 경험에 좌우되는 과정이라고 보았다. 그들에게 가장 중요한 것은 사건 기록이었지 리서치가 아니었다. 그리고 그들은 범인을 그가 가지고 있을 법한 정신질환으로써 규정하는 등 실증 근거로 뒷받침되지 않는 가정에 치우치는 버릇이 있었는데, 이것은 사건 해결에 도움이 되기보다는 해가 될 수 있는 접근이었다.

이와 같은 초창기의 오류가 있었지만 테튼과 멀레이니는 이 일이 가질 수 있는 유용성을 확신했다. 그들은 이 접근에 잠재력이 있다고 보았고 실제 사건에서 시험해가며 이 기법을 더 발전시키고 싶어 했다. 그래서 1970년대 중반에 레슬러를 데려왔다. 레슬러는 미 육군 헌병사령관 시절 범죄자를 잡던 수사 경험을 살려 행동과학부 감독특수수사관으로 합류했다. 그는 실로 이상적인 적임자였다.

레슬러는 테튼과 멀레이니에게서 배울 수 있는 모든 것을 흡수했다. 하지만 프로파일링은 응용범죄심리학, 경찰 현안, 비정상 심리, 성범죄, 인질 협상, 범죄학, 심문 기법 등 행동과학부에서 그가 해야 하는 더 급한 업무들에 우선순위가 한참 밀렸다. 생긴 지 얼마 안 된 행동과학부는 너무 바빴다. 이 말은, 당시로서는 프로파일링이 현장보다는 학문 영역에 머물러 있었다는 의미다. 기껏해야 늦은 저녁 시간에 비공식적인 회의에서 젊은 요원들과 교육생들이 테튼, 멀레이니, 레슬러와 희한한 미제 사건들을 이야기하는 정도였다.

하지만 1977년, 더글러스와 레슬러가 만나면서 마침내 이 모든 것이 달라지게 된다. 두 사람은 즉시 서로를 알아보았다. 그리고 레슬러가 프로파일링에 대한 그의 새로운 비전을 설명하면서 "누군가의 마음을 장악해서 그가 경계를 넘는 행동을 하도록 추동하는 힘과 요인"을 이해하기 위해 심리학을 사용하자고 했을 때 더글러스는 홀딱 넘어갔다. 곧 두 사람은 밤과 주말을 이용해 교도소에서 범죄자들을 면담하면서 그들이 어떤 생각을 가지고 있는지 알아보기 시작했다. 하지만 좀처럼 진전이 없었고, 레슬러가 내 연구에 관심을 갖게 된 것이 바로 이 지점에서였다. 그는 내가 예전에 수행한 강간 연구와 헤이즐우드와 함께 진행했던 자기색정사 연구의 가치를 알아보았다. 프로파일링이 잠재력을 온전히 발휘할 수 있으려면 그 정도의 체계적인 접근이 필요했다. 레슬러는 이 사실을 알고 있었고, 내가 여기에 도움을 줄 수 있다는 것을 알아보았다.

'1세대 프로파일러'로 불리는 사람 중에는 이들 말고 다른 요원도 있었지만 관심 분야가 달라 나와 함께 일해본 적은 거의 없다(그들이 다른 프로파일러들과 일해본 적도 별로 없었다). 한 명은 행동과학부장 로저 데퓨로, 부서를 관리하는 일로 너무 바빠서 독자적인 연구를 진행하지는 않았다. 또 내가 있었던 시기는 테튼과 멀레이니가 은퇴하기 전 행동과학부에 있었던 시기와도 짧게 겹친다. 리처드 얼트Richard Ault와 짐 리스Jim Reese도 있었는데, 이 둘은 파트너였고 둘 다 훌륭한 프로파일러가 되었으며 자신이 하는 일의 중요성을 확신했다. 우리는 서로를 존중했고, 공식적으로 협업을 한 적은 없었지만 때때로 그들은 자신들의 연구에 대해 내 견해를 물었다. 그들의 연구는 경찰이 프로파일링 개념을 숙지하고 어떤 범죄든지 심리적 측면을 고려하는 것이 중요하다는 점을 알 수 있도록 교육하는 데 초점을 맞추고 있었다. 그들은 실용적이고 근거 기반의 접근을 취하는 사람들이었다. 유머 감각도 뛰어나서, 한번은 논문에 "프로파일링은 마법의 주문으로 만들어지는 것이 아니며 늘 정확한 것도 아니다"라고 언급하기도 했다.

팀에서 내 역할은 몇 가지 이유에서 다른 사람들과 달랐다. 무엇보다 나는 외부인이었다. 나는 요원이 아니었고 프로파일러도 아니었다. 성범죄가 급증하고 있음에도 FBI 아카데미는 이 문제를 제대로 이해하지 못하고 있었고, 나는 이에 대한 응급책으로 동원된 인력이었다. 하지만 기회란 참으로 재미난 것이다. 피해자와 가해자의 심리에 대한 관심이 "터부"이거나 "위험"하거나 "여성이 할 일이 아니"라는 이야기를 들으며 오랜 세월을 보냈고 남성 지배적인 FBI에서 강의를 하면서는 이런 태도를 더 겪으면 겪었지 덜하지는 않으리라고 생각했는데, 알고 보니 여러 가지 면에서 행동과학부도 FBI의 아웃사이더들이 오는 곳이었다. 그들은 독자적으로 행동하기를 좋아하는 고집 센 요원이었고, 커다란 아이디어를 가지고 있는 이상주의자였으며, 전통, 관습, 관행, 관료제적 절차 등의 방해를 용납하지 않는 사람들이었다. 그들은 내게서 동류 의식을 느꼈을 것이다.

나는 나대로 외부에서 왔다는 고유한 장점을 가지고 이 팀이 가진 잠재력을 볼 수 있었다. 나는 우리가 하나의 팀으로 일하기만 한다면 정말 드문 기회를 가질 수 있을 것이라고 생각했다. 그래서 할 수 있는 한 유대감을 북돋우려 노력했다. 쉽지는 않았다. FBI의 기본적인 규칙은 개인적인 일을 이야기하는 것을 독려하지 않았고 가십은 엄격하게 금지되어 있었다. 심지어 업무 관련 정보도 "꼭 알 필요가 있는 것들"로만 한정해서 공유했다. 우리 사이에는 층층의 장벽이 있었다.

그래도 핵심에서 그들은 자신의 일을 사명으로 여기고 있었고 우리가 이 프로젝트를 함께하고 있다는 것을 인지하고 있었다. FBI는 우리에게 투자했고 우리의 집합적인 성공에 도박을 걸었다. 그 답례로 우리는 숱한 야근과 지치지 않는 의지로 이 일의 유용성을 입증하기로 굳게 마음먹었다.

1980년대 초에 나는 펜실베이니아 대학 정신간호학과의 학과장이었다. 이곳은 콴티코와 가까웠고, 나는 콴티코를 더 자주 오가며 요원들과 함께 일했다. 우리는 FBI 아카데미 식당에서 아침 식사를 하면서 그날 할 일을 이야기했고, 점심시간에 다시 만나서 오전에 한 일을 점검하고 오후에 할 남은 일을 확인했다. 그리고 종종 5시가 훨씬 넘어서까지 남아서 일을 마무리했다. 하루 일과가 끝나면 대개 FBI 아카데미의 술집에 갔다. 그곳의 규칙은 '일 이야기 금지'였다. 이것은 일종의 의례였다. 생맥주가 있는 느긋한 분위기에서 스포츠나 흥미로운 옛 사건들에 대한 이야기가 오갔다. 나는 요원들에게 전에 했던 강간 연구 이야기를 했고 그들은 내게 영 잡히지 않는 범죄자와 숨바꼭질했던 이야기를 했다. 놓칠 뻔한 범인을 아슬아슬하게 잡은 일화 같은 것들 말이다. 그러고 나서 한 명씩 차를 불러 집으로 갔다. 요원들은 일을 집으로 가져가지 않았다. 그들의 아내는 그들의 하루를 소모한 끔찍한 사건들을 알지 못했다. 그리고 물론 프로젝트의 기밀은 다른 데서 이야기할 수 없었다. 이 기밀, 우리끼리만 알고 우리끼리만 이야기하는 비밀이 우리를 하나로 묶어주었다. 밖으로는 말할 수 없는 모든 것에서 우리는 한 팀이 되었다.

4장

범죄 현장 읽기

모든 수사는 범죄 현장에서 시작된다. 범죄 현장은 무엇이 벌어졌는지, 어떻게 벌어졌는지, 누가 관여했는지가 담긴 기록이다. 하지만 범죄 현장의 언어는 이해하기 어려울 때가 많다. 이 언어는 불화와 폭력과 일시적으로만 존재하는 과거의 흔적으로 구성되어 있다. 이것은 메아리다. 지난 100년 동안 수사관들은 첨단 카메라나 지문 감식 기술, DNA 분석 장비 등 수사의 패러다임을 바꾼 기술 진보에서 도움을 얻게 되었지만 범죄자들 또한 흔적을 남기지 않는 수완을 발휘하는 데서 발전을 거듭했다. 이것은 일종의 군비 경쟁이었고, 범죄자가 범죄 자체만큼이나 추적을 피하는 스릴에서도 흥분을 느끼는 고양이와 쥐 게임이었다. 하지만 1960년대 말에 '가해자-수사관' 사이의 동태적 관계에 뜻밖의 전환이 발생했다. 이 전환은 소수의 수사관들이 개인적으로 프로파일링의 기초 요소를 수사에 적용하면서 시작되었다. 그들은 전통적인 의미에서의 증거가 거의 남아 있지 않은 상황에서도 범죄 현장에서 가해자의 결정적인 특징에 대해 실마리를 얻을 수 있다는 것을 깨달았다.

기본적으로 범죄자 프로파일링도 심리, 행동, 사고에 대해 잘 확립되어 있는 지식을 토대로 한다. 다만 행동을 예측하는 데 성격을 활용하는 것이 아니라 성격을 예측하는 데 행동을 활용하는 쪽으로 이 지식을 적용할 뿐이다. 범죄자 프로파일링은 어떤 사람이 사고하는 양식(사고 패턴)이 예측 가능하고 수량화 가능한 방식으로 그의 행동을 이끈다고 보는 접근 방식이다. 따라서 비협조적인 범죄 현장이라도 체계적으로 구조화된 분석을 하면 가해자의 동기에 대해 가능성 높은 설명을 도출할 수 있고, 이를 통해 이 범죄를 저질렀을 법한 사람의 구체적인 유형을 끌어낼 수 있다. 다른 말로, 범죄 현장을 읽는 법을 더 잘 알면 그 현장을 남겨놓고 간 범죄자에 대해서도 더 잘 알 수 있다.

비공식적으로는 1950년대 말부터도 수사관들이 가해자에 대한 실마리를 얻을 목적으로 범죄 현장을 분석했다. FBI가 뉴욕의 악명 높은 '매드 바머Mad Bomber' 사건 해결을 위해 제임스 브뤼셀James Brussel에게 도움을 청한 것도 이때다. 브뤼셀은 FBI 방첩 분야의 에이스 요원이었다가 프로이트식 정신분석학자가 된 사람이었다. 당시에 그랜드 센트럴 터미널, 뉴욕 공공도서관, 라디오시티 뮤직홀 등 뉴욕에서 유동 인구가 많고 눈에 잘 띄는 곳들이 폭탄 테러 공격을 받고 있었다. 연달아 공격이 이어지다가 장기간 잠잠하다가가 반복되었다. 뉴욕 경찰은 쩔쩔 매고 있었고, 1956년 12월에 뉴욕 폭발물팀을 이끌던 하워드 피네이Howard Finney는 참신한 시각이라도 얻어볼 요량으로 브뤼셀에게 16년 치 기록을 제공하는 전례 없는 조치를 취했다. 범죄 현장 사진, 사건 기록, 테러범 본인이 보낸 서신 등이 포함되어 있었고, 피네이는 브뤼셀이 여기에서 뭐라도 실마리를 발견하기를 바랐다.

브뤼셀도 자신이 도울 수 있다고 자신했다. 그는 연쇄 범죄자들이 행동을 통해 자신이 누구인지를 드러낸다는 이론을 가지고 있었다. 그는 자신의 접근법을 '역심리학'이라고 불렀고, 이것이 살인자의 머릿속에서 논리를 찾아내는 방법이라고 생각했다. 브뤼셀은 연역 논증, 직관, 증거에 대한 면밀한 검토, 그리고 프로이트의 이론을 결합해 경찰이 집중적으로 살펴봐야 할 사람이 어떤 유형인지를 묘사했다. 매드바머 사건의 경우, 브뤼셀은 범인이 대문자 'W'를 쓸 때 특이한 방식으로 둥글려 쓰는 것이 (여성의 유방 모양과 닮아) 성적 좌절을 나타내는 상징이라고 해석했다. 그리고 가해자의 투박한 작문 스타일을 볼 때 외국 태생일 것이라고 추론했으며 범행 도구로 폭탄을 선택했다는 사실은 동유럽 계통의 문화를 보여주는 것이라고 보았다. 그는 범인이 중년의 남성이고 외국 태생이며 미혼이고 어머니와 함께 살고 있을 가능성이 크다고 결론 내렸다. 그리고 훗날 행동과학부 요원들이 그에게 신비로운 예지력이 있다고 생각하게 만든 유명한 묘사를 덧붙였다. "한 가지 더 있습니다. 여러분이 범인을 잡으셨을 때, 저는 꼭 잡으실 거라고 확신합니다, 그때 그는 단추가 두 줄로 달린 양복을 입고 있을 것이고 단추를 끝까지 잘 채운 차림일 겁니다." 한 달 뒤에 경찰은 뉴욕 폭탄 테러범으로 조지 메테스키George Metesky를 체포했는데 단추가 두 줄로 달린 양복을 말쑥하게 입고 있는 것까지 거의 모든 면에서 브뤼셀의 묘사와 일치했다. 참으로 신묘했다.

오로지 사건 자료와 자신의 논리에만 기초해 범인의 특성을 묘사하려 시도한 이 첫 프로파일링 사례는 10년이 넘도록 유일한 사례로 남아 있었다. 하지만 FBI는 1972년(FBI가 버지니아주 콴티코에 새 FBI 아카데미 건물을 완공한 해다)에 행동과학부를 신설하고 이 팀에 여러 다른 임무 외에 '프로파일링 기법 개발' 임무도 부여하면서 프로파일링에 다시금 관심을 보이기 시작했다. 이것은 작은 조치였지만 막대한 시사점이 있었다. 우선, FBI가 프로파일링이 유용한 수사 전략이 될 수 있음을 처음으로 공식 인정한 것이었다. 그리고 행동과학부의 새 팀장들(전직 캘리포니아 형사 하워드 테튼과 FBI 교관 패트릭 멀레이니)은 프로파일링이 아직은 행동과학부의 광범위한 업무 중 한 가지에 불과하지만 그 잠재력이 표면 바로 아래에서 부글부글 끓고 있다는 것을 알고 있었다. 그들은 여기에 뛰어들었다.

특히 테튼은 브뤼셀의 역심리학 기법과 매드 바머 검거에서 그가 거둔 성공을 굉장히 높이 샀다. 그는 역심리학의 작동 원리를 알기 위해 구할 수 있는 모든 기사를 찾아 읽었는데(많은 기사가 브뤼셀을 '소파의 셜록 홈즈'라고 묘사하고 있었다), 어떤 기사도 그 작동 과정을 설명하고 있지는 않았다. 그래서 1973년에 테튼은 콴티코에서 뉴욕으로 차를 달려 당시 이미 은퇴해 있던 브뤼셀을 찾아갔다. 그는 브뤼셀이 정신분석학자로서 받는 시간당 비용을 낼 테니 역심리학이 어떻게 작동하는지 알려달라고 했다. 브뤼셀은 웃음을 터뜨렸다. 그는 FBI가 자신이 청구하는 금액을 낼 여력이 안 될 거라며, 돈과 상관없이 돕겠다고 했다. 이렇게 해서 시작된 브뤼셀의 역심리학 강의가 테튼과 멀레이니가 행동과학부를 이끌던 시기에 이곳이 일하는 방식에 크게 영향을 미쳤다. 그들은 브뤼셀이 미래에 대한 혜안이 있다고 생각했고, 그의 기법을 FBI 기관 전체적으로 유용하게 사용할 수 있는 수사 도구로 발전시키고자 했다.

새 팀장들의 열정에도 불구하고 FBI가 프로파일링을 제도화하기로 한 결정에 대해 (신설된 행동과학부만큼이나 규모도 작고 자금 지원도 최소한으로만 이뤄졌는데도) 내부 비판이 없진 않았다. 당시에 일반적인 인식은 프로파일링을 과학이라기보다 술책으로 여기고 있었다. 브뤼셀 본인이 한 다음과 같은 말이 신문에 인용되기도 했다. "나는 눈을 감습니다. 그러면 폭탄 테러범이 보입니다. 흠 없이 깔끔하고 전적으로 멀쩡해 보입니다. …… 내가 상상력이 내 사고를 장악하도록 내맡기고 있다는 것은 나도 압니다. 그렇지만 어쩔 수 없습니다." FBI의 정통주의자들은 누군가가 정신적으로 병이 있다는 것을 알기 위해 프로파일까지 필요하지는 않다고 농담했다. 하지만 그들이 뭐라고 생각하든 간에 현실에서의 필요가 달라지는 것은 아니었다. 전국에서 강력사건이 급증하면서 현장 수사관들은 벌어지고 있는 일을 더 잘 이해하게 해줄 새로운 기법을 갈구하고 있었다. 그들이 보내오는 사건은 점점 더 기이하고 예측 불가능하고 훨씬 더 복잡해지고 있었다. 특히 면식이 없는 사람을 상대로 한 범행에서 이 경향이 두드러졌는데, 이런 사건들은 지극히 해결하기 어려웠고 그런데도 빈도는 급증하고 있었다. 범죄자들이 접근법을 바꾸고 있는 것이 분명했고, 수사관들도 접근법을 바꿔야 했다.

테튼과 멀레이니는 비합리적인 범죄가 증가하는 새로운 파도에 프로파일링이 해답이 되리라고 생각했다. 그들은 브뤼셀의 기법이 미지의 연쇄 범죄자의 성격과 행동 패턴을 규명하는 데 어떻게 쓰일 수 있는지는 이미 확인했으므로 이제 이것의 작동 과정을 더 분명하게 정식화하고 싶었다. 그들은 범죄 현장에서 나온 증거를 그 범행을 저질렀을 가능성이 큰 사람의 구체적인 유형과 연결시키는 방법을 개발했다. 아직은 투박했지만(가령 용의자를 분석할 때 정신장애가 있을 것이라는 설명에 너무 과도하게 의존했다) 용의자의 신체적, 정서적 특징, 그리고 나이, 직업, 범죄 이력 같은 사회적 특징을 대략이라도 종합하는 데 도움이 될 수 있었다. 초창기에 이 기법은 칼로 난자당한 살인 사건 하나를 해결하는 데 성공적으로 도움을 주기도 했다. 이때 테튼은 현장 증거들을 보고 현지 수사팀에게 인근에 사는 청소년을 찾아보라고 정확하게 짚어주었다. 그리고 이 성공 사례가 FBI 내에서 관심을 끌면서 테튼과 멀레이니는 사건을 직접 맡아 이 기법의 효과성을 더 상세히 입증할 기회를 갖게 되었다.

행동과학부의 첫 프로파일링 임무는 몬태나주의 보즈만 근처에서 벌어진 아동 유괴 사건이었다. 1973년 여름에 일곱 살 수전 재거Susan Jaeger가 유명한 주립공원 캠핑장에서 사라졌다. 범인은 텐트를 찢고 들어와 아이를 데려갔고 부모는 옆의 다른 텐트에서 자고 있었다. 지역 수사관들은 몇 달 동안 방대한 지역에 걸쳐 실종자 수색에 나섰지만 아이를 찾지 못했고, 1974년에 이 사건은 미제 사건이 되어 행동과학부에 넘겨졌다. 행동과학부를 믿어서라기보다는 자포자기의 심정으로 마지 못해 내린 결정이었다. 아무튼 이제 이 사건은 테튼, 멀레이니, 그리고 행동과학부에 새로 합류한 로버트 레슬러의 손에 있게 되었다.

행동과학부팀은 프로파일링의 제1원칙("행동은 성격을 반영한다")을 사용해 유괴범이 젊은 백인 남성이고 보즈만 지역 거주자일 것이라고 추정했다. 그리고 그를 살인 성향이 있는 "관음증자 톰Peeping Tom"이라고 묘사했다. 또한 그가 성적으로 동기 부여된 살인자이며 살해 이후에 시신의 일부를 절단하고 때로는 기념품으로 수집하는 경향이 있을 것이라고 보았다. 훗날 멀레이니는, 이러한 유형의 사건에 경험이 쌓이면서 알게 된 것을 바탕으로 "살인자가 단순한 조현병자와 사이코패스가 미묘하게 뒤섞인 사람이라고 느껴졌고 오로지 신체 부위를 탐색하기 위한 목적에서 살인을 하는 자 같았다"고 회상했다. 범인에 대한 묘사는 수사진이 유력한 용의자로 지목하고 있었던 데이비드 메이어호퍼David Meirhofer와 일치했다. 그는 22세의 베트남전 참전 군인으로, 거리에서 노는 아이들을 집착적으로 빤히 쳐다보는 버릇 때문에 지역 경찰이 이미 알고 있었다.* 하지만 그를 수전 재거 사건과 연결시킬 만한 강력한 증거가 없었고, 수사팀은 증거 부족으로 손이 묶여 있었다.

몇 개월 뒤, 사건을 해결할 기회가 나타났다. 18세의 샌드라 다이크먼 스몰레건Sandra Dykman Smallegan이 같은 지역에서 실종된 것이다. 스몰레건은 메이어호퍼와 몇 차례 데이트를 하다가 그가 관계를 진전시키려 하자 다소 갑작스럽게 거부하기 시작한 터였다. 이틀간의 집중

* 경찰 기록을 보면, 동네 부모들이 자신의 아이에게 메이어호퍼가 "이상하게 관심을 보인다"며 민원을 제기한 내용이 수없이 많이 나온다.

수색 끝에 경찰은 도시 외곽의 한 헛간에서 시신을 발견했다. 시신은 토막 나고 불태워졌으며 나머지 유해는 드럼통 안에 감추어져 있었다. 경찰 조사에서 메이어호퍼는 자신은 이 사건과 전혀 관련이 없다고 주장했고 '자백 유도제'로 알려져 있던 펜토탈나트륨으로 하는 거짓말 탐지 조사도 받겠다고 자청했다. 그는 거짓말 탐지 조사를 쉽게 통과했고, 현지 경찰은 이를 그가 결백하다는 의미로 받아들였다.

하지만 행동과학부는 그의 결백을 그만큼 확신하지 않았다. 행동과학부는 메이어호퍼가 자신의 감정을 충분히 통제할 수 있기 때문에 간단한 거짓말 탐지기는 충분히 통과할 수 있는 계산적인 사이코패스라고 보았다. 그리고 메이어호퍼가 이 사건에 어떤 방식으로든 관련이 있을 것이라고 생각했다. 그의 행동은 익숙한 패턴을 따르고 있었다. 그간의 경험을 통해 행동과학부는 살인자들이 종종 수사 과정에 자신을 밀어넣고자 한다는 것을 알고 있었다. 메이어호퍼가 거짓말 탐지 조사를 받겠다고 즉각 자청한 것처럼 말이다. 이것은 살인자가 자기 사건의 수사가 어떻게 진행되고 있는지 모니터링하는 방법이었고, 수사팀보다 한 발 앞서가기 위해 활용하는 방법이었다. 하지만 동시에 스스로를 더 많이 노출시키는 버릇이기도 했다.

메이어호퍼가 동네 아이들을 뚫어져라 보는 일이 많았다는 점, 두 번째 피해자와 만나는 사이였다는 점, 수사 과정에 열심히 자신을 밀어넣으려 했다는 점에 착안해 행동과학부는 범인에 대해 작성했던 첫 프로파일을 수정하는 작업에 착수했다. 이것은 행동과학부팀이 도입한 새로운 단계였고 훗날 프로파일링 과정에서 매우 중요한 단계로 자리잡는다. 행동과학부팀은 두 번째 프로파일에 매우 핵심적인 사항을 하나 추가했다. 범인이 집착적인 성향이 있어서 자신이 저지른 범죄를 머릿속에서 반복해 재생하는 것을 즐길 가능성이 크다는 점이었다. 이것은 메이어호퍼가 수사 과정을 계속 따라가려 했던 이유를 설명해주었고 범행의 연쇄적인 속성을 설명하는 데도 도움을 주었다. 행동과학부 요원들은, 감에 기반해서이긴 했지만, 범인이 유괴 1주년에 피해자 가족에게 전화를 할 가능성이 있다고 예상했다. 그날이 범인에게 감정적으로 중요한 날이기 때문이다. "유괴범 스스로 피해자 소녀를 갈망하는 마음에 가족에게 전화할 것"이라는 게 테튼의 논리였다. 예측이 매우 구체적인 것치고는 그것을 뒷받침하는 논리가 너무 모호한데(방법론보다는 감에 의존한 예측인 것이 분명하다), 이는 이 시기에 프로파일링이 아직 얼마나 미발달 상태였는지를 보여준다. 어쨌든 테튼은 재거 가족에게 대비를 하라고 했다. 그리고 만에 하나 전화가 올 경우를 대비해 전화기 옆에 녹음기를 준비해두라고 제안했다.

그런데 유괴 1주년이 되던 날, 정말로 범인이 전화를 해왔다. 재거 부인과 통화하는 그의 어투에는 멸시와 우월감이 가득했다. 그는 이제 여덟 살이 되었을 아이의 생일선물을 사줬다는 등의 말로 슬픔에 빠진 엄마의 애를 태웠고 아이가 멀리 유럽 어디에 살아 있다는 뉘앙스를 풍겼다. 그는 자신이 유괴범이 맞다는 것을 보이기 위해 아이가 선천적으로 생인손이라는 세부 사항까지 이야기했다. 프로파일링팀은 곧바로 FBI의 음성 전문가에게 녹음된 목소리 분석을 의뢰했다. 분석 결과 이 목소리가 메이어호퍼의 목소리일 가능성이 높은 것으로 나왔지만, FBI가 수행한 음성 분석도 증거로는 충분하지 않았다. 당시에 몬태나주의 법은 이러한 분석 결과를 체포나 영장 발부의 '상당한 사유'

가 될 수 있는 증거로 인정하지 않고 있었다. 좌절한 행동과학부는 전략을 바꾸어서 익숙하지 않은 영역으로 들어가는 모험을 하기로 했다. 훗날 멀레이니는 이렇게 회상했다. "가망이 없더라도 해보기나 하자는 최후의 시도였습니다. 테이프를 듣고서 나는 메이어호퍼가 여성에게 지배당하는 부류일 수 있다고 느꼈습니다. 그래서 재거 부인에게 몬태나로 가서 메이어호퍼를 직접 만나 대면해보라고 제안했습니다." 그들은 이 선제적인 접근으로 메이어호퍼가 통제력을 잃고 무너져 그로부터 자백을 끌어낼 수 있기를 바랐다.

재거 부인은 수락했고 만남은 쉽게 주선되었다. 하지만 재거 부인이 딸에 대해 알려달라고 집요하게 간청하는데도 메이어호퍼는 침착했고 거의 이야기를 하지 않았다. 그런데 집으로 돌아오고 몇 시간 뒤에 재거 부인은 '트레비스 씨'라는 사람으로부터 온 수신자 부담 전화를 받았다. 그는 자신이 재거 부인 딸의 유괴에 대해 알고 있다고 말하기 시작했다. 하지만 그가 더 이어가기 전에 재거 부인이 말을 끊고 차분하게 말했다. "보세요, 데이비드. 전화를 다 하다니 놀랍네요." 마침내 도발에 직면한 메이어호퍼는 흐느끼기 시작하더니 전화를 끊었다.

며칠 뒤에 재거 부인은 미상의 인물과 전화 통화를 했던 때와 메이어호퍼를 만났을 때 사이의 유사점을 증인 진술서로 작성했다. 수사관들은 이 진술서를 가지고 영장을 받을 수 있었다. 그들은 메이어호퍼의 집에서 전 여자친구의 손가락 등 여러 여성 피해자의 신체 부분을 발견했다. 더 이상 숨을 곳이 없었고 메이어호퍼는 체포되었다. 그는 이 두 건 외에 몇 년 전에 남자아이가 실종되었던 두 건의 다른 사건도 자신이 범인이며 그 아이들을 죽였다고 자백했고, 자백할 때 아무런 감정을 보이지 않았다. 그런데 수감되고 며칠 뒤에 감방에서 수건으로 목을 매 자살했다. 자백할 때는 아무런 감정을 보이지 않다가 절대적인 감정 표현이라 할 수 있는 갑작스러운 자살로 극적인 전환을 했다는 사실은 그는 잡히면 자살하기로 미리 생각해두고 있었음을 시사했다. 결국 그는 자기 자신에 대해서만 감정을 가지고 있었다.

메이어호퍼 사건은 FBI가 새로운 프로파일링 기법으로 연쇄살인범을 체포한 첫 사례였다. 이때의 접근은 즉흥적이고 주먹구구식이어서 프로파일링의 교과서적인 사례였다고는 볼 수 없고 분석과 예측 사이에 늘 분명한 연결고리가 있는 것도 아니었지만, 프로파일링의 가치를 입증해주는 사례이기는 했다. 범죄 행동 분석이 언젠가는 중요한 수사 도구가 될 수 있으리라는 것을 보여준 것이다.

레슬러는 이렇게 말했다. “프로파일링이 아니었다면 이 사건에서 가장 가능성 높은 용의자를 특정하지 못했을 것입니다. 그러면 그는 계속 살인을 했겠지요. 현지 경찰은 그를 용의선에서 배제할 이유가 아주 많았습니다. 하지만 그를 추적하는 것이 올바른 답이었지요.”

하지만 메이어호퍼가 프로파일과 일치하는 점이 많긴 했어도 프로파일링의 방법론과 실행 기법은 훨씬 더 정교해져야 했다. 면밀히 보면 분석과 명확한 연결고리가 없는 채로 예측된 부분이 많았고 그저 상상에서 나온 것으로 보이는 부분도 많았다. 이를테면, 멀레이니가 “메이어호퍼가 여성에게 지배당하는 부류일 수 있다고 느꼈다”라고 말한 것은 아직 수사관들이 체계적인 접근법을 취하고 있다기보다 감에 기반해 판단하고 있었음을 보여준다. 어느 정도 그들은 자신이 오류를 저지르지 않는 G-맨이라는 신화에 빠져 있었다. 어디에, 얼마나 많은 지식과 정보가 비어 있든 자신의 경험과 감으로 그것을 메꿀 수 있다는 확신 말이다. 이것은 1970년대 FBI의 문화였고 이에 대해 굳이 의문이나 문제를 제기하는 사람은 거의 없었다.

하지만 레슬러는 예외였다. 일찍이 그는 이 정형화된 허세를 꿰뚫어 보았고 성공적인 수사를 하려면 프로파일러에게는 감만이 아니라 무언가가 더 있어야 한다고 생각했다. 프로파일러들에게는 기초가 되는 틀, 그것으로부터 결론을 끌어낼 수 있는 준거 틀이 필요했다. 레슬러는 행동과학부가 흉악범에 대한 정보를 더 많이 확보할수록 요원들이 일을 더 효과적으로 할 수 있다는 것을 직접 보아서 알고 있었다. 과거의 사건은 현재의 사건을 더 잘 이해하게 해줄 기준점이 될 수 있었다. 바로 이것이 1970년대 말에 그가 더글러스를 견습으로 데리고 다닌 이유였다. 선입견이 없는 신참 프로파일러와 지식과 정보를 나눌 기회였던 것이다. 같은 이유에서 레슬러는 내 연구에도 관심을 가졌다. 그는 내가 강간 연구에서 사용한 질문이 범죄의 동기를 드러내기 위한 것임을 알아보았고, 무한히 복잡한 인간의 트라우마에서 수량화 가능한 데이터를 끌어내고 리서치를 수행하는 내 방식에 깊은 인상을 받은 것 같았다. 그는 일견 불합리해 보이는 연쇄살인범의 마음을 파악하는 데도 동일한 방법론을 적용할 수 있을 것이라고 생각했다. 그리고 무엇보다, 그는 나를 신뢰했다.

*

레슬러와 나는 처음부터 잘 맞았고 빠르게 서로가 하는 일의 가치를 알아보았다. 나는 프로파일링에 대한 그의 비전을 높이 샀고, 그는 내가 장막 뒤에서 프로파일링이 작동하는 모든 측면에 정보를 제공하는 내 면밀한 연구 방식을 높이 샀다. 우리는 지속적으로 소통하면서 '분석'과 '수사' 사이의 간극을 좁히기 위해 노력했다. 또한 그는 중대한 문제가 있으면 누구보다 믿고 털어놓을 수 있는 동료로 나를 신뢰했다. 1980년대 초 5월의 어느 날도 그랬다. 레슬러와 행동과학부 부장 데퓨는 그날 오후에 FBI 부국장 조지프를 비롯해 몇몇 높은 사람들에게 진전 상황을 보고해야 했다. 회의의 목적은 분명하지 않았는데, 레슬러는 혹여 우리 프로젝트를 중단시킨다는 결정이 나올까 봐 걱정하고 있었다. 그는 범죄자 성격 연구의 일환으로 36명의 연쇄살인범을 면담한 것이 수사에 실질적으로 도움이 되기 시작했다는 것을 보여줄 증거가 필요했다.

"안녕하세요, 앤." 레슬러가 출근하자마자 나를 찾았다. "데이터 도구에 대해 다시 말해주세요. 이 연구에서 그게 정확히 어떻게 개별 살인자를 분석하는 데 도움이 되는지 빠르게 요약해야 되거든요."

레슬러는 깃에 빳빳하게 새로 풀을 먹인 셔츠와 새 양복을 입고 있었다. 샤프해 보였지만 잠을 못 잔 게 역력했다.

"우리는 대상자의 태도, 감정 상태, 대화 스타일 등에 대해 수량화 가능한 묘사적 데이터를 수집하는데……."

"워워." 그가 말을 가로막았다. "이분들은 학자들이 아니에요. 그런 것에는 관심이 없다고요. 무언가 내가 써먹을 수 있는 걸 주세요."

"알았어요, 알았어요. 그러니까 기본적으로 우리는 각각의 살인자로부터 표준화된 동일한 방식으로 데이터를 수집하기 위해 양식을 개발했어요. 각각의 살인자를 나머지 다른 살인자들과 비교할 방법이 필요했는데, 데이터 도구가 바로 그것을 제공해주는 거지요. 이것은 개별 살인자가 어떤 인물인지에 대해 상세한 그림을 그릴 수 있게 해줘요. 말하자면, 범인들을 측정 가능하게 해주는 거예요."

"그거 좋네요. 다른 거는요?"

"몇 가지 핵심 정보를 알아내기 위한 수단으로 그 데이터 도구를 고안하고 있다고 설명하면 도움이 되지 않을까요? 살인자의 성격, 배경, 범행 시 행동, 피해자의 특징, 범죄 현장의 구체적인 특징 같은 것들이요. 또 우리가 한 번에 한두 가지 사건만 다룬다는 것을 말해도 좋을 것 같아요. 그래야 미래의 다른 살인자들과의 관계를 판단하게 해주는 도구로서 그것을 더 잘 정교화할 수 있으니까요. 제 생각에는 이게 중요한 것 같아요. 우리의 접근이 얼마나 철저하고 종합적인지 말해주니까요. 그렇게 해서 특정 유형의 폭력 범죄를 새롭게 범주화하고 특징을 규정할 수 있었잖아요. 그리고 그것은 이후의 모든 프로파일링에서 기본적인 준거 포인트가 되었고요."

"음, 그 마지막 부분은 잘 모르겠어요." 레슬러가 말했다. "프로파일링 관련 진척 사항 업데이트는 좀 천천히 들어가는 게 좋지 않을까 싶어요. 아직 프로파일링에 충분한 진전이 있는지 모르겠어서요."

레슬러는 내가 아는 가장 영민한 요원 중 한 명이었다. 그의 비전과 노력이 애초에 범죄자 성격 연구가 탄생할 수 있었던 계기였다. 그는 이 과정의 모든 단계에 빠짐없이 기여했고 방법론을 안팎으로 꿰고 있었다. 하지만 그는 완벽주의자이기도 했다. 그래서 어떤 회의이건 계획 없이 들어가는 법이 없었다. 방금 나와 했듯이 주거니 받거니 질문을 하는 것은 그가 가능한 생각의 경로를 다 가보았고 각각을 충분히 다 고려해보았는지 확인하기 위해 일상적으로 사용하는 방법이었다.

"전미사법연구소에서 받은 연구 지원금 이야기를 해보는 건 어때요? 우리에게 지원금을 주었다는 것은 우리 연구의 잠재력을 인정하고 있다는 뜻이니까요."

"아이고, 앤, FBI는 연구나 이론에는 관심이 없어요. 누구보다 잘 알면서 그러세요." 레슬러가 반대했다. "그분들은 증거를 원할 거예요. 적어도 15~20건의 사건에서 나온 결과를 보여주어야 프로파일링이 성공적이라고 여길 수 있을 겁니다."

"그래서 어떻게 말할 생각이신데요?"

"우리 연구의 첫 부분을 설명하면서 우리가 연쇄살인범들의 상이한 유형을 어떻게 범주화했는지 이야기할까 해요. 내가 이 살인자들의 충분히 기이한 세부 사항들을 가지고 이야기를 이끌 수 있다면 프로파일링에 대한 업데이트로 시작하는 것보다 더 관심을 보일 거예요. 프로파일링 부분 업데이트는 마지막에 빠르게 설명하는 것으로 남겨두고요."

*

범죄자 성격 연구가 너무 복잡하고 광범위하다고 내가 지적한 이후로 우리는 이 연구를 세 국면으로 나누어 진행하기로 했다. 각 부분은 그 앞 부분을 토대로 지어지도록 되어 있었지만, 그와 동시에 그 전까지는 연쇄살인범의 심리를 이해하려 시도한 사람이 사실상 아무도 없었으므로 각 부분은 다음 부분에 적용되기 전에 그 자체로도 유의미해야 했다.

첫 부분은 레슬러와 더글러스가 명백한 동기가 없어 보이는 범죄를 이해하기 위해 진행하던 연구의 연장선이었다.* 이 부분의 목적은 차이점과 유사점을 비교할 수 있도록 상이한 유형의 범죄자를 범주화하는 것이었다. 두 번째 부분은 연쇄살인범 연구로, 성폭력이나 강간이 수반된 연쇄살인으로 복역 중인 36명을 집중적으로 탐구했다. 우리는 이들에 대한 경찰 수사 기록, 법원 기록, 가장 중요하게 면담 기록을 모두 분석했고, 여기에서의 목적은 체계적으로 그들의 마음 속에 들어가서 그들이 정확히 누구인지에 대해 그들의 행동과 패턴이 말해주는 가장 진실에 근접한 핵심(그들의 정체성을 구성하는 주춧돌)들을 찾아내는 것이었다. 우리는 이 36명에 대한 분석을 이후에 아직 잡히지 않은 연쇄살인범의 프로파일을 작성할 때 준거 틀로 삼을 수 있으리라고 보았다. 말하자면 이들이 '대조군' 역할을 하는 것이다. 과거의 살인자들이 현재의 살인자에 대해 무엇을 말해줄 수 있는지 알기 위해 이 준거 틀을 앞으로 계속해서 참고할 수 있을 것이었다.

세 번째 부분은 실제로 범죄자의 프로파일을 작성하기 위한 기법을 개발하는 것이었다. 이것이 모든 일의 정점이었다. 첫 번째와 두 번째 부분에서 알게 된 것을 모두 모아 여기에 도달해야 했다. 일단 범죄자의 마음이 어떻게 작동하는지를 알면, 그리고 그것을 심리, 행동, 판타지, 의도 등에서 가장 기본적인 요소들로 추려내면, 이 지식을 프로파일링에 적용해서 그가 어떤 사람이 아닌지를 제거해나감으로써 그

* 곧 우리는 이러한 범죄들에 동기가 없는 것이 아니며, 주로는 성적인 동기가 있었는데 초기 수사에서 간과되었다는 것을 알게 되었다.

가 어떤 사람인지만 남게 만들 수 있을 것이었다. 이것이 우리의 목적이었다. 속성상 연쇄살인범들은 패턴에 집착하기 때문이다. 그들은 목적을 가지고 행동했다. 가장 불합리해 보이는 마음이라도 충분히 면밀하게 들여다보면 그 마음이 작동하는 논리를 이해하기 시작할 수 있었다.

첫 번째 부분에서 발견한 사실 중 하나는 범죄 현장 자체도 종종 패턴을 따른다는 점이었다. 체계적인 범죄(미리 계획하고 고안한 범죄 현장), 비체계적인 범죄(즉흥적이고 무작위적인 범죄 현장), 혼합적인 범죄(둘의 특성을 다 가지고 있는 범죄 현장)의 세 가지로 나눌 수 있었다. 이렇게 상이한 유형의 현장을 남겨놓게 되는 이유는 살해 판타지의 존재 및 발달 양상과 관련이 있었다. 체계적인 범죄자들은 늘 머릿속에 명확한 계획이 있었고 적당한 피해자가 나타날 때까지 기다렸다. 반면, 비체계적인 범죄자들은 트리거에 촉발되어 충동적인 공격 패턴을 보이는 경우가 많았다. 혼합적인 범죄는 계획된 범행을 시도하다가 도중에 무언가가 '잘못되어' 비체계적인 범죄로 넘어가는 바람에 계획했던 것보다 급작스럽게 살해를 하게 되는 경우였다. 이 구분은 범죄자의 성격 유형과 행동 패턴을 규정하는 데 기본이 되었다. 또한 현지 경찰들에게 증가하고 있는 새로운 유형의 강력 범죄에 대해 더 명확한 정보를 전달해 그들이 범죄 유형을 더 잘 파악할 수 있게 하는 데도 유용했다.

이어서 우리는 이 구분을 가지고 36명의 연쇄살인범을 체계적인 유형과 비체계적인 유형으로 나눈 뒤, 각각의 범주 안에서 더 상세한 행동 패턴과 특징을 찾을 수 있었다. 여기에서 놀라운 일관성이 드러났다. 체계적인 범죄자들은 평균 이상의 지능을 가지고 있었지만 단순 노동이나 지위가 낮은 일을 했다. 그들은 꽤 안정적인 가정에서 자랐다. 사회적 기술이 뛰어났고 관계도 잘 맺는 편이었다. 성적인 능력도 있었다. 자신의 범행 수법을 잘 인식하고 있었고 체포를 피하기 위해 신경썼다. 스트레스나 트리거로 촉발되어 범죄를 저지르긴 하더라도 낯선 사람(거의 언제나 혼자 있는 여성이었다)을 대상으로 택할 만큼 충분한 조심성을 발휘했다. 체계적인 범죄자의 다수는 피해자로부터 '기념품'을 가져가는 경향도 보였다. 이들은 범죄에 대한 만족을 더 오래 연장하기 위해 종종 자신의 사건에 대한 신문 기사를 스크랩했고 그 밖에 다른 기억할 만한 것들을 챙겼다. 그리고 대개 잡히지 않고 있는 시간이 길어질수록 범죄의 공격성과 빈도가 높아졌다.

이에 비해 비체계적인 범죄자들은 지능이 평균보다 낮은 경우가 많았고, 불안정한 가정 출신이며, 일자리가 있다 없다 했고, 대개 혼자 살거나 편부모와 살았다. 사회성이 부족하고 천성적으로 강박적이었으며, 성적인 능력이 없거나 섹스를 기피했다. 그들은 충동적으로 범죄를 저질렀고 잡히지 않기 위한 고려는 거의, 혹은 전혀 하지 않았다. 이들의 피해자는 면식이 있는 경우가 많았다. 또한 공격의 방법과 사후 시신 훼손의 방법 모두에서 지극히 잔인해지기도 했다. 하지만 그들의 공격은 계획적인 것이 아닌지라 범행 이후의 행동에서 실마리가 남아 상대적으로 잡기가 더 쉬웠다.

데이터, 맥락, 실제 수사 기록 등이 모두 확보된 연쇄살인범 36명의 고유한 사례들과 범죄자들을 구별하는 두 개의 뚜렷한 범주를 갖고 보니 첫 번째와 두 번째 단계가 유용했음을 알 수 있었다. 또한 프로파일의 기본적인 탬플릿으로 사용할 수 있어서 매 사건마다 처음부터 작업할 필요 없이 여기에서 시작할 수 있었다. 어려운 점은 이 정보들을 세 번째 단계로 전환하는 것이었다. 알고 있는 모든 것을 고려에 넣고 그것을 수사 중인 사건의 정보와 결합해서 해당 사건을 저지른 자가 누구인지 특징과 동기를 정확하게 기술할 수 있는 프로파일링 방법이 여전히 필요했다. 조각들은 여기에 모두 다 있었다. 우리는 그것을 맞춰서 꿰기만 하면 되었다.

5장

살인범이 여성일 때

1980년대 중반에도 FBI에는 프로파일링이 방법론보다는 감에 기반한 기법이라는 잘못된 개념이 여전히 강했다. 나는 새 수사 기법을 개발하는 데 '리서치'도 중요하다는 점을 이렇게 고집스럽게 무시하는 분위기가 잘 이해되지 않았다. 그 때문에 일하기가 더 힘들어지기도 했다. 행동과학부로 넘어오기 전까지는 도무지 종잡을 수 없었던 사건들이 프로파일링 덕에 점점 더 성공적으로 해결되고 있었지만, 우리 일의 미래는 여전히 불확실했다. 범죄자 성격 연구에 계속 자금이 지원될지도 알 수 없었고, FBI의 윗사람들은 프로파일링의 리서치 측면과 프로파일링 자체 둘 다에 대해 여전히 별 열의가 없었다. 하지만 처음으로 주베르 사건에서 성공하고 3년 사이에 외부 기관이 우리에게 도움을 요청한 사건이 어마어마하게 늘었다. 1981년 50건이던 데서 매년 두 배씩 증가한 것이다. 우리 일에 대한 수요는 분명히 존재했다. 그렇다면, 우리는 왜 지원을 받지 못하고 있었을까? 레슬러의 답은 간단했다. "FBI는 자신이 만든 관료제의 혼란 속에 갇히는 버릇이 있거든요."

대개의 경우에 나는 범죄자 성격 연구의 지속성을 둘러싼 불확실성을 무시하고 하루하루 주어진 업무에 집중하는 법을 터득했다. 학계든 병원이든 FBI든 그 밖에 어디에서 진행되는 것이든, 연구라는 것이 원래 불확실성을 수반할 수밖에 없지 않은가. 하지만 연구 쪽은 그렇더라도 실제 프로파일링 쪽은 이야기가 좀 달랐다. 우리 방법이 성공했다는 이야기가 퍼질수록 전국의 수사기관으로부터 가장 절박한 사건들에 대해 미확인범의 프로파일을 작성해달라는 압력과 기대가 우리의 작은 팀에 쏟아졌다. 우리는 밀려드는 요구를 따라잡는 데만도 허덕였다. 여기에 교육, 출장 강의 등 각자 가지고 있는 업무 부담과 전반적인 인력 부족까지 더하면, 무언가는 포기해야 한다는 것이 명백했다.

그러던 중 1984년 1월에 구원이 왔다. 행동과학부 부장 데퓨의 집요한 요구가 드디어 응답을 얻어서 FBI가 요원 네 명을 행동과학부에 충원해주기로 한 것이다. 그런데 새 요원만 보낸 것이 아니었다. FBI 지도부는 우리가 답해야 할 방대한 질문 목록을 같이 보내왔다. 프로파일링을 더 일관성 있는 기법으로 만들 수 있는가? 프로파일링 과정이 더 빠르게 진행되게 만들 수 있는가? 프로파일링을 더 광범위한 사건에 적용할 수 있는가? 질문 모두에 "예"라고 척척 답할 수 있다면 좋았겠지만 나도 답을 몰랐다. 나는 우리 일을 믿었고 행동과학부 동료들을 믿었다. 하지만 프로파일링은 범죄 수사의 세계에서 이제까지 본 어느 것과도 달랐고 아직 초기 단계였다. 내가 프로파일링이 말이 된다고 생각하게 된 이유는 예전에 정신질환 환자를 진단할 때 사용했던 기법과 유사했기 때문이었다. 그때도 질병과 증상을 특정할 수 있게 해줄 실마리들이 분명 어딘가에 있었고 나는 그것들을 어디에서 찾을지, 어떻게 연결시킬지만 알면 되었다. 그런데 새로운 요원들은 나와는 완전히 다른 배경과 경력을 가지고 있을 터였다. 따라서 그들은 프로파일링 기법(범죄자 성격 연구에서 얻은 지식에 바탕한 근거 기반의 접근)이 어떻게 작동하는지에 대해 자신의 생각을 새로이 정립하고 체화해야 했다. 나는 새 팀원이 들어온 것이 이와 관련해 좋은 기회가 되겠다는 생각이 들었다. 더글러스와 레슬러와 내가 잘만 한다면 새 프로파일러를 교육하는 프로그램을 만들 수 있을 것이고, 이것으로 프로파일링의 리서치 쪽 타당성까지 일거양득으로 입증할 수 있을 것 같았다. 그래서 1984년 여름 초입에 나는 학교 일을 잠시 쉬고 콴티코에서 프로파일링 기법을 발전시키는 일에 전념하기로 했다.

콴티코 지하에는 내 사무실이 없었다. 하지만 요원들은 복도 아래쪽에서 들리는 큰 말소리, 지속적으로 울리는 전화벨, 아날로그 팩스 기계가 지직대는 소리 등 그치지 않는 소음의 혼란으로 내가 방해받지 않기를 원했다. 그래서 두 개의 복도가 교차하는 곳에 위치한 커다란 회의실에 작은 책상 하나를 두고 내가 그곳을 쓰게 했다. 이 회의실에는 여섯 개의 대형 파일 캐비닛이 있었고 그 안에는 시기 순으로 정리된 행동과학부 사건 기록 전체와 신문 자료의 색인들이 들어 있었다. 내게 완벽한 공간 같았다. 나는 연쇄살인범과 그들이 저지른 범죄에 대해 우리 팀이 함께 알아낸 모든 지식에 둘러싸여 있었고, 여기에 앉아 있으면 모든 것의 중심에 있는 듯한 느낌이 들었다. 범죄자의 마음속으로 들어가 복잡하고 혼란스러운 생각의 가닥을 풀고 그들 사이의 공통된 줄기를 찾아내는 데 필요한 것이 여기 다 있었다. 범죄자 성격 연구에 깊이와 정교함을 더해서 프로파일링을 더 빠르고 일관성 있는 과정으로 만드는 데 그 지식을 적용할 기회였다.

나는 데이터에서부터 시작했다. 이 시점에 우리는 원래의 36명에 더해 이후에 추가한 사람들까지 50명 이상의 범죄자를 면담한 상태였다. 그들은 자신이 저지른 일을 말하는 데 아무도 주저함이 없었다. 다들 어떻게 피해자를 골랐는지, 범행을 하는 동안 어떤 일이 벌어졌는지, 어떤 기념품을 챙겼는지, 포르노가 어떤 역할을 했는지, 범행 이후에 무엇을 했는지, 이후 며칠 동안 무슨 생각을 했는지, 또 그 밖에 그들의 범죄적 성향을 알아내려는 수많은 질문에 술술 대답했다. 그들의 답변이 드러내는 일관성은 매우 흥미로웠다. 그 답변을 분석하니 모든 시기와 장소에 걸쳐 범죄 현장과 범죄자들이 보이는 공통 분모가 드러났고, 이 범죄들이 단순히 각 개인에게서 무작위로 발생한 결과가 아니라는 것도 알 수 있었다. 우리가 인터뷰한 살인자는 51퍼센트가 평균 이상의 지능을 가지고 있었고, 72퍼센트는 아버지와 정서적으로 거리가 멀었으며, 86퍼센트는 이전에 정신과 치료나 진단을 받은 병력이 있었다. 이러한 배경 정보는 연쇄살인범의 행동이 일반적인 인간 행동과 구별되는 패턴을 갖는다는 점을 처음으로 보여주었다. 또한 이것은 프로파일링이 측정 가능한 연구에 토대를 두게 함으로써 이후에도 우리의 결과를 계속해서 검증할 수 있게 해주었다.

결과를 보여주자 레슬러는 안도의 한숨을 쉬었다.

"이 말을 꼭 하고 싶네요. 뭐가 가장 두려웠냐면요, 데이터가 내가 여기에서 지난 2년간 해온 일과 완전히, 정반대로 어긋나지 않을까 하는 것이었어요."

어떤 느낌인지 나도 잘 알았다. 우리 스스로를 가해자의 머릿속에 집어넣어서 그들이 저지른 범죄의 속성을 알아낸다는 접근 방식에는 심각한 리스크가 있었다. 이 일은 공포를 날것으로 대면하는 일이었다. 행동과학부 사람들 모두 체중이 빠지고 흉통에 시달렸다. 더글러스는 가장 심각한 경우였는데, 1983년에 시애틀에서 어느 사건을 수사하던 중 의식을 잃고 쓰러져 응급실에 실려 갔다. 그는 뇌수막염으로 죽을 뻔하다가 살아났고 다시 두 발로 설 수 있기까지 몇 달이나 일을 쉬고 재활치료를 받아야 했다. 그는 "지구상 최악의 인간들을 6년간 따라다닌 결과가 아닐까" 생각했다고 내게 말했다. 그때 이후로 나는 수시로 팀원들을 만나 사건이 감정에 미치고 있는 부담을 확인하는 버릇이 생겼다. 우리는 할 수 있는 모든 방법을 동원해서 서로에게 격려와 지원을 제공해야 했다.

여기에서 1984년 여름에 내가 초점을 두게 된 두 번째 관심사가 생겨났다. 나는 범죄자의 마음이 작동하는 방식에만 관심 있는 것이 아니었다. 프로파일링을 하는 수사관들의 마음이 작동하는 방식도 알고 싶었다. 범인의 머릿속에 들어가는 것이 그들의 목적이라면, 그들 각자가 정확히 어떻게 해서 범인의 머릿속에 들어가는지 알아야 프로파일링 방법론을 더 정교화할 수 있을 터였다. 그래서 요원들 각각이 사건에 접근하는 패턴과 행동을 유심히 관찰하고 기록했다. 어떤 사람은 시각화해서 사고하는 습관을 가지고 있었다. 범죄에 대해 머릿속으로 그림을 그려보는 것이다. 어떤 사람은 머릿속에서 체크리스트를 만들어서 하나씩 따져보는 식으로 사고했다. 또 어떤 사람은 일단 열린 마음으로 회의에 들어와서 차차 다른 이들의 분석에 도전하면서 생각을 면밀하게 다듬어나갔다. 이렇게 다들 달라도, 80퍼센트가 넘는 경우에 모두 같은 결론에 도달했다. 신기했다.

일례로, 나중에 주베르로 판명된 미확인범의 체구와 몸무게를 알아내려 했을 때 레슬러는 범인이 피해자를 길 가까이에 던진 것을 볼 때 마른 체구일 것이라고 했다. 범인의 체구가 작아서 피해자를 더 멀리까지 들고 나르지 못했으리라고 생각한 것이다. 헤이즐우드도 마른 체구일 것이라고 말했는데, 그가 그렇게 생각한 이유는 범인의 발자국이 촘촘히 붙어 있었다는 점이었다. 두 사람 다 미확인범이 "왜소한 체구"일 것이라고 묘사했고 실제로도 그랬지만, 그들이 결론에 도달한 사고의 양식은 서로 달랐다. 아마 이전 경력에서 수사 경험이 달랐기 때문이었을 것이다.

상이한 사고방식이 동일한 결론으로 수렴하는 것을 보면서 몇 가지 질문이 떠올랐다. 이 기법의 정확히 어느 부분이 교육으로 새 프로파일러에게 전달 가능한 것이고, 어느 부분이 각자 경험을 통해 체득해야 하는 것인가? 잠재적인 프로파일러의 적성을 어떻게 파악할 수 있는가? 아직 답을 알지는 못했지만 알아내기에 딱 좋은 타이밍이라는 것은 분명했다. 2세대 프로파일러들(론 워커Ron Walker, 빌 헤이그마이어Bill Haigmier, 저슨 레이Judson Ray, 짐 라이트Jim Wright, 그리고 신참이자 수습 프로파일러인 그레그 쿠퍼Greg Cooper)이 사건에 막 투입되기 시작하고 있었으므로, 우리는 곧 답을 알게 될 것이었다. 그들이 프로파일링을 어떻게 습득하고 어떻게 활용하는지는 프로파일링의 미래에 매우 큰 시사점을 줄 수 있었다. 새로 들어온 사람들이 "범행에 대해 알려진 정보를 바탕으로 미확인범의 행동적 특징을 정확하게 분석하고 재구성하고 분류하는 법"을 성공적으로 배울 수 있다면 프로파일링이 교육으로 습득 가능한 역량이라는 뜻이 될 것이고, 이들이 훈련받은 방식을 앞으로 새로운 FBI 요원과 전국의 수사 인력을 교육할 때 청사진으로 삼을 수 있을 것이었다.

하지만 당장은 수사관 네 명과 수습 한 명이 충원되었다는 사실 자체만으로도 감지덕지였다. 그들이 온 덕분에 행동과학부가 수적으로도 전보다 많은 사건을 담당할 수 있게 되었을 뿐 아니라 범위 면에서도 다루는 사건의 폭이 넓어질 수 있었다. 그때까지 우리의 프로파일링은 (과거 사건과 수사가 진행 중인 현재 사건 모두) 18~35세의 백인 남성 가해자가 복수의 피해자를 살해한 사건에 한정되어 있었다. 범행 방법과 동기는 다양했지만 가해자의 인구통계학적 특징은 대체로 비슷했다. 당시에 알려진 연쇄살인범이 그러했다는 단순한 이유도 있었겠지만, 수사기관 전반이 가지고 있던 문화적 결함을 반영하는 것이기도 했다. 1970년대 말과 1980년대 초에는 피해자가 소수자인 사건보다 백인인 사건이 더 철저하게 수사되었다. 이것은 부끄러운 진실이었을 뿐 아니라 현실적으로도 우리의 일에 불리한 점으로 작용했다. 더 너른 범위의 스펙트럼에 걸쳐 범죄자와 범행을 파악할 수 있는 가능성을 제약했기 때문이다.

여전히 FBI 아카데미의 몇 안 되는 여성이었으므로 아마 당시에 나는 만연한 사회적 이슈들을 그곳의 누구보다 첨예하게 느끼고 있었을 것이다. 나는 눈에 띄게 특이한 사람이 된다는 것이 어떤 일인지 알고 있었고, 여기에서 나올 수 있는 관점이 얼마나 귀중한지를 알아보는 눈도 갖게 되었다. 이는 내가 팀에 자주 강조하는 점이기도 했다. 팀원들이 다양한 배경을 가지고 있어야 범죄의 다양성을 더 잘 반영하고 파악할 수 있다고 말이다. 이런 말을 하면 한두 명 정도가 고개를 끄덕이긴 했지만 더 이상의 변화로 이어지지는 않았다. 그런데 저슨 레이가 2세대 프로파일러로 합류하면서 드디어 상황이 달라질 수 있었다. 레이는 이 팀의 첫 흑인 요원이었고 우리 둘은 빠르게 동지가 되었다. 그는 행동과학부를 안주해 있던 익숙한 영역에서 끄집어내야 한다는 것을 알고 있었고, 프로파일링이 하나의 좁은 인구통계학적 범위의 살인범들을 넘어서도 효과가 있으리라는 데 나와 생각이 같았다. 하지만 우리는 그것을 입증해야 했다. 수사 과정을 완전히 새롭게 사고하게 만드는 우리의 프로파일링 기법과 접근 방식이 살인자가 아무리 의외의 인물일지라도 효과가 있다는 것을 보여줄 만한 사건이 필요했다. 즉, 우리는 프로파일링이 가질 수 있는 혁신적인 잠재력을 명백히 보여줄 사건이 필요했다. 그러던 1984년의 어느 날 오후, 바로 그러한 사건이 론 워커의 책상에 떨어졌다.

다음 날 아침에 여섯 명이 방공호에 모였다. 나는 레이가 꼭 참석하도록 신경을 썼다. 주무 프로파일러는 워커였고 우리가 도착했을 때 회의실은 세팅이 완료되어 있었다. 세션을 시작하기 전에 우리가 사건의 핵심 사항들을 살펴보도록 워커가 약간의 시간을 준 동안, 나는 이 세션을 좀 다른 방식으로 활용해야겠다고 생각했다. 사건의 세부 사항도 세부 사항이지만 방법론에도 초점을 맞춰서, 요원들이 어떻게 접근하는지에도 주의를 기울일 작정이었다. 그때까지 나는 요원 각자가 자신의 고유한 관점을 가지고 프로파일링에 접근한다는 것은 알고 있었지만, 그 차이가 결과에 어떻게 영향을 미치는지는 생각해본 적이 없었다. 하지만 각자가 접근하는 맥락이 결정적으로 중요한 것일 수 있었다. 요원들이 어떻게 질문을 하는지, 어떻게 정보를 처리하는지, 그리고 어떻게 사건을 자신의 전문 영역 쪽으로 끌고가는지를 관찰하면 방법론으로서의 프로파일링 과정을 더 잘 이해할 수 있을 것 같았다. 각각의 요원이 사건을 어떻게 관찰하는지가 프로파일링 세션의 핵심 재료이므로, 각각의 요원이 어떻게 일하는지를 살펴보면 수사관들이 미확인범에 접근하고 분석하는 방법을 종합해볼 수 있을 터였다. 한마디로, 요원들 자체도 관찰되어야 할 데이터 포인트였다.

"우리 팀에는 아마 처음인 것 같습니다." 나중에 참고가 되도록 세션을 녹음하기 위해 녹음기 버튼을 누르면서 워커가 말했다. "범행 당시를 목격한 사람이 있는데, 이 미확인범은 명백히 여성입니다." 그는 형광등을 끄고 프로젝터의 초점을 맞추었다.

*

1984년 6월 23일 토요일, 캘리포니아주 오린다 교외의 중상류층 동네에서 열다섯 살의 커스틴 C.는 자신을 파티에 데리고 가기로 한 사람을 기다리고 있었다. '밥-오-링크스Bob-O-Links'라는 모임에 신입 회원이 된 것을 축하하는 비공개 환영 파티가 있을 예정이었다. '바비'라고 불리는 이 모임의 회원이 되는 것은 굉장한 일이었다. 단순히 고등학교 여학생들 사이를 넘어 더 넓은 범위에서 사회적 지위를 상징하는 것이었기 때문이다. 그래서 그날 낮에 커스틴의 엄마가 신원을 밝히지 않은 여성으로부터 전화를 받고서 오늘 저녁에 비밀 환영 파티가 열릴 예정이며 8시 30분에 커스틴을 데리러 가겠다는 이야기를 들었을 때 가족 모두가 들뜨고 흥분했다.

그날 저녁에 커스틴의 부모와 열두 살인 남동생은 야구 파티가 있어서 거기에 갔고 커스틴 혼자 데리러 온다는 사람을 기다리고 있었다. 8시 20분에 커스틴의 엄마가 전화를 해서 딸에게 잘 갔다 오라고 말했다. 곧 길 쪽에서 경적이 울렸고 커스틴은 부리나케 달려나가서 조수석에 올라탔다. 낡은 투톤 오렌지색 포드 핀토 자동차였다. 핀토 자동차는 근처의 장로교회로 가서 그 앞에 주차를 했고, 둘 다 안에 있는 채로 차는 30분 정도 거기에 서 있었다. 그리고 커스틴이 차에서 나와 약 450미터 정도를 걸어서 막다른 골목 끝에 있는 아널드 씨네 집에 도착했다. 집안끼리 아는 사이였다. 아널드 부인이 문을 열고 나와 커스틴이 자신이 처한 곤란한 상황을 설명하는 것을 귀 기울여 들었다. "제 친구 젤이 너무 이상하게 굴어요. 그리고 저를 집에 데려다 주지 않겠대요." 커스틴은 엄마, 아빠에게 전화하기 위해 그 집 전화를 써도 되겠느냐고 물었다. 이때 아널드 부인은 밝은 갈색 머리의 십 대 소녀가 인도에 서 있는 것을 보았고, 이상하다 싶어서 커스틴더러 안으로 들어오라고 했다. 커스틴이 집에 전화를 했지만 부모와 통화가 되지 않자 아널드 씨가 집까지 데려다주겠다고 했다. 그들은 9시 40분에 출발했다.

약 5킬로미터 정도를 운전하는 내내 아널드는 오렌지색 핀토가 어느 정도 거리를 두긴 했으되 분명히 따라오고 있다는 것을 알아차렸다. 그는 커스틴 쪽을 돌아보면서 단도직입적으로 물었다. "저 여자아이가 같이 있었던 사람이니?" 커스틴은 그렇다고 했다. 하지만 괜찮으니 걱정하실 것 없다며 침착하게 대화 주제를 학교와 친구들 이야기로 돌렸다. 커스틴의 집에 도착했지만 부모는 아직 돌아와 있지 않았다. 커스틴은 아널드에게 옆집에서 기다리겠다고 했고 아널드는 옆집에 안전하게 들어갈 때까지 지켜봐주겠다고 했다. 그런데 잠시 후에 아널드는 조수석 창문으로 한 여성이 옆집 잔디밭을 가로질러 커스틴이 서 있는 현관으로 냅다 달려가는 것을 보았다. 이어서 싸우는 소리가 들렸고 커스틴이 바닥에 쓰러지는 것이 보였다. 비명소리가 이어졌다. 잠시 후에 아널드는 커스틴을 공격한 사람이 되돌아 달려나와서 핀토에 올라타고 급히 유턴을 한 뒤 속도를 내 사라지는 것을 보았다.

그다음의 상황에 대해서는 목격자가 여러 명 있지만 그들이 목격한 것 대부분은 그저 혼돈이었다. 현관 불이 켜졌다. 이웃들이 달려나와 소란스러운 곳으로 모여들었다. 커스틴이 일어나 비틀비틀 아널드의 차 쪽으로 와서 도와달라고 비명을 질렀다. 피투성이가 된 손으로 몸을 지탱하기 위해 차를 짚은 곳에 진홍색의 핏자국이 남았다. 아널드는 급히 핀토를 따라가다가 생각을 바꾸어 커스틴에게 도움이 필요한지 보려고 돌아왔다. 구급대원들이 커스틴을 앰뷸런스에 싣고 있었다. 아널드는 경찰이 와 있는 것을 보고 자신이 쫓던 핀토 자동차와 커스틴이 말한 이상하게 구는 친구 이야기를 경찰에게 전했다.

그 와중에 C씨 가족이 집에 돌아왔다. 현장은 혼란에서 어색한 정적으로 바뀌었다가 딸이 들것에 실려 앰뷸런스에 옮겨지는 것을 C씨 가족이 발견한 순간 다시 혼란으로 바뀌었다. 커스틴은 온통 피투성이였다. 구조대원이 앰뷸런스 문을 닫고 사이렌을 울리며 사람들이 열어준 길을 따라 군중 사이를 빠져나갔다. 앰뷸런스는 근처의 병원으로 질주했지만 한 시간쯤 뒤인 밤 11시 02분에 커스틴은 사망했다.

곧바로 수사가 시작되었다. 먼저 핵심 실마리인 핀토 자동차에 수사의 초점을 맞추었다. 경찰은 750대가 넘는 오렌지색와 노란색의 투톤 핀토를 찾았지만, 범위를 더 좁혀서 특정한 핀토를 커스틴 살해와 연결할 만한 결정적인 단서가 없었다.

경찰은 방향을 돌려 추가적인 목격자를 찾아나섰고 세 명을 발견했다. 첫 번째는 아널드의 이웃이었는데 저녁에 산책을 하다가 막다른 골목에 핀토가 세워져 있는 것을 보았다고 했다. 운전석의 여성이 정신이 없고 화가 난 것 같아서 차창으로 괜찮냐고 물었더니 여성은 가라는 손짓을 하면서 "괜찮아요, 그냥 좀 혼자 있을게요"라고 말했고, 그들의 대화는 이게 전부였다.

두 번째와 세 번째 목격자는 젊은 부부였다. 그들도 장로교회 주차장에 차를 세웠다. 이곳은 고등학생들이 파티를 하고 마리화나를 피우고 섹스를 하러 많이 오는 곳이었다. 그들은 핀토가 주차장에 들어오더니 35분쯤 거기에 서 있었다고 했다. 안타깝게도 커스틴이나 운전자의 얼굴은 보지 못했고 차 안에서 무슨 일이 일어났는지도 보지 못했다.

*

"현재로서 사건은 여기까지입니다." 워커가 파일의 마지막 페이지를 덮으면서 이렇게 말하고는 탁자 건너편의 우리를 바라보았다. "몇 달째 진전이 없었어요. 이 사건은 미제가 되었습니다. 추가로 말씀드리면, 법의학 사진상으로 다섯 군데 칼자국이 있고 오른팔에 저항하다 생긴 상처가 있어요. 등에 난 칼자국 두 개는 매우 깊고 오른쪽 폐와 횡경막을 관통했습니다." 워커가 빠르게 슬라이드를 넘겼다. "그리고 부검 결과가 있습니다. 이 사진은 간에 난 자상입니다. 나머지 두 개의 칼자국은 가슴에 났는데 길이는 15센티미터 정도이고 왼쪽 폐를 관통했습니다. 본인의 혈액이 폐에 고여 질식사 한 것 같아요. 그밖에 신체적인 공격이나 성적인 공격의 흔적은 없었습니다."

"자, 질문을 받아보죠."

"목격자들의 묘사는 어떤가요?" 레이가 물었다.

"네, 그게 문제입니다." 워커가 고개를 절레절레 흔들었다. "아널드는 목격자라고 하기 어려워요. 완전히 상황에 압도되어서 정신이 하나도 없었거든요. 차 번호판도 기억 못했고 그의 차 옆을 달려간 사람도 제대로 묘사하지 못했어요. 그가 말한 것은 짙은 금발머리 여성이라는 것과 조깅복 같아 보이는 옷을 입고 있었다는 것 정도예요. 연령대도 알려주지 못했어요. '나이가 많아 보이지는 않았다, 어려 보이지는 않았다' 정도만 말했을 뿐입니다. 경찰이 최면도 시도해보았지만 최면 상태에서도 그 이상은 생각해내지 못했어요. 다른 목격자는 차 안에 있던 부부인데, 주차장 구석에 차를 세워두고 있었고 피해자가 핀토에서 내려서 걸어가는 것밖에 못 보았다고 합니다."

레이가 물었다. "피해자 집에서 피해자를 태운 핀토와 아널드가 뒤따라간 핀토가 같은 차량 맞나요?"

워커의 얼굴에 답답하다는 듯한 표정이 스쳤다. "집에서 피해자를 태운 차도 오렌지색 핀토이고, 교회 주차장에서 목격된 차도 오렌지색 핀토이고 여기, 또 여기 보이는 차도 오렌지색 핀토입니다. 다 같은 차량입니다. 증거가 더 필요하다면, 이 부분에 대해서는 증인이 많아요. 차 상태가 깔끔하지 않고 패인 곳들이 있었거든요."

내 시야의 가장자리에서 더글러스가 미소를 짓는 것이 보였다. 나는 그가 무언가를 하려는 것임을 알아차렸다. 그는 농담이나 분위기를 부드럽게 누그러뜨릴 말을 하려 하고 있었다.

"아이쿠야, 워커. 이거 너무 뻔한 질문이라 물어보기가 겁나는데요." 더글러스가 항복하듯이 두 손을 위로 들면서 말했다. "그날 저녁에 환영 파티라는 게 있기는 했나요?"

"아뇨, 그날 환영 행사는 없었어요. 관련해서 다시 바비 이야기를 해야 할 것 같은데요. 이 클럽의 간부들은 그날 연례 단합대회 차 하와이에 여행을 가 있었어요. 이 모임은 여학생들의 모임이기도 하지만 지역사회 단체의 성격도 있어요. 시민단체로서 지역 병원에서 자원활동도 하고요. 십 대 소녀들이 간단한 간호 일을 돕는 정도의 활동이요. 이 모임은 주로 잘 나가는 아이들만 들어갈 수 있고 회원들은 대개 집이 부유합니다. 하와이로 여행 가는 것만 봐도 그렇지요. 그날 마을에 남아 있었던 사람들은 간부가 아닌 사람과 신입 회원들이었는데 그리 수가 많지 않았어요. 바비는 규모가 큰 단체가 아니에요. 아마 20~30명쯤일 거고 절반 정도가 이런저런 직함을 가지고 있어요. 그러니까 사건이 있던 날 이 모임 회원 대부분은 마을에 없었습니다."

"흉기에 대해서 조금 더 알려주세요." 레슬러가 주제를 돌렸다. "발견되었나요?"

"아니요. 발견되지 않았습니다. 우리가 할 수 있는 최선의 추측으로는 외날의 큰 칼, 아마도 전형적인 사냥용 칼 같아요. 그런데 확인된 것은 아니에요. 목격자가 칼은 못 보았거든요. 우리가 가진 것은 검시관의 부검 보고서인데, 상처가 꽤 큰 외날의 흉기에 의한 것으로 보인다고 되어 있어요. 날의 길이가 적어도 약 4센티미터는 되는 거요. 경찰이 현장에서 버터나이프를 하나 찾았는데 이 공격과는 관련이 없어요."

"버터나이프 말고 현장 감식에서 발견된 다른 것은 없나요?"

"쓸 만한 건 없었어요." 워커가 말했다. "공격이 있었던 옆집 현관 앞의 난간에서 피 묻은 지문을 하나 발견하긴 했어요. 피해자 지문이 아니었고요. 하지만 부분 지문이라 대조를 하기에는 충분하지 않았습니다."

"피해자 이야기로 돌아가볼게요." 내가 말했다. "피해자의 태도는 어땠나요? 목격자가 피해자의 태도를 어떻게 묘사했나요?"

"공포에 질려 있거나 하지는 않았어요. 아널드와 아내는 피해자가 무언가 걱정하는 듯했고 약간 화가 난 것 같았다고 하더군요. 그 외에 별다른 건 없었어요."

"가해자와 관련 있을 법한 피해자의 성향이나 특징은요?" 내가 다시 물었다.

"보자, 그러니까……." 워커가 노트를 뒤적거렸다. "우리가 가지고 있는 내용은, 15세의 고등학생이고 학교에서 아주 인기 있는 학생이었다고 합니다. 잘 나가는 아이였고 집에서도 공주 대접을 받은 것 같아요. 모든 변덕에 엄마 아빠가 다 맞춰주었다고 해요. 자녀 중에 첫째이고 아주 매력적인 소녀였다고 합니다. 가해자-피해자 동학과 관련해서 말하자면, 피해자의 배경에서 고위험 상황에 처할 만한 요인은 발견되지 않았어요. 동성 친구들과 잘 지냈고 남자아이들과도 잘 지냈고 어른들하고도 잘 지냈어요. 우리가 아는 한에서는 성적으로 문란한 행동도 없었고요. 친구들이 말하기를 약간 애태우는 타입이었다고는 해요. 남자애들을 먼저 애가 타게 해놓고는 관계가 진전되는 것 같으면 딱 선을 그었다고 하더라고요. 피해자의 배경 중에 약간 이상한 것이라면, 이것도 사실 캘리포니아에서는 이상한 것이 아니긴 한데요, 일반적인 15세 소녀로서는 좀 이상하다고 볼 수 있는 것이라면 때때로 마약을 한 것 같아요. 마리화나도 피웠고 맥주도 취할 만큼 많이 마시는 걸 좋아했어요. 습관성은 아니었지만 파티에 자주 갔고 맥주를 마셨고 분명히 마리화나를 피울 기회가 있으면 그냥 지나치지 않았을 겁니다. 다시 말씀드리지만, 캘리포니아 고등학생들 사이에서는 그리 이상한 일이 아니에요. 아무튼 피해자가 술과 마약을 즐기기는 했습니다."

"집까지 차로 데려다준 사람 말이에요, 아널드요. 그가 범행에 관여하지 않은 것은 확실한가요? 그렇게 가까이서 보았는데 범인을 더 잘 묘사하지 못하는 게 이상해서요." 레슬러가 말했다.

"그는 완전히 겁에 질려 있었어요. 이 모든 것이 그에게는 너무 어마어마한 일이었던 거지요."

"제가 보기에는 그것만으로는 충분한 설명이 되지 못하는 것 같아요." 레슬러가 계속해서 말했다. "그래서 말인데, 그가 범인을 알고 있지 않았을까요? 범인이 그가 보호하려 한 또 다른 고등학생이었을지도 몰라요."

"잠깐만요." 내가 끼어들었다. "프로파일링으로 들어가기 전에 한 가지만 확인해주시겠어요? 피해자가 인기 있는 학생이었다고 하셨는데요, 그렇죠? 그러면 피해자는 그 클럽 멤버 중에 아는 사람이 없었나요? 환영 파티 이야기를 누군가에게 하지 않았을까요? 그랬다면 그날 밤에는 환영 행사가 없다고 누군가가 말해주지 않았을까요?"

"네, 중요한 질문이에요." 워커가 동의했다. "실제로 피해자가 친구 중 한 명에게 전화해서 행사에 대해 말했대요. 그 친구는 바비 회원이었는데 신입 회원 환영 행사에 대해 모르고 있었어요. 하지만 피해자와 그 친구는 무언가가 있긴 있는데, 그러니까 환영식이 있는데, 단지 그들이 모르고 있는 걸 거라고 생각하고 넘어갔대요. 이곳은 일종의 비밀 클럽이니까요. 그래서 피해자가 참석하기로 한 거고요."

"그렇다면 범인은 바비 회원이겠군요." 헤이즐우드가 말했다. "그게 아니라면 왜 피해자가 같이 차에 탔겠어요? 주차장에 오랫동안 같이 있었던 것도 그렇고요."

"프로파일링으로 들어가고 있네요." 워커가 말했다. "좋아요, 그래도 괜찮을 것 같아요. 그런데 이 미확인범이 바비 회원이 틀림없다고 하기에는, 처음에 전화를 피해자가 아니라 엄마에게 했다는 점이 좀 걸립니다. 일부러 그런 것 같거든요. 자신이 누구인지 가리기 위한 위장술로요. 물론 전화를 건 사람이 누구이든 간에 바비가 신입 회원 환영식을 어떤 식으로 하는지 잘 알고 있는 사람이기는 할 겁니다. 따라서 네, 말씀하신 게 맞을 수도 있겠네요. 데리러 온 사람이 피해자가 바비 회원이라고 알고 있는 사람이 아니었다면 피해자가 차에 타지 않았을 테니까요. 바비는 환영식에 회원 아닌 사람을 관여시키지 않거든요."

"제가 보기에는 이렇습니다." 더글러스가 그의 가설을 말했다. "본 프로파일러의 견해로는, 피해자와 가해자가 아는 사이이고 피해자의 가족이나 친구들은 잘 몰랐던 모임에 함께했을 수도 있을 것 같습니다. 워커가 명료하게 설명했듯이, 많은 것이 가해자가 바비 회원이거나 바비에 대해 잘 아는 사람이라는 것을 암시하므로 가해자는 여성일 겁니다. 그가 이 지역에 익숙한 사람이라는 것도 명백합니다. 핀토 운전자가 피해자를 그 동네 십 대들이 자주 가는 곳으로 데리고 갔으니까요. 여기까지 상황을 끌고 온 것은 명백히 계획적이었습니다. 더 어린아이는 그렇게 하지 못했을 것이고, 그러니까 고등학교 2, 3학년 정도는 되었을 겁니다. 아니면 얼마 전에 졸업을 했는데 아직 동네에 살고 있는 사람, 그리고 이 동네를 여전히 못 벗어나고 있으면서도 더 이상 여기에서는 어디에도 속하지 못하는 것에 분노를 느끼는 사람일 수도 있을 것 같아요. 그런데 상충되는 점 하나는, 범죄를 계획하는 단계에서는 아주 많이 체계적이었는데 범행이 실제로 전개된 방식은 완전히 비체계적이라는 겁니다. 목격자의 차 앞을 지나갔다가 피해자를 찌르고 다시 한번 목격자 옆을 지나갔어요. 그러니까 피해자 쪽으로 갈 때 한 번, 피해자를 찌르고 나오면서 한 번, 이렇게 두 번이나 목격자 옆을 지나갔는데, 이것은 생각 없는 행동이죠."

"방금 이야기한, 계획했으되 비체계적이었다는 점이 매우 중요한 것 같습니다." 더글러스의 생각을 이어받으면서 헤이즐우드도 동의했다.

"하지만 이 미확인범이 계획한 것이 정확히 무엇이었을지 생각해봐야 합니다. 살인은 아니었을 것 같거든요. 내가 그렇게 생각하는 이유는, [살인이 계획이었다면] 살해할 기회가 아주 많았기 때문이에요. 주차장에 있었던 35분도 그렇고 그 전에 함께 차를 타고 가던 시간도 그렇고요."

"그렇겠네요." 워커가 동의의 의미로 고개를 끄덕였다. "주차장에 있던 동안 상황을 악화시킨 어떤 일이 벌어진 것 같아요. 가령 싸움 같은 거요. 그리고 피해자가 차에서 내려서 이런 식으로 말했을 수 있겠지요. '꺼져. 나는 갈 거야. 너 정말 이상해.' 그때 벌어진 일이 무엇이든 핀토 운전자를 매우 슬프고 불안하고 화나고 분개하게 만들었고, 그래서 집까지 따라가서 피해자를 공격하는 데까지 이어졌을 겁니다."

"이것은 매우 비체계적인 범행이에요. 충동적이고요." 더글러스가 말했다. "모든 것이 살인을 목적으로 계획된 것이 아니에요. 범인은 어떤 이유로 단순히 이 여자아이와 같이 있고 싶었던 것 같아요. 연애의 의도일 수도 있고요."

"자, 그럼 우리는 지금 고등학생 나이의 여성에 대한 프로파일을 만들고 있군요. 모두 동의하시는 것 같고요, 그렇죠?" 나는 이렇게 말하면서 주위를 둘러보았고 몇몇이 고개를 끄덕였다. "그렇다면 사냥용 칼은 여기에 어떻게 들어맞을 수 있을까요? 이것이 우연히 주변에 있었던 흉기일 뿐이라면, 여고생이 왜 그런 것을 차에 두었을까요?"

"글쎄요, 우리는 그 차가 본인 차인지 친구나 가족에게 빌린 차인지 모릅니다." 워커가 말했다. "두 번째 경우가 맞다면 칼은 범인의 의도와 별개로 거기에 있었을 수 있습니다."

"가해자-피해자 동학에 입각해보면, 차량의 연식과 상태가 또 하나의 중요한 요인일 것 같아요." 내가 말했다. "경제적으로 여유가 없는 가정임을 시사하거든요. 이 동네에 주로 부유한 사람들이 사는 것과 크게 대비되는 점이지요. 미확인범의 차량 상태는 낮은 경제적 지위를 의미하고, 아마도 이것이 주류에 속하지 못하는 데 대한 불안을 강화했을 것 같아요."

"너무 중요하다고 생각되는 것이 있어서 말씀드릴게요." 레슬러가 끼어들었다. "자동차는 잠시 잊어버리시고요. 여기 이 소녀를 집에서 나오게 하기 위해 고안한 정교한 계획이 있어요. 그리고 이 소녀는 칼로 살해당했어요. 칼은 일반적으로 계획된 범행임을 시사하지요. 한편, 우리는 피해자와 미확인범이 상당히 긴 시간 둘만 있었다는 것을 알고 있고 피해자가 공포에 질렸거나 옷이 찢어졌거나 하지도 않았다는 사실 또한 알고 있습니다. 그런데 지금 몇몇 분이 이것이 계획된 살해가 아니었다고 하시고, 따라서 이 흉기는 가해자가 선택한 것이 아니라 우연히 거기 있었던 흉기라고 하십니다. 계획에 대한 모든 부분과 피해자가 칼에 찔려 사망한 부분 사이에 차근차근 구분해보아야 할 점이 아주 많은 것 같습니다."

"아직 우리가 설명하지 않은 다른 요인이 있을 수 있지요." 더글러스가 말했다. "차에서 보낸 시간과 충동적인 공격 사이를 설명해줄 무언가가요."

"프로파일 작성으로 다시 돌아가죠." 워커가 기어를 바꾸었다. "이것이 비체계적 범행이라는 데는 우리가 동의했어요. 가해자가 부분적으로라도 고등학교 교육을 받았을 것이고 학생이거나 최근에 졸업하고 범행 시점 기준으로 아직 여기 살고 있는 사람일 것이라는 데도 동의했습니다. 바비 회원이라면 평균 또는 평균 이상의 지능을 가지고 있겠지만, 공부보다 사교 생활에 더 관심이 많았다면 성적은 별로였을 수 있어요. 범행 시기에 가해자는 여기에 거주했거나 여기에서 일하고 있는 사람이었을 것이고요. 다시 바비 회원이라는 전제에서 보면, 가해자는 사람들과 관계를 맺을 능력은 있지만, 경제적 사정은 이 사회의 스펙트럼에서 낮은 편이었을 것 같고, 그렇다면 진짜 친구를 사귀기 어려운 또 하나의 장벽이 있었던 셈이겠지요. 범인이 가볍게 마약이나 술을 했던 이력도 있지 않을까 합니다. 불안을 누르고 심리적 억제 요인을 풀기 위해서요. 연령을 보면 범죄 전과가 있을 가능성은 배제해도 좋을 것 같습니다. 마약 관련해 사소한 경범죄 정도면 몰라도요."

"맞는 것 같아요." 레슬러가 말했다. "그들이 차에 있었을 때 어떤 일이 있었는지 알 수 있으면 더 좋겠지만요. 이렇게 폭력적인 반응이 나온 걸 보면 상당히 큰 싸움이었을 거예요."

"약물을 사용했을 수도 있고요."〔앞에서 워커가 했던 말을 받아〕 더글러스가 덧붙였다.

"범행 이후의 행동으로 잠깐 넘어가도 될까요?" 헤이즐우드가 말했다. "앤 교수님, 이 부분은 정말로 교수님이 도와주셔야 어떤 심리적 측면이 관여되었는지 알 수 있을 것 같아요. 저희보다 유리한 점이 있으시잖아요. 결혼한 지 20년이 되었는데도 나는 여자들이 어떻게 생각하는지 모르겠거든요."

다들 웃었고, 예의상 분위기를 맞추려고 나도 미소를 지었다. 그러나 곧 마음을 바꾸었다. "요원님 개인적인 이야기는 나중에 하시고요, 저는 사건에 더 관심이 있어요."

잠시 침묵이 흐르고서 헤이즐우드가 털털하게 순순히 사과했다.

워커가 이어서 말했다. "그래도 그건 맞아요. 이 사건에서는 범행 이후의 행동이 중요하다는 거요. 흉기부터 이야기해보죠. 어느 분이 먼저 이야기하시겠어요?"

레슬러가 시작했다. "범행이 상당히 비체계적이었다는 것을 고려하면, 범인은 집으로 운전해 돌아오는 길에 흉기를 버렸을 것 같습니다. 차창으로 던졌거나 해서요. 깊이 생각하지 않고 단순히 흉기를 없애려고 했을 겁니다. 그리고 곧바로 차를 몰고 집으로 갔다고 보아도 무방하다고 생각합니다. 왜냐하면 전에는 이런 일을 저질러 본 적이 없는 사람 같거든요."

"저도 같은 생각이에요." 내가 말했다. "이것은 트라우마를 일으키는 행동이에요. 살인적인 행동에 끌리지 않는 사람들, 저는 이 여성도 특별히 살해 성향이 있었을 거라고는 생각하지 않는데요, 그건 사람들이 이런 일을 저지르고 나서 가장 먼저 하는 행동은 어딘가 안전한 곳, 편안하고 마음에 의지가 되는 환경으로 가는 겁니다. 그곳에서 실제로 벌어진 일로부터 자신을 닫아 걸지요. 이 사건의 경우, 우리가 찾는 사람이 여고생이라면 곧바로 집으로 갔을 거예요. 가족이 함께 사는 집이겠지요."

"좋아요." 더글러스가 말했다. "자, 칼은 가는 길에 창문으로 버렸어요. 경찰이 용의자 목록을 추릴 수 있다면 가장 합리적인 운전 경로를 따라가서 칼을 발견할 수 있어야 하겠군요."

"그리고 운전자는 차 안을 청소하고 흔적을 없애려고 했을 거예요." 헤이즐우드가 말했다. "빌린 차량일 경우에는 더 그랬겠지요. 아마도 다음 날 세차장에 가기 위해 일찍 일어났을 수도 있습니다."

"다음 날 아침이 매우 결정적인 시간대예요." 내가 말했다. "일상 생활에서 범인의 행동이 사건 이후에 곧바로 눈에 띄게 달라졌을 겁니다. 그날 밤에는 늦게 돌아와서 아무와도 안 마주쳤을 수 있지만 여고생이 가족과 함께 살고 있다면 다음 날 아침에는 누구하고라도 마주쳤겠지요. 그렇다면 가족들은 범인이 갑자기 말이 없어졌다거나 내향적이 되었다고 느꼈을 수 있어요. 하루이틀이라도요. 불안하고 초조해 보이거나 멍하니 다른 생각을 하고 있는 것처럼 보이기도 했을 거고, 먹는 것이나 자는 것 등 일상의 패턴이 바뀌었을 겁니다. 신체도 눈에 띄게 달라졌을 수 있어요. 자신의 옷 매무새를 덜 의식한다든지, 차림이나 외양을 단정히 하는 데 신경을 덜 쓴다든지요."

"현지 경찰이 장례식장에서 무언가 이상한 것을 감지하지는 않았나요?" 더글러스가 물었다. "전에도 보았듯이, 살인자가 장례식에 참석해서 부적절할 정도로 감정이 없는 모습을 보이거나 일찍 자리를 뜨거나 하잖아요."

"틀림없이 경찰이 유력한 용의자를 이미 알고 있을 법한데요." 레슬러가 주장했다. "용의자가 넘쳐날 리는 없습니다. 어쩌면 이미 해당 용의자를 조사했을 수도 있어요. 그리고 다른 아이들보다 특히 더 불안하고 화가 나 있다는 것을 알아차렸겠지요. 심지어 그 용의자가 수사에 도움을 주었을 수도 있습니다. 워커, 이에 대해 우리한테 이야기하지 않은 건 없나요?"

"자, 여러분." 워커가 빠르게 회의를 마무리했다. "이 정도면 충분한 것 같습니다. 프로파일을 정리해서 오린다 경찰서에 보내겠습니다. 그리고 추후에 업데이트가 있으면 공유하겠습니다."

*

그렇게 끝났다. 세션이 끝나면 요원들은 정신의 스위치를 돌려서 각자의 개인적인 세계로 돌아왔다. 이들은 이런 방식의 모드 전환에 매우 익숙했다. 방금까지 온갖 끔찍한 세부 사항과 함께 칼로 난자한 살인 사건 이야기를 했다가도, 한순간에 주말 계획이나 가족 이야기나 사내 정치 이야기나 레드스킨스에서 조 깁스Joe Gibbs 감독이 어쩌고 있는지 같은 이야기로 이동했다. 어느 면에서는 놀라웠지만, 이것은 FBI가 요원을 채용할 때 원하는 능력이기도 했다. 각자의 차이에도 불구하고 행동과학부의 모든 요원은 자신의 삶이나 감정이 영향을 받게 두지는 않으면서 공감하는 능력, 끔찍한 내용들에 몰입하면서도 그 끔찍함에 자신의 감정이 뒤흔들리지 않도록 칸막이를 치는 능력이 있었다. 다른 말로, 그들은 생존하기 위해 거리를 두는 방법을 알고 있었다.

하지만 내 경험은 달랐다. 성폭력 피해자들과 일한다고 해서 그러한 공포스러운 행위에 무뎌지지 않았다. 그보다는, 폭력의 속성을 더 완전하게 이해하고 폭력에서 드러나는 패턴과 설계를 더 잘 인식하게 되었다. 나는 피해자들과 그들의 이야기에 교감함으로써, 그리고 기저에서 작동하고 있는 심리를 분석함으로써 그렇게 할 수 있었다. 이 과정은 내가 프로파일링의 피해자 분석 측면에서 고유한 통찰을 가질 수 있게 해주었고, 이는 가해자에 주로 초점을 두는 요원들이 나에게서 높이 사는 점이기도 했다. 특히 반복적인 범행의 경우, 가해자가 일련의 범행에서 피해자를 다룬 방식 사이에 보인 불일치를 이해하는 데 피해자 분석에서 얻을 수 있는 통찰이 도움을 주었기 때문이다. 나는 이러한 유형의 사건에서 가해자와 피해자 사이에 펼쳐지는 동태적 과정에 대해, 가령 피해자가 되받아 싸웠을지, 자기방어를 위해 저항을 포기했을지 등에 대해, 또는 다른 시나리오에서였다면 어떻게 가해자를 자극했거나 화나게 했을지 등에 대해 설명해달라는 요청을 받곤 했다. 하지만 이런 접근으로 인해 나는 사건들에 감정적으로 더 취약해졌다. 사건들이 나에게 들러붙어서 떨어지지 않았다. 나는 무엇이 가해자를 자극했을지, 가해자는 어떤 사람일지 알기 위해 범죄의 세부사항을 매우 자세하게 되풀이해 생각하곤 했다. 그리고 우리가 프로파일링한 가해자가 마침내 잡히면 당연히 자랑스러웠지만, 더 중요하게는 마음이 놓였다.

바비 사건은 특히 더 그랬다. 우리 팀이 1980년대부터 프로파일링을 했던 10여 건의 사건 중 이것은 처음으로 여성이 여성에게 저지른 사건이었다. 이 사건을 잘 해결한다면 FBI의 윗사람들이 보내온 질문 중 하나에 대해서는 확실하게 "예"라고 대답할 수 있을 것이었다. "프로파일링이 더 폭넓은 사건에 적용 가능한가?" 몇 달 뒤인 그해 12월에 이에 대한 답이 나왔다. 워커는 범인을 잡았다며 처음에 프로파일링을 했던 사람들과 업데이트 회의를 할 예정이니 나도 참석하라고 했다.

*

"지난 세션 때 말씀 못 드린 게 이거예요. 우리가 프로파일링을 시작하기도 전에 현지 경찰은 용의자 리스트를 꽤 많이 좁혔어요. 가장 유력한 한 명을 특정하기까지 했지요. 오렌지색 핀토를 사용했던 사람이고 피해자와 같은 고등학교 친구예요. 바비 회원이고요. 당일에 사건 발생 시각을 포함해서 두 시간 동안 집에 없었어요." 우리가 끼어들 틈도 없이 워커가 빠르게 말했다. "알아요, 알아요. 하지만 현지 경찰은 거짓말 탐지기 테스트를 하고는 그 사람을 용의선상에서 배제했어요. 결과지에 거짓이라고 나온 부분이 하나도 없었거든요."

"집에 없었던 두 시간에 대해 용의자가 댄 알리바이는 무엇이었나요? 거짓말 탐지기 조사자가 그것을 물어보았나요?" 더글러스가 물었다.

"베이비시팅을 하고 있었다고 했어요. 자동차도 그래서 쓸 수 있었죠. 핀토는 언니 차인데, 언니와 부모에게 베이비시팅 하러 가야 한다고 거짓말을 했어요."

"영리하네요." 레이가 중얼거렸다.

"그런데 말이에요, 거짓말 탐지기 이야기를 듣고 사본을 팩스로 보내달라고 해서 우리 쪽 사람 한 명에게 검토를 부탁했어요. 그랬더니 테스트가 매우 허술했다는 거예요. 검토한 사람 말로는 질문을 다르게 했거나 정확하게 했다면 결과지에 불확실로 나왔을 만한 부분들이 많았대요. 그것만으로도 용의자를 계속 수사선상에 두기에 충분했을 거고요."

"확실히 지역 경찰은 살인 사건 수사를 많이 해보지 못했나 보네요." 더글러스가 말했다.

"그래서, 그다음 단계로 나는 우리가 작성한 프로파일을 보내면서 그들이 배제한 용의자가 얼마나 많은 면에서 프로파일과 일치하는지 알려줬습니다. 하지만 난관은 용의자 본인이었어요. 이 시점이면 범행을 스스로 합리화할 시간이 충분했으니까요. 전에도 이런 상황을 본 적이 있잖아요. 심리적인 자기방어 기제를 발동해서 이런 식으로 생각하는 거요. '걔는 당해도 싸. 걔가 나쁘고 재수 없어. 나는 걔가 전혀 불쌍하지 않아. 죽어도 싸니까.'"

"자기 기만이지요." 레이가 말했다.

"지난 번 세션에서 범행 후 행동에 대해 앤 교수님의 도움이 필요하다고 생각한 게 그 때문이었어요. 저는 현지 수사팀이 그 용의자를 다시 조사하게는 만들 수 있을 것 같았어요. 그렇지만 조사할 때 용의자를 동요시킬 수 있는 무언가가 필요했어요. 용의자의 생각과 행동 하나하나까지, 그가 아무에게도 말하지 않고 혼자만 품고 있었던 것까지도 포함해서 사건 당일 일어났던 일을 모조리 짚어보아야 했지요. 그렇지 않으면 경찰이 〔다시 조사를 한다 해도〕 아무 전략을 가질 수 없을 테니까요. 우리는 용의자가 스스로 모든 것을 자백하게 해야 했어요."

"아하, 그러니까 가끔은 다른 사람 이야기를 들으실 때도 있군요?" 내가 웃으며 말했다.

"나는 현지 수사관들에게 우리 프로파일을 보냈고 그들은 용의자를 다시 찾았습니다. 그리고 용의자는 그 주 금요일 저녁에 거짓말 탐지기 테스트를 다시 받기로 동의했어요. 그런데 이상한 일이 있었습니다. 거짓말 탐지기 조사 전에 네 시간에 걸쳐 사전 조사를 했고 그다음에 거짓말 탐지기 조사를 했는데 그다음에, 그러니까 조사를 다 마친 다음에도 용의자가 돌아가지 않으려고 했다는 거예요. 계속 얼쩡거리면서 거짓말 탐지기 조사를 한 수사관과 이야기하고 싶어 했대요. 그리고 마침내 그와 이야기를 하게 되었을 때 이렇게 말했다고 합니다. '제가 했다고 생각하시지요?' 그가 그렇다고 대답하자 용의자는 그 수사관의 이름을 물어보았고 그는 '론 힐리입니다'라고 대답했어요."

"아무튼 테스트 결과는 두 개의 핵심 부분이 거짓으로 나왔고, 그 밖에 많은 부분도 불확실로 나왔어요. 그렇지만 수사를 추가로 개시하기에 충분한 내용은 여전히 없었어요."

"말씀하신 게 맞았어요. 용의자는 방어 논리를 세우고 스스로를 합리화할 충분한 시간이 있었네요."

"금요일 밤에 용의자가 마침내 집에 돌아가고 제가 결과지를 보았을 때, 저도 그렇게 생각했어요. 하지만 그다음에 일어난 일은, 나중에서야 알게 된 건데, 이렇습니다. 토요일과 일요일에 그 여자아이가 엄마에게 무언가를 이야기하려고 계속 시도했는데 엄마가 너무 바빠서 신경을 못 썼어요. 월요일 아침에 그애는 등교 준비를 마치고서 서랍장에 붙여놓은 메모를 가리키면서, '엄마, 제가 학교에 있는 동안 저것 좀 읽어보세요'라고 말했답니다. 메모에는 커스틴 C.를 살해했다는 자백과 자신의 서명이 있었지요."

"흥미롭네요." 내가 말했다. "자백을 하면서도 여전히 자신에게 모종의 통제력이 있는 것처럼 설정을 했잖아요. 엄마의 주의를 끌지 못했으니 엄마가 관심을 갖지 않을 수 없도록 시나리오를 만든 거예요.

메모에는 뭐라고 되어 있었어요? 범행 동기가 꽤 분명하게 나와 있었을 것 같은데요."

워커는 고개를 끄덕이고 종이를 꺼내서 읽기 시작했다.

"사랑하는 엄마 아빠, 하루 종일 말씀드리려고 했는데 엄마 아빠를 너무 사랑해서 이야기하기가 너무 어려워요. 그래서 쉬운 방식을 택하기로 했어요. 그 FBI 수사관은…… 내가 했다고 생각해요. 그리고 그분 생각이 맞아요. 이제까지 그것을 담아두고 있을 수는 있었는데 그 일이 없었던 것처럼 무시하지는 못하겠어요. 감당하기 너무 힘들고 더 이상 속일 수가 없어요. 그래도 계속 저를 사랑해주세요. 엄마 아빠가 나를 사랑하지 않으면 나는 살 수 없을 거예요. 나는 내 인생과 엄마 아빠 인생을 망쳤어요. P.S. 제발 왜 그랬냐거나 네가 어떻게 그럴 수 있었냐고는 말하지 말아주세요. 왜냐하면, 정말로 저도 이해가 안 가서 그래요. 저도 제가 왜 그랬는지 모르겠어요."

*

1984년 12월 12일, 아침에 딸의 메모를 본 버나데트 프로티Bernadette Protti의 엄마는 학교로 달려갔고 곧바로 딸을 미라몬테 경찰서로 데리고 갔다. 16세의 버나데트는 거짓말 탐지기 조사를 했던 론 힐리 외에는 아무하고도 말하려 하지 않았다. 그와는 지난 금요일에 일종의 〔유대나 신뢰관계를 의미하는〕 라포가 형성되어 있었다. 자백을 하면서 버나데트는 자신이 살인을 계획한 것은 아니었고 단지 오해가 생겨서 벌어진 일이었다고 했다. 그리고 자신이 원한 것은 친구들과 어울리는 것, 그게 다였다고 했다.

버나데트의 자백에 따르면, 모든 일의 중심은 6월 23일 밤에 열리기로 되어 있었던 파티였다. 버나데트는 초대를 받지 못했고 커스틴이 초대받았다는 것을 알고 있었다. 그래서 커스틴을 꾀어내기 위해 '바비 신입 회원 환영의 밤' 계략을 짜냈다. 버나데트는 자신이 학교에서 가장 인기 있는 여학생과 함께 파티장에 나타나면 잘 나가는 아이들만 오는 파티에서 받아줄 것이라고 생각했다고 말했다. 그들이 교회의 주차장에 도착하고 환영의 밤 행사 같은 것은 없다는 것이 분명해졌을 때 버나데트는 이렇게 말했다. "환영의 밤 행사는 없는 것 같아. 대신, 내가 굉장한 파티 하나를 알고 있어. 거기에 가자." 커스틴은 처음에는 동의했지만 그 잠깐 사이 무슨 일이 있었고 바로 생각이 달라졌다. 이 부분은 명확하지 않고 자백에서 분명하게 설명되지 않았다. 아무튼 생각이 달라진 커스틴은 버나데트를 '또라이'라고 부르면서 차에서 내렸다.

버나데트가 커스틴에 대해 무언가를 해야 한다고 생각한 것이 바로 그때였다. 버나데트는 커스틴이 학교에서 모두에게 자신이 약을 안 해서 이상하게 굴더라고 이야기할까 봐 두려웠다. 그리고 또래들이 자신에게 등을 돌릴 것이라는 생각을 감당할 수 없었다.

칼에 대해서는, 언니가 친구들과 샌드위치 가게에 갈 때 차에 둔 것이었다고 설명했다. 그것으로 샌드위치를 반으로 가르고서 차에 깜빡 두고 내렸다고 말이다. 믿거나 말거나 아무튼 버나데트의 설명은 그랬다.

*

그날 회의가 끝나고 나는 워커에게 잠시 따로 이야기를 할 수 있겠냐고 물었다. 그에게는 아직 프로파일링도, 행동과학부도 새로웠기에 그의 관점을 들으면 무언가를 더 알게 될 수 있을 것 같았다.

"결과가 좋았네요. 유가족에게도 어느 정도 마음의 평화를 줄 수 있었을 거예요." 내가 말했다.

"용의자 본인이 자포자기하지 않았으면 체포하지 못했을 거예요."

"그랬을지도 모르지만 워커 요원님의 재심문 유도 전략이 큰 영향을 미쳤을 수도 있지요." 내가 이어서 말했다. "오늘 하려는 이야기는 그게 아니고요, 저는 이 사건에 대한 요원님의 전반적인 생각이 궁금해요. 애초에 왜 그 용의자에게 주목하기로 했는지도요."

워커가 대답했다. "거짓말 탐지기 조사에서 이상한 게 있었어요. 특히 용의자가 한 질문 하나가 눈에 띄더라고요. '살인 사건보다 언론에 어떻게 나오는지가 더 중요하다고 생각하세요?'라는 질문이요. 용의자가 자신의 행동을 합리화하고서 그 감정을 거짓말 탐지기를 통과하는 데 사용하려는 것 같았어요. 론 힐리가 실시한 거짓말 탐지기 조사는 '체크 반응' 유형인데, 당사자만 알 수 있는 아주 구체적인 질문을 하고 반응을 보는 방법이고 이것은 통과하기가 쉽지 않아요."

"말이 되네요. 또 어떤 것을 생각하셨어요?" 더 이야기하도록 독려하며 내가 말했다. "단순하게 질투와 또래 집단 사이에서 거부되는 것에 대한 두려움이었을까요?"

워커는 약간 고개를 뒤로 기울이더니 잠시 멈추었다가 대답했다.

"조각이 맞아 떨어지지 않는 부분들이 있는 것 같아요. 하지만 그건 이제 법원에서 알아내겠죠. 제 견해는 더 이상 중요하지 않아요."

"우리가 요원님 견해에서 더 알게 될 것이 있다면 중요하죠. 다음 사건에서 중요할지도 모르잖아요."

"좋아요." 워커가 단어를 신중하게 고르려고 하면서 말했다. "제 생각에는, 되돌아보는 시점에서의 생각인데요, 아직 우리가 모르는 것이 많은 것 같아요. 예를 들어 자백을 보죠. 용의자는 피해자가 손가방에서 마리화나를 꺼내서 피웠다고 했어요. 그런데 피해자의 부모는 그날 피해자가 손가방을 가지고 나가지 않았다고 했거든요. 또 열여덟 살인 언니가 말해준 알리바이 말인데요, 언니도 거짓말을 했어요. 언니는 용의자가 집에 없었던 시간에 대해 용의자를 보호하려고 했어요. 저는 용의자가 칼에 대해서도 거짓말을 했다고 생각해요. 부모도 거짓말을 한 것 같고요. 하지만 딸이 살인을 한 줄 알아서가 아니라 무면허로 운전한 것을 알아서였던 듯해요. 제 추측으로는, 처음에 경찰의 전화를 받았을 때 부모는 딸이 교통사고 같은 것을 냈다고 생각했을 거예요. 딸이 실제로 무엇을 했는지 모르는 상태에서 일단 딸을 덮어주려고 한 거죠."

"그러면 실제로 일어난 일은 무엇일 거라고 생각하세요?" 내가 물었다.

"솔직히요? 용의자가 직접 부엌에서 칼을 가지고 나갔을 거라고 생각해요. 그날 밤에 직접 칼을 차에 가져다놓았을 거예요. 그렇지 않으면 앞 시트 아래에 있던 칼을 어떻게 딱 발견할 수 있었겠어요? 그건 개소리죠. 아이고, 욕설 죄송해요. 하지만 살인을 할 의도는 아니었을 거예요. 아마도 부럽고 질투가 나서 칼로 피해자를 겁주려고 한 것 같아요. 그다음에 일어난 일은 용의자의 행동 패턴을 볼 때 추측하기 쉽죠. 거부당할지 모른다는 두려움에 지배된 겁니다. 그에게 유일하게 중요한 것은 주류에 받아들여지는 것이었으니까요."

"왜 이런 이야기를 하지 않으셨어요?" 내가 물었다.

"그분들은 다 베테랑 요원들이잖아요. 이 사건 용의자는 유명한 연쇄살인범도 아니고요. 이것은 단건 사건이고 그분들은 잡아야 할 더 큰 고기가 있으시잖아요."

나는 워커가 중요하지 않다고 생각한 바로 그 이유 때문에 그의 사건이 중요하다고 말해주고 싶었다. 행동과학부가 추적하는 유명한 연쇄살인 사건 하나마다 수백, 어쩌면 수천 건의 해결되지 않은 단건 사건이 있었다. 숫자만 보더라도 **바로 이것이** 우리가 큰 영향을 미칠 수 있는 사건들이었다. 그리고 프로파일링이 그 정도 규모로 작동할 수 있으려면 우리는 하나의 사고방식이나 하나의 접근만으로 우리 스스로를 한정하지 말아야 했다. 우리는 우리가 가진 서로 다른 배경, 관점, 경험 등 모든 것을 사건에 가져와야 했다. 그것이야말로 프로파일링 방법론의 핵심이기 때문이다. 우리는 팀으로 함께일 때만 가장 일을 잘할 수 있었다. 우리는 가장 작은 세부 사항으로 범위를 줄여나가고, 이어서 우리 각자가 이 사건에서 펼쳐진 행동을 이해하는 고유한 관점에 기반해 그것들을 다시 모아나감으로써 사건을 해결했다. 우리는 집합적인 분석을 통해 개개인이 가지고 있을 알려지지 않은 편향을 제거했다. 협업이야말로 행동과학부가 가진 가장 유리한 점이었고, 우리를 한계까지 밀어붙이는 종류의 사건들이 새로 쏟아져 들어오는 상황에서 우리가 점점 더 많이 의존해야 할 것이기도 했다. 프로파일링은 부분들의 합을 넘어서는 것이었다.

"모든 사건이 중요해요." 나는 워커에게 말했다. "모든 사건이 중요합니다."

*

1985년 4월 1일에 버나데트 프로티가 커스틴 C. 살해에 대해 2급 살인으로 유죄 선고를 받았다. 최고 형량인 9년이 선고되었고 두 번이나 가석방이 부결되었다가 1992년 6월 10일에 '청소년 범죄자 가석방 위원회'에서 2 대 1로 가석방이 결정되었다.

많은 면에서 '바비 사건'은 정확히 행동과학부가 필요로 했던 사건이었다. 널리 언론을 탔고 결과도 성공적이었으며 용의자가 누구이든, 그가 범죄를 몇 차례 저질렀든, 프로파일링이 성공적으로 수사에 사용될 수 있다는 것을 입증했다. 원래는 FBI에 대체로 비판적이던 언론도 이례적으로 재판 과정 내내 "새로운 수사 기법"을 칭찬했다. 언론의 긍정적인 관심은 행동과학부에 또 하나의 전환점이 되었다. 외부적으로는 FBI가 연쇄 강력 사건을 다루는 과정에서 프로파일링이 중요한 요소라는 내러티브가 대중적으로 형성되었다. 그리고 FBI 내부적으로 이 사건은 한층 더 중요했다. 이 사건이 언론에 보도되면서 의사결정 권한, 자금 집행 및 감독 권한, 인사 권한이 있는 FBI의 높은 사람들에게 우리 일이 타당하게 보이는 데 도움이 된 것이다.

이 사건은 주무 프로파일러, FBI의 동료 요원, 지역 경찰 사이의 협업이 얼마나 중요한지도 보여주었다. 이들 사이의 협력 관계는 견고한 프로파일을 구성하는 데 꼭 필요하다. 정보는 명료해야 하고 종합적이어야 하며 편견으로 오염되지 않아야 한다. 그리고 관여하는 모든 사람 사이에 지속적인 대화가 있어야 한다. 당시에 이러한 수준의 투명성과 협업은 거의 전례가 없었고, 이러한 협업을 할 수 있다는 것은 정말 일할 맛 나는 일이었다. 그리고 도움을 청하는 일선 경찰의 전화가 전보다 훨씬 더 많이 오고 있었다. 애틀랜타의 아동 살해 사건, 시카고의 고속도로 칼부림 사건, 캘리포니아 연안에서 벌어진 일련의 살해 및 시신 훼손 사건 등 목록은 계속 길어졌다.

바비 사건은 행동과학부의 운영 면에도 큰 영향을 미쳤다. 충원된 네 명을 합해도 행동과학부에서 활동하는 프로파일러는 열 명뿐이었고, 그 열 명 중 풀타임으로 프로파일링 업무만 하는 사람은 아무도 없었다. 다들 강의, 훈련, 기타 FBI 요원으로서 해야 하는 업무들을 하면서 틈틈이 프로파일링을 해야 했다. 그래도 이 사건 및 기타 여러 사건을 거치면서 프로파일링이 사건 해결에 도움이 된다는 사실은 점점 더 부인하기 어려워졌다. FBI의 높은 사람들이 프로파일링이 더 빠르고 효율적인 기법이 되기를 원한다면, 우리가 집중해서 그렇게 만들 수 있도록 시간, 장소, 인력을 제공해야 마땅했다. 숱한 좌절을 겪고 거의 포기 직전까지 간 레슬러는 FBI 아카데미 국장 제임스 맥켄지에게 우리 일을 지속적으로 수행할 전국적인 센터를 설립해달라고 요구했다. 맥켄지는 이 제안을 FBI 고위층에서 논의했고 그해 늦여름에 FBI는 '강력 범죄 연구 센터National Center for the Analysis of Violent Crime, NCAVC' 설립을 공식 발표했다.

NCAVC는 〔이듬해인〕 1985년 6월에 운영을 시작했다. 새로운 센터의 설립 자체도 어느 면에서 행동과학부의 성공을 말해주는 것이었다. 모든 관료 기구가 그렇듯이, 부서나 부처가 더 성공할수록 규모가 커지고 그 안에 부서들이 추가되는 법이니 말이다. NCAVC는 행동과학부가 본격적으로 '수사 지원부'와 '연구부'로 일을 나누어 진행할 수 있게 해준, 기존부터 있었던 하나의 실체에 대한 새로운 이름이라고도 볼 수 있었다. 이 센터는 강력 범죄를 파악하고 해법을 찾는 임무를 공식적으로 부여받았고, 구체적으로는 연구 프로젝트 개발 및 수행, 교육 프로그램 개발, 범죄자 성격 프로파일링 확대, '강력 범죄자 체포 프로그램'의 사건 카탈로그 관리 등의 업무를 맡게 되었다. 하지만 핵심은 옛 행동과학부와 같았다. 정말로 달라진 것은 오랫동안의 고립 이후에 우리가 드디어 더 많은 자원을 확보했고, 이것이 우리 팀이 FBI 전체에 통합되는 데 도움이 되었다는 점이었다. 이로써 우리는 더 효율적으로 일할 수 있게 되었다. 그리고 시간을 다투는 사건에서 효율성은 생사를 가르는 문제일 수 있었다.

6장

내 친구 미시

행동과학부가 바비 사건을 성공적으로 해결하고 난 뒤로 흥미로운 현상이 눈에 띄었다. 훨씬 다양한 사건에 대해 프로파일링 의뢰가 쇄도했을 뿐 아니라(여성이 범인이고 널리 기사화된 유명한 사건을 해결한 직후였으니 예상 가능한 일이었다), 구체적으로 프로파일러 이름을 언급하며 요청하는 경우가 많아졌다. 유쾌한 아이러니였다. 그때까지 우리는 부족한 자금과 부족한 인정을 받으면서 FBI 아카데미의 지하 깊숙한 방공호에 처박혀 일했다. 그랬어도 우리는 주춤하지 않았고, 프로파일링은 스스로 진가를 증명했으며, 마침내 프로파일러들이 그늘에서 나와서 오래 전에 받았어야 마땅한 인정을 받을 기회를 갖게 되었다. 요원들이 점점 더 많아지는 의뢰에 응하면서 가는 곳마다 전에 없던 환영을 받는 것을 보는 건 즐거웠지만, 나 자신은 멀찌감치에서 바라보는 것에 만족했다. 내 일만으로도 바빴고 행동과학부에 처음 왔을 때부터도 나는 내가 현장보다는 콴티코에 더 도움이 되는 사람이라고 생각했다. 그런데 이것이 달라지려 하고 있었다.

1985년 여름에 일리노이주에서 벌어진 아동 사건과 관련해 긴급한 의뢰가 들어왔다. 일곱 살 여아가 실종되었고 생존한 또 다른 여아가 목격자였다. 사건은 1985년 6월 2일 일요일 백주대낮에 벌어졌지만 수사를 진전시킬 만한 실마리는 거의 없는 상태였다. 생존자이자 목격자인 아이는 너무 겁에 질려서 이야기를 할 수 있는 상황이 아니었다. 수사팀은 아이가 편안하게 느끼는 상태에서 당시의 일을 말하게 할 수 있는 전문가가 정말로 필요했다.

내가 전화를 받은 것은 유괴가 있고서 일주일도 더 된 시점인 6월 11일이었다. 수사가 이미 굉장히 불리해졌다는 의미였다. 나는 사건 이후에 실종 아동이 피해를 입지 않고 발견될 수 있는 여지는 매우 적으며, 피해를 입었는데 살아 있는 채로 발견될 여지는 더 적다는 것을 잘 알고 있었다. 그다음에는 안 좋은 결과에서 최악의 결과로 이어지게 될 가능성이 컸다. 이것은 시간과의 싸움이었다.

"왜 이렇게 늦게 연락을 주셨어요?" 내가 물었다. 전화를 건 쪽은 FBI 시카고 사무소의 요원이었다. 나는 화가 났지만 애써 꾹꾹 눌렀다.

"트라우마를 겪는 아동 피해자를 면담하는 데 경험이 있는 전문가를 찾기가 쉽지 않았습니다. 저희는 행동과학부에 전문가가 계신 줄 몰랐습니다. 솔직히 말씀드리면, 경찰이 맨 처음에 조사를 한 다음에는 아무도 그 아이(목격자)와 또 이야기해볼 생각을 못했어요."

"네, 알겠습니다." 나는 한숨을 쉬었다. "어떤 사건이고 누가 관여되어 있나요?"

"피해자는 7세 여아이고 이름은 멜리사 A.입니다." 요원이 설명했다. "다들 '미시'라고 불렀어요. 친구인 오팔 호튼과 학교 가까운 도로에서 자전거를 타고 있었습니다. 오팔이, 이 아이도 7세인데요, 사건 전체를 목격했습니다. 본인도 납치당할 뻔했고요."

"용의자는요?"

"그것은 좀 덜 분명합니다. 우리가 아는 것은 이게 답니다. 어떤 남자가 차를 세우고 아이들에게 길을 물었대요. 그리고 차에서 내려 잘못 들었다며 다시 물어보는 척 다가와서는 갑자기 오팔의 목을 잡고 차에 던져넣었고 이어서 미시를 잡으려고 했습니다. 오팔은 그의 관심이 흐트러진 틈에 자동차 창문으로 기어나와 도망쳤어요. 오팔은 근처 존 디어 〔농기계〕 대리점에 세워진 트랙터의 타이어 뒤에 숨어 있었고, 차가 길 아래로 사라지는 동안 미시의 얼굴이 차의 뒷 유리에 납작하게 눌려 있었다고 해요. 하지만 이것은 다 다른 목격자들 진술이에요. 이 아이는, 오팔이요, 이야기를 하려 하지 않고 있습니다."

"저희 부장님께 말씀드려볼게요. 그동안 아이에게 더 질문을 해서 혼란을 주지 마세요. 그냥 안전하게 있게만 해주세요."

다음 날 출장 허가를 받았다. 그다음 날이자 미시의 여덟 번째 생일인 6월 12일 아침에 나는 일반 비행기로 시카고 미드웨이 공항에 도착한 후, 거기에서 좌석이 네 개인 소형 세스나 비행기로 갈아탔다. 이 지역의 치안 당국이 이용하는 비행기였다. 일리노이주 소모녹 바로 외곽에 있는 작은 공항으로 날아가는 동안, 왜 미시가 아직 발견되지 않았는지 알 것 같았다. 눈으로 볼 수 있는 시야 끝까지 깊은 숲과 야생의 풍경이 뻗어 있었다. 미시는 이 넓은 곳 어디에도 있을 수 있었다. 하지만 우리에게도 유리한 점이 있었다. 바로 오팔이었다. 오팔은 납치 장면을 직접 목격했다. 그 아이의 기억이 가해자의 정신적, 감정적, 신체적 특징에 대해 귀한 정보를 줄 수 있을 것이고, 이는 다시 그가 누구이고 어디에 숨어 있을지 알아내는 데 도움을 줄 수 있을 터였다. 오팔은 미시를 생존한 채로 발견하는 데 우리가 가장 크게 기대를 걸어볼 만한 기회였다.

소모녹의 성 요한 밥티스트 성당에 마련된 임시 수사본부에서 FBI 시카고 사무소의 요원 두 명이 나를 맞이했다. 캔디스 드롱Candice DeLong과 댄 칸텔라Dan Cantella였다. 1980년에 FBI 신입 요원 교육에서 짧게 캔디스를 만난 적이 있었다. 그때 캔디스는 일곱 명뿐인 여성 요원 중 한 명이었고 나처럼 정신과 전문 간호사 출신이었다. 캔디스를 보니 안심이 되었다. 실로 이 사건에 적임자인 요원이었다. 드롱과 칸텔라는 즉시 일 이야기로 들어가서 미시, 오팔, 여타 목격자들에 대해 현재까지 수사팀이 파악한 바를 모조리 내게 알려주었다. 또한 미시의 가족에 대해서도 알려주면서 지금은 그들을 만나기에 좋은 때가 아니라고 했다. 상황을 모르는 어느 친구가 미시의 생일 축하 풍선을 보내왔다는 것이다.

일리노이주 멘도타에서 동쪽으로 약 430킬로미터, 일리노이주 샌드위치에서 서쪽으로 약 6킬로미터 떨어진 소모녹은 34번 도로 옆에 위치해 있다. 당시 이곳은 겨우 인구 1300명에 옥수수밭과 대두밭이 바둑판처럼 펼쳐져 있는 작은 농촌 마을이었다. 마을 자체도 농가들이 균등한 거리로 격자를 이루고 있었다. 나무도 거의 없는 단조로운 풍경에 성당 첨탑만이 광대하게 트인 하늘을 방해하고 있었다. 마을 사람들은 서로서로 다 알았고 이 마을은 늘 안전한 곳으로 여겨졌다.

그때까지 수사팀이 파악한 바로는, 6월 2일 늦은 오전에 미시와 오팔이 카운트라인 로드 근처에서 자전거를 타다가 초등학교 교장 선생님인 제임스 우드James Wood의 집에 잠시 멈춰서 몇 시인지 물어보았다. 우드는 11시 30분이라고 알려주었고 아이들은 곧바로 다시 자전거를 타고 동쪽으로 갔다. 곧 우드도 집을 나서서 차를 몰고 학교로 갔는데, 가는 길에 아이들의 자전거가 길 한복판에 팽개쳐져 있는 것을 보았다. 아이들은 보이지 않았는데, 그는 근처 어디에서 놀고 있겠거니 생각했다.

오전 11시 42분, 샌드위치 경찰서에 미시 A.의 유괴 신고가 들어왔다(소모녹 경찰서로 들어오는 신고 전화도 샌드위치 경찰서에서 받았다). 신고 전화가 걸려온 장소는 지역 주민인 찰스 히키Charles Hickey의 집이었다. 미시와 오팔을 둘 다 알고 있던 찰스의 아들 제프가 큰 소리로 정신없이 상황을 설명했고, 수화기 너머로 1킬로미터 가까이 달려 도망쳐온 오팔이 숨을 헐떡이며 엉엉 우는 소리가 들렸다. 소모녹 경찰서와 드캘브 카운티 보안관실 모두 곧바로 수사에 착수했고 저녁 6시 45분에 FBI에도 알려왔다.

6월 3일에 FBI 수사관들이 오팔 호튼을 만났고 다음과 같은 사항을 들었다. 오팔과 미시가 카운티라인 로드의 교장 선생님 집을 막 떠났을 때 뒤에서 웬 자동차가 나타나더니 그들을 지나쳐 동쪽으로 갔다. 그런데 그 자동차가 갑자기 멈추고 방향을 돌려서 자전거를 타고 있는 아이들에게 천천히 다가왔다. 운전자인 남성이 아이들을 큰 소리로 부르더니 시내로 가는 길을 물어보았고 오팔이 길을 알려주었다. 하지만 운전자는 잘 안 들린다면서 차에서 내려서 아이들에게 다가와 시내로 어떻게 가느냐고 다시 물었다. 오팔이 대답을 하려는데 그가 갑자기 오팔의 목을 잡고 들어올려서 운전석 창문을 통해 앞 좌석에 던져넣었다. 그리고 차 주위로 빙빙 돌면서 도망치는 미시를 쫓아갔다. 오팔은 조수석을 통해 차에서 나오려고 했는데 문을 잠그는 버튼이 떨어져나가 있었다. 그래서 다시 운전석 창문으로 와서 뛰어내린다는 게 굴러 떨어졌다. 납치범은 여전히 자동차 주위를 돌면서 미시를 쫓고 있었는데, 자동차의 앞쪽을 돌아오다가 오팔에게 걸려서 넘어졌다. 넘어지면서 팔꿈치를 자갈길에 찧었고 오른손으로 미시의 발목을 잡고 끌어당겼다. 오팔은 벌떡 일어나서 남자의 오른손을 밟았고 그때 그가 잠시 미시를 손에서 놓쳤다. 그가 왼손으로 오팔을 잡으려 했지만 오팔은 그 손을 발로 밟고 근처 주차장에 세워져 있는 어떤 기계 같은 것을 향해 달려서 도망쳤다.

오팔은 거기에 숨은 채로 남자가 미시의 목을 붙잡아서 운전석 창문으로 차에 집어넣는 것을 보았다. 이어서 남자는 조용히 차를 몰고 서쪽으로 속도를 내어 사라졌다. 도와달라고 외치는 미시의 목소리가 들리다가 곧 사라졌고 침묵만 남았다. 공포에 질린 오팔은 차가 되돌아오지 않을 거라 확신할 수 있을 때까지 한참을 거기 있다가 겨우 그곳에서 나왔다. 그리고 학교를 가로지른 뒤 쉬지 않고 달려서 몇 개의 도로를 지나 찰스 히키의 집에 도착했다.

두 번째 목격자인 마이크 마카트Mike Marquardt는 근처에 있는 '터너 장의사' 점포 밖에 서 있다가 유괴를 일부 목격했다. 17세 소년인 마카트는 유괴가 벌어졌을 때 터너 씨 집 아이들을 봐주러 와 있었다. 그는 파란색 차량이 존 디어 대리점 앞에서 빠른 속도로 떠나는 것을 보았고 그 차량이 1976년식 AMC 그렘린, 아니면 1971년식 포드 매버릭, 아니면 1968년 플리머스 밸리언트 중 하나일 가능성이 있다고 범위를 좁혀주었다.

유괴 당시에 미시는 밝은 분홍색의 구슬 목걸이를 하고 있었다. 연달은 다섯 개의 구슬에 "MISSY"라고 한 글자씩 쓰여 있는 목걸이였다. 보라색 반팔 폴로 셔츠를 입고 있었고, 셔츠 소매와 칼라 가장자리는 밝은 초록색의 띠로 장식되어 있었다. 앞에 두 개의 하트 모양 단추가 달린 옷이었는데 하나는 떨어지고 없었다. 폴로 셔츠 위에는 여러 색의 무지개가 그려진 밝은 보라색 민소매 탱크탑을 덧입고 있었다. 하의는 기타노 청바지였고, 줄무늬 양말을 발목 부분을 접어서 신고 있었으며, 옆쪽에 장식용 지퍼와 옅은 분홍색 레이스가 달린 운동화를 신고 있었다. 또한 앞니 두 개가 빠진 자리에서 영구치가 막 나기 시작하고 있었다.

내 뇌의 전문가적인 부분은 이 모든 정보를 데이터로 입력했다. 하지만 나의 나머지 부분, 인간으로서의 모든 부분은 깊은 슬픔에 압도되었고 그 감정을 억누르느라 애써야 했다. 미시는 그저 어린 여자아이였다. 그리고 유괴 이후에 일어난 일이 무엇이든 간에, 미시와 미시의 가족과 미시의 가장 친한 친구 오팔의 삶은 무엇으로도 전과 같아질 수 없을 터였다.

*

나는 모든 정보를 종합하기 위해 잠시 쉬는 시간을 가졌다. 1분 1초가 중요한 사건이었지만, 논리적이고 명료한 정신으로 사건에 접근하는 것도 그 못지 않게 중요했다. 잠시 동안 미시에 대해 생각하고서, 내가 해야 할 업무 자체로 초점을 돌렸다. 수사본부의 복도를 왔다 갔다 하는데 약 1550제곱킬로미터에 걸친 드캘브 카운티의 상세 지도가 걸려 있는 것이 보였다. 수색팀이 살펴본 곳들을 나타낸 것으로, 경찰, 소방관, 자원봉사자들이 확인한 곳이 색색으로 표시되어 있었고 헛간, 저장고, 개울, 연못 등을 수색하기 위해 항공 정찰이나 정찰견 탐색을 실시한 곳도 표시되어 있었다. 하지만 이러한 정보 중 어느 것도 미시에 대해, 납치범에 대해, 그들이 어디로 갔을지에 대해, 실마리를 주지 않았다.

계속 왔다 갔다 하고 있는데 드롱의 목소리가 들렸다. "여기 계셨네요. 오팔 보러 가실까요?"

나는 한시라도 빨리 시작하고 싶었지만 그와 동시에 제대로 접근하고 싶었다. "부모님을 먼저 뵈어야 할 것 같아요."

"안 그러셔도 됩니다. 부모님 허락을 이미 받았어요." 칸텔라가 말했다.

"맞아요." 드롱이 참을성 없어 보이는 표정으로 파트너를 바라보았다.

"부모님께 교수님 경력을 말씀드렸고 불필요한 스트레스나 피해는 일으키지 않을 거라고 잘 설명드렸어요. 그분들은 교수님께서 아이가 이미 기억하고 있는 것들만 물어보실 거라는 걸 잘 알고 계세요."

"감사해요. 하지만 그래도 부모님을 먼저 뵙고 싶어요. 그분들도 지금 자신의 트라우마를 겪고 계시니까요. 무엇을 우려하시는지 듣는 게 중요할 것 같아요."

그날 오후에 부모와의 만남이 잡혔다. 수사본부에서 만났고 시간은 15분 정도밖에 걸리지 않았다. 내 소개를 하고 오팔의 부모에게 안부를 물으며 위로를 전한 뒤, 그들의 딸을 만날 때 어떻게 접근할 생각인지에 대해 설명했다. 나는 오팔이 굳이 이야기를 하지 않아도 되도록 그림 기법을 이용할 것이라고 말했다. 오팔은 그림을 그리고 원한다면 이야기도 할 수 있을 터였다. 아동심리학 전문가들은 아이가 트라우마적인 경험을 나누도록 돕는 데 종종 미술을 도구로 사용한다. 말로 하기에는 너무나 압도적인 경험을 표현하고자 할 때 그림은 위협적이지 않은 매개로 삼기 좋다. 나는 내일 오팔의 면담을 진행해도 괜찮겠냐고 물어보았고 그들은 동의했다. 이 과정은 꼭 필요했다. 수사 과정에서 피해자 가족이 어느 정도 통제력이 있다는 느낌을 가지게 해주기 때문이다.

다음 날 드롱과 나는 오팔을 만나러 본부에 마련된 회의실로 갔다. 우리 둘만 참석할 예정이었다. 칸텔라도 당연히 동석하고 싶어 했지만 나는 어린아이들은 여성 조사관에게 마음을 더 잘 열며, 남성 가해자의 폭력을 목격했을 경우에는 더욱 그렇다고 설명했다. 그는 이해했고 나중에 증거로 쓸 수 있게 면담이 녹음되기만 한다면 자신은 밖에서 지켜보면서 기다리겠다고 했다.

오팔이 먼저 와 있었다. 짧은 소매의 분홍색 블라우스와 남색 반바지를 입고 있었고 어깨 길이의 밝은 갈색 머리를 귀 뒤로 대충 넘기고 분홍색 집게 핀을 양쪽에 꽂고 있었다. 오팔은 먼저 드롱을, 그다음 나를 보더니 중얼거리는 듯한 작은 목소리로 "안녕하세요"라고 말했다. 아주 작은, 그리고 슬픔에 빠진 여자아이였다. 나는 오팔에게 잘 다가갈 수 있기를 간절히 바랐고, 오팔이 충분히 안전하다고 느끼면서 마음을 열게 할 수만 있다면 뭐든지 하고 싶었다.

오팔이 이야기를 시작했을 때 드롱은 여전히 녹음기를 세팅하고 있었다. "그날 미시는 계획이 있는 것 같았어요. 하지만 유괴되는 계획은 아니었어요." 오팔은 "그 일이 일어나기 전까지는" 그날 모든 것이 얼마나 좋았는지 이야기했다. 그리고 지금까지도 그 일은 생각만 해도 너무 무섭다고 덧붙였다.

"괜찮아. 그럼 이건 어떨까? 이야기로만 하기보다 그림을 그리면서 이야기는 조금만 하는 거야. 그려서 몇 장은 우리가 갖고 몇 장은 네가 집으로 가져가고. 괜찮겠니?"

내가 말하자 오팔이 고개를 끄덕이고 자세를 조금 고쳐 앉았다.

"학교에서도 그림 그리지?" 크레용을 탁자에 놓으면서 내가 물었다. "어떤 그림을 그려볼까?"

오팔은 잠시 생각하더니 고개를 끄덕였다. "우리는 개를 그려요." 그런데 갑자기 '침투적 사고intrusive thought'가 시작된 것 같았다. 폭력적이거나 걱정스럽거나 명시적으로 성적인 사고에 갑자기 압도되는 것을 일컫는다. "우리가 무엇을 했던 것인지 모르겠어요. 아주 오래전 일 같아요. 지난 이틀 동안 학교에서 있었던 일이 아무것도 기억나지 않거든요. 미시가 너무 걱정돼요."

오팔은 탁자 너머를 멍하니 응시했다. 오팔이 머릿속에서 미시 생각을 몰아낼 수 없다는 것이 너무 이해가 갔다. 그러한 심경을 오팔이 이야기할 수 있다는 사실이 다행스러웠다. 그래서 오팔의 생각을 따라가기로 했다. "그것에 대해 그림을 그려볼 수 있을 것 같아. 미시가 걱정되는 마음이 어떤 느낌인지 말이야. 아니면, 가장 좋아하는 날씨를 그려봐도 좋고."

오팔은 크레용을 보더니 파란색을 골랐다. "비 오는 날이 좋아요."

"그렇구나." 나는 오팔을 독려했다. "그걸 우리의 첫 번째 그림으로 해보자. 무엇을 그리고 있는 건지 그리면서 설명해주렴. 중간중간 우리가 좀 물어봐도 될까? 그냥 생각나는 대로만 말해주면 돼."

"밤에 꿈을 꿀 때 미시가 생각나요." 오팔이 작은 목소리로 말했다. 그러고는 첫 번째 그림을 다 그릴 때까지 그림에 집중했다.

오팔이 그린 그림은 파란색의 물방울들로 'Melissa(멜리사)'라는 글자를 만든 것이었다. 글자는 두 줄로 되어 있었는데, 오팔의 마음이 반은 빗물에 반은 미시에게 있는 것을 시사했다. 미시의 이름을 형성하고 있는 물방울들이 종이의 한쪽에 치우쳐 있는 것은 불안과 혼란을 보여주었다.

"잘했다. 이게 우리의 첫 번째 그림이야. 오팔이 가장 좋아하는 날씨 그림. 그러면 그날은 어땠을까? 그날 날씨를 말해줄래?"

"덥고 맑았어요." 오팔이 대답했다.

나는 질문을 몇 개 더 했지만 오팔은 그날 일이 아닌 쪽으로 생각을 돌리려고 한동안 시간을 들였다. 오팔은 크레용 한 번, 종이 한 번을 계속해서 번갈아 보면서 앉은 채로 몸을 불안정하게 앞뒤로 살짝 흔들었다. 얼마간 그러고 있다가 다시 그날 이야기로 돌아왔다.

"그날 미시와 놀고 싶었는데 엄마가 먼저 아침을 먹고 방을 치워야 한다고 했어요." 오팔이 이야기를 시작했다. "제 파란색 자전거를 타고 미시 집으로 갔어요. 그리고 같이 학교로 가서 선생님 한 분을 만났어요." 오팔은 회전목마에서 조금 놀다가 베이비시터의 집에 가서 화장실을 사용했고, 그다음에 자전거를 타고 교장 선생님 댁으로 가서 몇 시인지 물어보았다고 했다.

"평소와 무언가 다른 것은 본 것이 없니?" 내가 물었다.

오팔은 교장 선생님 집 앞에서 녹슨 파란 자동차가 지나가는 것을 보았고 그 차가 나중에 다시 돌아왔다고 했다. "핀토처럼 생겼는데 핀토는 아니었어요." 그리고 그들은 교장 선생님 집을 나서서 다시 자전거를 탔다.

두 번째 그림은 미시의 집 쪽 방향으로 자전거를 타고 가는 모습이었다. "어려워서 잘 못 그리겠어요." 오팔이 사과하듯 말했다. 그림은 체계적이지 않았고 자전거들이 생뚱맞게 큰 크기로 붕 떠 있었다. 하지만 오팔은 화살표를 그려넣고 말로 설명해가며 그림으로 나타내기 어려운 부분들을 채우려고 노력했다. 이 기억은 잘 통합되어 있지 않았고 첫 번째 그림에 그려진 이미지들만큼 조직화되어 있지 않았다. 과도하게 커다란 자전거는 압도된 느낌을 보여주었고, 자전거에 페달이 없는 것은 도망칠 수 있거나 통제력이 있다는 느낌을 갖는 게 불가능했음을 보여주었다.

나는 오팔이 그림을 그리도록 속도를 조금 늦추었다. 오팔이 힘들어하는 것을 알 수 있었고 오팔이 이 지점을 지나가는 데 내가 도움이 되기를 바랐다. 오팔이 유괴범에 대한 기억에 닿을 수 있어야 했기 때문이다. 나는 오팔이 다시 자기 안으로 침잠하지 않기를 바랐다. 오팔이 초록색 크레용을 집어들었고 내가 말했다. "와, 좋은 색이다."

두 번째와 세 번째 그림 사이에는 별로 말을 하지 않고 그림에 집중했다. 그림에는 교장 선생님 집이 있었고 장의사 점포 앞에 그 집 아이들이 있었다. 이 그림의 초점은 시간이었다. 집의 문 바로 위에 커다란 갈색 시계가 있었다. 이어서 오팔은 파란 크레용으로 자동차를 그리기 시작했다. 그런데 그리다 말고 갑자기 멈추었다.

"자동차 같은 건 너무 어려워서 못 그려요." 오팔이 이렇게 말하더니, 다시 의자 뒤로 깊숙이 앉아서 탁자 아래에서 조용히 다리를 앞뒤로 흔들었다. 1분 정도가 지났고 오팔은 다리를 흔들던 것을 멈추었다. 그리고 매우 작은 소리로 다시 이야기하기 시작했다. "그 사람이 뒤에서 저를 확 붙잡았고 머리부터 차에 던져넣었어요."

"어떻게 생긴 사람이었어?

"짙고 어두운 얼굴이었어요. 수염이 덥수룩하고 면도를 안 한 것처럼 뺨에서 툭 튀어나와 있었어요." 오팔은 파란 크레용을 다시 집어들고 그림 그리기를 이어갔다.

네 번째 그림은 운전자가 오팔을 차에 던져넣는 순간을 보여주고 있었다. 본인과 친구가 그 시점에 그 폭력을 당했지만 오팔은 그림에 본인도 미시도 그려넣지 않았다. 이것은 대부분 시각적 기억이 아니라 청각적 기억이었고 "차에서 내리다," "나를 붙잡다"와 같은 말들이 혼란스럽게 쓰여 있었다. 그림으로 그려진 주요 부분은 한 남성의 형상이었는데 엄청나게 컸고 어디든 계속 따라다니는 유령처럼 발이 없었다.*

"그때 어땠는지 말해줄래?"

"차 안에는 라디오가 없고 운전대만 있었어요. 바닥판이랑 시트는 찢어져 있었어요. 뒷 좌석은 앞 좌석 의자와 같았어요."

다섯 번째 그림은 자동차 안을 보여주었다. 오팔은 그림을 그리면서 불안해 보였고 체계적이지 않은 방식으로 그림의 한 부분에서 다음 부분으로 서둘러 넘어가면서 안절부절못하고 몸을 계속 꼼지락거렸다. 아직도 본인과 미시는 그림에 그려넣지 않았다. 하지만 헛갈려 보이는 그림에 이름표를 적어넣고, 자신의 생각을 "너무 놀람," "조금 더러움," "뛰어내림"과 같은 말과 함께 도형으로 그려가며 설명하려고 애썼다. 이 그림은 도화지 전체가 혼란스러운 모양과 단어 들로만 채워져 있다는 점에서 다른 그림들과 달랐다. 그 순간이 얼마나 절대적인 경험이었는지를 말해주는 것이었다. 이 그림은 공포를 보여주고 있었다. 기울어진 단어와 추상적인 모양 들이 얼마나 투박하게 그려졌든 간에, 이 그림은 너무나 강렬했다. 오팔이 그 도화지를 내게 건넬 때 나는 너무나 슬펐다.

오팔은 파란색 크레용을 상자에 넣고 검정색 크레용을 꺼냈다. 나는 그다음에 무슨 일이 있었는지 물었고 오팔은 자동차가 떠날 때까지 숨어서 기다리다가 동네 선생님인 찰스 히키의 집으로 뛰어가 방금 친구가 유괴당했다고 울면서 말한 것을 기억했다. 그때가 히키가 911에 신

---

* 이 그림과 범인에 대한 오팔의 묘사가 나중에 법과학 스케치 전문가가 범인의 인상착의를 그리는 데 결정적인 요소로 작용했다.

고한 시점이었다. 가장 먼저 보안관, 그다음에 오팔의 아빠 짐, 이어서 미시의 부모가 도착했다. "마이크 아저씨와 셰리 아줌마는 정말로 무서워하셨어요. 우리끼리만 자전거 타러 가도 된다고 허락해주셨는데 미시한테 그런 일이 일어났으니까요."

여섯 번째 그림은 숨어서 기다리고 있던 동안을 보여주었다. 거기에 미시는 그려넣지 않았지만 본인의 모습은 도화지 오른쪽 아래 구석에 작게 그려넣었다. 트럭 바퀴 뒤에 쪼그리고 있는 모습이었다. 트럭을 커다랗게 그린 것을 보면 처음으로 스스로가 약간 보호받고 있다고 느낀 것 같았다. 하지만 도화지 한가운데에 유괴범의 자동차가 자리한 것은 여전히 오팔이 얼마나 불안해하고 취약하다고 느끼고 있었는지 말해주었다.

"그 사람이 그곳을 떠났을 때 어떤 마음이 들었어?"

"저는 울음을 그쳤고 조금 안전해졌다고 느꼈어요. 정말로 놀라고 충격을 받았어요. 그렇게 많은 경찰을 본 적이 없거든요. 무서웠어요." 오팔이 조용하게 말했다. "FBI가 오기 시작했고 사진들을 보여주었어요. 한 장은 우리가 잘 아는 찰스처럼 생긴 사람이었어요."

일곱 번째 그림에 오팔은 글자로 "마음이 좀 나아짐"이라고 적었다. 자신의 모습을 그렸는데 스스로 행동을 취하고 히키의 집에 가서 도움을 청하는 모습이었다. 경찰차도 커다랗게 그려넣었다.

여덟 번째 그림은 경찰이 머그 사진들을 보여주는 상황이었다. 작은 얼굴이 위쪽 구석에 있었고 말풍선에 "문을 확인하다"라고 쓰여 있었으며 바닥에는 청각 기억으로 "아빠와 함께 집에 옴"이라고 쓰여 있었다.

"이 모든 일에 대해 그동안 어떤 생각들이 들었니? 어떤 생각들이 오팔의 머릿속에 떠올랐을까?"

"미시에 대해 생각했어요. 그 사람이 미시에게 무슨 짓을 할지……. 미시를 묻어버리거나 죽이거나 하는 것들이요. 너무 무서워서 엄마랑 같이 자요. 제일 무서운 건, 그 사람이 지금도 바로 제 등 뒤에 있는 것처럼 느껴지는 거예요. 뒤를 돌아보면 아무도 없는데 그래도 그 사람을 떠올릴 때마다 자꾸 뒤를 돌아보게 돼요. 정말로 지금 나를 보고 있는 것 같아요. 바로 내 뒤에서 나를 보고 있는 것 같아서 정말 무서워요. 그래서 항상 엄마랑 함께 다녀요."

"그 사람과 마주치면 어떻게 될 것 같아? 너는 어떻게 할 것 같니?"

"엄마를 부르고 도망쳐서 FBI에 알릴 거예요. FBI 분들이랑 가까운 동네에 살거든요." 오팔은 목소리를 낮추어 소곤거리는 소리로 덧붙였다. "그가 내 뒤에 있다면 엄마에게 저 사람이 그 사람인 것 같다고 말할 거예요. 잠자리에 들 때면 언제나 그 사람이 창문으로 나를 보고 있는 것 같아요. 그래서 언제나 엄마랑 같이 자는데, 그래도 너무 무서워요. 그 사람이 굴을 뚫고 기계 수리점을 지나 우리 집에 들어와서 나를 보고 있는 것 같아요. 이런 생각이 정말 많이 들어요."

나는 문득 오팔이 너무 말랐다는 것을 깨달았다. 너무 가냘펐고 눈 주위에는 다크 서클도 있었다. 어수선한 와중에 오팔이 뒷전이 되고 사람들이 오팔에게 제대로 신경을 쓰지 못할까 봐 걱정이 되었다. 수사에 얼마나 큰 도움을 줄 수 있든 간에 오팔은 본인도 지원과 안정이 필요한 어린아이였다.

"뭐 좀 먹었니?" 내가 물었다.

"아무것도 못 먹어요. 아침에도 점심에도 아무것도 못 먹었어요."

"왜 먹지를 못했어?"

"먹고 싶지 않아서요. 배가 안 고파요."

"어떻게 해야 오팔의 입맛이 조금이라도 돌아올 수 있을까?"

"미시가 있으면 될 것 같아요." 오팔이 대답했다. "미시도 일요일 아침부터 아무것도 못 먹었을 거예요. 미시가 아침을 먹었을 것 같지 않아요."

나는 세션을 부드럽게 마무리하기 위해 위협적이지 않은 주제를 이용해 톤을 낮추었다. 오팔이 그날의 부정적이고 강렬한 감정으로부터 멀어져 일상으로 전환하는 것을 돕기 위해서이기도 했지만, 그 경험이 얼마나 끈질기게 남는지를 보기 위해서이기도 했다. 나는 오팔에게 도화지와 크레용을 계속 사용해도 된다고 말하면서 가장 좋아하는 TV 프로그램이 무엇인지 물어보았다.

"저는 〈벤슨〉을 보고요, 〈후가번치〉도 봐요. 만화는 다 봐요. 〈스타워즈〉하고 〈제다이의 귀환〉 같은 것도 재미있어요. 이 일이 다 지나가고 나면 무서운 영화를 다시 보기 시작할 수 있을 거 같아요." 이때 다시 한번 침투적 사고가 일어난 것 같았다. "이것은 미시에게 좋은 날, 아니면 어제일 수 있을 것 같아요. 어제가 미시의 생일이었거든요."

마지막 아홉 번째 그림은 미시의 생일이었다. 무지개가 있었고 그 끝에 금항아리가 있었다. 금항아리는 매우 작았고 무지개는 아홉 색이었다. 그 그림을 끝내면서 오팔은 자신의 이름과 날짜로 서명을 적어 넣었다. 그리고 회의실을 나서서 집으로 돌아갔다.

세션이 끝날 즈음에는 이 작은 소녀와 감정적으로 밀착되지 않을 수가 없었다. 이 사건은 평생 오팔의 삶을 규정할 것이다. 이것은 어마어마한 일이다. 이러한 종류의 경험은 누구도 머릿속에서 완전하게 정보를 처리하거나 합리적으로 이해할 수 없다. 어린아이는 더욱 그럴 것이다. 그리고 이러한 경험은 당사자를 완전히 달라지게 만든다. 오늘 드롱이 함께 있으면서 오팔이 이야기하는 것을 나와 함께 지켜보았고 수사가 이어지는 동안 계속 오팔을 도와줄 수 있다는 것이 너무나 다행스러웠다. 오팔은 오늘의 경험을 늘 가지고 살게 될 것이다. 나도 그렇고 드롱도 그렇다. 작은 방식으로나마 나는 이 사실이 도움이 되길 바랐다.

나흘 뒤인 6월 17일 맨도타 외곽 하수천에서, 작은 시신이 부분적으로 물에 잠긴 채 바위에 느슨하게 가려진 상태로 발견되었다. FBI 요원들이 멜리사 A.라고 신원을 확인했다. 시신은 '미시'라고 쓰여진 분홍색 구슬 목걸이를 여전히 하고 있었다. 오팔에게 미시의 사망을 알려주러 간 사람은 드롱이었다. 두 사람은 함께 차를 타고 가서 이야기를 나누다가 수사본부로 돌아왔다. 오팔은 그림을 더 그려도 되겠느냐고 했고 드롱이 도화지와 크레용을 내어주었다. 무엇을 어떻게 그리라는 지침은 전혀 주지 않았다. 한 시간 뒤에 오팔은 다섯 장의 그림과 파란색 크레용으로 쓴 다음과 같은 편지를 가지고 왔다.

1985년 6월 18일

사랑하는 미시,

네가 여기 지구에 있었으면 좋겠어.
이런 일이 일어나지 않았었으면 좋겠어.
우리는 너를 아주 많이 사랑해.

너의 친구,
오팔 호튼, 그리고 다른 모든 사람들

*

시신이 발견되면서 이 사건은 실종 사건에서 살인 사건으로 전환되었다. 지역 수사 당국과 FBI는 시신과 시신이 발견된 개울을 면밀하게 감식했다. 옷의 섬유, 머리카락, 담배꽁초, 재, 그 밖에 용의자가 남겼을 법한 물리적인 흔적을 찾아 시신과 현장을 샅샅이 뒤졌다. 또한 그들은 이 지역에서 아동 사건이나 성폭력 사건으로 기소된 적이 있는 범죄자 목록을 추렸고, 오팔이 유괴범의 외양과 자동차에 대해 묘사한 내용의 도움으로 이 목록에서 용의자를 빠르게 한 명으로 좁힐 수 있었다.

사건 당일 미시가 유괴되고 한 시간쯤 뒤에 멘도타 경찰서의 제임스 맥두걸James McDougall은 자동차 등록 스티커가 부착되지 않은 차량을 발견해 무전으로 보고했다. 운전자는 근처 주유소에 차를 세우고 안으로 들어갔다. 맥두걸 형사는 운전자가 나오기를 기다렸다가 차로 다가가 신분증을 보자고 했고, 운전자는 브라이언 더간이라는 이름이 쓰여진 낚시 허가증을 보여주었다. 맥두걸은 자동차를 살펴보았지만 의심스러운 것은 발견하지 못했고, 그래서 낚시 허가증 정보만 적고서 더

간에게 가도 좋다고 했다. 그가 운전면허증을 가지고 있지 않았는데도 말이다. 그날 저녁, 카운티 보안관실에서 지역 경찰서들에 유괴 사건이 있었음을 알리면서 용의 차량에 대한 묘사를 전달했다. 멘도타 경찰서는 즉각 이 정보를 더간과 연결지었다. 그들은 이 사실을 보고했고 더간의 자동차가 닷새 전에 올라온 경찰 보고에도 등장한다는 것을 곧바로 알아냈다. 그 보고에서는 해당 차량의 운전자가 19세 소녀를 강간하려 시도했다고 되어 있었다. 그들은 이 정보를 중앙 수사본부에 전달했고 더간이 그 밖에도 몇몇 폭력 사건의 용의자라는 것을 확인했다. 다음 날 아침 6시 45분, 주 당국 경찰 몇 명과 FBI 요원들이 미드웨스트 하이드롤릭스(케인 카운티에 있는 공장으로, 더간이 여기에서 일하고 있었다)에서 기다리고 있다가 더간이 파란색 AMC 그렘린 차량에서 나올 때 총구를 겨누고 그를 체포했다.

오팔을 만났을 때 나는 수사관들이 이미 몇몇 용의자를 수사선상에 올려놓고 있다는 것을 알고 있었고 그중에는 더간도 있었다. 하지만 더간의 관련성을 **증명**하는 것은 쉽지 않았다. 그는 전에도 수많은 범죄를 저지르고도 잡히지 않은 전력이 있어 그가 단순히 실수를 하거나 자백하기를 바랄 수는 없었다. 수사관들은 단단한 물증이 필요했다. 그리고 내가 오팔과 진행한 인터뷰, 오팔의 그림, 사건 당일에 대한 오팔의 묘사가 수사관들이 그때까지 가지고 있지 못했던 핵심 자료를 제공했다.

더간은 미드웨스트 하이드롤릭스 주차장에서 체포된 후 그때까지 연관성이 밝혀지지 않고 있었던 케인 카운티의 강간 사건 두 건에 대해 기소되었고 미시 사건의 유력한 용의자가 되었다. 처음에 현지 형사가 조사에 나섰을 때 그는 협조를 거부했다. 이때 FBI가 개입했다. FBI는 그와 미시의 살해를 연결할 수 있는 법과학적 증거를 찾기 위해 그의 자동차를 감식했다. 그리고 결과를 기다리는 동안 그의 범죄 이력과 수백 페이지 분량의 배경 정보를 확보했다. 정신 감정 기록뿐 아니라 엄마, 형제자매, 여자친구, 직장 동료 등과의 인터뷰도 포함되어 있었고, 이를 통해 과거의 폭력 성향과 행위 이력을 검토할 수 있었다. 여기에서 그들이 발견한 내용과 행동과학부의 우리가 연쇄살인범 및 범죄자 성격 연구에서 발견한 내용 사이에 많은 유사점이 눈에 띄었다. 십 대 시절 도둑질에서 시작해 이십 대 때 강간으로, 다시 살해로 고조되어가는 더간의 범죄 패턴은 우리가 연구에서 막 알아가고 있던 변수들과 일치했다. 그의 어린 시절과 그가 선호하는 폭력 표출 방식 사이의 연결은 훗날 우리가 프로파일링 기법을 정식화하는 데 핵심이 될 개념을 더 분명히 하는 데 도움이 되었다. 우리가 연구했던 살인자들처럼 더간도 분해해서 분석하고 하나의 유형으로 범주화할 수 있었다. 그의 행동에는 계획이나 논리가 거의 드러나 있지 않았고, 이는 그가 비체계적 유형의 범죄자이며 기회가 생겼을 때 즉흥적으로 범행을 저질렀으리라는 것을 시사했다.

브라이언 제임스 더간Brian James Dugan은 1956년 9월 23일에 뉴햄프셔주 내슈아에서 엄마 제네비에브('제니'라고 불렀다)와 아빠 제임스 더간 사이에서 다섯 아이 중 둘째로 태어났다. 형제자매 중 두 명의 진술에 따르면, 그의 삶은 태어날 때부터 폭력으로 점철되어 있었다. 병원에서 의사가 도착할 때까지 출산을 미루려고 엄마의 다리를 오므리면서 아기 머리를 질 안으로 밀어넣었다는 것이었다. 식구들은 그 때문에 더간이 뇌손상을 입었을까 봐 걱정했다.

어린 시절에 더간은 강력 범죄자들이 공통적으로 가지고 있는 특징을 보였다. 그는 늘 오줌을 쌌는데, 그때마다 벌로 오줌에 젖은 침대에서 자야 했다. 동물을 학대하는 버릇도 있었다. 한번은 집에서 키우던 고양이에게 휘발유를 붓고 불을 지르고서 고양이가 화염에 휩싸이는 것을 보면서 웃었다고 한다. 여덟 살 때는 집의 차고에 불을 질렀다. 이른 나이부터 성적으로 활발해서 열세 살 때 첫 성관계를 가졌고 얼마 뒤에는 친구의 엄마와도 관계를 가졌다.

그 즈음에 더간의 가족은 일리노이주로 이사해 새출발을 하게 되었다. 엄마는 이때를 행복한 시기로 기억하고 있었다. 아들이 체포되고 난 뒤에 FBI가 진행한 조사에서 엄마 제니는 브라이언이 독서와 스포츠, 특히 야구를 좋아했다고 말했다. 제니에 따르면 아들은 고등학생이던 열다섯 살 때 도둑질을 해서 처음 잡히기 전까지는 문제가 없었다. 그때 유죄가 인정되어서 비행 청소년 시설에 얼마간 수용되었는데, 그곳에서 성학대를 당한 것으로 보인다. 제니는 이 일로 더간이 달라졌다고 말했다. 집에 돌아오자마자 남동생을 성적으로 괴롭히기 시작했다는 것이다. 그의 범죄는 사소한 도둑질과 약물에서부터 집착적인 성폭력으로까지 빠르게 강도가 높아졌다. 사람을 상대로 첫 범행를 시도한 것은 1974년 4월 21일이었다. 이때 열 살 소녀를 기차역에서 유괴하려고 했는데 법 절차상의 문제로 기소가 기각되었다.

또한 FBI 조사에서 제니는 아들이 가벼운 수준의 비폭력적인 범죄면 몰라도 그 이상의 것을 할 능력이 있으리라고는 생각하지 않는다고 말했다. 하지만 그의 형제자매들은 생각이 달랐다. 힐러리와 스티븐은 미시의 살해가 충분히 브라이언이 할 수 있는 일로 보인다고 말했다. 힐러리는 오빠가 본인이 아닌 누군가에 대해 안쓰럽다거나 미안하다는 감정을 느낄 수 있다고 생각하지 않았고 그의 소행이 맞다면 그는 "사형을 받아야 할 것"이라고 말했다. 힐러리는 브라이언이 자신을 죽이고 자신의 아들을 썰어버리겠다고 협박한 것을 용서하지 못했다.

공식 기록에서 또 다른 위험 인자들도 발견할 수 있었다. 더간의 부모 모두 알코올중독이었다. 영업 사원인 아버지는 출장 중인 날이 많았고 1975년에 간경변으로 사망했다. 엄마인 제니가 아이들의 훈육을 담당했는데 지극히 엄격한 유형이었다. 한번은 브라이언이 성냥으로 장난치는 것을 보고 벌로 손가락이 불에 닿아 데일 때까지 불 붙인 성냥을 들고 있으라고 하기도 했다. 또 때로는 벌로 핫소스를 한 숟가락 가득 먹으라고 하기도 하고 때리기도 했다. 하지만 나중에 이에 대해 질문하자 더간은 어머니가 자신을 심하게 학대한 적이 있다는 사실을 부인했다.

FBI의 더간 파일에는 그가 교회 두 곳을 털고 나서 감옥에 갔을 때 실시한 정신 감정 결과도 있었다. 한 전문가는 그가 미성숙하고 지극히 불안정하며 매우 안 좋은 자기 이미지를 가지고 있다며 보호감호가 필요하다는 의견을 제시했다. 또 다른 전문가는 그가 감각 자극 중독인 신경증 증상을 보이고 있으며 범죄를 저지르기 전에 심리적 억제 요인을 완화하기 위해 술과 마약을 사용한다고 언급했다. 이 감정서들에는 당시 더간이 감옥에서 성적으로 학대당하고 있다고 말했다는 내용도 담겨 있었다. 10년 전에 비행 청소년 시설에서 학대를 당했듯이 말이다. 이 학대가 더간에게 트리거가 되었을 가능성이 있다.

졸리엣 교도소에서 석방되고 6개월 뒤부터 더간은 2년에 걸쳐 연쇄 범행을 저질렀다. 시작은 1983년 2월 말이었다. 털 만한 집을 찾고 있던 중에 어느 한적한 거리에 있는 집 안에 지닌 N.이라는 이름의 열 살 여자아이가 있는 것이 창문으로 보였다. 감기에 걸려서 학교에 안 가고 집에 있었던 지닌은 더간이 문을 발로 차는 소리에 비명을 질렀고 그의 공격에 힘껏 저항했다. 집 벽에 저항하다 생긴 긁힌 자국이 남을 정도였다. 하지만 도망치지 못했고, 더간은 지닌을 침대보로 둘둘 싸서 백주대낮에 납치했다. 이틀 뒤에 사람들이 많이 다니는 자전거 도로에서 시신이 발견되었다.* 지닌은 강간을 당했고 타이어를 교체할 때 쓰는 막대로 잔인하게 구타당했다. 더간은 눈을 가리기 위해 지닌의 머리를 수건으로 감싸고 테이프로 붙여놓았다. 그는 지닌에게 개인적으로 아무 원한이 없었고 둘은 전혀 모르는 사이였다. 더간의 다른 피해자들과 마찬가지로 지닌도 단순히 우연과 더간의 어두운 충동에 희생된 피해자였다.

같은 해 7월 15일에 더간은 오로라에 있는 머시 센터 간호사 도나 슈노어Donna Schnorr가 차를 몰고 가다가 정지 신호에 걸려 기다리고 있는 것을 보았다. 이른 아침이었고 주변에는 아무도 없었다. 더간은 한동안 자신의 차로 도나의 차를 따라가다가 더 한적한 지점에 이르자 도나의 차를 옆에서 들이받아 숲쪽으로 밀고서 자신의 차에 도나를 강제로 태우고 두 손을 묶었다. 이어서 근처 채석장으로 차를 몰고 가서

* 충격을 받은 경찰은 곧 제보에 현상금을 걸었고 지역 갱단 일원 세 명을 지닌의 강간 살해 혐의로 기소했다. 21세인 갱단의 또 다른 일원 롤랜도 크루즈가 현상금을 노리고 허위 제보를 했기 때문이었다. 그래서 더간은 자유롭게 폭력 행각을 지속할 수 있었다.

도나를 강간하고 물에 들어가라고 한 뒤, 도나가 허우적대다 멈출 때까지 머리를 눌렀다. 그러고 나서 시신이 물에 떠 있는 것을 한동안 보다가 차를 몰고 집에 돌아왔다. 이때도 경찰은 더간을 용의자로 지목하지 않았다.

이어서 1985년 5월 6일에는 귀가 중인 21세의 샤론 그라젝Sharon Grajek을 차로 뒤따라갔다. 그는 샤론 자동차의 미등이 나갔다고 말을 걸면서, 어디 가서 식사나 술 한잔 어떠냐고 물었다. 그라젝이 거절하자 더간은 80달러 줄 테니 재미 좀 보지 않겠냐고 물었다. 그라젝은 다시 거절했다. 이때 더간이 샤론의 차 안으로 들어와 사냥용 칼로 위협하며 재갈을 물리고 눈을 가렸다. 그리고 자신의 차에 타지 않으면 죽이겠다고 협박했다. 15분간 이동해 차를 세우고 뒷좌석에서 여러 차례 성폭행을 하고서 눈가리개를 풀고 옷을 입으라고 했다. 이어서 다시 피해자의 눈을 가리고 차를 몰고 오면서 다음과 같은 질문들로 소소한 잡담을 하기 시작했다. "고등학교는 어디 나왔어요? 파티는 어디로 가요?" 그는 샤론 집 근처의 학교 주차장에 눈을 가린 채로 샤론을 버려두고 갔다. 그는 샤론에게 자신의 이름이 브라이언이라고 말했고, 자신이 차를 몰고 떠날 때 얼굴을 보면 샤론과 여동생들을 죽이겠다고 협박했다. 피해자는 협박이 너무 무서워서 경찰에 신고하지 못했다.

그 달에 더간은 두 차례 더 납치를 시도했다. 첫 대상은 19세의 제네바였는데 그가 강제로 차에 태우려 했을 때 가까스로 도망쳤다. 제네바는 번호판을 보았고 경찰에 신고했다. 다음 날에 더간은 오로라에서 16세의 소녀를 타이어를 교체할 때 쓰는 막대로 협박해 차에 강제로 태운 뒤, 으슥한 곳으로 가서 벨트를 피해자 목에 감은 채 강간하고 집에 데려다주었다. 더간은 자신의 이름을 이야기했지만 피해자는 너무 무서워서 곧바로 신고하지 못했고, 나중에 신고를 했을 때는 이름만 기억하고 성은 이니셜밖에 기억하지 못했다.

순수한 악으로서 더간이 저지른 마지막 범행이 미시 A.의 유괴, 강간, 살해였다.

수색이 시작되고 보름 뒤인 6월 18일에 발견된 시신은 곧바로 워싱턴DC의 실험실로 보내졌고 그 뒤 일련의 법의학적 조사가 이뤄졌다. DNA 분석을 위해 옷의 섬유나 머리카락, 정액 등의 채취도 시도했다. 마침내 더간의 슬리핑백에서 미시의 머리카락이 발견되고 하숙집 바닥에서 시신이 발견된 개울가에서 채취한 것과 동일한 성분의 흙이 발견되면서 더간이 범인으로 확정되었다. 이때는 1980년대였으므로 DNA 분석은 아직 믿을 만하지 못했고 그 자체만으로는 증거 가치가 있다고 여겨지지 않았다. 그래서 머리카락과 흙 샘플 둘 다 일치한다는 것을 확인하기 위해 두 번의 법의학 검사가 필요했다. 검사관은 미시가 유괴 후 한 시간 이내에 폭행에 의해 사망했을 것으로 추정했다. 더간은 기소되었고, 멜리사 A.와 도나 슈노어 살해에 유죄를 인정하기로 하면서 사형은 면했다. 형량 조정 과정에서 그는 자신의 범죄에 대해 마땅한 설명을 내놓지 못했다. 그는 이렇게 말했다. "섹스 때문일 수도 있었을 것 같긴 하지만 나도 이유를 모르겠습니다. 내가 이 여성들을 왜 죽였는지 그 이유를 알면 나도 정말 좋겠습니다. 내가 이런 일들을 왜 했는지 알면 정말 좋겠습니다. 그런데 모르겠어요."

더간 사건은 범행 이후에 전개되는 트라우마를 내가 직접 목격한 첫 번째 사건이었다. 나는 미시의 가족과 이야기했고, 미시의 친구들과 이야기했고, 오팔 호튼과 오팔의 부모와 이야기했다. 하지만 이 경험은 나에게 단지 개인적인 차원에서만 의미가 있는 것이 아니었다. 이 경험을 계기로 나는 범죄자 성격 연구와 개별 사건 연구 모두에 대해 앞으로 취할 접근 방법을 새로이 생각해보게 되었다. 이 사건은 더간 같은 범죄자들이 종종 정말로 자신이 왜 살인을 했는지 설명할 수 없다는 것을 알려주었다. 그들 본인도 이유를 몰랐다. 하지만 이것이 그들의 행동에 원인과 이유가 없다는 의미는 아니었다. 그들은 이유가 있어서 살인을 했다. 그리고 나는 그 이유를 찾을 것이었다.

7장

범죄 피해자학 개론

행동과학부에서 일하던 기간 내내 나는 FBI 아카데미에서 강간 피해자학 강의를 되도록 자주 하려고 노력했다. 내게는 강간 피해자학을 알리는 것이 중요했고 요원들을 위해서도 중요한 일로 보였다. 이 강의는 범죄자 프로파일링 개발 과정에서 매우 중요한 시기에 프로파일링 기법을 더 정교하게 발달시킬 수 있는 고유한 기회를 제공했다. 때는 1980년대 중반이었고, 오래도록 무시되고 간과되었던 프로파일링이 갑자기 수사의 효과적인 도구로 널리 인식되면서 모두가 이것이 현실에서 작동하는 것을 보고 싶어 하고 있었다. 문제는, 행동과학부라는 우리의 작은 집단을 제외하면 전국의 어떤 수사 당국도 이 기법을 의도대로 사용하기에 필요한 경험과 지식을 가지고 있지 못하다는 점이었다. 현재로서는 우리가 전부였다. 그리고 다른 수사관들에게 쉽게 가르칠 수 있도록 표준화된 프로파일링 과정을 만들겠다는 목표가 있긴 했지만 아직 그 목표는 달성되지 않은 상태였다. 여전히 우리는 건건이 사건을 맡는 한편으로 프로파일링이 무엇인지에 대해 지식을 다듬어가는 중이었다.

그래서 강의가 정말 중요했다. 특히 자신의 감과 헌신이 사건의 성패를 좌우하는 모든 것이라고 생각하는 젊은 요원들에게는 더욱 그랬다. 이들은 심리학, 행동학, 연쇄살인범의 패턴화된 사고방식 등을 파고드는 데는 관심이 없었고, 행동에 나서고 싶어 했다. 하지만 바로 이들이 프로파일링에서 가장 크게 이득을 얻을 수 있는 유형의 수사관들이었다. 이들은 새로이 떠오르고 있는 종류의 사건, 즉 FBI가 이제까지 알아왔던 어느 것보다도 희한하고 혼란스러우며 논리적이지 않아 보이는 범죄들을 담당해야 할 사람들이었다. 이들은 범죄의 양상이 대대적으로 달라진 새로운 장으로 들어가게 될 터였다. 더 이상 수사는 도둑과 경찰 사이의 단순한 게임이 아니었다. 새 수사관들이 이것을 더 빨리 이해할수록 더 빨리 자신에게 유리하게 판을 짤 수 있게 될 것이었다. 하지만 그러려면 먼저 프로파일링이 여기에 도움이 된다는 사실을 알아야 했다.

그래서 나는 그들의 눈높이에서 그들을 만났다.

나는 그들에게 실제 사건을 예시로 사용해서 수사 결과를 보여주고 단계별로 프로파일링이 어떻게 효과가 있었는지 설명했다. 치혼과 어린 남자아이들에게 고통을 가하는 것이 존 주베르에게 가졌던 의례적인 중요성을 이야기했고, 데이비드 메이어호퍼가 피해자의 신체 부위를 기념품으로 수집하는 버릇이 있었다는 것을 이야기했고, 버나데트 프로티의 강박적인 사고 패턴을 이야기했고, 브라이언 더간의 어린 시절 폭력 경험을 이야기했다. 무엇보다 중요하게, 나는 피해자들에 대해 이야기했다. 범죄 피해자학은 피해자의 관점에서 범죄를 분석하는 방법을 일컫는데, 적어도 당시에는 살인자의 사고방식을 더 깊이 파악할 수 있는 방법으로 충분히 활용되고 있지 못했다. 전에 강간 피해자 연구를 했기 때문에 이 부분은 내가 잘 말할 수 있는 주제였다. 또한 범죄 피해자학은 프로파일링에서도 핵심 요소였으며, 행동과학부 동료들은 내가 가진 전문성이 이 부분에서 좀처럼 갖기 어려운 이점이라는 것을 인정하고 있었다.

*

"오늘 강의는 조금 다를 거예요." 나는 콴티코의 강당에 모인 30명 정도의 요원들에게 말했다. "물론 초점은 전과 마찬가지로 범죄 피해자학입니다. 하지만 이전 강의에서와 달리 오늘 볼 사건은 피해자가 생존해 있습니다. 수사관이 피해자와 이야기할 수 있고, 질문할 수 있고, 피해자로부터 자신이 누구이고 왜 타깃이 되었는지 답을 들을 수 있다면 상황이 아주 다르겠지요. 수사가 더 쉬워질 수 있겠지요?"

젊은 요원들 모두 고개를 끄덕였다.

"그런데 사례를 보면 꼭 그렇지는 않다는 것을 알 수 있습니다. 피해자가 생존한 경우에는 그 나름대로 수사에 새로운 층위의 어려움을 제기하는데, 우리는 그것을 잘 알아야 합니다. 예를 하나 들어볼까요? 피해자가 아주 날것 그대로의 세부 사항을 말할 때는 조리 있게 표현을 잘하는데 그날 비가 왔는지 아닌지를 기억 못한다면 어떻게 진행하시겠습니까? 피해자가 가해자가 신었던 신발은 색과 브랜드까지 구체적으로 기억하는데 범행이 발생한 위치를 제대로 기억해내지 못한다면요? 그다음에는 어떻게 하시겠습니까? 피해자를 믿을 수 있나요? 그가 한 말을 믿으시겠습니까?"

대답을 기대하고 물은 것은 아니었고, 물론 대답은 듣지 못했다. 중요한 것은 이 질문이 요원들에게 흡수되게 하는 것이었다. 나는 그들이 자신이 가진 편향에 직면하게 만들고 싶었다. 그게 무엇이건 간에 말이다. 나는 잠시 서류를 뒤적거리고 어떤 문서 하나를 찾는 척하면서 뜸을 들이다가 불편한 침묵을 깨고 다시 그들을 보며 말했다.

"이것이 오늘의 주제입니다. 피해자가 생존해 있는 사건에서의 범죄 피해자학. 오늘 사용할 사례는 필라델피아의 서버번 기차역 지하 공간에서 벌어진 여러 차례의 성폭력입니다. 개요부터 시작하고 그다음에 세부 사항으로 들어가기로 하지요. 피해자는 폴린이라는 이름의 여성입니다."

*

폴린은 1976년 6월의 어느 목요일 오후에 범행을 당했다. 서버번 역에서 기차를 갈아타려는 중이었다. 대낮이었고 사람도 많았다. 폴린은 쇼핑을 막 마치고 돌아오는 길이었고 그 객차 칸에서 마지막으로 나왔다. 집에 가서 해야 할 일들의 긴 목록을 생각하고 있는데 갑자기 뒤에서 무언가가 홱 잡아끄는 것이 느껴졌다. 어디에 가방이 걸렸나 싶어 뒤를 돌아보는 찰나, 장갑 낀 손이 입을 막고 팔을 허리에 둘러 단단히 조였다. 소리를 지르려고 했지만 그럴 수 없었고, 밀쳐보려고 했지만 너무 단단히 조이고 있어서 역시 그럴 수 없었다. 주변에 사람들이 많이 지나다녔지만 아무도 알아차리지 못한 것 같았다. '방관자 효과bystander effect'의 극명한 사례였다. 폴린은 혼잡한 플랫폼을 가로질러 질질 끌려가면서, 그리고 사다리를 타고 지하 통로 공간으로 내려가면서 완전히 무력하다는 느낌에 휩싸였다.

그곳은 어두웠고 공기는 기온차가 확 느껴질 만큼 차가웠다. 맨 바닥에 동댕이쳐졌을 때 폴린은 방향 감각을 잃었다. 가해자는 한 손으로는 속옷을 찢고 다른 손으로는 폴린의 도와달라는 비명 소리가 새어 나가지 않게 계속 폴린의 입을 막고 있었다. 그는 폴린을 팔꿈치로 찍고 때리고 시멘트에 밀치고 강간했다. 내내 머리 위에서 기차가 오가는 소리가 들렸다. 가해자의 얼굴은 보지 못했다.

사건이 일어나고 얼마 지나지 않아 나도 관여하게 되었다. 이때는 1970년대 후반이었고, 나는 전에 진행한 강간 연구가 꽤 알려져 있었기 때문에 성폭력 사건에서 그나마 비중 있게 법정 진술을 할 수 있는 몇 안 되는 전문가 중 한 명이었다. 폴린의 변호사가 연락을 해와서 이 사건이 폴린의 삶에 미친 영향을 가늠할 수 있도록 폴린에 대해 법의학적 정신 감정을 해달라고 했다. 그리고 폴린을 만날 수 있게 자리를 마련해주었다. 먼저 나는 폴린과 그녀의 배경과 관심사에 대해 일반적인 이야기를 나눴다. 폴린의 일반적인 성격과 기질을 가늠해 기준점을 잡기 위해서였다. 이어서 기어를 바꾸어 사건에 대해 질문했다. 폴린은 잠깐 주저하더니 조심스럽게 당시의 상황을 이야기했다. 내내 무릎을 꽉 모으고 몸을 조심스럽게 앞뒤로 약간씩 흔들었다. 폴린은 역 지하 공간의 차가운 바닥, 깨진 유리가 반짝이던 것, 무언가 시큼한 냄새가 난 것 등을 묘사했다. 지금도 그 냄새가 난다고 했다. 그날을 생각할 때마다 그 끔찍한 냄새가 머릿속에서 분출되듯 피어오른다는 것이다.

머릿속에서 기억이 거품처럼 일어나는 동안 폴린이 점점 더 불안해하는 것이 보였다. 그래서 대화의 방향을 돌려 그날 이후에는 어떻게 지내고 있느냐고 물었다. 폴린은 은둔형이 되었고 가족과 친구들에게 거리를 두게 되었으며 아무것도 못 먹고 잠도 잘 못잔다고 했다. 밤에 눈을 감을 때마다 장갑 낀 손이 입을 막는 꿈을 꾸었다. 혼자 있는 것이 무서웠지만 그와 동시에 사람이 많은 곳에 있으면 고립감이 들었다. 금속이 서로 부딪히는 소리, 가령 냄비가 스토브에 부딪히거나 헐겁게 닫힌 문에서 경첩이 끼익거리는 소리 같은 것만 들어도 바로 몇 미터 아래에서 자신이 강간당하는 동안 머리 위에서 기차가 오가던 것이 떠올랐다. 폴린은 그 기억이 자주 떠오른다고 했다. 폴린은 그 생각을 하기 싫다고 했지만, 그가 기억해야 할 세부 사항들이 있었다. 모양, 색, 소리가 만화경처럼 혼란스럽고 방향 감각을 잃게 만들면서 압도적으로 덮쳐오는, 그 순간들을 기억해야 했다. 삶에서 다음 단계로 나가려면 폴린은 그 기억을 정리해야 했다. 그날 있었던 일에 직면해야 했다. 그리고 통제력을 되찾아야 했다. 하지만 폴린은 그 기억으로, 그 소리, 광경, 그리고 끔찍하고도 끔찍한 냄새로 돌아가는 것이 너무 싫다고 했다.

*

"여기에 중요한 점이 있습니다." 나는 요원들에게 설명했다. "피해자들은 이와 같은 감각적 세부 사항을 비범할 정도로 명료하게 기억하는 경향이 있습니다. 아주 생생하고 거의 손상되지 않은 기억이에요. 온전한 기억이라고 할 수 있습니다. 하지만 폴린은 그날의 주변적인 사항들, 가령 날씨라든지 역 안에서 눈에 띄는 대표적인 랜드마크 등을 물어보면 헛갈려했고 부정확하게 대답하기도 했어요. 그렇다 해도, 어떤 사항들을 기억하지 못한다고 해서 이것이 그 사람의 진술의 신빙성을 떨어뜨리는 것은 아닙니다. 사실 폴린은 자신이 무엇을 알고 무엇을 모르는지를 공개적으로 인정했어요. 여기에서 핵심은 바로 이것이 우리의 뇌가 트라우마를 처리할 때 작동하는 방식이라는 것입니다. 누구에게나 보편적인 뇌의 대처 메커니즘이에요. 전투하는 군인이든, 사고의 생존자든, 폭력 범죄의 피해자든 상관없이 말입니다. 여러분이 해야 할 일은 피해자와 대화할 때 이것을, 이러한 유형의 심리적인 기제를 이해하는 것입니다. 이것은 혼란에 질서를 부여해서 범행을 파악 가능한 것이 되도록 만드는 과정입니다."

"질문이 있습니다." 앞줄에 앉아 있던 한 요원이 손을 들었다. "그렇다면 누가 믿을 만하고 누가 거짓말을 하고 있는지를 어떻게 알 수 있지요? 그러니까, 만약에 누가 전체 이야기를 지어낸다면 그것을 어떻게 알 수 있습니까?"

"제 생각에, 그것은 여러분이 걱정할 것들의 목록 중 가장 아래에 두셔도 될 것 같습니다." 내가 대답했다. "무언가를 가정한 채로 접근하지 말라고 당부하고 싶어요. 그것은 도움보다는 해가 됩니다. 그보다는 사실관계에만 집중하는 것이 더 나아요. 트라우마 경험의 경우, 사실관계들은 일반적으로 꽤 분명합니다. 트라우마는 뇌의 세 가지 주요 부분에 손상을 줍니다. 첫 번째는 집중력을 관장하는 전전두 피질이고, 두 번째는 공포 신경 회로인데 이것은 관심을 트라우마의 원천으로 향하게 하거나 거기에서 멀어지게 합니다. 세 번째는 해마인데, 경험을 단기 기억과 장기 기억으로 코드화하는 곳이지요. 트라우마는 이러한 기능을 해체해 범행 순간 혹은 주변적인 상황에 대해 생생한 기억들, 분절된 기억들, 그리고 기억의 공백들이 예측 불가능하게 뒤섞인 혼합을 만들어냅니다. 이렇게 감각과 경험이 혼란스럽게 저장되기 때문에 때때로 피해자들이 헛갈리고 있는 것처럼 보이는 것입니다. 이것은 여러분이 질문을 어떻게 구조화해야 하는지를 판단하기 위해서도 중요합니다."

강당 뒤쪽에서 또 다른 사람이 손을 들었다.

"그러면 그들이 기억하는 세부 사항을 믿어도 안전한가요? 아니면, 그것도 그들이 잘못 말하고 있는 것인가요? 그러니까 제 질문은, 그것이 혹여 프로파일링에 어떤 방식으로 문제를 일으킬 수도 있는지 여쭤보는 것입니다."

"직관적으로는 이상하게 들리리라는 것을 압니다만, 바로 그 세부 사항들이 여러분이 얻을 수 있는 가장 믿을 만한 정보입니다. 이것을 아셔야 합니다. 피해자들이 가장 잘 기억하는 경향이 있는, 범위가 좁고 생생한 감각적 세부 사항들, 그러니까 기차 소리, 차가운 바닥의 감촉, 장갑 낀 손의 이미지 같은 것들은 기본적으로 제한적일 수밖에 없습니다. 그저 그렇게 하는 것이 뇌가 스스로를 보호하는 방식이기 때문입니다. 이것은 속성상 방어적입니다. 그 경험을 가장 적은 수의 구체적인 세부 사항 속에 가려 넣어 트라우마를 밀어내는 방법이지요. 하지만 그 세부 사항들은 모두 진짜입니다. 그저 안 좋은 것들을 밀어내기 위해, 그것들이 말하자면 커져 있을 뿐입니다."

강의가 진행되어 가면서, 몇몇은 따라오고 있었지만 몇몇은 졸고 있는 것이 보였다. 어느 면에서 나는 그들을 비난할 수 없었다. 폭력의 심리학은 관객이 즐거워할 만한 장르가 아니었다. 급습에 성공하거나 빠른 속도로 추격전을 벌일 때 아드레날린이 솟구치는 것에는 도저히 비교가 될 수 없었다. 이 주제는 그러한 종류의 즉각적인 만족을 줄 수 있는 것이 아니었다. 게다가 요원들은 피해자에 대해 생각하는 데 익숙하지 않았다. 그들의 마음은 마치 사냥개처럼 살인자의 냄새를 맡아서 추적하는 데만 온전히 초점을 맞추도록 훈련되어 있는 쪽에 더 가까웠다. 하지만 이러한 요인 중 어느 것도 사건의 심리적 요소가 중요성이 덜하다는 의미는 아니었다. 우리의 방법이 효과를 발휘할 때, 그러니까 듬성듬성한 정보만 있는 채로 모여서도 프로파일러들이 한 인물의 종합적인 프로파일을 구성해내고 그것이 사건을 해결하는 데 결정적인 도구가 되는 것을 볼 때, 이것도 정말 기분 좋은 일이었다. 우리는 아무도 해결하지 못한 사건을 해결했다. 그리고 범죄 피해자학은 우리가 가진 가장 좋은 도구 중 하나였다.

나는 몇 분 남지 않은 시간 동안 이 점을 가능한 한 분명하게 전달하려고 노력했다.

"곧 여기 계신 모든 분들이 가해자에게만 초점을 맞추는 것만으로는 충분하지 않은 사건들을 다루게 될 겁니다. 그들은 너무 똑똑하고, 너무 조심성 있고, 또 너무 이렇고 너무 저래서 쉽게 잡히지 않을 겁니다. 그러면 한 걸음 물러서서 다른 접근을 취해야 합니다. 여기에 범죄 피해자학이 도움이 될 수 있습니다. 이것은 어느 피해자가 **왜** 타깃이 되었는지를 설명해줍니다. 피해자의 신체적, 심리적 특성, 그들이 가해자와 가지고 있을 법한 연결고리, 범행을 당했을 당시 그들의 취약점, 이런 것들을 살펴보면 왜 범인이 다른 사람이 아니라 그 사람을 범행 대상으로 골랐는지 파악할 수 있습니다."

"폴린은 분주한 시간대에 타깃이 되었습니다. 사람들이 기차를 갈아타느라 정신 없는 시간이죠. 역 안의 모든 사람이 다음에 탈 열차에 집중하고 있었습니다. 가해자는 그 점을 알고 있었고, 사람이 많고 붐비는 곳이라는 **바로 그 이유에서** 그곳을 선택했습니다. 분주함의 혼란이 그에게 가림막이 되어주었지요. 그의 동기는 성적인 것이었습니다. 그의 리스크는 높았고 피해자의 리스크는 낮았습니다. 그는 잠재적으로 많은 목격자가 있는 곳에서 범행을 시작했습니다. 하지만 방관자 효과가 작동했습니다."

"이것들은 가해자의 동기를 더 잘 파악하게 해줄 범죄 피해자학의 요소입니다. 여러분이 수집한 수사 기록 외에 피해자와 범행 동기를 더 잘 분석하면 가해자의 결정적인 특징을 좁혀나갈 수 있습니다. 용의자 풀을 가능한 한 가장 좁은 범위까지 압축할 수 있지요. 용의자 목록에서 하나씩 지워나가면서 가장 명백하고 분명한 사람만 남길 수 있습니다. 궁극적으로 이것이 범죄 피해자학이 하는 일이기 때문입니다. 피해자학은 가해자에게 거울을 들이대는 것입니다."

*

그날 강의에서 서버번 역 사건에 대해 요원들에게 하지 않은 이야기가 있었다. 나는 그들이 너무 많은 정보에 압도당하지 않도록, 성폭력 사건의 현실에서 그들의 감수성이 무뎌지지 않도록 조심해야 했고, 그와 동시에 그들이 앞으로 계속 직면하게 될 특정한 유형의 끔찍한 사건에 준비되게 해야 했다. 이런 면에서 볼 때 강의는 균형을 잡는 일이라고도 말할 수 있었다. 나는 폴린의 이야기만으로도 범죄 피해자학에 대해 전달하려던 바를 충분히 전달할 수 있다고 생각했다. 게다가 서버번 역에서 폴린 사건 다음에 일어난 일은 내게도 정리하기가 쉽지 않은 일이었기 때문에 요원들이 듣고 어떻게 반응할지 가늠하기 어려웠다.

폴린 사건이 있고서 몇 달 뒤에 폴린의 변호사 헨리 피츠패트릭Henry Fitzpatrick은 사진사 한 명과 함께 현장 사진을 찍기 위해 서버번 역의 지하 통로 공간으로 내려갔다. 곧 있을 재판에서 쓰기 위해서였다. 통근 열차 라인 아래쪽 지하인 이곳은 어둡고 고립된 공간이었다. 더웠고 불빛이 거의 없었고 공기는 눅눅했다. 피츠패트릭이 어둠 속에서 눈을 가늘게 뜨고 자신이 보고 있는 어떤 뭉텅이가 맨발로 쓰러져 있는 웬 여성의 몸뚱이라는 것을 깨닫기까지는 시간이 좀 걸렸다. 그는 얼어붙었다. 그의 눈이 어둠에 적응해 초점을 맞출 수 있게 되었을 때 아직 숨이 붙어 있는지 여성의 가슴이 가늘게 부풀었다 내려갔다 하는 것을 가까스로 볼 수 있었다. 30대 중반의 젊은 여성으로 보였고 남색 투피스 정장 차림이었으며 바로 오른쪽에 갈색 서류가방이 있었다. 사진사는 얼른 카메라 렌즈를 부착하고 현장이 잘 보이도록 조명 버튼을 눌렀다. 워너메이커 백화점의 쇼핑백이 있었고, 여성은 어색한 자세였으며, 얼굴과 팔 주위에는 피가 웅덩이를 이루고 있었다. 움직일 때마다 발소리가 위쪽 플랫폼에 부딪혀 메아리를 울렸다. 이어서 사진사가 사진을 찍었다. 플래시가 번쩍 켜지면서 잠시 지하 터널이 환하게 밝아졌다.

두 번째 피해자인 이 여성은 생명이 경각에 달려 있었다. 피츠패트릭은 911에 신고했고 앰뷸런스가 곧바로 피해자를 제퍼슨 병원 응급실로 싣고 갔다. 이 범행은 연쇄 범죄의 모든 특징을 가지고 있었고, 다만 폴린이 겪은 것보다 공격이 훨씬 더 잔혹했다. 두 번째 피해자인 조앤은 어퍼다비에 사는 변호사이고 열 살인 딸이 있었다. 그는 심한 구타와 강간을 당했다. 머리는 기차역 지하 바닥에 여러 차례 짓찧어진 상태였다. 의식이 없었고 여러 차례 수술을 받아야 했다. 간호사들이 계속 지켜보다가 몇 주가 지나도 차도가 없자 딸의 이야기와 노래 소리를 녹음해 조앤이 반응을 보일 때까지 날마다 들려주었다. 조앤은 45일 뒤에 깨어났지만 폭행의 후유증으로 뇌에 영구적인 손상을 입었고 몸이 부분적으로 마비되었다. 조앤은 계속해서 엄마가 언제 오느냐고 물었고 그때마다 간호사는 몇 년 전에 이미 돌아가셨다고 알려주어야 했다. 그러면 조앤은 무너져서 울음을 터뜨렸다.

공격당했을 때의 기억이 떨쳐지지 않는 폴린과 달리 조앤의 뇌손상은 사건에 대해 아무 기억도 남겨놓지 않았다. 조앤은 답을 찾으려고 고전했지만 떠오르지 않았다. 그리고 조앤의 의지는 한 번 더 부정당했다. 뇌손상이 회복 불가능한 것이어서 법정에 증인으로 나설 수 없었던 것이다. 조앤과 달리 폴린은 법정에서 증언을 했고 그럼으로써 자신이 빼앗긴 것을 작은 조각이나마 되찾아올 수 있었다. 나는 폴린이 강간 트라우마 증후군으로 깊이 영향을 받은 상태에서도 가해자에게 맞서는 투지를 보인 것이야말로 폴린의 이야기에서 절대적으로 중요한 부분이라고 생각했다. 이 사건에서 신입 요원들이 배울 수 있는 범죄 피해자학의 어떤 내용보다도 훨씬 더 말이다.

폴린 사건과 조앤 사건이 연쇄 범행임을 시사하는 흔적이 아주 많았지만 피츠패트릭은 별건으로 재판을 진행했다.

폴린 사건은 수사관들이 목격자를 찾지 못했다. 역에는 카메라가 없었고 안전 요원들은 폴린이 주장한 시간대에 수상한 사람을 발견하지 못했다고 했다. 그래서 피츠패트릭은 이 사건을 법정에 올리기 위해 서버번 역 소유주인 컨솔리데이티드 레일 코퍼레이션을 상대로 무단 침해 소송을 제기했다. 회사는 작은 액수의 합의금을 제안했지만 폴린이 거부했고, 이 사건은 법정에서 다투어지게 되었다.

재판에서 증인석에 앉은 폴린은 조용하고 다부진 목소리로 폭행을 당했던 당시의 경험에 대해, 그리고 얼마나 고립되었다고 느껴졌는지에 대해 이야기했다. 폴린은 내내 명료하게 진술했다. 기업 변호사, 낯선 사람, 언론 종사자 들이 가득한 법정에서 자신의 인생에서 가장 취약했던 순간의 세부 사항을 가장 날것 그대로 이야기했다. 이어서 피고 측의 반대 심문 순서가 되었다. 피고 측은 곧바로 익숙한 반대 심문 전술을 구사했다. 강간 사건 재판에서 특히나 일반적인 전술인데, 폴린의 신빙성에 의구심을 불러 일으키는 전략이었다. 그들은 가해자의 옷, 역사 안의 시각적으로 눈에 띄는 지점들, 그날의 날씨, 그 밖의 주변적인 사항들을 질문했다. 폴린은 때로는 헛갈려했고 때로는 부정확하게 답변했다. 폴린이 실수를 할 때마다 피고 측 변호사는 배심원단 앞에서 그 점을 지적하면서, 폴린을 정직하지 못하고 신빙성이 없다고 묘사하는 기회로 사용했다. 하지만 피고 측이 설명하지 않은 것은 그들의 질문에 대한 폴린의 답변이 폴린의 신빙성과는 아무 관련이 없다는 점이었다. 폴린의 답변은 인간의 뇌가 트라우마적인 상황을 처리하는 방식을 반영하는 것일 뿐이었다. 물론 피고 측 변호인도 그것을 알고 있었다. 그들은 인간의 기억이 어떻게 작동하는지에 대한 무지가 강간이 가해자가 무죄로 풀려나는 경우가 가장 많은 범죄인 주된 이유라는 것도 잘 알고 있었고, 알면서도 말하지 않았다. 혹자는 그들이 자신의 일을 하고 있었을 뿐이라고 말할 수도 있을 것이다. 하지만 곧 나에게도 내 일을 할 차례가 왔다.

전문가 증인으로 증인석에 올라 서서 나는 성폭력 피해자의 기억 저장과 회상의 기저에서 작동하는 정신심리적 논리를 명료하게 설명하고자 했다. 나는 군인이건 사고 생존자이건 성폭력 피해자이건 트라우마적인 상황을 경험한 사람에게는 일부분만 기억 나거나 기억에 공백이 있는 것이 일반적인 일이라고 설명했다. 이것은 뇌가 작동하는 방식일 뿐이라고 말이다. 특정한 기억이 있건 없건 간에 그 경험은 결코 사라지지 않는다. 폴린에게 (많은 다른 사건의 피해자들도 그랬듯이) 이 사건은 삶을 완전히 바꾸어놓았다. 폴린은 일터에 복귀할 수 없었고 대중 교통을 이용할 수 없게 되었다. 자신의 아이들을 직접 돌볼 수도 없게 되었고 혼자서는 집을 나설 수도 없게 되었다. 트라우마에 대해 온전히 기억하기를 기대하는 것이 오히려 불합리한 일이다. 가장 중요한 것은 사고가 남긴 영향이다.

배심원단은 컨솔리데이티드 레일 코퍼레이션이 피해 배상금 25만 달러와 징벌적 배상금 50만 달러를 지급하라고 평결했다. 판사는 지연된 기간에 대한 이자 비용을 더해 금액을 조정했다. 이로써 배상금 총

75만 달러에 대한 1979년 10월 16일부터 1981년 4월 29일까지의 이자 11만 5208.29달러가 추가되었다. 컨솔리데이티드 레일 코퍼레이션은 항소했고 항소법원은 지연 피해에 대한 감액을 결정했지만 폴린의 상고에서 〔감액 결정이〕 뒤집혔다.

폴린 사건에서 승소한 피츠패트릭은 두 번째 피해자인 조앤 사건으로 초점을 돌렸다. 이 사건에서는 경찰이 용의자 한 명을 특정했는데, 1977년에 지하철 통로에서 여성을 강간한 전과가 있는 사람이었고 당시에 짧은 기간 동안 수감되었다. 그리고 지난 몇 달 사이에 다시 강간으로 기소되었는데, 이때는 서버번 역 플랫폼 아래 공간에서 템플 대학에 다니는 19세 여대생을 강간했다.

검사는 이 용의자가 조앤이 실종된 날 서버번 역 지하로 가는 사다리로 어느 여성을 데리고 가는 것을 보았다는 한 여성 목격자의 도움으로 이 사건을 〔형사 사건으로〕 법정에 가져올 수 있었다.

목격자는 이렇게 말했다. "이유는 모르겠지만 왠지 감이 이상해서 주위를 둘러보았습니다. 그리고 한 남자와 한 여자가 엘리베이터 문 근처에 서 있는 것을 보았습니다. 너무 가까이 붙어 있어서 저기에서 뭐 하는 건가 궁금했습니다."

목격자는 역으로 들어오는 기차에서 내리고 나서 그 장면을 보았다고 했다. "그들이 사다리를 내려가는 것을 보았습니다. 하지만 어떻게 해야 할지 몰랐어요. 죽도록 무서웠습니다." 목격자는 도움을 청하려고 했지만 아무도 찾을 수가 없었다. "나는 사다리 쪽으로 다시 걸어왔어요. 그 위에서 몸을 구부리고 들여다보았는데, 그의 얼굴을 보았습니다. 나를 빤히 바라보고 있었어요. 나는 너무 무섭고 겁에 질려서 얼어붙었습니다. 그는 나를 보리라고 예상하지 못했을 거예요. 그가 오른쪽으로 움직였을 때 그의 옆모습을 보았습니다. 그리고 바닥에 있는 여성의 발을 보았습니다. 신발은 안 신고 있었어요. 그게 내가 본 전부입니다. 발하고 다리밖에 못 보았어요."

그 사람이 이 법정에 와 있느냐는 질문에, 목격자는 피고석을 가리키면서 이렇게 대답했다. "바로 저기 있어요. 피고가 그 사람입니다."

목격자의 이와 같은 진술에도 용의자는 유죄가 되지 않았다. 사건의 귀추를 예의주시하던 사람들은 모두 충격을 받았다. 몇몇은 소리가 들릴 정도로 헉 하고 숨을 들이쉬었다. 검사는 한마디 해달라는 기자들의 질문에 답하지 않고 서둘러 법정을 떠났다. 피고와 피고 측 변호사만 얼굴에 웃음을 띠고 있었다.

슬프게도, 이 결과는 그리 놀라운 것이 아니었다. 당시 강간 사건에 대해 미국의 많은 법원이 보이던 일반적인 패턴이었다. 강간 사건 피해자들은 매우 불리한 판에 들어올 수밖에 없었다. [기본적인 증거를 수집할 수 있는] '강간 현장 출동 키트rape kit'가 아직 일반화되어 있지 않았고, DNA 프로파일링은 몇 년이나 더 지난 뒤의 이야기였다. 또한 은밀한 곳에서 행해지는 성폭력의 속성상 기댈 만한 목격자가 거의 없다는 것도 한 가지 이유였다. 하지만 더 큰 진실은 강간이 '남성의 언어' 대 '여성의 언어'의 문제가 되는 경우가 많다는 데 있었다. 1970년대 말에 여성이 하는 말은 일관되지 못하고 감정적이고 신뢰할 수 없다고 여겨졌고, 따라서 이런 사건에서 배심원단은 피해자의 손을 거의 들어주지 않았다.

8장

복면 뒤에서

범죄 피해자학 강의 후에 방공호의 내 자리에 돌아와 있는데 헤이즐우드가 찾아왔다. 그는 배턴루지에서 벌어진 사건에 대해 프로파일링을 요청받았다면서 잠시 이야기 좀 할 수 있겠냐고 했다. 현지 경찰이 여러 주에 걸쳐서 수십 건의 범행을 저지른 것으로 보이는 성폭력범을 수사하고 있는데, 범인의 별난 행동 몇 가지에 대해 내 의견을 듣고 싶다는 것이었다.

"이자는 좀 특이해요. 저녁 8시에서 새벽 1시 사이에만, 그리고 문이나 창문이 잠겨 있지 않은 집에만 침입합니다. 여기까지는 별로 이상하게 들리지 않을 수 있는데, 정말 이상한 부분은 피해자를 어떻게 가지고 놀았느냐예요. 먼저 그는 피해자를 안심시켰습니다. 그다음에 집에 있는 다른 사람들이, 그게 누구든지요, 보게 하고서 강간을 했어요. 미친 새끼죠." 그는 잠시 진정하느라고 말을 멈추었다가 다시 말했다. "아 죄송해요. 제 말은…… 이 사건을 파악할 수 있으려면 우리가 다루고 있는 유형 분류를 제가 좀 더 잘 알아야 할 것 같다는 거예요."

헤이즐우드는 나를 다른 동료와 똑같이 대하려고 늘 최선을 다했다. 하지만 우리 일의 끔찍한 속성과 그에 수반되는 날것의 감정은 때때로 그가 말실수를 하게 만들었다. 그러면 그는 여성 앞에서 부적절하거나 험한 말을 했다는 생각에 얼굴이 빨개졌다. 이것은 그저 그의 성격이었다. 극단적인 폭력 행위를 설명하면서도 내게는 사회적 예절에 대한 가상의 선을 지키려고 노력했다. 그럴 필요 없다고 무수히 말했는데도 말이다. 헤이즐우드만이 아니었다. FBI의 모든 요원이 나를 대할 때 그런 태도를 보였고 레슬러와 더글러스조차 때때로 이와 같은 미세한 조심성을 보였다. 하지만 헤이즐우드는 유독 더 신중했다. 나를 보호하려는 것 같았는데, 아마도 나를 이 팀에 데려온 사람이 본인이어서였을 것이다. 그날 파일들을 죽 늘어놓고 사건 개요를 설명하기 시작하면서도 그는 가장 끔찍한 세부 사항들을 말할 때 주저했다. 아주 약간 어조를 낮춘 정도였지만 말이다.

"신문에서는 이 자를 '스키 마스크 강간범'이라고 부릅니다." 헤이즐우드가 이야기를 이어갔다. "이유를 아시겠지요? 그는 180센티미터가 넘는 장신이고 마른 체구에 짙은 색 머리카락을 가지고 있습니다. 일반적으로 칼이나 총을 가지고 다니고요. 피해자를 집 안에 있는 남자 앞에서 결박하고 강간합니다. 그러면서 그걸 보는 남자들을 조롱하기도 합니다. 그리고 피해자들을 결박한 채로 두고 텔레비전, 스테레오 등 값나가는 것들을 조용히 털어서 나옵니다."

"잠시만요." 내가 끼어들었다. "그가 저지른 모든 사건에서 피해자에 남성 목격자가 포함되어 있나요?"

"아니요. 최근 범행들에서만 그렇습니다. 이자는 처음 시작한 이래로 범행 방법을 꽤 많이 바꾸었어요. 전에 내가 본 어떤 범인과도 다릅니다. 같은 사람인데 완전히 다른 가해자가 된 것 같아요. 그래서 교수님의 도움이 필요해요. 팀에 이 사건을 가져가기 전에 타임라인에서 몇몇 트리거 지점들을 찾을 수 있으면 좋겠거든요."

헤이즐우드가 내게 청한 도움은 행동과학부 요원들이 일반적으로 내게 요청하는 도움이었다. 팀의 모든 일원이 자신의 전문 분야에 대한 고유한 지식과 경험으로 팀에 기여했고 나도 마찬가지였다. 강간 피해자와 강력 범죄자 둘 다를 연구해본 경험이 있어서, 나는 스키 마스크 강간범 사건에 특히 유용할 수 있었다. 헤이즐우드는 이와 관련해 궁금한 걸 물어보기에 내가 최적의 전문가라고 생각했다.

"이자가 관련된 범행은 수십 건이나 되지만 첫 다섯 건, 중간 다섯 건, 최근 다섯 건만 보면 충분할 거예요. 시간에 따라 범행이 발전되고 있어요. 이게 말이 되나요?"

나는 중년 여성의 가슴에 온통 퍼렇고 검은 멍자국이 나 있는 사진에 집중했다.

"상당히 끔찍한 것들도 있을 수 있어요. 그 여성의 경우 가슴을 잔혹하게 반복해서 구타했어요." 헤이즐우드가 우물쭈물 중얼거리면서 내 손에서 사진을 가져가려고 했다.

나는 손짓으로 그를 제지하면서 말했다. "아이고, 사과 그만하세요, 요원님. 세부 사항에서 저를 지켜주려고 애쓰실 필요 없어요. 일의 진척만 늦어질 뿐이라고요. 이것은 데이터예요. 자, 이제 이것들에 대해 분석을 좀 해봅시다."

헤이즐우드가 고개를 끄덕였다. "알았어요. 자, 우리가 아는 건 이거예요. 처음 다섯 명의 피해자부터 보면, 이때는 그냥 평범한 강간범이에요. 집에 혼자 있는 여성을 골라 확 놀래키고서 다치게 하지 않겠다고 안심시킨 뒤 피해자의 옷으로 묶고 질 삽입 강간을 했어요. 빨리감기 해서 중간 다섯 명을 보면, 수갑을 사용하기 시작했고 폭력의 강도가 세어졌습니다. 항문과 구강으로도 성폭행을 했고 몇 번은 가족이 보는 앞에서 했어요. 때로는 한 번의 범행에서 복수의 여성을 강간했어요. 다시 빨리감기를 해서 최근 다섯 명을 보면, 한층 더 높은 수준의 폭력성으로 또 다시 전환이 있었습니다. 방금 보신 사진처럼요." 헤이즐우드는 내가 테이블에 내려놓은 사진을 몸짓으로 가리켰다. "그는 가슴을 반복적으로 구타하면서 내내 남편을 조롱하고 자극했어요. 정말 이상하지요? 어떻게 생각하세요?"

"이전 피해자들에게서 얻었던 스릴을 좇고 있는 것 같아요. 그것까지는 분명해 보여요. 그리고 원하는 스릴에 도달하기 위해 폭력의 수위를 높여야 했을 겁니다. 하지만 그의 동기는 달라지지 않았어요. 동기는 여전히 강간에서 얻는 통제의 감각입니다."

"말이 되네요." 헤이즐우드가 동의했다. "이해가 안 가는 것은 피해자의 남성 파트너 앞에서 범행을 했다는 거예요. 이건 뭘까요?"

"권력이죠. 통제를 하면서 모욕을 주는 거예요. 청중을 필요로 했다는 것, 누군가가 자신의 행동을 보게 해야 했다는 것은 이 강간범의 생애 이력에 정신심리적 인자가 있음을 시사해요. 과거에 본인도 트라우마를 경험했으리라는 것을 암시하죠. 이러한 의례화된 행동은 어린 시절에 학대를 목격했거나 자세히 보았거나 경험한 것에 뿌리가 있어요."

"이자의 범행이 살인으로까지 고조될 거라고 보세요? 아니면, 살인은 이자의 의례와 상충하는 것일까요?" 헤이즐우드가 물었다. "현지 경찰은 살인으로 발전할까 봐 걱정하고 있어요."

"의례는 범인이 느끼는 현실과의 단절이 커지면 그에 맞게 달라질 수 있어요. 그러니까, 네, 살인으로 이어질 가능성도 있습니다. 하지만 여기에서는 살인이 주된 동기가 아니라는 것을 분명히 하는 게 중요해요. 이자는 과거의 경험을 다시 살고 있어요. 단지 처지만 거꾸로 바꾸어서요. [전에는 무력한 쪽이었다면] 이제는 그가 통제를 하는 쪽이 되었고, 그것을 다른 사람들이 확실히 봐주기를 원하는 거예요."

*

다음 날 행동과학부 부장 데퓨는 나더러 루이지애나주로 출장을 가서 스키 마스크 강간범 사건을 담당하는 태스크포스팀을 만나보라고 했다. 이 미친놈을 빨리 잡을 수 있도록 피해자들 및 현지 경찰들을 만나 최대한 많은 정보를 수집하라는 것이었다. 마을은 온통 경계 상태였다. 공격의 빈도가 높아지고 있었고, 언론에서 스키 마스크 강간범이 수사 당국보다 얼마나 더 똑똑하고 얼마나 포위망을 잘 빠져나가는지를 내내 이야기하는 바람에 상황이 악화되고 있었다. 헤이즐우드는 이 사건의 FBI쪽 담당 요원으로서 특히나 사건이 빨리 종결되길 원했다.

호텔에 도착하자마자 전화가 울렸다.

"교수님, 좀 어떠세요?" 헤이즐우드였다.

"네, 좋습니다. 방금 도착했고요, 이제부터……."

헤이즐우드가 말을 끊고 끼어들었다. "좋네요, 좋아요. 저기……, 피해자들을 만나실 때 범행 도중 범인 행동에 대해 다음과 같은 정보를 파악해주시면 좋겠어요. 이 건에 대해 프로파일링을 시작할 때 중요한 정보가 될 것 같아요."

"어떤 정보요? 그러니까, 〔피해자가 생존해 있는〕 강간 사건과 〔피해자가 사망한〕 강간 살해 사건 사이에 프로파일링 과정이 다를 수 있다고 보시는 거예요?"

헤이즐우드는 자신이 하려는 말에 너무 골몰해서 내 질문은 무시하고 계속 이야기를 했다. 가끔 이럴 때가 있었다. 너무 집중해서 자기 생각에 빠져 있는 바람에 다른 것들을 신경쓰지 못하는 상태 말이다. 하지만 나는 곧 그가 내 질문으로 돌아오리라는 것을 알고 있었다. 그래서 일단 그가 하는 말을 계속 들었다.

"제 생각에, 이 사건에서 우리가 취해야 할 세 가지 기본 단계가 있는 것 같아요. 첫째는 피해자로부터 강간범의 행동에 대해 특정한 정보들을 얻는 거예요. 둘째는 그 행동을 분석해서 공격의 기저에 있는 동기를 알아내는 것이고요. 셋째는 행동이 시사하는 동기 인자들에 기초해 범행을 저지른 사람의 특징을 뽑아내는 것입니다."

"잠깐만요." 내가 그의 말을 멈추고 말했다. "펜이 있어야 할 것 같아요."

이어서 헤이즐우드는 내가 피해자에게 물어봐주었으면 하는 질문들을 말했고 나는 받아적었다. 몇몇 질문은 범인의 행동에 대한 질문으로, 예를 들면 다음과 같았다. 피해자에게 어떻게 접근했는가? 그의 통제 방법은 무엇이었는가? 피해자의 고통에 어떻게 반응했는가? 몇몇 질문은 피해자와의 상호작용에 대한 질문으로, 예를 들면 다음과 같았다. 피해자가 무언가 이야기를 하도록 강요되었는가? 피해자가 수행하도록 강요받은 성적인 행동은 어떤 것들이었는가? 피해자가 한 행동 중 가해자의 태도를 변화시킨 것이 있는가? 그리고 몇몇 질문은 범인의 성격을 알기 위한 것으로, 다음과 같았다. 그는 성적으로 기능 장애를 가지고 있는가? 체포를 피하기 위한 예방책을 사용했는가? 범행 현장에서 무언가를 가지고 나갔거나 거기 두고 나갔는가?

헤이즐우드가 이 사건에 대해 어떤 특정한 접근 방법을 그리고 있다는 것이 명백했다. 그는 범죄 현장 분석과 경찰 기록보다는 생존한 증인들의 견해에 더 비중을 두려는 것 같았다. 하지만 그가 왜 그런 결정을 했고, 어떻게 그것이 프로파일링 과정에 영향을 줄 것이라고 생각했는지는 알 수 없었다. 추측할 수 있는 것이라곤, 그가 내 범죄 피해자학 강의 내용 중 무언가를 들었고 그에 대해 관심이 생겼으며 그 이론이 현실에서 어떻게 작용하는지 직접 검증해보고 싶어졌으리라는 것이었다.

루이지애나 출장에서 나는 다섯 명의 피해자를 만났다. 모두 공포에 질려 있었고 불안해하고 있었으며, 가족이 보는 앞에서 강간을 당한 두 사람은 특히 더 그랬다. 하지만 모두가 최선을 다해 자신이 겪은 경험을 말하려고 노력했다. 이들 모두 강간 트라우마 증후군의 명확한 증상을 보이고 있었다. 무감각하다거나 내면이 죽은 것 같다는 느낌을 이야기했고 지속적으로 복통을 겪고 있었으며 범인에게 다시 강간당하는 악몽을 계속해서 꾸었다. 에이즈에 걸렸을지 모른다는 공포도 있었다. 또한 좁은 공간을 두려워했고 어두운 색 옷에 소스라치게 놀랐으며 가해자가 또 올지 모른다는 두려움에 끊임없이 시달렸다. 다섯 명 모두 친구, 가족과의 관계에 대해서도 걱정했다.

범인의 기이한 행동을 곱씹으며 보고서를 적고 있는데 부장 데퓨에게 전화가 왔다.

"교수님, 데퓨입니다. 출장은 어떠세요?"

나는 대답하기 전에 신중하게 생각했다. 데퓨는 중요한 일이 아니면 출장 중인 사람에게 전화하는 법이 없었다. "피해자들을 만나서 좋은 정보를 얻었어요." 나는 길게 멈추었다가 다시 말했다. "무언가 들으신 이야기가 있으신가요?"

"그렇습니다. 웬 여자가 FBI 요원을 사칭하고 다닌다는 이야기가 지역 경찰서에서 긴급하게 들어왔어요. 그래서 공식적인 행동과학부 출장이고 교수님이 우리 팀이라고 제가 확인해주었습니다."

"아, 감사합니다." 대답은 했지만 이게 무슨 의미인지 여전히 의아했다.

하지만 데퓨는 그저 웃었다. "루이지애나는 DC와 달라요. 여성을 출장 보낸다고 내가 그쪽에 더 분명하게 말해두었어야 했는데 말이에요. 다음에는 꼭 기억하고 있을게요. 자, 이제 보고서 작성을 서둘러주세요. 이 작자가 얼마나 똑똑한지 알려주는 이야기는 뉴스에서 그만 보고 싶으니까."

*

일주일쯤 뒤에 헤이즐우드는 일군의 요원들과 스키 마스크 강간범에 대한 공식 프로파일을 작성하는 회의를 소집했고 나도 꼭 참석하라고 했다. 회의에서 우리는 이제 행동과학부에서 표준이 되다시피 한 방식대로 경찰 기록과 범죄 현장 사진을 살펴보고 가해자의 동기와 패턴에 대해 논의했다. 헤이즐우드는 전에 나와 나눴던 대화와 내가 루이지애나 출장에서 가져온 정보도 통합되도록 신경을 썼다. 그는 때때로 특정한 피해자 진술의 타당성을 판단하기 위해 내게 맥락을 설명해 달라고 했다. 숙련된 요원도 스스로의 편견을 극복하기는 어렵기 때문이다. 그런데 마지막에 헤이즐우드는 주무 요원인 자기 혼자 프로파일을 작성하는 대신 공동으로 작성하자고 했고, 특히 두 부분으로 나누어 프로파일을 분석하자고 했다.

첫 부분은 늘 해오던 대로 미확인범에 대해 가장 가능성 높은 인구통계학적 특성, 배경, 성격 등을 채워나가는 것이었다. 우리 모두 이 과정은 이제 잘 알고 있었기 때문에 오래 걸리지 않았다. 스키 마스크 강간범에 대해 우리는 그가 얼마나 오랫동안 잡히지 않고 범행을 저질렀는지를 토대로 이십 대 후반에서 삼십 대 초반이고 결혼하지 않았을 것이라고 추정했다. 군림하고 지배하려는 행동을 보건대 스스로를 '능력남'이라고 생각하는 자신감에 찬 유형이라고 볼 수 있었다. 집에 침입하기 전에 전화선을 끊는 등 주도면밀하게 신경을 썼고 완벽주의적인 경향을 보였는데, 이를 통해 그가 신체적으로 외양을 잘 관리하고 스포츠를 실제로 하거나 관람하는 것을 좋아하며 이러한 남성다움을 근사한 자동차나 옷차림에 투사하는 경향이 있으리라고 추정했다. 또한 잡히지 않고 수사망을 잘 빠져나가는 것과 여러 주를 오가는 것을 볼 때(그래서 우리는 그를 '방랑자'라고 불렀다) 교육 수준이 높고 군에서, 아마도 해외에서 복무한 적이 있으리라고 판단했다.

이어서 보고서의 두 번째 부분에서는 스키 마스크 강간범의 정신심리적 구성을 더 명료하게 설명하고자 했다. 이 부분은 훨씬 더 어려웠다. 그의 범행이 진화하고 있었기 때문에 사건의 사실관계들을 우리가 알고 있는 연쇄 범죄자의 범주에 맞추기가 어려웠다. 이전 사건들, 특히 연쇄살인범 연구에서 보았던 사례들을 참고하면서 우리는 범인이 권력 주장형(그의 초기 범죄들은 그가 강력한 남성다움의 이미지를 투사하고자 하는 강한 욕구를 느끼고 있음을 보여주었다)에서 '보복적 강간'의 일반적인 특징인 분노와 고조된 폭력성 쪽으로 진화했다고 판단했다. 폭력이 그의 의례에서 점점 더 중요해지고 있었다. 단지 피해자의 저항을 억누르려는 수단으로가 아니라 쾌락을 위해 폭력을 사용하는 것이다. 그의 폭력성은 점점 더 강도가 세졌다. 그는 더 위험해지고 있었고, 더 가학적이 되고 있었으며, 점점 더 강한 자신감을 보이고 있었다. 그는 범행 수법modus operandi, MO(범죄를 수행하는 방식)*을 향상시켜서 자신이 재창조하려는 모종의 이상과 일치시키려 하고 있었다. 결국에는 그가 살인 충동에 굴복할 것이 분명했다.

* 뒤에서 설명할 '시그니처'와 짝이 되는 개념이다. 옮긴이

*

헤이즐우드는 이 미확인범이 범죄를 저지른 지역들의 수많은 경찰서에 프로파일을 보내면서 이 묘사와 일치하는 사람을 예의주시하라고 알렸다. 그해 10월에 루이지애나주 배턴루지 바로 남동쪽에 있는 곤잘레스에서 경찰이 차로 동네를 순찰하다가 어느 주거 지역에 의심스러운 차량이 세워져 있는 것을 발견했다. 립스틱처럼 빨간색의 폰티악 트랜스 앰 차량이었다. 그날 밤, 경찰은 그 근처에서 스키 마스크로 복면을 하고 총을 든 사람이 어떤 여성의 집에서 그 여성을 포함한 세 명의 피해자에게 범행을 저질렀다는 신고를 받았다. 범인은 한 명씩 여성들을 결박하고 나머지 여성들이 강제로 지켜보게 한 다음 강간했다. 그 뒤 값나가는 물건들을 챙겨서 피해자 중 한 명의 자동차를 훔쳐 타고 어둠 속으로 속도를 내어 사라졌다. 아까 순찰을 했던 곤잘레스의 경찰은 무전으로 이 내용을 전달받고서 어떤 감이 들어서 폰티악 트랜스 앰 차량을 보았던 곳에 다시 가보았다. 트랜스 앰 차량은 보이지 않았지만 도난당한 피해자의 자동차가 있었고, 남성용 장갑 한 켤레가 차 옆에 떨어져 있었다. 피해자가 묘사한 것과 정확히 일치하는 장갑이었다.

수사는 급물살을 탔다. 지역 수사 당국은 해당 폰티악 차량에 수배령을 내렸고, 차를 발견했을 때 번호판을 조회해 차주를 확인했다. 31세의 존 배리 시모니스Jon Barry Simonis였다. 시모니스는 추수감사절 일주일 뒤에 루이지애나주 레이크 찰스의 편의점에서 빵 한 줄과 담배 두 갑을 사서 나오던 길에 체포되었다. 그가 체포되면서 지난 3년간의 공포의 도가니도 끝을 맺었다. 그는 플로리다주부터 미시간주까지, 루이지애나주부터 캘리포니아주까지 12개 주를 넘나들며 81건의 범행을 저질렀다.

스키 마스크 강간범에 대해 우리가 만든 FBI 프로파일은 세부 사항과 범위 모두에서 정확했다. 그는 고교 미식축구 루이지애나주 대표팀 쿼터백이었고 1973년에서 1977년까지 군에 있었다. IQ는 128이었고 (평균은 90~110정도다) 운동선수 같은 체격을 계속 유지하고 있었다. 한편, 시모니스는 어린 시절에 학대를 당한 경험이 있었다. 아버지가 누이를 성폭행하는 장면을 지켜봐야 했던 것으로 보인다. 또한 그는 여성에 대한 깊은 분노에 추동되어 행동하고 있었다. 이는 그의 공격이 피해자를 비하하고 경멸하고 피해자의 명예를 훼손하기 위한 것이었다는 데서 알 수 있는데, 보복적 강간의 대표적인 특징이다. 그가 체포된 것은 그 자체로도 중요한 일이었지만 우리에게 추가적인 의미도 있었다. 범행 건수가 어마어마하게 많다는 사실만으로도 그는 폭력적 성범죄의 동기와 진화적 패턴을 더 잘 이해할 기회를 제공할 수 있었다. 시모니스는 자신만만함, 자신의 범죄에 대해 소유권을 주장하려는 태도,* 그리고 자신이 어떤 사람인지를 규정하는 방편으로 범행을 자랑하는 경향 등에서 우리 연구에 이상적인 대상이었다. 물론 그가 폭력을 수단으로 다른 이들에게 자신의 인상을 각인하려 한 것은 끔찍한 일이지만, 연구에는 도움이 될 수 있었다. 그는 이야기를 하고 싶

* 한번은 복역 중인 어떤 다른 사람이 강간을 자백했는데 그 사건은 시모니스도 자백한 적이 있는 사건이었다. 이 이야기를 듣자 시모니스는 길길이 뛰면서 "그 작자는 대체 왜 그런답니까? 그 강간은 내가 한 겁니다"라고 외쳤다.

어 했다. 그는 자신이 저지른 가장 폭력적인 일화들을 다시 한번 경험하기 위해 다른 이들이 그의 머릿속에 들어오는 것을 환영했고 그 이야기들을 청중에게 알리고 싶어 했다. 타인이 그의 범행을 가장 직접적이고 날것인 상태로 목격하게끔 강요하는 관음증은 시모니스의 정신이 작동하는 방식에서 매우 근본적인 부분이었다. 그와 동시에 이것은 우리의 연구에 도움이 되었다. 그의 통제 강박과 거대한 자아 감각은 이전의 어떤 사례에서보다 연쇄 범죄자를 더 깊이 있고 구체적으로 파악하는 데 활용될 수 있을 것 같았다. 시모니스는 연쇄살인범의 패턴과 행동이 어떻게 진화되어가는지 알아볼 수 있는 좋은 사례가 될 듯했다.

우리는 시모니스 사건의 전체적인 범위를 알기 위해 프로파일링 측면과 범죄 피해자학 측면 모두에서 후속 연구를 진행하기로 했다. 헤이즐우드와 래닝이 시모니스를 면담하고 녹음을 하기로 했고, 나는 피해자들을 만나서 설명을 맞춰나가기로 했다. 본질적으로 우리는 가해자의 설명과 피해자의 경험을 대조해보고 싶었다. 두 관점을 모두 이해한다면 연쇄 범죄자의 패턴이 시간에 따라 어떻게 달라지는지, 강간에서 폭력으로, 폭력에서 살인으로 어떻게 강화되어가는지 추적할 수 있으리라 보았다. 연쇄 범죄자의 행동이 점점 고조되는 과정에서 각 단계별로 무엇이 트리거가 되었는지 완전하게 파악하려면 양측 모두의 이야기가 필요했다.

헤이즐우드와 래닝은 FBI 요원이므로 감옥에 들어가 복역 중인 수감자와 면담하는 데는 별 다른 장애물이 없었다. 문제는 면담 자체를 어떻게 진행할 것이냐였다. 물론 FBI는 요원들에게 다양한 심문 기법과 이론을 가르친다. 가령, 리드 기법Reid technique은 기본적인 심리학적 장치를 사용해 심문당하는 사람이 자신의 범죄에 대해 이야기하는 것을 더 편안하게 느끼게 한다. 인지적 접근cognitive approach은 열린 질문을 통해 자신의 이야기를 하게 한 뒤 후속 질문으로 범죄의 세부 사항을 되짚어 기억하게 하는 기법이다. 키네식 기법kinesic technique은 압박을 가하는 환경을 만들어서 어떻게 반응하는지 보는 것이다. 하지만 이번에는 상황이 좀 달랐다. 〔이야기를 끌어내야 하는 경우와 달리〕 시모니스는 이야기를 **하고 싶어 했다**. 그래서 헤이즐우드와 래닝은 단도직입적으로, 내용을 파악하려는 수사관의 어조로 접근하기로 했다. 그러면 감정의 개입을 최소화하고 대화를 되도록 건조하게 이끄는 데 도움이 될 터였다. 또한 그들은 때때로 이미 답을 알고 있는 것에 대해 일부러 잘못 알고 있는 양 질문을 던지기도 했다. 통제 변수로 삼기 위해서였다. 여기에서 대화는 곧 데이터였다. 요원들은 대화가 현실을 진실되게 반영하도록 해야 했다. 그렇지 않으면 결과값이 왜곡되어 면담 전체가 무용지물이 될 수 있었다.

"마지막으로 한 가지 더요." 내가 그들에게 주의를 주었다. "범행에 대한 그의 기억과 해석에 대해서는 도발해도 되지만 그의 믿음 체계는 절대로 건드리지 마세요. 믿음 체계에 대해 도발을 하면 전적인 부인의 상태로 들어가게 될 거예요. 그는 언제라도 무너질 수 있는, 종이로 만든 집이에요."

*

1985년 겨울에 헤이즐우드와 래닝은 루이지애나주 앙골라 교도소에서 시모니스를 만났다. 이곳은 미국에서 가장 큰 최고 보안 등급 감옥이었다. 그들은 밝게 불이 켜진 커다란 심문실로 들어갔다. 벽은 나무 무늬 패널로 되어 있었고 한가운데에 나무 탁자가 덩그러니 놓여 있었다. 시모니스는 흰 티셔츠 차림에 바짝 깎은 머리와 깔끔하게 다듬은 수염을 하고 있었다. 그는 탁자 끝 자리에 앉았고 회색 양복에 체크무늬 넥타이를 한 두 명의 요원은 탁자의 반대편에 앉았다. 헤이즐우드와 래닝은 시모니스가 동의하면 촬영을 하려고 비디오 카메라를 가지고 갔는데, 시모니스는 전형적인 자기 탐닉의 모습을 보이면서 곧바로 녹화를 승낙했다.

우선 기본적인 내용부터 시작했다. 시모니스는 15세 때 창문으로 남의 집을 엿보기 시작했고, 그다음에 밤에 동네를 돌아다니다가 이웃집에 몰래 들어갔다고 말했다. 이것은 중대한 범죄는 저지르지 않는 채로 들키지 않고 돌아다니다 나오는 버릇으로 발달했는데, 장래의 성범죄를 위한 훈련이나 마찬가지였다.

이어서 시모니스는 성적으로 금기시된 행동을 처음 한 것은 군인으로 유럽에 주둔 중이던 시절에 여성들을 만나면서였다고 했다. 당시에는 누구도 실제로 성폭행을 하지는 않았지만 성폭행하는 생각을 자주 했다고 했다. 미국으로 돌아온 뒤에는 물건을 훔칠 목적으로 여성들을 상대로 강도 행각을 벌였다. 그는 강탈을 하며 느낄 수 있는 권력의 감각이 좋았다고 했다. 하지만 곧 물건을 훔치는 것만으로는 충분한 자극이 되지 못했고 권력의 감각을 확대할 수 있는 방편으로 강간을 생각하기 시작했다.

"그러면 무엇이 당신을 첫 성폭행으로 이끌었나요?" 헤이즐우드가 직설적으로 물었다. "특별히 계기가 된 사건이 있었습니까? 특정한 요일이었습니까? 그날 아침에 일어나서 오늘 누군가를 강간할 거라고 생각했습니까?"

"그런 것은 아니었어요." 시모니스가 대답했다. "시작은 그냥 물건을 털려는 것이었어요. 어떤 집에 들어갔는데 거기 사는 여자가 덤비려 하길래, 아, 저는 그 여자를 쇼핑센터에서부터 따라갔는데요, 아무튼 통제력을 가진 사람은 나라는 것을 알게 해주어야겠다고 생각했습니다. 그래서 돈을 내놓으라고 한 다음에 손을 붙들고 방으로 끌고 가서 내 몸에서 자위를 하라고 강요했습니다. 그런데 내가 발기가 되지 않았어요. 너무 긴장을 했던 것 같아요."

"그렇군요." 헤이즐우드가 조금 더 밀어붙였다. "그런 종류의 행동을 하는 것으로 시작했군요. 하지만 그다음에 병원에 실험실 직원으로 취직했고 문제없이 직장 생활을 한 것 같은데 환자들에게도 성적인 무언가를 한 적이 있습니까?"

"네, 가끔요." 그가 끄덕였다. "내가 환자들에게 진정제를 주는 사람이었잖아요. 가끔씩 환자의 가슴이나 뭐 다른 부분으로 장난을 쳤어요. 기회가 거기 딱 있었으니까요. 너무 쉬웠어요. 또 나는 수술 일정표를 볼 수 있으니 환자가 수술 중일 때 환자의 열쇠를 슬쩍 해서 복사해둘 수 있었습니다. 그다음에 내킬 때 그들의 집으로 가서 물건을 훔치건 강간을 하건 하고 싶은 것을 했어요." 시모니스는 의사들의 열쇠도 복사했다고 했다. 의사의 집에 들어가서 아내를 강간하고 물건을 훔친 뒤, 나중에 병원에서 의사가 자기 아내가 강간당한 줄을 아는 것 같은지 아닌지 관찰하는 것을 게임처럼 즐겼다고 했다.

"남자들은 어땠나요?" 헤이즐우드가 물었다. 이 질문은 의도적으로 시모니스를 자극해서 반응을 보려고 던진 것이었다. "그들에게 구강성교를 강요했습니까?"

"아니요. 남자하고는 성적인 접촉을 안 했어요."

"안 했다고요? 방금 빠른 말로 바닥에서 한 남자를 결박하고 강간한 이야기를 한 것 같았는데요."

"아니에요. 왜 그걸 자꾸 물어보시는지 모르겠네요."

"네, 그러니까 내가 이해한 바로는, 내가 제대로 이해했는지 정리 좀 할게요. 당신은 양성애자이고 남자와 섹스하는 것을 좋아하나요?"

"무엇을 보셨길래 그런 생각을 하게 되셨는지 모르겠습니다." 시모니스가 평정을 유지한 채 대답했다. "어느 정도까지는 다른 사람도 다 그렇듯이 나도 양성애 성향이 있을지 모르지만, 실제 행동으로 남자들과 〔성적인〕 접촉을 하느냐는 질문이라면, 아닙니다."

"네, 알겠습니다." 헤이즐우드가 주제를 바꾸었다. "신체적 위해를 가하는 폭력 행위로의 전환은 어떻게 일어나게 된 것인가요?"

"내 후반부 범행들은 훨씬 더 폭력적이 되었지요. 여성을 향한 비하의 형태인데, 여자들이 완전하게 지배당했다고 느끼게 하기 위해서였어요. 내 의도는 그들에게 공포를 불러일으켜서 그들이 평소 같으면 절대로 하지 않을 일을 하게 만드는 것이었습니다."

"무엇이 동기가 되었다고 보십니까?

"그건 꽤 복잡한데요. 여러 가지가 관련 있을 것 같아요. 돈도 동기일 수 있고 섹스도 요인이겠고요. 때로는 갑자기 내가 통제할 수 없는 충동이 일어났어요. 여자를 볼 때 내 마음에서 생겨나는 영향들이 나를 지배했다고 보는 것이 맞을 거예요. 내가 그 영향들을 지배했다기보다는요."

시모니스는 누군가의 집에 침입할 때 솟구치는 아드레날린에 대해 이야기하면서 잡힐지도 모른다는 리스크가 자극적인 감각을 한층 더 증폭시킨다고 했다. 그는 이것을 자신과 경찰이 벌이는 '고양이와 쥐 게임'이라고 불렀다. 그는 여러 주를 옮겨다님으로써 범행 사이에 시차를 두었고 한 번 입은 옷은 버리고 옷을 갈아입는 방식으로 증거를 없앴다.

"다른 사람에게 속한 장소에 침입하면 흥분에 취한 상태가 돼요." 시모니스가 계속 말했다. "어떤 종류의 위법 행동이라도 잡힐 리스크가 있다는 것을 아니까 자극이 되는 거죠. '켜진다'고나 할까요. 하지만 이것은 성적인 것하고는 다릅니다. 같이 가기는 하지만요."

"당신이 한 일에 대해 죄책감을 느껴본 적 있습니까?"

"늘 죄책감을 느꼈습니다. 특히 사정을 하고 난 다음에요. 슬픔을 느꼈습니다."

"그렇군요. 하지만 그렇다면 왜 그렇게 폭력적이 되는 거죠?" 래닝이 물었다. "목을 조르고 구타하고 일부러 고통을 가했잖아요."

"맞아요. 하지만 그래도 그들에게 미안하다고 생각합니다. 내 말은, 그러니까……." 시모니스가 잠시 말을 멈추었다. "이 모든 상황에서 정말 이상한 것은 말예요, 내가 아주 많은 위해를 가하면서도 그들을 해치고 싶지 않아서 고통과 불편함을 줄여주기 위해 할 수 있는 것들을 할 때가 있다는 거예요. 모순인 줄은 나도 압니다. 고통을 일으키러 가서는 그다음에 고통을 줄여줄 무언가를 하려고 하니까 말이에요."

"당신이 한 일에 대해 사과를 해본 적이 있습니까?"

"네, 있어요. 이것도 말은 안 되지만요. 가령, 돌아서서 한 명을 때리고, 그다음에 다른 한 명을 강간한 것을 사과합니다. 때로는 그들에게 친절하게 이야기를 해요. 하지만 이것은 복잡한 일입니다. 너무 많은 것이 여기에 영향을 미치고 있는 것 같아서 나로서는 이해할 수가 없어요. 나도 어떤 일들은 내가 그걸 왜 하는지 모르겠습니다. 왜 어떤 사람에게는 강간을 하고 어떤 사람에게는 구타를 가하고 어떤 사람에게는 불을 지르고, 왜 누구에게는 친절하게 말하고 누구에게는 그렇지 않은지 말이에요. 나도 모릅니다. 하지만 이것이 말이 되지 않는다는 것은 나도 압니다."

*

헤이즐우드와 래닝 두 요원이 시모니스를 면담하는 동안 나는 시모니스의 피해자들을 만났다. 대부분의 연쇄 범죄자가 그렇듯이 시모니스도 범행 대상으로 선호하는 '타입'이 있는 것이 명백했다. 피해자들은 모두 삼십 대 초반이거나 더 젊었고 대개 매력적이라고 묘사할 수 있는 외모의 소유자였다. 또한 다수는 부유한 동네에 살았다. 몇몇은 결혼을 했고 몇몇은 장기적으로 만나고 있는 애인이 있었다. 어떤 경우에는 같은 집에 사는 여성들이 한 번에 모두 다 범행을 당했다. 이들 모두 시모니스가 감옥에 가서 마음이 놓인다고 했다. 하지만 상처는 여전히 남아 있었다.

한 피해자는 그날 남편과 딸과 함께 여행 짐을 꾸리느라 정신이 없었다고 했다. 차고와 집 안을 바삐 오가며 짐을 챙기다가 문득 어느 순간인가부터 딸과 남편이 자신을 도와주지 않고 있다는 것을 깨달았다. 딸과 남편을 찾으러 부엌에 들어갔을 때 누군가가 손으로 목을 움켜잡았고 차가운 권총이 관자놀이에 겨눠진 것을 느꼈다. 돌아서서 보니 짙은 색에 눈 코 입 부분이 벌어져 있는 복면을 한 사람이 깊이 울리는 목소리로 옷을 벗으라고 했다. 복면한 남자는 알몸으로 덜덜 떨고 있는 여성의 가슴을 움켜 잡고 남편과 딸이 보는 앞에서 여러 차례 성적인 행동을 하도록 강요했다. 그리고 차가운 타일로 된 부엌 바닥에서 강간했다.

다른 사건에서는 스키 마스크 강간범이 어느 집에 침입해 기겁한 열세 살의 베이비시터에게 구강 성교를 강요했다. 그 베이비시터는 강간범을 겁줘서 쫓아내려고 이 집 주인이 경찰이라고 말했다. 하지만 이 말은 그의 화만 돋구었다. 그는 웃으면서 그렇다면 기다려보자고 말했다. 한 시간쯤 뒤에 그 집 부부가 돌아오자 강간범은 그들이 서로에게 수갑을 채우게 하고 아내를 강간했다. 중간에 남편이 아내에게 괜찮냐고 물었는데, 아내는 모두를 진정시킬 수 있기를 바라면서 "괜찮아, 이 사람 신사처럼 행동하고 있어"라고 말했다. 그러자 갑자기 분노에 휩싸인 강간범이 여성의 가슴을 잔인하게 구타하기 시작했다. 구타로 인한 상처가 너무 심해서 여성은 두 차례나 유방절제술을 받아야 했다.

시모니스의 피해자들과 이야기를 하면서 나는 예전에 성폭력 연구를 할 때 알게 되었던 바를 재확인할 수 있었다. 이러한 행위가 섹스에 대한 것이 아니라 통제에 대한 것이라는 사실 말이다. 하지만 이제는 연쇄살인범 연구를 통해 가해자들에 대해 추가적인 맥락을 얻은 것도 있었으므로 지식을 한 걸음 더 발전시킬 수 있었다. 나는 가해자의 행위가 두 가지 목적을 가지고 있음을 알게 되었다. 하나는 신체적인 통제, 다른 하나는 성적인 통제다. 피해자의 이야기는 트라우마를 불러일으킬 만큼 너무나 끔찍했지만 가해자의 동기가 작동하는 방식을 더 명료히 알 수 있게 해주었다. 어떤 가해자들, 가령 시모니스 같은 가해자들은 느닷없이 침입해 기겁하게 한다든지 압도적인 힘을 행사하는 식으로 직접적인 신체적 대치를 통해 통제력을 획득한다. 반면, 어떤 가해자들은 능란한 공갈 사기꾼처럼 언변으로 협박해 통제력을 획득한다. 두 시나리오 모두 가해자는 피해자에 대해 동의가 아니라 강압으로 성적인 통제를 가하려 한다. 접근은 상이하지만 궁극적으로 동일한 결과를 가져온다.

나는 첫 유형에 '기습형 강간범'이라고 이름을 붙였다. 여기에서 가해자는 '갑자기' 나타나며, 그 전에 가해자와 피해자 사이에는 상호작용이 거의 없거나 아예 없었다. 피해자는 그날 평범한 하루를 보냈을 것이다. 그러다 마른 하늘에 날벼락으로, 예고 없이 순식간에 인생이 무너진다. 31세인 한 피해자는 이렇게 말했다. "그가 뒤에서 갑자기 나타났어요. 도망칠 길이 없었습니다. 너무나 빠르게 벌어진 일이었어요. 번개가 나를 관통해서 치고 지나가는 것처럼요."

피해자의 관점에서 보면 가해자가 거기에 나타난 것에는 아무런 이유도, 논리도 없다. 그는 난데없이 나타났고 그가 나타난 것은 이상하고 부적절하다. 그는 그곳에 자신을 불쑥 밀어넣었다. 이 경우 가해자와 피해자 모두에게서 익명성의 정도가 높게 나타난다. 피해자를 고른 것 자체가 익명적일 뿐 아니라 가해자도 익명을 유지하려 한다. 종종 가해자는 복면과 장갑을 끼고 있으며 범행 중에 피해자의 얼굴을 가리기도 한다. 많은 경우 기습형 강간범의 피해자는 그저 운 나쁘게 잘못된 시간과 잘못된 장소에 있었을 뿐이다.

말로 통제하려 하는 두 번째 유형에는 '신뢰형 강간범'이라고 이름을 붙였다. 이들의 범행은 정교함이 특징이다. 신뢰형 가해자는 거짓된 모습을 사용해(속임수, 배신, 폭력) 상대가 원치 않는 성적 상호작용을 하도록 강요한다. 공격이 있기 전에 피해자와 가해자 사이에는 아주 사소하더라도 어느 정도의 상호작용이 있었던 상태다. 때로는 면식이 있고, 공식적인 관계인 경우도 있다. 이런 유형의 강간범은 피해자와 대화를 시작하고, 궁극적으로는 배신하지만 우선 신뢰를 얻는다. 예를 들어, 도움을 주겠다고 하거나 부탁하기도 하고 피해자와 함께 있어주기도 하며 원하는 정보나 물건, 사회적 활동, 채용, 사교, 친절 등을 약속하기도 한다.

처음에 시모니스는 신뢰형으로 보였다. 하지만 헤이즐우드와 래닝의 면담 기록을 듣다 보니 점점 더 기습형으로 전환되고 있는 것을 알 수 있었다. 상대를 기겁하도록 놀라게 하는 것이 주는 스릴, 본인이 표현한 바를 따르자면 "고양이와 쥐 게임" 같은 것은 시모니스가 범행을 구성하는 데 매우 중요했던 의례적, 상징적 요소였다.

의례적 요소, 이것이 시모니스의 핵심이었다. 더글러스는 범죄 행동의 이러한 요소를 '시그니처signature'라고 명명함으로써 개념을 더 명료하게 다듬었다. 그는 시그니처가 범행 수법MO과 짝이 되는 개념이라고 생각했다. 한 연쇄 범죄자의 범행 수법은 그가 과정을 정교하게 다듬어가면서 달라질 수 있지만 시그니처는 꾸준하고 반복적으로 나타나며 단순히 범행의 과정으로서 설명될 수 있는 것을 넘어선다. 시그니처는 영구적이다.

"이것을 일종의 의례로 보아야 한다고 말씀하신 게 맞는 것 같아요. 이것은 해당 범행을 성공적으로 저지르는 데 꼭 필요한 부분이 아닙니다. 범인의 만족을 위해서만 필요한 부분이에요."

"좀 더 분명하게 짚을 것이 있어요." 더글러스가 말하는 중에 헤이즐우드가 끼어들었다. "만약 범행 수법이 가해자의 동태적인 행동을 보여준다면 시그니처는, 그러니까 그러한 행위의 기저에 있는 판타지를 보여준다는 의미인가요?"

"퍼스네이션personation인 것 같아요." 내가 말했다.

"교수님, 우리말로 말씀해주세요." 더글러스가 농담했다.

"그러니까, 이런 뜻이에요. 가해자가 판타지를 계속해서 곱씹을수록 자신이 상상하는 폭력을 실제 세계에서 표출해야 한다는 강박을 점점 더 크게 느끼게 됩니다. 그러다가 마침내 머릿속에서 지어낸 것을 행동으로 옮길 때 그 판타지의 몇몇 부분이 범죄 현장에 남게 되지요. 과도한 힘의 흔적, 가령 피해자가 그 근방을 불필요하게 질질 끌려다녔음을 보여주는 핏자국 같은 것들이요. 이것이 퍼스네이션입니다. 범죄 횟수가 늘어날수록 퍼스네이션이 본인의 시그니처로서 더 많이 반복되겠죠."

"이제 인간의 말을 하시네요." 더글러스가 말했다.

"조금 더 나가보면, 시그니처를 구성하는 요소들은 가해자의 판타지와 밀접하게 관련이 있어요. 의미로 가득차 있는 거죠."

"좋아요. 바로 그게 우리에게 필요한 거예요." 헤이즐우드가 말했다. "우리가 연쇄 범죄자의 시그니처를 특정할 수 있다면 어떤 범행을 그의 행위라고 믿을 만하게 연결시킬 수 있다는 말이니까요."

우리는 시모니스를 통해 시그니처가 전개되는 과정을 볼 수 있었다. 초기 범행 중 하나에서 그는 젊은 부부의 집에 침입해 남편에게 마루에 엎드리라고 한 뒤 도자기로 된 찻잔과 컵 받침을 등에 올려놓고서 "바닥에 떨어지는 소리가 들리면 아내는 죽을 줄 알아"라고 말했다. 그리고 아내를 방으로 끌고 들어가 강간했다. 그 후에 몇 차례의 범행을 더 거치면서 시모니스의 행위는 더 고조되었다. 이를테면 한번은 어느 집에 침입해서 아내더러 남편에게 전화해 집에 급한 일이 있으니 최대한 빨리 오라고 말하라고 했다. 남편이 집에 오자 기다리고 있던 시모니스가 남편을 붙잡아 의자에 묶고서 그가 보는 앞에서 아내를 강간했다.

패턴은 분명했다. 초기의 범행에서는 남편을 통제하기 위한 실용적인 수단으로 컵과 컵받침을 사용했다. 그런데 이후의 범행에서는 이것을 넘어 한 차원 더 나아갔다. 아내를 강간했을 뿐 아니라 자신의 판타지를 더 완전하게 충족시키기 위한 방편으로서 남편을 지배하고 모욕할 무대를 설정하기까지 한 것이다. 처음에는 남편이 거기에 있었기 때문에 남편을 통제해 그 상황을 다루었지만 나중에는 거기에 있으면서 강간을 목격할 남편이 **필요했다**. 그의 고유한 욕구가 그 자신을 압도했고 이러한 시그니처를 수행하게 만든 것이다.

*

시모니스는 강간에 대해 종신형을 21회 선고받았고 강도, 절도, 차량 절도 등으로 추가 형량을 받았다. 그는 강간과 절도를 사전에 계획했을 뿐 아니라 수사 당국의 추적을 피하기 위한 방법도 신중히 고안한 체계적 범죄자였다. 또한 권력 주장형 범죄자이기도 했는데, 본인도 인정했듯이 강간이 지겨워지자 살인 판타지를 생각하기 시작했다. 재판에서 시모니스는 모든 일에 대해 미안함을 느끼지만 자신도 어쩔 수 없었다고 했다. "나는 이 범죄들에 대해 유죄입니다. 나도 정말 잘 압니다. 나는 내가 무엇을 할지 알았고, 하고 있는 동안에도 무엇을 하고 있는지 알았고, 지금도 무엇을 했는지 알고 있습니다." 하지만 나는 그의 말에 수긍한 적이 없다. 그는 늘 자신에 대한 더 큰 내러티브를 주도하고 통제하려 했다. 그는 자신이 들켰다는 것을 알았고 그것이 마음이 들지 않았다. 이러한 내러티브 짓기는 또 다른 복면 뒤에 숨어 조금이나마 통제감과 비슷한 것을 되찾고자 시도하는 그의 방식일 뿐이었다.

동시에, "나도 어쩔 수 없었다"라는 시모니스의 주장은 특이한 것이 아니었다. 사례 연구들을 통해 우리는 대부분의 가해자들이 자신의 범죄 행동을 멈출 수 없었다는 것을 금세 알게 되었다. 그리고 그들 중 많은 이들이 범죄 행동을 멈추고 싶어 하지 않았다. 그들의 범행은 그들이 잡혀서 철창에 갇히고서야 끝났다. 어떤 이들은 마침내 자신을 멈출 수 있게 되어서 기쁘다고 말하기도 했다. 그들에게 폭력은 스스로 통제할 수 없는 중독이 되어 있었다. 이 개념은 연쇄 범죄자, 특히 성범죄자는 폭력이 더 진전되기 전에 최대한 빠르게 체포하는 것이 중요하다는 사실을 알려주었다. 간혹 지역의 수사팀이 대수롭지 않다는 듯이 "그는 강간 한 건만 저질렀는데요"라고 말하는데, 이것은 잘못된 생각이다. 한 번의 강간은 절대 그 한 번에서 끝나지 않는다. 행위가 궤도를 타면 강간 판타지는 빈도와 강도가 모두 더 높아진다. 이것은 마치 질병과 같아서, 강박에 감염되면 범인은 그에 따라 행동하는 수밖에 없다.

9장

“여기에 조리법은 없어요”

어느 날 오후, 나는 콴티코 구내식당에서 밥을 먹고 있었다. 점심시간은 요원들과 내가 끔찍하고 좌절스러운 사건으로 다시 돌아가기 전에 잠시나마 으깬 감자와 살리스버리 스테이크를 음미하며 대화를 나눌 수 있는 다소 느긋한 시간이었다. 그런데 헤이즐우드의 말이 갑자기 귀에 꽂혔다. “인간의 행동을 다루는 일을 할 때는, 이제껏 본 적이 없는 전형적이지 않은 상황과 변수 들을 늘 보게 됩니다. 여기에 조리법은 없어요. 앞으로도 결코 있을 수 없을 거고요.”

자포자기의 의미로 한 말은 아니었다. 단지 본인이 그렇게 믿는다는 이야기일 뿐이었다. 그는 인간 행동이 늘 합리적인 건 아니며 때로는 파악이 불가능한 면도 있다고 생각했고, 그 때문에 프로파일링은 완전히 표준화해서 새 요원들에게 가르칠 수 있는 종류의 기법이 아니라고 여겼다. 나 역시 어느 정도는 그의 말이 맞다고 생각했다. 최고의 프로파일러는 '타고난 재능' 같은 것이 있었다. 한번은 한 노인 여성이 구타와 성폭행을 당한 잔혹한 사건에서 프로파일링을 돕던 더글러스에게 지역 경찰관이 "혹시 심령술 같은 거 하세요?"라고 묻기도 했다.

더글러스는 주저 없이 곧바로 대답했다. "아니요. 하지만 내가 심령술사라면 이 일이 더 쉬워지기는 할 것 같습니다. 정확히 어떻게 내가 알게 되는지는 나도 확실하게 모릅니다. 하지만 여기에 심령술적인 요소가 있다면 나는 그것을 피하지 않을 겁니다."

이렇게 인정한 것에 놀라는 사람도 있을 것이다. 하지만 우리가 행동심리학, 사건 데이터, 근거 기반의 엄정한 분석 등을 통해 프로파일링 과정을 단계적이고 체계적인 방식이 되도록 발달시키려고 노력하고 있긴 했어도, 최고의 프로파일러들은 말로 설명할 수 없는 어떤 면모들을 가지고 있었다. 때로 그들은 불가해한 감으로 마치 수맥을 짚어내듯이 신비롭게 정확한 예측을 내놓았다. 브뤼셀이 '매드 바머'에 대해 한 말("그는 단추가 두 줄로 달린 양복을 입고 있을 것이고 단추를 끝까지 잘 채운 차림일 겁니다")이나 더글러스가 훗날 '트레일사이드 살인마'의 프로파일에 적은 말("범인은 언어 장애가 있을 것이다")과 같이 말이다. 이러한 예측은 부인할 수 없이 정확했지만 어떻게 해서 그와 같은 결론에 도달했는지가 늘 분명하지는 않았다.

이와 같은 구체적인 주장이 때로 신묘하게 도움이 되긴 했어도 이러한 경우는 일반적이라기보다는 예외적이었다. 범죄자 프로파일링 개발에서 우리의 의도는 수사관에게 타고난 감이 있건 없건 모든 곳에서 보편적으로 적용할 수 있는 근거 기반의 시스템을 고안하는 것이었다. 우리는 이 기법을 감과 편향된 가정에 의존하던 옛 방식에서 근거, 데이터, 잘 알려진 패턴으로 뒷받침된 체계적인 과정으로 전환시키고자 했다. 우리는 표준화를 강점으로 여겼다. 우리의 기법은 살인자의 신체적, 행동적, 사회적 속성을 재구성해내는 과정을 통해 요원들에게 단계별로 방법론적인 지침을 줄 수 있었다. 그다음에 이 정보는 해당 미확인범에 대한 상세한 분석의 토대가 되었다. 즉, 프로파일 자체를 작성하는 데 토대가 되는 것이다. 명료함, 상세함, 총체성을 통해 프로파일은 수사에서 해당 범행을 저지를 법한 가능성이 가장 커 보이는 사람들로 최대한 범위를 좁힐 수 있게 해주었다. 이 과정은 효과가 있었다. 경험과 지식이 쌓이면서 우리는 효과성을 더 높이기 위해 프로파일링 과정을 네 단계로 나누어 접근 방식을 효율화하고 정교화했다('수사와 체포'를 더해 다섯 단계로 이야기하기도 한다). 여기에서 모든 단계는 범인을 가능한 한 가장 빠르게 파악한다는 하나의 목적을 향한다.

첫 단계는 '프로파일링 인풋 수집'이다. 주무 프로파일러가 입수 가능한 배경 정보, 증거, 수사 기록 등을 모두 수집하고 연구해 법과학적 조사, 피해자, 배경 맥락 등에 대해 종합적으로 개괄을 하는 것이다. 이것은 시간이 가장 많이 드는 과정이기도 하다. 행동과학부가 의뢰받는 사건 대다수는 기이한 사건을 다루기에는 현지 수사팀의 장비나 인력이 부족한 외진 곳에서 벌어져서 초기 수사 기록이 불완전한 경우가 많았다. 따라서 주무 프로파일러는 범행 당시 그 지역의 날씨, 정치적 ·사회적 환경, 범죄 통계, 피해자에 대한 배경 정보 등을 다시 확인해야 했다. 또한 현지 수사팀이 우왕좌왕하다가 미처 기록하지 못해서 빠져 있는 사항은 없는지도 확인해야 했다.

프로파일링 인풋 수집 단계에서 주무 프로파일러는 충분한 데이터를 모아 범죄의 전체적인 구조, 즉 핵심 요소들을 파악한다. 여기에는 가해자 분류(체계적/비체계적), 범행의 정교성 정도, 공격 당시의 기본적인 '피해자-가해자' 동학 등이 포함된다. 그런데 이 과정에는 내재적으로 오류가 개입되기 쉽다. 가능한 빠르게 답을 찾으려는 쪽으로 기우는 것이 인간의 본성이기 때문이다. 이를 염두에 두고, 우리가 개발한 프로파일링 과정은 주무 프로파일러가 객관성을 훼손할 만한 외부 영향을 계속해서 경계할 수 있도록 주의를 환기시킨다. 편향은 실패의 지름길이다.

두 번째 단계는 '의사결정 과정 모델 도출'이다. 여기에서 주무 프로파일러는 1단계에서 수집한 정보들을 고르고 걸러서 인식 가능한 패턴과 알려진 범주로 조직화하기 시작한다. 이후의 단계에서 속도를 높이는 데 도움이 되도록 베이스라인을 만드는 것이 목표다. 구체적으로 이 과정은 사건에서 다음과 같은 일곱 가지 핵심 요소를 짚어내는 방식으로 이루어진다. ① 살해 유형과 스타일, ② 가해자의 1차적 의도(범죄적, 감정적, 성적), ③ 피해자의 리스크, ④ 가해자의 리스크, ⑤ 고조되는 정도(연쇄살인 패턴으로의 전환), ⑥ 시간 요인(피해자와 있었던 시간, 범행 이후의 행위, 시신 처분), ⑦ 위치. 이를 통해 우리는 해당 미확인범에 대해 프로파일러들이 이야기하는 방식을 표준화한다. 의사들이 증상, 환자의 이력, 훈련된 관찰을 통해 진단을 내리듯이 프로파일러에게도 비슷한 방법이 필요한데, 2단계에서 사용되는 일곱 가지 의사결정 요소가 바로 그 방법이다. 우리는 이 일곱 가지 포인트로 언어를 표준화하며, 이를 통해 프로파일러들이 사건을 더 명료하게 이해할 수 있게 되고 이는 전체 과정의 속도를 높이는 데 도움을 준다.

세 번째 단계는 '범행 분석'이다. 이것은 주무 프로파일러가 시간 순서에 따라 피해자의 관점과 가해자의 관점 모두에서 범행을 재구성하는 단계다. 여기에는 공격 계획, 피해자의 리스크, 대치 상황, 범행 이후의 행동 등이 포함된다. 초점은 범행이 진행되는 동안 가해자가 보인 행동의 인과관계를 밝히는 것이다. 이 단계는 처음에 '혼합형'으로 분류되었던 범죄를 더 명료하게 재범주화하는 데 특히 도움이 된다. 처음에 정보가 부족해서 혼합형으로 분류되었을 수 있기 때문이다. 또한 연쇄 범죄일 경우 알려진 패턴이 드러나는 지점도 바로 이 단계다. 이러한 경우, 혹은 알려진 패턴은 드러나지 않는데 연쇄 범죄임이 강하게 의심되는 경우, 주무 프로파일러는 행동과학부가 가지고 있는 방대한 범죄 카탈로그에서 이 범죄와 비슷한 미제 사건의 사례를 찾아본다. 카탈로그는 매우 가치 있는 자원이며, 프로파일러 한 명의 능력과 경험을 그 앞에 있었던 모든 프로파일러의 집합적인 지식 안에서 증폭시켜주는 역할을 한다.

세 번째 단계에서 범행을 면밀하게 재구성해보는 것이 갖는 또 한 가지 중요한 의미는 가해자의 동기를 드러내줄 수 있다는 점이다. 예를 들어, 비체계적인 범죄자의 경우 범행을 재구성해보면 동기가 감정적인 트리거나 정신질환, 약물, 크게 당황하고 두려운 상태와 같이 즉흥적인 데서 기인한다는 것을 알 수 있다. 비체계적인 가해자는 비합리적인 행동과 사고 때문에 정확한 동기를 짚어내기가 어렵다. 이와 달리 체계적인 가해자는 더 분명한 동기를 그려볼 수 있다. 그들은 자신의 동기를 논리적이고 사전에 계획된 방식으로 드러낸다.

세 번째 단계는 범행 현장의 동태적 과정에 대한 묘사에서 정점에 이른다. 공격이 진행되는 동안 시간에 따라 무엇이 달라졌고 무엇이 그대로인지 등을 묘사하는 것이다. 여기에는 상처의 위치, 시신을 놓은 모습, 의례상의 흔적이나 상징, 엉망으로 어질러져 있거나 지나치게 보란 듯이 정돈되어 있어서 범인이 무언가를 가져갔음을 암시하는 흔적(체계적인 범죄자들은 범행의 스릴을 다시 경험하기 위해 피해자에게서 기념품을 가져가는 경향이 있다) 같은 것이 포함된다. 시그니처를 가지고 있는 살인자일 경우 시그니처가 드러나는 것도 이 단계다.

네 번째는 범죄자의 프로파일 자체를 작성하는 과정이다. 주무 프로파일러가 일군의 다른 프로파일러들과 함께 앞의 세 단계에서 발견한 것들과 해당 사건의 원천 자료를 모두 종합한다. 주무 프로파일러는 발견한 것을 최대한 객관적으로 검토하고 회의를 열어 질문과 대화를 통해 내용을 다듬어나간다. 여기에서 핵심은 이 과정이 갖는 협업적 속성이다. 각 프로파일러는 자신의 경험과 전문성에 기반해 각자 자신의 렌즈로 데이터를 보지만, 신체적 특징, 배경 정보, 버릇, 믿음, 가치관, 범행을 합리화하는 논리 등을 포함해 가능한 한 가장 상세하게 범인이 어떤 사람일지를 구성해내는 것은 여러 프로파일러들의 노력이 집합적으로 결합되어서 이뤄지는 일이다.

이 마지막 단계는 가해자의 행동과 심리적 특성에 대해 드러난 모든 통찰을 바탕으로 또 다른 목적에도 기여한다. 앞 단계에서의 정보가 맞는지를 재확인하고 만약 모순이 있을 경우 그 불일치를 분명히 드러내주는 것이다. 예를 들어, 가해자가 시신을 취급한 방식과 우리가 묘사한 그의 신체적 역량 사이에서 불일치가 발견될 경우, 데이터를 전부 다시 확인할 필요가 있다는 것을 알게 된다. 프로파일은 입수된 모든 증거를 조건 없이 완전하게 다 반영할 때만 효과적으로 작동한다.

*

1986년 12월, 우리가 공식화한 범죄자 프로파일링 절차가 『FBI 법집행 회보』 제55권 제12호에 게재되었다. 행동과학부 요원들은 다들이 12호를 하나씩 가지고 있었다. 리서치 기반의 방법론으로서 프로파일링 기법은 현실에서의 수사와 리서치에서의 범죄심리학 사이에 다리를 놓아주었다. 바로 이것이 핵심이었다. 우리가 하는 일은 수사관이 현장에서 얻는 감을 대체하기 위한 것이 아니었다. 오히려 그들이 현장에서 얻는 감의 가치를 인정하고 그것의 장점과 성공률을 높일 수 있도록 구조화된 과정을 제공해 지원하는 것이었다.

6년간 행동과학부에서 일하면서 나는 '프로파일링은 과학이라기보다는 예술'이라는 상투어를 내내 들었다. 하지만 나는 프로파일링이 꼭 둘 중에 어느 한쪽이어야 한다고는 생각하지 않았다. 프로파일링은 예술이면서 과학이다. 프로파일링은 인간 조건의 맨 가장자리에 있는 면모들을 묘사하고 분석하기 위한 인간의 시도다. 과학과 예술은 프로파일링이라는 동일한 동전의 양면이다. 단지 모든 사람이 이 양면을 보기까지 시간이 좀 걸렸을 뿐이다.

10장

더 깊이 보기

마침내 보상을 받았다. 수년에 걸친 연구, 그리고 그 기간 내내 따라다닌 불확실성 끝에 우리 일은 『FBI 법 집행 회보』에 실리면서 전환점을 맞았다. 1986년에 FBI는 최근에 자금을 지원받은 NCAVC 프로그램을 통해 프로파일링을 세상에 내놓는 일을 더글러스에게 맡겼다. 인력도 지원되었다. 열두 명의 풀타임 프로파일러가 더글러스의 지휘하에 우리가 개발한 방법론을 청사진 삼아 기이하고 어려운 사건의 미확인범을 공식적으로 분석하는 일을 담당하게 되었다. 곧 이들이 처리하는 사건은 연간 수백 건에 달하게 된다. 이것은 시사하는 바가 컸다. 요원들의 승진, 추가 인력 지원, 이들이 다루는 사건 수의 증가 모두가 그간 프로파일링이 얼마나 많이 발전했는지 보여주는 증거였다. 하지만 뭐니 뭐니 해도 가장 가시적인 증거라면 지상에 자리잡은 우리 팀의 새 전용 공간이었다. 더글러스는 깜짝 놀랐다.

"누가 알았겠어요. 정말로 콴티코에 볕들 날이 올지." 그가 이렇게 농담했다.

비슷한 시기에 레슬러도 NCAVC의 또 다른 프로젝트를 지휘하게 되었다. 그는 FBI의 '강력 범죄자 체포 프로그램Violent Criminal Apprehension Program, ViCAP'의 관리자가 되었는데, FBI 최초라 할 만한 컴퓨터 기반의 프로그램이었다. 레슬러는 이것을 "특수 강력 범죄 사례를 수집하고 대조하고 분석하기 위해 고안된 전국적인 데이터 정보 센터"라고 묘사했다. ViCAP는 현대화된 프로파일링 도구였다. 향후에 사건을 분석할 때 기준으로 삼기 위해 연쇄 범죄 사례들을 카탈로그로 만든다는 우리의 원래 아이디어에 착안해, ViCAP는 전국에서 기록되고 업로드되는 방대한 사건들에서 공통되는 특성과 패턴을 추출했다. ViCAP는 피해자 정보, 동기, 물리적 증거, 목격자 진술, 범행 당시의 행위 같은 요소들을 비교해서 범죄 패턴상 가장 가능성이 높아 보이는 용의자로 범위를 좁혀가는 과정의 속도를 기하급수적으로 단축시켰다.

더글러스와 레슬러가 프로파일링이 향후의 수사에 본격적으로 적용되게 만드는 일에 담당자가 되었다는 것은 더없이 멋진 일이었다. 그들은 누구도 대적할 수 없을 경험과 전문성으로 이 역할을 맡을 적임자였다. 그들은 프로파일링 과정을 속속들이 알고 있었고, 프로파일링 기법의 최종적인 설계에 그들이 기여한 바는 내가 기여한 바만큼 근본적이고 중요했다. 더 중요하게, 그들은 프로파일링 기법 자체는 불완전한 과학이라는 것을 잘 알고 있었다. 프로파일링은 지속적인 연구와 수정이 있어야만 진가를 발휘할 수 있었다. 범죄가 늘 변화하기 때문이다. 범죄자들은 점점 기량이 향상되고 있었고, 프로파일링도 장점을 계속 유지하려면 이에 대응해 지속적으로 조정될 필요가 있었다. 나는 이렇게 지속적인 개선이 이뤄지게 하는 일이 내 역할이라고 생각했다.

그래서 더글러스와 레슬러가 언론과 인터뷰 하고 "FBI의 새로운 심리 부대The FBI's New Psyche Squad"라는 제목의 뉴욕 타임스 기사에 그들의 코멘트가 실리기도 하면서 전에 없이 쏟아지기 시작한 스포트라이트를 받는 동안, 나는 드러나지 않는 곳에서 리서치를 계속했다. 물론 행동과학부 동료들은 이것을 알아차렸다. 작은 세부 사항도 놓치지 않는 눈썰미로 경력을 일궈온 사람들이 아닌가. 특히 레슬러가 내가 눈에 띄지 않기 시작했다는 것을 빠르게 눈치챘고, 프로파일링의 초창기 시절을 회상하는 인터뷰에 같이 나가자는 그의 제안을 내가 고사하자 이렇게 농담하기도 했다. "앤, 거기 지하 골방에 처박혀 있는 미친 과학자 같아요. 잠시 올라와서 맑은 공기를 쐴 필요가 있다고요."

나는 이 말이 너무 정확해서 웃음을 터뜨렸다. "맞는 것 같아요. 하지만 미친 과학자보다 괴물을 더 잘 아는 사람이 누가 있겠어요? 그리고요, 밥, 나는 괴물을 알아내기 일보직전이에요. 맨 처음 기저의 성향들을 짚어내고 유형 분류를 시작했던 시절에 비해 우리가 아주 큰 진전을 이뤘잖아요. 우리는 그들의 심리와 행동의 핵심에 들어가고 있다고요. 그들의 심리와 행동의 상당 부분은 거의 교과서 수준이에요. 소수의 예외만 없다면 나는 살인자를 표준에 따라 설계해서 만들어낼 수도 있을 판이에요."

"누가 그 예외인가요?" 레슬러가 물었다.

"리셀하고 켐퍼요." 내가 대답했다.

"그 둘이라면 녹음 테이프가 아주 많으니 잘됐네요. 그것을 다시 들어보는 게 어때요? 내가 면담한 횟수만 해도 두 사람 다 대여섯 번은 족히 될 거예요. 테이프에서 내 목소리는 별로 안 들릴 겁니다. 입을 다물게 할 수가 없을 정도였거든요."

*

이 무렵이던 1986년 즈음에 행동과학부에서 내가 하는 일은 범죄자 성격 연구와 연쇄살인범 프로파일링만이 아니었다. 나는 여러 요원들과 여러 프로젝트를 함께했다. 그중 하나는 래닝과 진행한 아동 성범죄자 행동 분석이었는데, 전에 했던 프로젝트의 후속 연구였다.* 또한 나는 일반적이지 않은 살인 사건들에 대해 법정에서 증언을 해달라는 요청도 받기 시작했다. 범죄심리학 분야에서 드문 전문성과 경력을 가지고 있었고 연쇄살인범의 심리를 장기간 연구한 사람도 거의 나밖에 없었기 때문이다. 이렇게 새로운 기회들이 들어오고 있기는 했지만, 나는 아직 프로파일링 기법 설계를 마무리하지 못한 상태였다. 그것은 아직 미완성이었다. 처음부터도 내 목적은 가능한 모든 자원을 동원해 이 기법을 정교화해서 프로파일링이 최대한 효과적인 도구가 되게 하는 것이었는데, 아직 활용하지 않은 자원이 남아 있었다.

그러한 자원 중 첫 번째는 새로 프로파일러가 된 요원들로부터 얻을 수 있는 정보였다. 나는 이 분야에서 일을 막 시작한 젊은 요원들의 피

* 새 프로젝트는 FBI와 '실종 및 학대 아동 방지 센터'의 협업으로 진행되었고, 가해자의 행위, 패턴, 유형을 토대로 아동 성학대를 파악하는 것이 목적이었다.

드백을 살펴보았고, 추가적인 통찰을 얻기 위해 프로파일링을 사용해 사건을 진행한 요원들을 면담했다. 아직 활용하지 않은 두 번째 자원은 행동과학부의 카탈로그에 있는 과거 사건 중 아직 우리 팀이 온전하게 이해하지 못한 사건, 특히 패턴에 들어맞지 않는 이례적인 사건들이었다. 이 사건들은 프로파일링 기법의 발달에 가장 크게 이바지할 잠재력을 품고 있었다. 지난 6년 동안 많은 것을 알아냈고 가장 기이한 인간 행동 속에서 작동하는 논리와 이유를 찾아냈지만, 아직 다 알지 못하는 게 있었고 다 파악하지 못한 범죄자가 있었다. 특히 뇌리를 떠나지 않은 두 사례가 몬티 리셀Montie Rissell과 에드문드 켐퍼였다. 이들은 기이한 살인자들 가운데서도 특히나 더 기이했다. 또 그들이 목숨을 빼앗은 사람 수만 보더라도 단연 독보적이었고 이 사실만으로도 이들을 더 연구해볼 가치가 충분했다.

우리의 연쇄살인범 연구에 포함되었던 원래 사례 상당수는 비체계적인 살인자였다. 레슬러의 말을 빌리면 이들은 "피해자가 어떤 사람인지에 대해 아무것도 모르고 관심도 없는" 유형으로, "피해자가 누구인지는 알고 싶어 하지 않았고 많은 경우 빠르게 의식을 잃게 하거나 얼굴을 가리거나 신체를 훼손하거나 해서 피해자가 한 명의 인간으로 보일 만한 속성을 무화시키려고 했다."

그런데 리셀과 켐퍼는 이와 정반대였다. 둘 다 예외적일 만큼 똑똑했고 피해자를 생각하는 방식에서 보통 이상의 공감 능력을 가지고 있었다. 감수성이 풍부하다고까지 말할 수 있을 정도였다. 그리고 둘 다 세상에 대해 기이한, 그리고 지극히 개인적인 판타지에 기반한 견해를 가지고 있었다. 물론 두 사람은 차이점도 많았다. 초기의 폭력 양태는 둘이 이보다 더 다를 수가 없었고, 살해 방식과 살해의 네 단계 행동(사전 행동 및 계획, 살해, 시신 유기, 범행 이후 행동) 모두 각자의 고유한 독특함을 보였다. 하지만 이러한 차이에도 불구하고 반사회적 특징, 갑작스러운 분노의 폭발, 판타지와 현실의 혼합 등 기저의 심리는 상당 부분 동일했다.

둘은 동일한 심리의 두 가지 독특한 표현이었다. 이들을 하나로 묶어주는 공통점은 판타지였다. 대개의 살인자들이 살인을 성적인 목적을 위한 수단으로 여기는데 비해 리셀과 켐퍼에게 살인은 그들의 기이한 판타지를 현실로 가져오는 수단이었다. 그들에게 피해자는 자기 머릿속의 현실과 외부의 실제 현실 사이를 가로막고 있는 벽을 부술 수 있게 해주는 기회였다. 그렇지만 자기인식 능력이 얼마나 고도로 복잡하든 간에 이들은 여전히 어떤 후회나 뉘우침도 없이 젊은 여성의 생명을 앗아갈 수 있는 계산적인 살인자였다. 이 점이 내게는 매우 특이하게 보였다. 두 사람이 생각하는 방식을 파악한다면 우리가 수행해온 모든 일을 연결하는 근본적인 질문에 더 잘 답할 수 있으리라는 생각이 들었다. "어떤 사람이 다른 사람을 죽이도록 추동하는 요인은 무엇인가?"

*

몬티 리셀은 1959년 캔자스주 웰링턴에서 세 아이 중 막내로 태어났다. 7년 뒤에 부모가 이혼했고 어머니는 아이들을 아버지로부터 떼어내 생판 낯선 캘리포니아주 새크라멘토로 데리고 갔다. 리셀은 차에서 가는 내내 울었다. 그는 아빠와 있고 싶었고 엄마가 자신을 정말로 원하지는 않는다고 생각했다. 새크라멘토의 새 집에 도착하고서 그는 점점 더 폭력적인 행동을 분출하기 시작했고 곧 문제를 일으켰다.

리셀을 그저 문제 있는 비행 청소년이었다고 치부하면 간단하겠지만 그것은 리셀의 사례에 대해 마땅히 더 가져야 할 관심을 기울이지 않는 것이다. 리셀은 역설적인 인물이었다. 학교 성적이 좋았고 지능도 평균 이상이었으며 운동을 좋아했고 야구를 잘했다. 성격도 외향적이어서 모임이나 행사에도 잘 참석했고 가까운 남녀 친구들 사이에서 인기도 좋았다. 그는 자신이 남을 따르는 유형이라기보다는 리더 유형이라고 생각했다. 한마디로 리셀에게는 그 당시에 많은 강간 살해범이 가지고 있던 전형적인 반사회적 특성이 없었다. 그러나 커가면서 긍정적인 평판 뒤에서 폭력적인 성향이 비어져나왔고 오래지 않아 억눌렸던 공격성이 그의 성격을 지배하기 시작했다.

예전에 리셀의 사건 파일과 더글러스, 레슬러가 그와 한 면담을 처음 분석했을 때도 나는 그가 얼마나 현실에 잘 천착해 있는지에 놀란 바 있었다. 이 점에서 리셀은 우리가 연구한 36명의 연쇄살인범 중 단연 독특했다. 그는 명료하고 현실감을 잃지 않으면서 말했다. 대부분의 살인자들이 자신의 범죄를 회상할 때 판타지로 빠져들어가는 것과 달리 리셀은 어린 시절과 처음 폭력에 끌렸던 기억을 이야기할 때 상당히 절제된 태도를 보였다. 그가 가진 판타지의 속성이 그를 구성하고 있다기보다는 그가 자신의 속성에 잘 맞도록 판타지를 구성하고 있는 듯했다. 그는 자신이 느끼는 통제감으로 스스로를 규정하는 것 같았다. 초기에 리셀의 범죄는 통제감이 도전받는다고 느낄 때마다 촉발되었고, 이것은 점점 더 심한 폭력으로 반응하는 자신을 스스로 합리화하는 기제였다.

문제가 가시적으로 드러난 첫 사건은 겨우 아홉 살 때 일어났다. 리셀과 세 명의 남자아이들이 길가에 욕설로 낙서를 하다가 교장 선생님한테 걸렸다. 어느 모로 보나 사소한 일탈이었고 그 나이대 아이들이 흔히 하는 행동이라고 치부하고 넘어갈 수도 있었을 일이었다. 하지만 리셀의 경우에는 이것이 점증하는 분노 표출의 시작점이었다. 1년 뒤에 리셀의 공격성이 다시 한번 표면 밖으로 분출했다. 비비총으로 사촌을 쏘았고 곧바로 군 출신인 새아버지에게 심한 체벌을 받았다. 리셀에 따르면 이러한 체벌은 그 집에서 일반적이었다. 리셀의 엄마는 알 수 없는 이유로 장기간 집을 비우는 경우가 많았고 그동안 아이들은 서로를 돌봐야 했다. 엄마는 불안해하는 아이들에게 어디를 가는지, 언제 올 건지를 알려준 적이 없었다. 이러한 분리는 가뜩이나 아슬아슬하던 '부모-자녀' 간 관계에 스트레스를 가중했다.

새아버지의 양육 방식도 그 못지않게 문제가 있었다. 그는 폭력적이었고 예측 가능하지 않았다. 어떤 때는 의붓 아이들에게 선물을 사주고 어떤 때는 무작위로 벌을 주거나 군대식으로 체벌을 했다. 아무튼 새아버지와의 갈등은 오래가지 않았다. 리셀이 열두 살 때 엄마가 새아버지와 5년 만에 이혼을 한 것이다. 이번에는 아이들을 데리고 버지니아주로 이사했다. 리셀은 새아버지와의 안 좋았던 관계(그리고 긍정적인 남성 역할 모델이 없었던 것)가 그의 삶에서 주된 스트레스 요인이었다고 말했다. 그는 이렇게 설명했다. "그 이혼은 지금까지도 늘 문제였고 내 머리에 늘 남아 있었습니다. 내가 아홉 살, 열 살이던 때부터 열여섯 살 때 정도까지 형은 데이트를 하거나 군에 들어갔거나 해외에 있어서 항상 내 주위에 없었기 때문입니다. 나는 남성으로부터 제대로 된 가르침을 받아본 적이 없었습니다."

버지니아주에 살던 시절에 리셀은 자동차를 훔치고 마약을 하고 남의 집에 침입하기 시작했다. 열세 살 때 무면허로 차를 몰다가 체포되었고 1년 뒤에는 그와 엄마가 살고 있던 아파트의 위층 주민을 강간하고 그 집을 털어서 기소되었다. 그날 리셀은 파티에서 여러 시간에 걸쳐 술을 마시고 마리화나를 피우고 '블랙 뷰티'*를 하고서 자정쯤 집에 돌아왔다. 잠을 자려고 했지만 위층에 사는 25세의 이웃을 강간하는 판타지가 그를 "지옥같이 들쑤셨다." 판타지는 억누를 수 없는 강렬한 충동이 되었고, 결국 그는 스타킹 복면을 쓰고 아파트 벽을 타고 올라가 베란다 문을 통해 윗집 거실로 들어갔다. 그리고 칼로 위협해 그 여성을 강간했다. 다음 날 아침 7시에 엄마가 그를 깨우면서 윗집에서 강간 사건이 난 모양이라고 말했다. 많은 연쇄 범죄자가 그렇듯이 리셀은 곧 자신을 수사 과정에 밀어넣었다. 그는 경찰에게 전날 밤에 아파트 건물을 어슬렁거리던 웬 침입자와 싸웠다는 거짓말을 하면서 그 사람이 경찰이 찾고 있는 자인 것 같다는 뉘앙스를 풍겼다. 이 불필요한 거짓말은 사소하다면 사소하지만, 리셀이 얼마나 깊이 판타지에 이끌렸는지 보여주는 또 하나의 사례다. 이것은 스스로를 어느 정도의 리스크에 노출시키는 행동이었는데, 이러한 리스크를 감수함으로써 그는 자신의 통제력을 과시할 수 있었다.

* 1960년대와 1970년대에 사용된 암페타민의 은어로 보통 알약 형태의 비페타민을 의미했다.

하지만 수사관들은 그 너머를 꿰뚫어보았다. 알리바이가 사실이 아니라는 것이 밝혀지자 리셀은 곧 용의선상에 올랐고 그의 지문과 머리카락 샘플이 범죄 현장에서 발견된 것과 일치해 3주 뒤에 체포되었다. 소년 법정에서 리셀은, 피해자가 범행 당시를 묘사할 때 그의 얼굴이 빨개졌다는 이유로 판사가 부당하게 유죄를 선고했다며 판사(여성이었다)에게 맹렬히 욕설을 퍼부었다. 그는 "저 빌어먹을 년이 합당한 이유도 없이 나를 여기에 처넣었다"라며 길길이 뛰었다.

리셀이 받은 처벌은 범죄를 억제하는 효과를 내기는커녕 더 폭력적으로 분출하게 만드는 촉매가 되었다. 리셀 본인의 설명은 이렇다. "그 여자 판사가 나를 소년범 시설로 보냈습니다. 그것이 내가 권위에 대해 분개하게 된 계기입니다. …… 누구도 나에게 '무엇을 해라, 언제 해라, 어떻게 해라'라고 지시할 수 없습니다."

이러한 엇나간 반응은 리셀이 자신의 행동을 정당화하기 위해 다른 이들을 비난하는 반복적인 패턴의 일부였다. 선고를 내린 사람이 여성 판사였으므로 리셀은 〔여성을 상대로〕 더 많은 폭력을 저질러 복수를 하는 것이 정당하다고 느꼈다. 그는 자신이 피해자라고 생각했다. 그의 생각 안에서는, 여성을 상대로 폭력을 저지르는 것이 질서를 회복시키는 길이었고 그가 세상을 바로잡는 방식이었다.

유죄가 선고되고 나서 리셀은 플로리다주에 있는 정신과 수용시설로 보내졌고 '청소년기 적응반응 장애'라는 진단을 받았다. 아동 청소년의 비정상 행동에 대해 원인을 구체적으로 특정할 수 없는 경우에 과거에 흔히 사용되던 비공식 진단명이었다. 그는 18개월 동안 통찰 지향 심리 치료*를 받으며 그곳에 수용되었고, 그 후 매주 통원 치료를

보스턴칼리지에서 강의하는
앤 버지스. 1978년.

강간 피해자 상담 프로그램에서 함께 일하고 있는 앤 버지스와 린다 라이틀 홈스트롬. 1978년.
사진 제공: 보스턴칼리지.

심리학자 닉 그로스와 앤 버지스.

폭력 범죄 피해자에 대한 보스턴칼리지의 다학제간 컨퍼런스. 1978년. 왼쪽부터 연구 조교 애나 라슬로, 닉 그로스, 앤 버지스, 형사 폴 루포.

UNITED STATES DEPARTMENT OF JUSTICE

FEDERAL BUREAU OF INVESTIGATION

In Reply, Please Refer to
File No.

FBI Academy
Quantico, Virginia 22135
February 20, 1980

Dr. Ann Burgess
School of Nursing
Boston University
635 Commonwealth Avenue
Boston, Massachusetts 02215

Dear Dr. Burgess:

I would like to take this opportunity to invite you to the FBI Academy on February 22, 1980, to consult with members of the Behavioral Science Unit regarding future research in the area of the criminal personality.

We deeply appreciate your past assistance to the Training Division of the FBI and look forward to continued cooperation in the future.

Special Agent Robert K. Ressler of the Behavioral Science Unit will coordinate your travel plans.

Sincerely yours,

James D. McKenzie
Acting Assistant Director

FBI가 앤 버지스에게 행동과학부 합류를 공식적으로 환영하며 보낸 서한. 1980년. 사진 제공: 앤 버지스.

A B C D E

Subject:________________ -27-

PART 3
OFFENSE DATA

3.J. The following pages have columns on the right, in order to collect data on both the current offense and previous sexual offenses on which information is available. If a total of more than five offenses occurred, use supplement sheets to enter data. Column A is for current offense; column B for the next most recent offense, etc.

1. Age of offender at time of offense: J.1
   List type of sexual offense:____________

2. Plea to charges of this offense: J.2

   0=no data available
   1=guilty
   2=Alford plea:unadmitted but uncontested
   3=changed from not-guilty to guilty
   4=not guilty

. Initial stance regarding offense: J.3.1

   0=no data available
   1=admits fully
   2=qualifies, minimizes guilt
   3=states he has no memory of offense
   4=denies committing offense

   3.2 current stance regarding offense J.3.2

4. Sentence: Minimum (yrs.) J.4.1
   Maximum (yrs.) J.4.2

   00=no data available
   99=none/does not apply

5. Premeditation of assault: J.5

   0=no data available
   1=intentional, premeditated
   2=opportunistic, impulsive
   3=unplanned, spontaneous

앤 버지스가 FBI 행동과학부를 위해 고안한 데이터 수집 도구 샘플 페이지. 사진 제공: 앤 버지스.

1세대 FBI 프로파일러. 사진 제공: 『사이콜로지 투데이』, 1980년.

법무부 장관 윌리엄 프렌치 스미스가 1984년에 결성한 가정폭력 태스크포스. 왼쪽부터 앤 버지스, 법무부장관 스미스, 법무부 차관보 로이 하이트 헤링턴. 사진 제공: 미 법무부.

오팔 호튼이 가장 친한 친구가 유괴를 당한 뒤 그린 그림. 1985년. 사진 제공: 앤 버지스.

오팔 호튼이 친구를 유괴한 범인에게서 몸을 숨기는 장면을 그린 그림. 1985년. 사진 제공: 앤 버지스.

The Men Who Murdered

Statistics from the FBI's Uniform Crime Reports document the alarming number of victims of sexually violent crimes. One of the disturbing patterns inherent in these statistics is that of the serial or repetitive criminal. Law enforcement officials have questioned whether a small percentage of criminals may be responsible for a large number of crimes, that is, a core group of habitual serious and violent offenders. This has been documented in one study on juvenile delinquents,[1] and other studies have reported similar results,[2] with average estimates of from 6 to 8 percent of delinquents comprising the core of the delinquency problem.

To address this problem, law enforcement is studying techniques to aid in apprehending serial offenders. These techniques require an indepth knowledge of the criminal personality, an area that, until recently, was researched primarily by forensic clinicians who interviewed criminals from a psychological framework or by criminologists who studied crime trends and statistics. Missing from the data base were critical aspects relevant to law enforcement investigation. Researchers have now begun to study the criminal from law enforcement perspectives, with a shift in focus to the investigative process of crime scene inquiry and victimology.

Our research is the first study of sexual homicide and crime scene patterns from a law enforcement perspective. It includes an initial appraisal of a profiling process and interviews of incarcerated murderers conducted by FBI Special Agents. The interviews contain specific questions answered from compiled sources plus lengthy, open-ended interviews with the murderers themselves. A subsample of 36 sexual murderers was selected for analysis to develop further information for profiling these murders. Here, we present what we learned about these 36 men. It is important to recognize that we are making general statements about these offenders. Not all statements are true for *all* offenders, although they may be true for *most* of the 36 men or for most of the offenders from whom we obtained data. Responses were not available from all offenders for all questions.

1985년 『FBI 법 집행 회보』에 실린 기사.

Crime Scene and Profile Characteristics of Organized and Disorganized Murderers

". . . there were significant differences in the crime scenes of organized and disorganized offenders. . . ."

When requested by a law enforcement agency to assist in a violent crime investigation, the Agents at the Behavioral Science Unit (BSU) of the FBI Academy provide a behaviorally based suspect profile. Using information received from law enforcement about the crime and crime scene, the Agents have developed a technique for classifying murderers into one of two categories—organized or disorganized, a classification method evolving from years of experience and knowledge. In the service of advancing the art of profiling, the Agents were anxious to know if this classification system could be scientifically tested. This article describes the research study and statistical tests performed by a health services research staff on data collected.

Objectives of the Study

Thirty-six convicted sexual murderers were interviewed by FBI Agents for a study on sexual homicide crime scenes and patterns of criminal behavior. These study subjects represented 25 serial murderers (the murder of separate victims, with time breaks between victims ranging from 2 days to weeks or months) and 11 sexual murderers who had committed either a single homicide, double homicide, or spree murder.

Crime scene of an organized offender investigated by Pierce Brooks in 1958 while a homicide detective sergeant with the Los Angeles Police Department.

The major objectives of this study were to test, using statistical inferential procedures, whether there are significant behavioral differences at the crime scenes between crimes committed by organized and disorganized murderers and to identify variables that may be useful in profiling orga-

1985년 『FBI 법 집행 회보』에 실린 기사.

The Split Reality of Murder

"... to many serial killers, ... fantasies of murder are as real as their acts of murder."

"Murder is very real. It's not something you see in a movie. You have to do all the practical things of surviving,"[1]

Murder is, indeed, very real. Yet to many serial killers, their fantasies of murder are as real as their acts of murder. To them, their existence is split into two realities: The social reality of the "normal" world where people do not murder, and the psychological vitality of the fantasy that is the impetus for the killer to commit his heinous crime. It is a split reality because the fantasy life is such a preoccupation. It becomes an additional reality, distinguishable from the "other" reality of the day-to-day social world.

Interviews with 36 convicted sexual murderers have provided insights into their attitudes, beliefs, and justifications for their crimes. In order to interpret the murderer's sense of what is important, this article presents thoughts and beliefs articulated by the murderers themselves. First, we discuss the structure of conscious motives for murder, the killer's longstanding fantasy of violence and murder. Second, we look at what happens when the fantasy of murder is played out through its various phases. By presenting our interpretation of the fantasy's importance to the serial killer, we hope to suggest perspectives for law enforcement on the investigation of sexual homicide.

Motive and Fantasy

How does the motive for a murder evolve, and what triggers the murderer to act? Many murders puzzle law enforcement because they appear to lack the "usual" motives, such as robbery or revenge. Motives, however, need to be determined, since understanding the motive is critical to the subsequent apprehension of a suspect.

The 36 murderers in our study, replying to this fundamental question of what triggered their first murders, revealed that as a group, they were aware of their longstanding involvement and preference for a very active fantasy life and they were devoted to violent sexual fantasies. Most of these fantasies, prior to the first murder, focused on killing, while fantasies that evolved after the *first* murder often focused on perfecting various phases of the murder. The following illustrates an early fantasy of one of the serial murderers that developed following the move of his bedroom to a windowless basement room. This fantasy

1985년 『FBI 법 집행 회보』에 실린 기사.

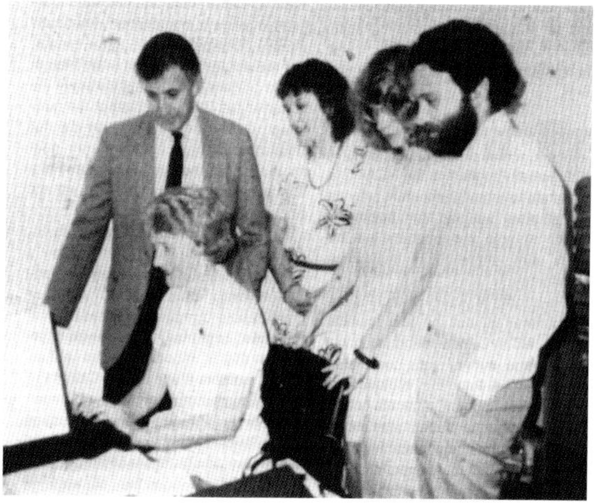

특수수사관 로버트 K. 레슬러가 보스턴 시립병원 범죄자 성격 연구 프로그램 스태프들에게 조언을 구하고 있다. 앤 버지스 박사(컴퓨터 앞), 레슬러, 그리고 왼쪽부터 홀리 진 채프릭, 매리앤 클라크, 피터 가시온. 사진 제공: 『FBI 법 집행 회보』, 1986년.

왼쪽부터 로버트 K. 레슬러, 에드문드 켐퍼, 존 더글러스. 사진 제공: 앤 버지스.

수로 옆에서 피해자의 시신이 발견된 현장 사진. FBI 사진.

FBI 요원들을 대상으로 범죄자의 행동 특성과 데이터에 대해 발표하기 위해 만든 강간 살해 연구 슬라이드의 제목 페이지. 사진 제공: 앤 버지스.

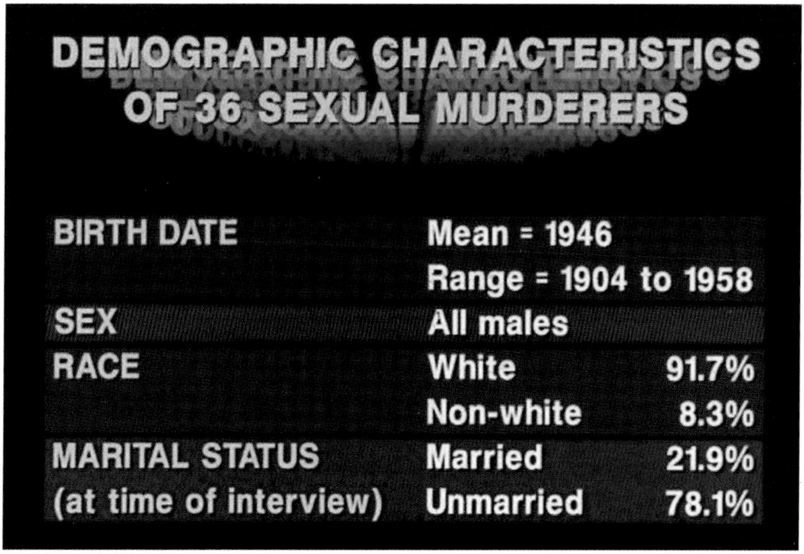

FBI 요원들을 대상으로 범죄자의 행동 특성과 데이터에 대해 발표하기 위해 만든 강간 살해 연구 슬라이드의 인구통계학적 특성 페이지. 사진 제공: 앤 버지스.

FBI 연쇄살인범 전문가 위원회. 사진 제공: 마크 프로테로. 『게리를 변호하며*Defending Gary*』 저자.

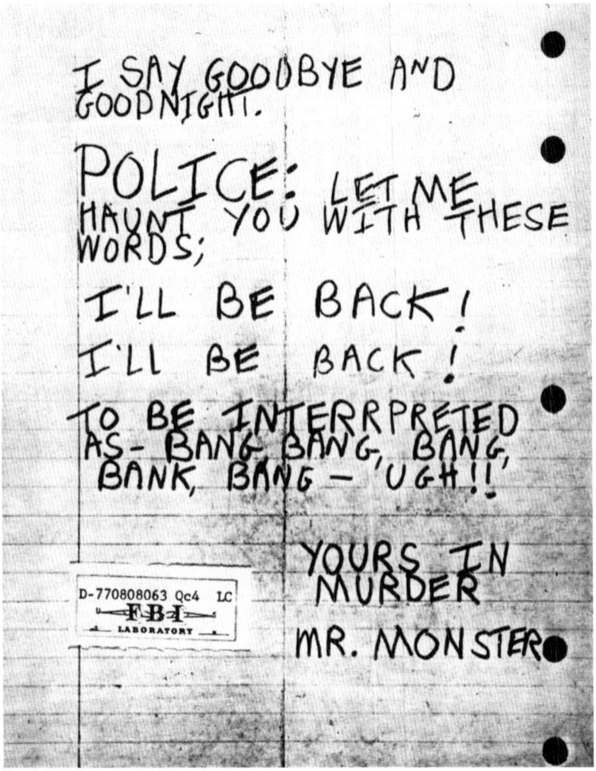

I SAY GOODBYE AND GOODNIGHT.

POLICE: LET ME HAUNT YOU WITH THESE WORDS;

I'LL BE BACK!
I'LL BE BACK!

TO BE INTERRPRETED AS- BANG BANG, BANG, BANK, BANG - 'UGH!!'

YOURS IN MURDER
MR. MONSTER

D-770808063 Qc4 LC
FBI
LABORATORY

경찰을 도발하기 위해 '샘의 아들'이 범죄 현장에 남겨놓은 서신. FBI 사진.

헨리 루이스 월리스가 첫 번째 살인 피해자에 대해 그린 그림 중 하나. 개인 소장 사진.

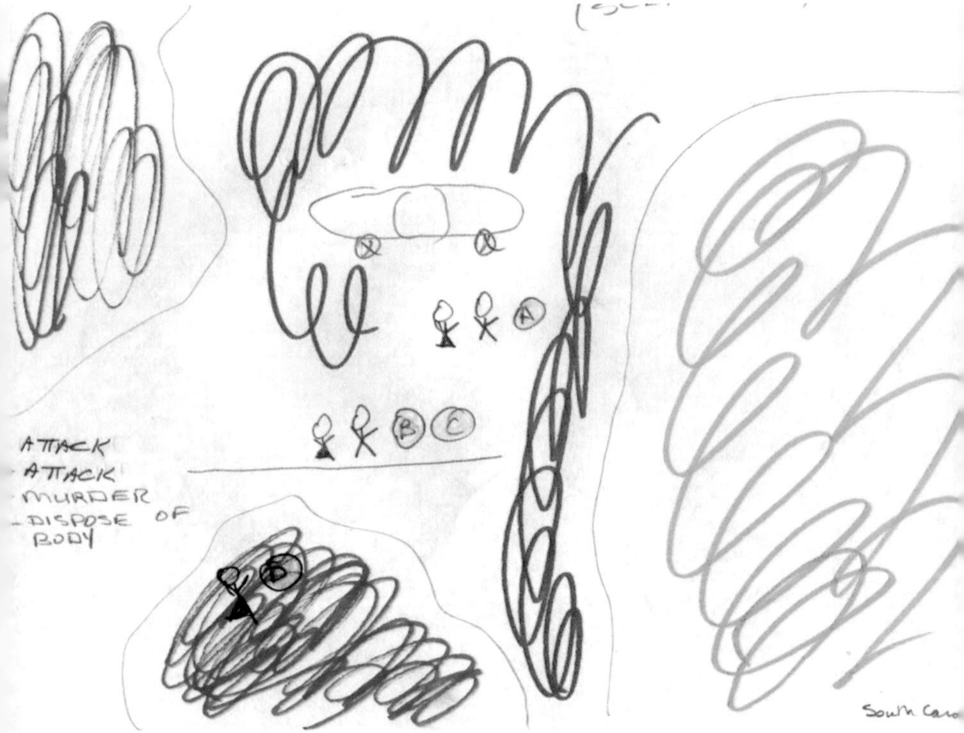

헨리 루이스 월리스가 범행 단계를 그린 그림 중 하나. 개인 소장 사진.

하고 엄마가 치료에 적극적으로 참여하는 조건으로 집에서 거주하며 일반 학교에 다니는 것이 좋겠다는 권고에 따라 퇴소했다.

보호관찰 심사자 중 한 명은 "리셀의 정신 감정 결과를 보건대 그는 닫힌 공간에서 집중 치료를 받을 필요가 절실하다"고 지적했다. 하지만 상담 치료를 받아도 효과가 없었다. 오히려 리셀은 의사들이 그가 꾸준히 나아지고 있다고 생각하게끔 속임수를 썼다. 그리고 정신 치료를 받던 기간 중에 들키지 않고 다섯 명의 여성을 강간했다. 심지어 한 번은 치료 시설의 주차장에서 강간을 저지르기도 했다. 이것이 리셀을 한층 더 대담하게 만든 것으로 보인다. 폭력의 강도가 점점 높아지고 강간에서 살인으로 도약하게 된 시기가 바로 이때다.

리셀의 두 번째 강간 피해자도 같은 아파트 건물에 사는 여성이었다. 리셀은 열여섯 살이었고 입원 치료를 받다가 크리스마스 연휴를 맞아 집으로 돌아와 있었다. 집에 머무는 마지막 날 엘리베이터에서 한 여성에게 접근해 칼로 협박하면서 근처의 나무가 많은 곳으로 끌고 가서 강간했다. 세 번째 강간은 3개월 후에 있었고, 그가 다니던 학교 주차장에서 피해자에게 접근했다. 이번에도 칼을 사용했고 그 여성이 아파트까지 차를 몰고 가도록 한 뒤 그 여성의 집에서 강간했다.

다음 두 번은 공범이 있었다. 범죄 양상의 이러한 변화는 뜻밖이었지만 논리가 없지는 않았다. 집에서도 학교에서도 시설에서도 리셀은 인기가 있었고 쉽게 사람들을 사귀었다. 이런 면이 리셀의 나르시시즘

---

* insight-oriented psychotherapy, 치료사와 내담자 간의 대화에 의존해 진행되는 심리 치료 방식. 옮긴이

을 키워 공범을 범죄에 끌어들이게 만든 것이다. 주말 외출 허가를 받은 어느 날 밤 리셀과 같은 시설 수용자 두 명은 자동차를 훔쳐 다른 주로 갔고 어느 집에 침입해서 17세 소녀를 번갈아 강간했다. 3개월 뒤에는 그와 또 다른 수용자가 인근 수영장의 여자 탈의실에 침입해 젊은 여성의 머리에 수건을 두르고 반복적으로 강간했다. 집단 범죄 행각은 강간에 관음증적 요소를 더해주었다. 처음에는 스릴이 있었지만 리셀의 강박증이 발동했다. 공범이 있다는 건 추가적인 변수가 생긴다는 의미였고 이것은 잡힐 가능성을 높일 수 있었다. 그는 다시 단독 범행으로 돌아왔다.

여섯 번째 강간은 강간 살해로 넘어가기 전의 마지막 강간이었다. 전처럼 그가 사는 아파트에서 본 적이 있는 여성이 피해자였다. 그는 공기총으로 위협하면서 여성에게 접근했고 창고로 데려가서 얼굴을 그 여성의 재킷으로 가리고 두 차례 강간했다. 범행 자체는 끔찍했지만 리셀에게는 전에 하던 동일한 범죄의 반복에 불과했다. 그는 새로운 스릴이 필요했다.

*

리셀이 보호관찰 상태의 18세 고등학생이던 1976년 8월 말의 어느 날 밤 모든 것이 달라졌다. 여자친구가 몰래 다른 남자를 만나는 것을 알게 된 게 발단이었다. 여자친구를 깜짝 놀래주려고 차를 몰고 여자친구가 다니는 대학에 갔는데 창문으로 여자친구가 다른 남자와 애정 행각을 벌이는 것이 보였다. 이 사건은 리셀에게 살인을 촉발한 '스트레스 요인stressor'이 되었다. 스트레스 요인은 연쇄살인범의 활동기에 반복적으로 발생하는 트리거 순간을 일컫는다. 여기서 리셀은 강간범에서 살인범으로 전환되었다.

불같이 화가 난 리셀은 알렉산드리아에 있는 집으로 맹렬히 차를 달려 돌아왔다. 주차장에 차를 댈 때 그의 마음은 살인 판타지로 날뛰었다. 그는 몇 시간을 주차장에 앉아 있었고 고삐 풀린 분노는 술 기운에 한층 더 불탔다. 이때 리셀의 살인 계획과 생각을 보면 '설계 단계'(성적으로 동기 부여된 살인의 첫 단계)가 시작되었음을 알 수 있다. 새벽 2시에 한 젊은 여성이 주차장에 차를 세우는 모습을 보고 주변에 다른 사람이 없는 것을 확인했을 때 리셀은 도둑 맞은 자존심과 통제감을 되찾아 상처 입은 자아를 달랠 기회라고 생각했다. 그는 총을 겨누고 여성에게 다가가 차를 몰고 으슥한 곳으로 가도록 강요한 뒤 차 밖에서 강간했다. 그 순간에는 몰랐지만 피해자는 매릴랜드주의 마사지숍에서 일하는 성매매 여성이었다. 리셀의 설명에 따르면, 그 여성이 가짜 오르가즘 흉내를 내고 "어떤 방식으로 해주길 원하느냐"라고 물으면서 "상황을 통제하려 하는 것"에 의구심을 느꼈다. 이는 그 순간 리셀이 여성에 대해 느끼고 있던 맹렬한 분노를 정당화해주었다. 여자들은 다 거짓말쟁이에 창녀라고 말이다. 원래는 강간 후에 살해할 계획까지는 아니었지만 피해자가 도망가려 시도했을 때 가해자와 피해자 사이의 동태적 관계에 변화가 발생했다.

리셀은 이렇게 설명했다. "그 여자가 골짜기 아래로 달려내려가기 시작했습니다. 그때 내가 그 여자를 움켜잡고 목에 팔을 걸었습니다. 여자는 나보다 키가 컸어요. 나는 뒤에서 여자의 목을 조르기 시작했습니다. 여자가 넘어졌고…… 우리는 함께 언덕으로 굴러떨어져서 물에 빠졌습니다. 나는 여자의 머리를 바위에 찧고 물속으로 밀어넣었습니다."

여성이 익사하는 동안 리셀은 살인의 두 번째 단계로 들어갔다. 이 단계는 판타지가 현실화되는 지점이다.

"왜 그곳에 데려갔나요?" 레슬러가 물었다.

"어렸을 때 거기 가서 물놀이를 하곤 했어요. 군대 놀이 같은 것을 하면서요……. 하지만 다른 아이들이 거기 내려갈 거라고는 생각하지 않았어요. 그런데 아이들이 그 여자를 발견했습니다. 그 뒤로는 거기에 다시 간 적이 없습니다."

살인의 세 번째 단계〔시신 유기〕에서 리셀이 보인 특징은 시신을 가리거나 처리하지 않고 노출되게 내버려둔 것이었다. 열린 공간에 시신을 노출함으로써 통제력을 가진 쪽이 자신임을 보란 듯이 전시하고 있었다. 그는 더 이상 자신이 누구인지 숨기지 않았다. 온 세상이 다 보도록 자신이 누구인지를 드러내고 있었다.

살인의 네 번째 단계인 '범행 후 행위'는 그다음 피해자 때부터 나타나기 시작했다. 이때 그는 보석, 시계, 선글라스 같은 작은 기념품들을 챙겼다. 하지만 그의 패턴과 행위는 이미 설정되어 있었다. 이후 5개월 동안 그는 보호관찰 중이며 의무적으로 상담 치료를 받아야 하던 시기였는데도 네 건의 살인을 더 저질렀다. 그리고 좀처럼 잡히지 않고 수사망을 피해갔다. 그가 마침내 체포된 것은 살인과는 관련 없는 건으로 경찰이 차를 수색하다가 가장 최근 피해자의 기념품(열쇠, 지갑, 빗)을 발견했기 때문이었다. 재판에서 리셀은 강간 살해 다섯 건에 대해 사형을 5회 선고받았다. 수감되고 2년 뒤에 리셀은 추가로 여섯 건의 강간을 더 저질렀다고 자백했는데, 어느 건도 기소로 이어지지는 않았다. 법과학적 증거가 부족하다는 이유도 있었지만 1970년대에 여성이 피해자인 성폭력 사건은 미국에서 우선순위가 매우 낮은 사건이었기 때문이기도 했다.

*

FBI의 연쇄살인범 면담에서 리셀은 자신의 이야기를 술술 털어놓았다. 그는 면담에 사려 깊게 임했고 종종 진실되어 보였으며 놀라울 정도로 어린 나이에 범행을 시작했다는 점에서도 특이했다. 또한 그는 말하기를 좋아했다. 연쇄살인범이 늘 말이 많지는 않기 때문에, 요원들은 그가 말하기를 좋아한다는 사실을 이용해 여러 차례 인터뷰를 했고 녹음도 했다. 여기에서 그는 자신이 저지른 살인에 대한 행동과 생각을 아주 작은 부분까지 세세하게 복기했다.

하지만 아무도 들여다보지 않는다면 패턴은 계속 숨어 있을 수밖에 없다. 리셀의 녹음 테이프는 몇 년 동안이나 듣는 사람 없이 방치돼 있었다. 지난 6년 동안 우리가 알게 된 것들이 있는 만큼, 나는 이제 그의 녹음을 다시 분석하면 가해자의 강박적 속성을 더 잘 파악할 수 있지 않을까 생각했다. 리셀의 파일은 바로 그 기회를 제공했다. 그의 성폭행 방식은 만성적이고 반복적이었으며, 잡히지 않고 더 오래 지속될수록 강도가 높아졌다. 또한 리셀 특유의 조작 역량은 그가 통제감을 키우는 데 도움을 주었다. 리셀은 단순히 강박적 유형의 인물인 것이 아니었다. 강박은 그의 시그니처였다. 강박이 그가 한 모든 일에 동기를 부여했다. 강박이 그의 모든 판타지의 뿌리였다. 첫 테이프를 듣는 순간부터 이 점을 명확하게 알 수 있었다.

경찰이 왜 그를 용의자로 고려하지 않았던 것 같냐는 물음에 그는 웃으며 이렇게 대답했다. "그들 눈에 나는 너무 멀끔하니까요. 그리고 그 여자들 중 나서서 이야기를 한 사람은 아무도 없었어요. (그들이) 나를 신고할 리도 나를 알아보고 지목할 리도 없다는 사실을 깨달은 순간 정말 흥분되었습니다."

"사건은 어디에서 시작되었습니까? 당신이 사는 곳과 대상자를 발견한 곳은 얼마나 멀지요?" 레슬러가 물었다.

"두세 블록 정도일 거예요. 지도를 그려드릴 수 있어요. 다 제 영역 안이었습니다. 모든 살인은 이 영역 안에서, 제가 사는 영역 안에서 했습니다."

"차를 몰고 메릴랜드주로 가거나 뭐 그런 것을 생각해본 적이 있습니까? 피해자를 어딘가 다른 곳에서 골랐다면 초점이 덜 쏠릴 수 있었을 텐데요." 더글러스가 물었다.

"아 네." 러셀이 거만한 태도로 질문을 일축하면서 말했다. "하지만 나는 지역을 잘 알고 있는 것이 나에게 유리하다고 생각했습니다. 내가 모르는 곳이나 경찰이 순찰을 돌지도 모르는 곳에서는 잡힐 수도 있잖아요. 그래서 내가 이렇게 많은 살인을 하고도 그렇게 오래 안 잡힐 수 있었던 겁니다. 지역을 잘 알고 늘 거기 있었으니 아침 몇 시에 경찰이 순찰을 도는지도 아니까요. 신문 기사도 내가 잡히지 않은 이유가 경찰이 낯선 사람을 찾고 있었기 때문이라고 했잖아요. 경찰은 낯선 인물, 의심 가는 인물을 찾았어요. 하지만 나는 어린 십 대였고 그 동네에 살았고 사람들이 날마다 보는 사람이었죠."

소름 끼치게도 그가 옳았다. 리셀이 다섯 번이나 살인을 저지른 다음에서야 잡힌 이유는, 경찰 보고서에도 나오듯이 경찰이 인근에 사는 십 대가 아니라 더 나이 든 낯선 사람, 특히 "의심스러운 낯선 사람"을 찾고 있었기 때문이었다. 경찰이 엉뚱한 실마리를 따라가는 동안 리셀은 아무 제약 없이 폭력 행각을 이어갔다. 전과도 있었고 그가 저지른 범죄의 상당수가 발생한 바로 그 건물에 살고 있었는데도 말이다. 정말로 등잔 밑이 어두웠다.

하지만 사건이 벌어진 장소는 수사에서 이 사건들을 하나로 엮어 생각했어야 할 요인이었다. 피해자 대부분은 그들이 사는 아파트에서 엘리베이터에 들어가려 할 때 칼로 위협당했다. 강간 후 살해당한 피해자는 모두 동일한 장소에서 납치된 뒤 각기 다른 장소로 이동해 살해되었으며, 사망 후 하루에서 6주 사이에 옷을 다 입은 채로 발견되었다. 다섯 명의 강간 살해 피해자 대부분은 무작위로 고른 대상이었다. 가령 자동차가 아파트 단지로 들어가는 것을 보고 따라가 범행을 저지르는 식이었다. 그런데 패턴이 거꾸로 된 적이 한 번 있었다. 그가 사는 아파트 건물의 어느 집에서 열리는 파티에 가려던 여성의 차를 얻어 타고 와서 범행을 저지른 것이었다. 그 여성은 아파트 입구에서 그를 내려주고 주차를 하러 갔는데, 그는 기다리고 있다가 그 여성과 함께 엘리베이터에 탄 뒤 여성을 납치했다.

리셀의 범행 수법은 소름 끼치게 일관성이 있었다. 먼저 피해자들에게 총을 들고 다가가 성관계를 하면 해치지 않겠다고 말함으로써 의도를 알렸다. 그리고 그다음은 피해자의 반응을 보고 결정했다. 여성이 그의 말을 따르면 추가적인 명령이나 위협을 하지 않았다. 비명을 지르면 말로 협박했다. 협조하기를 거부하면 구타해서 복종시켰다. 거의 모든 경우에 리셀은 피해자를 협박해 인근의 숲 지대로 차를 몰고 가게 함으로써 통제력을 유지했다. 하지만 늘 예상할 수 없는 변수가 생기게 마련이었다. 이와 같은 예측 불가한 요소는 상호작용 과정에서 그의 살해 충동을 무화하거나 또는 강화하는 터닝포인트가 되었다. 리셀은 "대상 여성에 대해 더 많이 알게 될수록 나는 더 부드러워졌다"고 설명했다.

세 번째 피해자를 납치했을 때 무언가가 크게 달라졌다. 일단은 납치한 여성에게 조용히 하라고 명령하고서 라디오를 틀었다. "이렇게 생각했습니다. '나는 두 명을 죽였어. 이 사람도 아마 죽이겠지…….' 내 안의 무언가가 살인을 원하고 있었습니다. …… 나는 그 여자의 스타킹으로 여자를 결박하고 자리를 떠났습니다. 그런데 숲에서 여자가 구르는 것 같은 소리와 입이 막힌 채로 웁웁 거리는 소리가 났습니다. 그때 다시 돌아서서 말했습니다. '아니야, 죽여야겠어. 나 자신을 지키고 보호하려면 이렇게 해야 해.'" 여성의 시신은 숲에 유기된 채 발견되었고, 상복부와 왼쪽 흉부에 스물한 곳이나 칼자국이 있었다.

네 번째 피해자도 그가 자행한 연쇄 강간 살인의 전개에서 또 하나의 결정적인 기점이었다. 이제 그는 자신이 사람을 죽이게 되리라는 것을 완전히 아는 상태에서 대상을 골랐다. 억제 요인은 더 이상 작동하지 않았다. 이렇게 명료한 인식과 함께, 리셀의 판타지는 더 목적 의식적이고 더 폭력적이고 더 의도적이 되었다. 리셀은 네 번째 살인을 이렇게 묘사했다. "그 여자가 내 얼굴을 할퀴어서 화가 났습니다. 여자가 도망치기 시작했고 나는 넘어졌다가 일어나서 쫓아갔습니다. 여자가 숲속의 나무들 틈으로 도망쳤고 나는 따라가서 붙잡았습니다. 우리는 몸싸움을 했고 둑에서 굴러서 물에 빠졌습니다. …… 여자는 저항했고 힘이 셌습니다. 하지만 나는 여자의 머리를 물 밑으로 밀어넣고 목을 조른 채 한동안 그대로 있었습니다."

가장 잔혹한 살해는 마지막인 다섯 번째였다. 이 여성은 리셸의 아파트 근처 거주자였는데 그의 얼굴을 알아보았다. 이는 잡힐지 모른다는 두려움을 증가시킨 동시에 그가 상황을 통제하고 있다는 느낌을 훼손했다. 리셸은 압도적인 공포심을 일으켜 피해자를 지배함으로써 이러한 불안을 극복하려 했다. 그는 그 여성에게 앞서 저지른 네 번의 살인과 그들을 죽일 때 느꼈던 쾌감을 이야기하면서 이제 당신 차례이고 무엇도 자신을 멈출 수 없다고 말했다. 하지만 리셸은 아무래도 강박을 벗어버릴 수 없었다. 자신이 지금 죽이려는 사람이 분명히 자신을 알아보았다는 사실이 너무 신경이 쓰이고 거슬렸다. 인근 고속도로 아래의 배수로를 따라 걸어서 이동하는 동안 그 강박이 그를 지배했고, 리셸은 그 여성을 잔혹하게 살해했다. "그때 칼을 꺼내서 아무 말도 하지 않고 여성을 찔렀습니다. 50번이나 100번쯤 찔렀을 거예요."

*

리셸의 이야기를 들을수록 그가 상황을 명료하게 파악하고 있다는 것을 더 생생하게 알 수 있었다. 본인의 범죄를 면밀하고 정교하게 파악하고 있다는 점, 그리고 피해자를 묘사할 때 발휘하는 조심성은 희한한 역설을 드러냈다. 리셸은 처음에 수사관들이 기록한 것 같은 1차원적 인물이 아니었다. 그는 단순히 괴물이라거나 사이코라거나 미친

놈이라고 치부할 수 있는 것보다 훨씬 더 복잡한 인물이었다. 리셀은 피해자를 지배하고 통제하는 것이 목적이 아니었다는 점에서 이 시점까지 내가 분석한 어느 범죄자보다도 복잡했다. 그는 자기 주변의 세상을 통제하려 하고 있었다. 머릿속에서 완벽하게 구성한 판타지와 실상은 자신이 부패한 존재라는 불완전한 현실 사이의 간극에 다리를 놓으려 했던 것이다. 그는 판타지대로 행동하면 전에 자신이 빼앗겼던 것을 다른 이들로부터 빼앗아옴으로써 과거를 바로잡을 수 있다고 생각했다. 그에게 폭력 행위는 자신을 더 온전하고 완벽하게 만드는 도구였다. 하지만 그와 동시에 리셀은 폭력 행위가 근본적으로 해결 불가능한 문제에 대한 잘못된 해법이라는 것도 알고 있었다. 누구도 과거를 바꿀 수는 없으니 말이다.

"끝난 이후에는 어떤 느낌이었습니까?" 레슬러가 물었다. "모든 것을 끝내고 시신을 처리하고 난 다음에는 어떤 느낌이었습니까?"

"집에 와서 씻고 내가 한 일에 대해 생각하니 다시 무서워졌습니다. 불안하고 초조했습니다. 나 자신이 부끄러웠습니다. 무슨 일이 일어나고 있는 것인지, 내가 왜 이걸 하고 있는 것인지 알 수 없었습니다."

"왜 부끄러웠나요?"

"그건 좀 복잡합니다." 리셀이 설명했다. "하루는 밤에 엄마와 뉴스를 보는데 그 사람들 중 한 명에 대한 보도가 나오고 있었습니다. 피해자의 아버지가 나와서 '이 짓을 한 사람이 누구든 제발 자수하라'라고 말했습니다. '우리는 당신에게 복수하기를 원하지 않는다. 우리는 당신이 아픈 사람이라는 것을 안다'라고 했어요. 이 말이 내게 영향을 미치기 시작했습니다. 밖으로 나가서 걸어야 했어요. 그다음에 키를 꺼내서 차를 몰고 가게에 갔습니다. 어머니는 뉴스와 내가 밖에 나간 것을 연결시키지 못했습니다. 하지만 그의 말은 나를 크게 흔들었습니다."

"어머니는 전혀 모르셨나요?"

"어머니는 그냥 내 안전만 걱정했어요. 파티에 가고 그러면서 내가 밤 늦게 돌아다니는데, 사람들이 이 근방에서 살인을 하고 있다고 계속 말하셨어요. 조심하라고요." 리셀이 잠시 멈추었다가 덧붙였다. "나는 그것을 머리에서 몰아내려고 했습니다. 얼마나 잘못된 일인지 알았으니까요."

"치료를 받았으면 자수했을 거라고 보세요?" 더글러스가 물었다.

"아니요." 리셀이 단칼에 대답했다. "나는 모든 역할을 다 거쳐보았습니다. 내가 붙잡히기 전까지는 무엇도 나를 막을 수 없었을 거라고 생각합니다. 그리고 나를 붙잡았을 때는 나를 죽였어야 할 겁니다. 사실 해병대에 가는 것도 생각해본 적이 있습니다. 단단히 제어하는 엄격한 손이 나를 끄집어내줄 수 있지 않을까 생각했습니다. 나에게는 모종의 자기 규율이 필요했어요. 이러한 폭력적인 행동이 머릿속에서 나타나지 않게 하려면요."

"도망치게 둔 마지막 피해자는요?" 레슬러가 물었다. "그 시점이면 이미 사람들을 죽이고 있었는데 왜 그 여성은 달랐습니까?"

"아버지가 암으로 죽어가고 있다고 하더라고요. 나는 해외에 있다가 돌아와서 막 암 수술을 받은 형을 생각했습니다. 스물다섯 살인데 암에 걸렸거든요……. 그 생각이 떠올랐어요. 나는 그 여자를 죽일 수 없었습니다. 이미 너무 안 좋은 일을 겪은 사람이잖아요."

나는 테이프를 멈추고 그 부분을 다시 들었다.

"이미 너무 안 좋은 일을 겪은 사람이잖아요."

이것이 열쇠였다. 그 여성이 자신의 문제를 리셀에게 전한 순간 리셀이 만든 정교한 판타지의 구조가 통째로 무너졌다. 그는 더 이상 이 여성을 개인이 아니라 여성 전체를 대표하는 추상적인 존재로 여길 수 없었다. 그 여성은 진짜 사람이었고 고유한 개인이었다. 그 여성은 리셀이 강박적으로 가지고 있던 통제 욕구의 기저에 있는 정서적 불안정(부모의 이혼, 아버지의 부재, 여성들로부터의 거부, 형의 암 투병 등)과 동일한 것을 드러냄으로써 어찌어찌 리셀과 교감의 지점을 찾을 수 있었다. 이 여성의 세계 역시 그의 세계만큼이나 오류로 가득하고 엉망진창이었다. 그것을 깨달은 순간 리셀은 그 여성에게 공감할 수 있었다. 그래서 차를 세우라고 하고 차 열쇠를 차창 밖으로 던지고서 차에서 내려 숲으로 달려갔다.

리셀의 면담 테이프는 누군가가 살인자가 되어가는 과정을 단계별로 관찰할 수 있는 드문 기회였다. 녹음 내용은 리셀의 패턴화된 사고방식(과거의 경험을 머릿속에서 반복적으로 상연함으로써 그것을 다시 경험하고 더 정교하게 다듬어야 한다는 욕구)이 어떻게 그를 다른 이들과 구별되게 만든 강박적 판타지의 연료가 되었는지를 시간순으로 보여주었다. 또한 분노에서 작은 도둑질로, 다음에 강간으로, 이어서 살인으로 진화을 일으킨 촉매가 무엇이었는지도 드러내주었다. 하지만 무엇보다 두드러진 점은, 리셀이 시종일관 명료하게 자신을 인식하고 있었다는 것이었다. 그는 자신이 무엇을 하고 있는지 정확하게 알고 있었고 그것의 결과도 알고 있었다. 그런데도 그 행위를 계속했다.

"표면에서는 나도 다른 사람들처럼 정상이라고 생각합니다. 하지만 내 안의 깊은 곳에 무언가가, 나의 나락이 된 무언가가 있는 것 같습니다. 때때로 내게 드는 엄청나게 강렬한 느낌, 이러저러하게 행동하고 싶다는 엄청나게 강렬한 느낌 같은 것이요."

"하지만 당신은 사회의 가장 기본적인 규칙에서 이탈했습니다. 당신은 다른 사람의 목숨을 빼앗았어요. 바로 그 점이 당신을 다른 사람들과 구별되게 하는 것입니다."

"맞아요." 리셀이 인정했다.

*

리셀 사건에서 가장 놀라웠던 점은 그가 대부분의 범죄를 정신과 치료를 받던 기간 중에 저질렀다는 사실이었다. 이는 당시에 일반적이던 면담 치료 기법의 한계와 오류를 보여주었다. 가장 주목할 만한 문제는 여기에 사용되는 '자기 보고 방식'에 있었다. 환자가 스스로에 대해 보고하게 하는 이 기법은 환자 본인이 낫고자 하는 의지가 있고 치료에 기꺼이 참여하고자 하며 자신에 대해 진실되게 말하리라는 가정에 기반하고 있는데, 그 때문에 가해자가 의사에게 생판 거짓말을 하거나 자신이 나아지고 있다고 주변 사람들이 믿도록 조작할 가능성을 다루지 못한다.

자신이 정신과 치료를 받던 시기에 들키지 않고 범죄를 저지를 수 있었다는 사실에 리셀 본인도 놀랐다. 그는 의사들이 그의 범죄에 대해서는 되짚어 묻지 않았다고 했다. 그들은 현시점에 그가 어떻게 느끼고 있는지만 물어보았고, 그 덕분에 그가 꾸며서 말을 하거나 과거의 잘못에서 교훈을 얻었다고 말하는 것이 어렵지 않았다. 의사들은 그의 범죄 자체에 대해서도, 부모와의 관계, 음주 습관, 여자친구와의 이별 같은 것에 대해서도 묻지 않았다.

리셀은 "그런 것을 다시 되짚어야 했다면 마음이 찢어지게 아팠을 것"이라고 인정했다. 하지만 동시에 리셀은 의사들이 올바른 질문을 하지 않아서 기회를 놓쳤다고 생각했다. 그들이 제대로 된 질문을 했다면 그가 저지른 범죄의 이유를 발견할 수 있었을지도 모른다. "장기적으로는 이야기를 하는 것이 도움이 됩니다."

자신이 누구인지, 자신이 저지른 행동의 속성이 무엇인지에 대해 리셀이 보인 고도의 자기 인식은 매우 드문 것이었다. 하지만 드물긴 해도 리셀이 유일하지는 않았다. 켐퍼도 같은 특징을 보여주었다. 다만 이 특징이 그에게는 다른 방식으로 영향을 미쳤다.

11장
환상과 현실, 둘 다 가질 수는 없다

언젠가 더글러스는 연쇄살인범 에드문드 켐퍼에 대해 "내가 이자를 좋아한다고 인정하지 않는다면 솔직하지 않은 걸 겁니다"라고 말한 적이 있다. 희한한 말이긴 하지만 나도 더글러스가 왜 그렇게 말했는지 이해할 수 있었다. 켐퍼는 다른 연쇄살인범들이 전형적으로 가지고 있는 오만함이 없었다. 그는 침착하고 유려했다. 또 분위기를 맞추면서 농담하기를 좋아했고 친절했으며 열려 있었고 감수성도 예민했다. 하지만 약 10년에 걸쳐 그는 냉혈하게 가족 중 세 명을 살해했고 아무런 방어 수단이 없는 여성 일곱 명을 살해했다. 더글러스와 달리 나는 '범죄자'와 '범죄'를 구분해서 보기가 어려웠다. 연구를 위한 데이터로서 켐퍼가 갖는 가치를 높이 사긴 했지만, 그뿐이었다. 내게 켐퍼는 나의 목적을 위한 수단일 뿐이었다.

데이터의 맥락에서 보자면, 켐퍼는 믿기지 않을 정도로 스스로를 잘 인식하고 있다는 점에서 매우 흥미로웠다. 전에 이러한 특성을 발견한 사람은 리셀뿐이었다. 리셀이 특이한 경우라고만 생각했는데 이제 켐퍼 사례까지 있었으니 두 번째 준거 포인트를 갖게 된 셈이었다. 이 두 사람의 패턴과 행동과 범죄심리를 분석하면 프로파일링 기법 개발과 범죄자 성격 연구 둘 다에 적용할 수 있을 터였다. 연구 프로젝트의 마지막 단계에서 매우 드문 특이 사례를 발견하는 것은 흔히 있는 일이 아니다. 나는 흥미가 동했고, 곧바로 뛰어들었다.

켐퍼와 리셀은 얼핏 보기에는 많이 달랐지만 기저에는 유사점도 많았다. 둘 다 연쇄살인범이고 강간범이며 상대방이 개인으로서 가지고 있는 삶의 가치를 완전히 무시한 채 도착적인 성적 행동을 표출했다. 또한 둘 다 가장 절대적인 의미에서의 권력과 통제력에 대한 판타지를 가지고 있었다. 그리고 둘 다 자신의 폭력 행위를 교감과 연결의 형태로 여겼다. 둘 사이의 주목할 만한 차이는 어느 시점에 피해자와 교감을 느꼈는지에 있었다. 리셀은 피해자가 살아 있을 때 강간을 해서 그들과 연결되려 했지만 켐퍼는 그것이 가능하다고 생각하지 않았다. 그는 진정한 연결, 즉 상대가 저항하거나 거부할지 모른다는 두려움이 없는 상태에서의 연결은 피해자가 죽은 다음에만 가능하다고 보았다. 그래서 그는 살해한 뒤 시신을 강간하면서 가장 고양된 통제감을 느꼈다.

범행 후 여러 해에 걸쳐 켐퍼가 만들어놓은 부풀려진 신화에서 실제의 그를 분리해내는 데는 시간이 좀 걸렸다. 그에 대한 모든 기사가 각기 다른 방식으로 꾸며진 버전의 켐퍼를 이야기하고 있는 것 같았고,

모든 심리학자가 저마다 여기저기서 들은 이야기와 루머를 가지고 그에 대해 분석하고 있는 것 같았다. 켐퍼 본인도 이러한 혼란을 가중시켰다. 그는 인터뷰하러 온 사람이 자신에 대해 무엇을 알고 있는지 테스트해보면서, 또 가능한 곳에서는 이야기에 새로운 내용을 추가하면서, 이야기를 듣는 상대방에 따라 범죄를 조금씩 다르게 말하는 버릇이 있었다. 이것은 그가 벌이는 게임이었다. 그는 이런 방식으로 늘 자신이 통제하는 위치에 있어야 한다는 욕구를 충족시켰다. 하지만 내게는 그에 대한 진실에 접근하기 위해 해야 할 일이 늘었다는 의미일 뿐이었다.

에드문드 켐퍼 3세는 1948년 12월 18일에 캘리포니아주 버뱅크에서 클라넬과 에드문드 켐퍼 2세의 세 자녀 중 둘째이자 유일한 아들로 태어났다. 누나 알린은 다섯 살 위, 여동생 수전은 두 살 아래였다. 하나뿐인 아들이라 태어날 때부터 특별 대우를 받았다. 또한 그는 아버지와 할아버지의 이름을 물려 받았는데, 이것은 뼈대 있는 집안이라는 그 집의 자부심을 드러낸다.

그럼에도 그의 어린 시절은 불안정, 갈등, 부모의 이혼으로 점철되어 있었고, 이혼 후에 어머니는 아이들을 데리고 몬태나주로 이사했다. 켐퍼는 깊이 좌절했다. 게다가 아버지가 없는 상황에서 어머니가 그에게 분노를 표출하는 것 같았다. "아홉 살인가 열 살인가 되었을 때 세상 전체가 폭발했으면 좋겠다고 생각했습니다. 나는 가족이 해체되는 것을 원하지 않았습니다. 나는 두 분 다 사랑했어요. 부모님은 많이 싸웠고 나는 밤에 부모님이 싸우는 걸 보면서 내내 울곤 했습니다. 부모님은 이혼을 했어요. 나는 누이가 둘인데 엄마는 나도 딸인 것처럼 대했어요. 아버지란 인간이 얼마나 썩은 작자인지 이야기하면서요. 나는 아들이니까 아버지와 동일시를 해야 했을 텐데 우리 집에서는 그럴 수가 없었죠. 누나는 다섯 살 위인데 나를 많이 때렸습니다. 여동생은 나와 누나에 대해 거짓말을 해서 우리가 벌을 받게 만들곤 했어요. 나는 늘 불리한 거래를 하고 있다고 느꼈습니다."

가족에 대한 점증하는 분노는 종종 누이들이 참여하기도 했던 희한한 놀이의 형태로 나타났다. 켐퍼의 여동생(FBI 요원들은 여동생과의 면담도 녹음했다)은 오빠가 즐겨 하던 요상한 놀이 하나를 알려주었는데, 오빠의 눈을 가리고 의자에 데려가 앉힌 뒤 상상의 레버를 당기면 오빠가 몸을 비틀고 바닥에서 발작을 하면서 가스실에서 죽는 척을 했다는 것이다. 나중에 켐퍼는 '가스'로 죽은 뒤에 '관에' 누워 있는 흉내를 내는 것까지 이 놀이에 추가했다.

이때부터 켐퍼의 어린 시절은 FBI가 연구한 연쇄살인범 36명 중 다수가 겪은 것과 유사한 불행을 많이 담고 있다. 그는 학교에서 놀림을 받았고 버스에서는 언제나 혼자 앉았으며 누이들이 늘상 놀려댔고 어머니는 술을 마시면 학대를 했다. 켐퍼는 이와 같은 모욕 대부분을 속으로 삼켰지만 때로는 동물이나 여동생에게 잔인하게 표출했다. 어느 날 여동생에게 매우 내밀한 방식으로 그러한 분노를 표출한 사건이 있은 뒤로, 클라넬은 더 이상 둘이 방을 같이 쓰게 하면 안 되겠다고 생각했고 아들을 식구들과 뚝 떨어진 지하방에서 지내게 했다. 리셀처럼 켐퍼도 FBI가 연구한 연쇄살인범 중 유독 말하기를 좋아하는 사람이어서, 그 지하방을 소름 끼치도록 상세하고 정확하게 묘사했다.

지하 창고 같은 곳이었습니다. 긴 널판지로 된 나무 계단이 지하로 쭉 이어져 있었어요. …… 옆은 화강암 벽이었고 머리 위에는 댕댕 울리는 파이프가 있었습니다. 상상력이 풍부한 아이에게는 아주 좋은 곳이었지요. …… 불행히도 나는 괴물을 무서워했습니다. 사물의 모든 부정적이고 무서운 면들 말이에요. 6개월 정도 그 지하방에서 지냈습니다. 나는 나를 잡아먹으려는 것이 틀림없다고, 나를 죽이려는 게 틀림없다고 생각한 괴물들과 악마의 거래를 했습니다. 그 지하방에 석탄 난로였던 것을 개조한 화로가 있었는데 …… 내게는 그것이 지옥 불처럼 보였습니다. 부모님이 내가 일곱 살이던 1956년에 이혼을 하고 몇 달 동안은 앞에서 말씀드린 것처럼 익숙한 환경에서 지냈어요. 두 살 아래 여동생과 침대를 같이 썼습니다. 그런데 지하로 내려가고 나서는 저녁이면 식구들은 다 2층으로 올라가고 나는 지하로 내려갔어요. 그러니까 식구들과 나 사이에 통째로 층 하나가 있었던 거죠. 무서웠습니다. 엄마는 불 켜는 것을 허락하지 않으셨어요. 비싸서 밤에 전등을 켤 수 없었습니다. 여덟 살 아이에게, 그러니까 일고여덟 살 아이에게, 그건 너무 무서웠습니다.

얼마 후에 클라넬은 세 번째 결혼을 했고 켐퍼는 자청해서 아버지와 새어머니와 함께 살았다. 하지만 아버지의 집에서도 그는 환영받는 존재가 아니었다. 언젠가부터 계모는 그가 '이상하게' 구는 것을 몹시 불편해했다. 계모는 켐퍼가 자신을 종종 소름 끼치게 뚫어져라 쳐다보는 것을 느꼈고 남편에게 켐퍼를 다른 곳으로 보냈으면 좋겠다고 말했다. 1963년 크리스마스에 캘리포니아주 노스포크에 있는 집안 농장에 친척들이 다 모였을 때, 그에게도 상황이 명확해졌다. 열다섯 살이던 켐퍼는 명절 연휴 막바지에 아무런 설명도 없이 아버지에게 버려져 조부모와 살게 되었다. 그는 자신을 떼어놓고 아버지의 차가 속도를 내어 흙길을 따라 점점 작아지는 것을 서서 바라보았다.

처음에는 시골 집에서의 새 생활에 그럭저럭 잘 적응하는 것 같았다. 그는 22구경 총을 가지고 있었고 그것으로 토끼나 땅다람쥐를 사냥했다. 학교 생활도 잘해나가는 듯했다. 하지만 첫 여름이 끝날 무렵, 할머니가 그의 퇴행을 우려하기 시작했다. 할머니도 그가 '이상하게' 구는 것을 점점 더 불편해했다. 켐퍼 본인도 인정했듯이 살인 판타지에 대한 집착이 점점 더 커지고 있었다. 그는 동물을 많이 죽였고 이제 사람을 죽이면 어떤 느낌일지도 궁금했다.

"그것이 어떻게 해서 판타지로 발달했나요?" 레슬러가 물었다.

"나는 '멍청하다'는 소리를 꽤 자주 들었습니다. 불행하게도 그것이 깊이 스며들었어요. …… 그때가 죽음 판타지로 들어가기 시작한, 그리고 죽음에 대한 환각 체험을 하기 시작한 때였습니다. 악마가 내 침대를 함께 쓰고 있었습니다. 그는 화로에 살고 있었어요. …… 나는 무의식적으로 아주 많은 적대감을 쌓았고 그 적대감이 판타지로 들어갔습니다. 그리고 그대로 곪았어요. 학교에서 알아차렸어야 했다고 생각합니다. 학교에서 나는 심하게 백일몽에 빠져 있곤 했거든요. 성적통지표에도 늘 그렇게 적혀 있었고요."

"무엇에 대한 백일몽이었나요?"

켐퍼는 그의 백일몽이 "서서히 더 정교하게 발달해가는 판타지"로 채워져 있었다며 그 내용을 설명했다. "큰 줄기는 학교 전체를 쓸어버리는 것이었습니다. 아주 나쁜 생각이었어요. 하지만 그들은 내가 창문으로 꽃잎이 날아가거나 새가 떨어지거나 뭐 그런 것을 상상하고 있다고 생각했겠지요. 일반적인 몽상가들처럼요."

열다섯 살에 이미 키가 2미터에 몸무게가 78킬로그램인 큰 체형이었다는 것도 도움이 되지 않았다. 학교에서는 친구들이 계속 놀렸고 그는 괴롭히는 사람들로부터 안 보이게 숨기에는 너무 키가 큰, 하지만 내성적인 아이였다. 또한 그는 지극히 외로웠다. 친구도 없었고, 부모와도 떨어졌고, 그가 아는 모든 것으로부터 멀리 떨어진 시골에 고립되어 있었다. 그가 가진 것은 판타지뿐이었고 머릿속에서 그 판타지를 수도 없이 궁굴리며 그것이 신성한 어떤 것, 자신이 규칙을 만들어내는 장소가 될 때까지 완벽하게 다듬어가는 것이 유일한 출구였다.

1964년 7월 27일, 켐퍼가 부엌에서 어린이책을 교정하고 있는 할머니를 뚫어지게 보자 할머니가 그만 좀 쳐다보라고 갑자기 소리를 질렀다. 켐퍼는 일어나서 22구경 총을 들고 땅다람쥐 사냥을 가겠다고 했다. 할머니는 새는 쏘지 말라고 주의를 주고서 다시 하던 일로 돌아갔다. 그때 켐퍼는 할머니의 머리를 뒤에서 쏘았고 어깨를 몇 차례 더 쏘았다. 그리고 칼로 찌르고 머리를 수건으로 덮었다. 할아버지가 집에 돌아오자 할아버지도 쏘았다. 그다음 어머니에게 전화해서 방금 자신이 한 일을 말했다. 어머니는 경찰에 전화하라고 했고 그는 시키는 대로 했다. 오랜 세월 수많은 작은 트리거와 거부당하는 경험을 삼키고 쌓은 뒤, 이제는 할머니가 소리 한 번 지른 것이면 그가 선을 넘게 만들기에 충분했던 것이다. 살인 판타지가 실현되었고, 이제 그는 앞으로도 죄책감 없이 살인을 할 수 있을 터였다.

살인 이후 경찰에 전화를 했다는 것은 상당히 전형적이지 않은 태도다. 우리의 연쇄살인범 연구에 포함된 다른 살인자들은 잡히는 것을 피하기 위해 할 수 있는 모든 일을 하려 했지만, 켐퍼는 본능적으로 자신이 한 일을 인정했다. 이것은 다음에 무엇을 할지를 미리 생각하고 저지른 일이 아니었음을, 혹은 어떤 결과에 직면하게 될지를 모르고 저지른 일이었음을 말해준다. 그런데 이보다 더 이상한 것은 켐퍼가 경찰에 전화해서 한 말이었다.

"할머니를 쏘면 어떤 기분일지 궁금했을 뿐이에요." 이어서 그는 할아버지가 집에 돌아와서 아내가 죽어 있는 것을 발견하지 않아도 되도록 할아버지도 쏘았다고 덧붙였다.

이 진술에는 분석해야 할 부분이 아주 많았다. 켐퍼가 가족에 대해 매우 낮은 수준의 애착을 가지고 있다는 것은 명백했지만, 그러면서도 할아버지를 살해한 것을 할아버지를 감정적 고통으로부터 보호하기 위한 일이었다고 정당화하고 있었다. 그리고 그는 살해 직후 곧바로 어머니에게 전화를 해서 자신이 한 일을 알렸는데, 이러한 상충은 켐퍼가 어린 시절에 겪은 애착, 거부, 고립을 시사했다. 또한 나는 여기에서 켐퍼가 자기 주위의 세상을 어떻게 인식하는지도 엿볼 수 있었다. 켐퍼에게는 판타지가 세상을 보는 지배적인 렌즈였다. 본인도 이것을 알고 있었고, 그래서 현실 감각을 어머니와의 애착을 통해 유지하려 했다. 하지만 이들의 모자 관계는 적대적이었고 지극히 불안정했다. 어머니는 그의 주된 스트레스 요인이었지만, 동시에 그의 생각 안에서는 그의 구원자이기도 했다.

리셀처럼 켐퍼도 처음 유죄 선고를 받았을 때 청소년이었다. 그는

'범죄적 비정상 상태'라는 진단에 따라 아타사데로 주립병원에 수용되었고, 4년 뒤에 퇴원해 집에 거주하면서 어머니의 돌봄을 받는 것으로 결정되었다. 켐퍼가 어머니와 적대적인 관계라는 게 잘 알려져 있었기 때문에 몇몇 의사들은 퇴원에 동의하지 않았다. 하지만 청소년 보호관찰 위원회는 의사들이 제출한 임상 보고서를 고려하지 않았다. 그래서 2미터가 넘고 이제 127킬로그램이나 나가는 거구의 켐퍼는 집으로 돌아왔고 새 출발의 기회를 갖게 되었다. 그는 커뮤니티칼리지에 들어갔고 경찰이 되려고 했다. 하지만 키가 너무 커서 경찰 대학에 들어가지 못하고 캘리포니아주 고속도로부에 취직했다.

어느 면으로 보나 켐퍼는 정상적인 삶의 궤적으로 돌아온 것 같아 보였다. 일자리가 있었고 때때로 데이트도 했으며 똑똑한 젊은이라는 인상을 주었다. 하지만 머릿속에서는 잠자고 있던 판타지의 조용한 세계가 질병처럼 퍼지고 있었다. 켐퍼는 옛 유혹에 저항하기 어렵다는 것을 깨달았다. 다음 2년 동안 그는 같은 방향으로 가는 여성들을 차에 태워주면서 자신이 범행 충동을 절제할 수 있는지 시험해보곤 했다. 하지만 그러면서도 결국에는 어떻게 될지 잘 알고 있었다. "살인을 하기 한참 전부터도 내가 살인을 하게 되리라는 사실을 알고 있었습니다. 그렇게 될 수밖에 없을 거라고 생각했어요." 그는 이렇게 인정했다. "그 판타지들은 너무 강했어요. 너무 오랫동안 계속되었고 아주 정교하게 발달해 있었습니다."

1972년 5월에 켐퍼는 마침내 판타지를 실행에 옮겼다. 어느 날 저녁 차를 몰고 버클리 근처를 지나가다가 방향이 같은 여대생 메리 앤 페시Mary Ann Pesce와 아니타 루체사Anita Luchessa를 차에 태워주었다. 원래는 강간만 할 생각이었지만 무언가에 압도되어 그들을 살해했다. 그리고 시신을 트렁크에 실어서 집으로 가져와 반복적으로 시간을 하고 토막냈다. 이는 켐퍼의 살인 과정에서 새로운 국면이 시작되었음을 의미했고 곧 그는 살인의 폭주에 들어갔다. 주로 여대생을 범행 대상으로 삼아서 나중에 '여대생 살인마'라는 별명을 얻게 되었다. 그는 피해자를 살해하고 목을 베고 시간을 하고 시신을 토막내어 손, 상체, 기타 신체 부분을 각기 다른 곳에 유기했다. 때로는 자른 머리를 보관했고 반복적으로 훼손한 뒤 냄새가 나기 시작할 때가 되어서야 폐기했다.

자신의 범행을 정당화할 이유를 댈 수 있는지 묻자 켐퍼는 매우 건조하게 사실을 보고하듯이 이렇게 말했다. "네. 원래 머리를 자르는 것은, 부분적으로는 내 머릿속에 있던 이상한 생각 때문이었던 것 같습니다. 어린 시절에 가지고 있던 판타지였어요." 켐퍼는 "머리를 잘라내고 나면 만족감이 들었다"고 말했다. "처음으로 머리를 자른 것은 페시 양을 죽인 칼로 트렁크에서 루체사 양의 머리를 벤 것이었는데, 매우 흥분되었던 기억이 납니다. 루체사 양의 머리를 벤 것 말이에요. 그것도 성적인 흥분이었습니다. 사실 그것이 거의 클라이맥스였어요. 고양된 승리감 같은 것이었습니다. 사냥 후에 사슴이나 순록의 머리를 베어서 들고 오는 것처럼요. 나는 사냥꾼이었고 그들은 내 사냥감이었던 것이지요."

켐퍼가 전리품을 모으는 사냥꾼으로 자신을 묘사한 것은 그의 마음의 속성을 파악하는 데서 핵심이며, 이는 그가 살해 후 시신 유기 방식으로 토막내기를 선택한 이유를 어느 정도 설명해준다. 그는 시신을 토막낼 때 신체 부분들을 관찰하면서 토막내는 기술을 향상시키는 과정(이를테면 절단을 더 용이하게 하기 위해 사후강직이 시작되기 전에 아킬레스건을 잘라내기 시작했을 때처럼)에 매료되었다. 토막내는 행위 자체가 켐퍼의 폭력 판타지에서 가장 중요하고 본질적인 요소이기도 했다. 그가 가장 좋아한 수집품은 피해자의 머리였다.

머리에 대한 환상은 어린 시절 여동생 인형을 가지고 성적인 의례가 포함된 놀이를 하면서 인형 머리를 베었을 때 시작되었다. "나는 앉아서 인형 머리들이 쿠션 위에 있는 것을 보기도 하고, 인형 머리들에 발이 걸려 넘어지기도 하고, 인형 머리들 중 하나가 흔들리다가 매우 소름 끼치게 의자에서 굴러 떨어지는 것을 보기도 했습니다. 의자에서 떨어져서 방석 위로 데굴데굴 굴러가더니 깔개에 걸려 '쿵' 하고 멈추었어요." 어린 시절 내내 이 생각은 점점 더 커졌고 그의 판타지에서 핵심 요소가 되었다. 켐퍼에게 여성의 시체는 실물 크기의 인형이었다. 켐퍼는 이렇게 묘사했다. "내가 그들을 죽이면 그들은 나를 남성으로서 거부할 수 없게 되잖아요. 그들은 뭐랄까, 사람으로 만든 인형 같았습니다. 그러니까 나는 인형을 가지고, 살아 있는 인간 인형을 가지고 내 판타지를 수행한 것이지요."

켐퍼는 마지막 여대생 피해자 신시아 샬Cynthia Schall 살해에서 판타지로 이상화된 범죄를 가장 이상에 가깝게 상연했다. 그는 샬을 총으로 쏘아 죽이고서 자신의 차 트렁크에 싣고 어머니의 아파트로 돌아왔다. 그리고 다음 날 어머니가 일하러 간 사이에 욕조에서 절단하려고 밤새 옷장 속에 넣어두었다. 그리고 잘라낸 머리를 그의 방 쪽으로 얼굴이 향하도록 해서 뒤뜰에 묻었다. "때로는 밤에 그 여성에게 말을 걸었습니다. 아내나 여자친구한테 하는 것처럼 사랑의 말을 했어요."

살인을 할 때마다 그의 자신감과 역량이 높아졌다. 그는 피해자와 살해 과정 모두를 낭만화하면서 자신의 범행 방식에 스스로 감탄하기 시작했다. "우아한 나비가 지나가는 것을 보면 잡아서 더 자세히 보고 싶은 마음이 드는 것과 비슷합니다. 너무 빠르게 지나가버릴 테니까요. 그래서 움켜잡는 순간 나비가 으깨져서 더 이상 살아 있지 않게 되리라는 것을 알면서도 손을 뻗게 되는 것입니다. 그때는 아름답지 않겠지만 움직이지 않고 가만히 있기는 하겠죠. 그래서 남들 같으면 죽은 사람 가지고 그렇게 장난치면 안 된다고 할 법한 일들을 할 수 있게 되는 것 같습니다. 끔찍하고 소름 끼치고 그런 일들을요."

두 달 정도 휴지기를 두었다가 1973년 봄에 켐퍼의 살해 폭주는 어머니와 어머니의 친구인 샐리 할렛Sally Hallett을 살해하는 것으로 정점에 올랐다. 금요일이었고 클라넬이 파티에서 술을 마시고 돌아와 시끄러운 소리를 내는 바람에 켐퍼가 잠에서 깼다. 아들이 보러 나오자 클라넬은 이렇게 말했다. "네가 밤새 깨어 있고 싶어 할 줄 알았지. 이야기나 좀 할까?" 켐퍼는 "아니요, 안녕히 주무세요"라고 대답했다. 하지만 이렇게 말하면서도 다음에 어떤 일이 일어날지 잘 알고 있었다. 어머니가 잠들자 방으로 들어가서 장도리로 어머니를 살해했다. 이어 몇 시간을 들여 어머니의 목을 자르고 시신을 훼손했다. 시신으로 구강 성교도 했고 시신에 대고 소리도 질렀으며 그다음에 시신을 과녁 삼아 다트도 했다.

녹음 테이프에서 그가 이 이야기를 하면서 우는 소리가 들렸다. 나는 전혀 안쓰럽지 않았다. 늘 그랬듯이 켐퍼는 자신에 대한 이야기를 만들고 있었다. "나는 엄마에게서 나왔어요. 그리고 분노에 휩싸인 채로 다시 들어갔습니다."

*

끔찍하게 들리지만 시신 훼손과 사체 강간은 연쇄살인범에게서 꽤 표준적으로 발견된다. 전에도 이런 사례는 많았다. 하지만 켐퍼에게는 다른 점이 있었다. 그는 너무 쉽고 편안하게 피해자를 토막냈고 신성한 행위를 한 것인 양 이야기했다. "일상적으로 시신을 봐서 대수롭지 않게 대할 수 있는 (부류의) 사람들이 있습니다. 오래도록 그 일을 한 장의사나 병리학자 들이 그렇지요. 하지만 나는 끔찍한 것을 많이 보았기 때문에, 이런 판타지 중 어떤 것은 정말 너무 이상해서 제기랄, 병리학자라도 구토하게 만들었을 겁니다. 사디스트의 환각 체험 같은 것이 아니었어요. 그저 발달 과정 같은 것이었습니다. 그러니까 어떤 수준의 판타지에 진력이 나면 더 이상하고 더 깊은 판타지로 나아가야 했습니다. 매년, 매년, 매년, 점점 더요. 결국에는 끝까지 가게 될 텐데, 내 최악의 판타지들은 아직 드러나지 않았습니다."

여기에 담긴 함의는 명백했다. 켐퍼에게 핵심은 살인이 아니라 시신 훼손이었다. 그는 시신을 토막냄으로써 동료 인간과 연결되어 있다는 감각을 조악한 형태로 경험했다. 너무나 끔찍하고 논리적으로 오류가 가득해 보이기는 하지만, 켐퍼 같은 소시오패스에게는 완벽하게 합리적이고 말이 되는 이야기였다. 이것은 그가 공감 역량이 없고 지배력을 드러내고자 하는 강박적 필요를 느끼고 있었으며 타인과 감정적 유대를 지속할 수 있는 능력이 결여되어 있었음을 보여주었다. 시신의 머리를 보존할 때 그가 보인 집착적이고 까다로운 태도에서 이 점이 가장 두드러지게 드러났다. 그는 시신의 머리를 일종의 의례 용도로, 그리고 자신의 판타지를 연장하기 위한 수단으로 사용했다. 켐퍼가 재판에서 검사 피터 창Peter Chang, 보안관실 형사 미키 알루피Micky Aluffi에게 진술한 내용이 FBI가 보관하고 있는 녹음 테이프에 담겨 있는데, 자신의 생각을 다음과 같이 설명했다.

"나는 (그 여성의 시신이) 빨리 부패하기를 바랐습니다. 머리에 총알이 있었는데 눈으로 볼 수 있는 것은 아무것도 없기를 바랐으니까요. 냄새라든가, 뭐라고 해야 하나, 부패와 관련해서 너무 많은 문제가 생기지 않기를 바랐습니다. 그래서 시신의 머리를 밀고 털을 제거하고 가죽을 벗기고 얼굴과 목의 조직을 떼어내고 얼굴에서 발라낼 수 있는 살은 다 발라냈습니다."

"그것을 머리와 함께 묻었습니까?" 형사 알루피가 물었다.

"네, 바로 그 아래에 묻었습니다. 살점들이 제일 먼저 사라지리라는 것을 알고 있었지만 뼈가 있는 장소에 여전히 연결되어 있기를 바랐습니다. 나는 해골 부위가 빠르게 부패되기를 원했어요. 그 안에 남아 있는 것이나 그 위에 남아 있는 것 모두요. 하지만 머리카락과 가죽은 같이 묻을 수 없었습니다. 머리 중 얼굴 부분만 거기에 묻었습니다."

"머리카락과 가죽은 어떻게 했습니까?"

"머리카락은 잘라내고 쓰레기 봉투에 넣어서 주유소에 있는 쓰레기 더미에 버렸습니다. 가죽은 조각조각 잘라서 발견되지 않게 변기에 넣고 물을 내렸습니다."

끔찍하고 잔혹한 이야기를 자동차를 분해하는 기계공처럼 실용적이고 감정 없는 어투로 이야기하는 것을 보면 그가 폭력을 사무적으로 접근하고 있다는 걸 알 수 있다. 그에게 피해자는 그저 빈 도화지였고 그는 그 도화지에 자신의 머리에서 나오는 어마어마한 판타지를 그리고 있었다. 하지만 이러한 시도에 대해 그를 파악할 수 있는 가장 깊은 통찰을 우리에게 제공해준 것은 켐퍼의 누나 알린이었다. 켐퍼가 자수하기 전에 알린은 혹시 켐퍼가 여대생 살인과 관련 있지 않을까 하는 생각이 들었다고 했다. "어린 시절에 있었던 사건 하나가 확 떠올랐다"는 것이었다. 켐퍼는 집에서 기르던 고양이를 목을 잘라 죽인 뒤 냄새 때문에 엄마가 알게 되기까지 사체의 나머지를 옷장에 숨겨놓은 적이 있었다. 알린은 켐퍼에게 혹시 살인 사건과 관련이 있느냐고 물어보기도 했는데, 그는 아니라고 하면서도 엄마에게 말하지 말라고 했다. "엄마가 궁금해할 것이고 그러면 일이 커질" 거라면서 말이다.

켐퍼의 살해 양상은 부재하는 아버지와 닿을 수 없는 어머니에게 버림받은 것을 포함해 어린 시절에 경험한 적대감을 반영한다. 살해는 다른 이들과 연결될 수 있는 능력의 부재와 자신에게 안식처가 되어주기를 거부한 부모에 대한 처벌, 둘 다를 표현하는 방식이었다. 켐퍼에게 폭력은 지속적인 공격과 조롱에 맞서서 자존감을 입증하고 자신으로서는 늘 닿을 수 없는 것이었던 타인과의 감정적 교감을 일구는 수단이었다. 프로이트가 연쇄살인범을 설계했다면 틀림없이 켐퍼가 그의 원형이 되었을 것이다. 켐퍼는 매우 고전적인 사례였다. 그는 부모가 자식에게 보이는 조건 없는 애정을 원했고, 부모가 그가 갈망했던 긍정적인 관심과 애정을 주지 못했을 때 무자비하게 잔혹한 방식으로 폭력을 분출했다.

*

켐퍼와 리셀 모두 전에 내가 온전히 이해하고 있지 못했던 연쇄살인범의 발달 과정을 상징적으로 보여주었고 또 그것을 한층 더 복잡하게 만들었다. 이러한 유형의 범죄자를 분석하는 기존의 방식은 '양육nurture이냐 본성nature이냐'에 초점을 맞추고 있었다. 누군가가 살인자가 될 가능성을 환경적 요인이나 생물학적 요인 둘 중 하나가 결정한다는 듯이 말이다. 하지만 켐퍼와 리셀은 이러한 깔끔한 구분에 대해 복잡한 문제를 제기했다. 그들은 연쇄살인범이 꼭 폭력 성향을 타고나는 것이 아니라 폭력 행동에 빠지는 쪽으로 더 쉽게 영향을 받는 것이며 특정한 트리거들에 노출되면서 그것에 살인으로 반응하는 성향을 점차적으로 키워간다는 것을 보여주었다. 그리고 딱 맞는 조건이 주어졌다 해도 그들의 살인 충동은 '시간이 가면서 발달해가는' 종류의 성향이었다. 즉, 그들의 살인 성향은 복잡하고 느리게 형성되는 과정을 거쳐 만들어진 것이었다. 또한 많은 경우 근원을 거슬러가면 타인과, 또 자기 자신과 연결되지 못한다는 데 원인이 있었다. 연쇄살인범의 생각 속에서 폭력은 자가 치료의 한 형태였다. 살인은 그들의 강박, 집착, 혼란, 압도적인 판타지를 누그러뜨려주는 기제였다. 살인은 그들에게 통제감을 제공했다. 하지만 자가 치료가 다 그렇듯이 효과는 일시적일 뿐이었다. 켐퍼는 이것을 잘 알고 있었고 "현실은 결코 판타지에 부합할 수 없다"고 인정했다.

연쇄살인범이 얼마나 자기 인식을 잘 하고 있든 간에, 또 얼마나 많은 의례를 범행에 새로 더하든 간에, 그것으로는 여전히 충분할 수 없다. 판타지와 현실 사이의 선은 깨질 수 없다. 그들의 원초적인 살해 충동, 살해에 대한 가차 없고 굴복을 모르는 갈증은 아무리 많은 폭력을 저지르더라도 충족되거나 완화되거나 사라지지 않는다. 리셀과 켐퍼는 다른 누구보다 이런 점을 잘 알고 있었다. 그래서 자신들의 범죄에 대해 이야기하는 것을 멈출 수 없었다. 그 기억이 그들이 가진 전부였기 때문이다.

12장

사체 훼손의 패턴

행동과학부의 업무 중에서 강의에 대한 요원들의 선호도는 극과 극이었다. 어떤 요원은 강의를 좋아했고, 어떤 요원은 그것을 사회적인 출구로 삼았으며, 어떤 요원은 안 그래도 부족한 인력과 시간에 부담이 되어서 싫어했다. 나는 강의를 조금 다르게 보았다. 내게 강의는 새로운 아이디어를 살아 있는 청중에게 테스트해보고 그들이 보이는 반응에 따라 연구를 더 정교하게 다듬을 수 있는 기회였다. 가르치는 기회인 동시에 배우는 기회였다. 신참 요원들이 하는 질문에, 그들의 머리에서 무언가가 반짝했을 때 그들이 보이는 흥분에, 내가 그들을 이해시키지 못했을 때 나타나는 어리둥절한 표정에, 귀중한 가치가 담겨 있었다. 내게 강의는 지속적인 동기 부여 요인이었고 덕분에 내 연구가 더 완벽해질 수 있었다. 나는 강의에 최선을 다했다.

1986년 봄, 강간 후 시신을 훼손하는 살인자들에 대한 논문을 쓰고 나서 얼마 뒤에 새로운 강의 아이디어가 떠올랐다. 지난 석 달 동안 성적인 동기를 가진 살인자 중 본인이 성적 학대를 당한 경험이 있는 사람과 그렇지 않은 사람을 비교하는 연구를 했는데, 놀라운 결과가 나왔다. 아동기에 성학대 경험이 있는 살인자가 피해자의 시신을 훼손할 가능성이 더 높았다. 이러한 유형의 보복적 행위(과거의 트라우마를 더 극단적이고 가학적인 방식으로 능가하고자 하는 것)는 연쇄살인범의 독특한 속성에 대해 말해주는 바가 있었고, 나는 이 부분을 더 탐구해보고 싶었다. 그리고 이 관심사야말로 우리 팀이 아닌 사람들의 경험과 반응에 비추어보면 딱 좋을 관심사였다.

구체적으로는 에드문드 켐퍼의 인터뷰를 듣다가 이 주제가 떠올랐다. 레슬러가 켐퍼에게 피해자를 어떻게 골랐으며 왜 죽였느냐고 물었는데, 켐퍼의 반응이 놀라웠다.

"나는 사람들의 생명을 빼앗는 정말 안 좋은 문제를 가지고 있었습니다. 이것은 그들을 죽이려는 행위라기보다는 죽인 후에 그들의 신체를 소유하는 행위였습니다."

내 머리에 불이 번쩍 켜졌다. 켐퍼의 진술은 (문자 그대로 말이 된다기보다는 그 기저에 있는 도덕적 원칙과 갈등의 감각 측면에서) 완벽하게 말이 되었다. 그의 말은 이제까지 연쇄살인범 연구에서 우리가 고려해보지 않았던 완전히 새로운 차원을 암시하고 있었다. 우리는 어린 시절, 범행 계획, 범행 장소에 대한 기록 등을 토대로 프로파일을 만들어왔지만 가해자가 범행 이후 피해자 시신과의 상호작용에서 보이는 의례의 측면에 대해서는 진지하게 생각하지 않고 있었다. 고려하더라도 시신이 어떻게 유기되었는지, 사후 강간이 있었는지, 법의학적 증거는 무엇이 있었는지와 같은 실용적인 의미에서였지 정말로 진지하게 고려한 것은 아니었다. 그런데 켐퍼의 사례는 가해자들이 매우 의도적이고 때로는 매우 까다로운 자기만의 기준에 따라 사후 범행에 임하고 있을지 모른다는 점을 보여주었다. 여기에는 '의미'가 담겨 있을 수 있었고, 이것을 더 분석하면 연쇄살인범의 마음이 어떻게 작동하는지 더 잘 파악할 수 있을지 몰랐다. 되돌아보니, 의례가 살인자의 세 번째 행위라는 것이 명백해보였다.

이러한 깨달음은 우리 연구의 범위도 넓혀주었다. 이는 어떤 살인범에게는 범행의 만족이 살해 자체가 아니라 그 뒤에 오는 의례(시신의 절단, 기념품 수집, 시신의 전시나 유기 등)에서 나온다는 것을 의미했는데, 이러한 유형의 시신 처분과 범행 후 행동은 잘 연구되어 있지 않았다. 생각만 해도 역겨운 일이긴 하지만, 행동과학부에서 내가 맡은 일은 연쇄 폭력의 가장 극단적인 경계를 파악해서 가해자들이 진화해나갈 가능성을 예측하는 것이었다. 더글러스가 즐겨 말했듯이,

> 행동은 성격을 반영한다. 미래의 폭력에 대한 가장 좋은 지표는 과거의 폭력이다. '예술가'를 이해하려면 그의 '예술'을 연구해야 한다. 범죄는 총체성 속에서 분석되어야 한다.

*

"사체를 훼손하고 절단하는 데는 두 가지 이유가 있습니다." 콴티코의 익숙한 강당에서 나는 곧바로 주제로 들어갔다. "첫 번째는 실용적

인 목적입니다. 피해자의 신원을 가리기 위해, 또는 유기를 더 용이하게 하기 위해 시신을 분해하는 것입니다. 하지만 어떤 이들에게는 범행 후 행동이 사디즘의 핵심 판타지를 충족시키는 역할을 합니다. 본질적으로 이것은 의례화된 행동이며, 여기에는 신체에 상징적인 패턴이나 표식을 새겨넣거나 성기를 도려내는 등의 행위가 포함될 수 있습니다."

나는 프로젝터를 켜고 샌터크루즈 인근 산에서 수사관들이 잘린 머리 주위에 서 있는 사진을 보여주었다. 형체가 명확하게 보였고 약간 쪼글쪼글해진 것 외에는 부패된 상태도 아니었다. 피해자가 아직 십대인 어린 소녀라는 것을 쉽게 알아볼 수 있을 정도였다.

"어느 경우든 시신 훼손은 수사에 막대한 어려움을 야기합니다. 시신이 절단되어 있으면 부검이 매우 어렵습니다. 그리고 신체 부분을 여러 장소에 흩어놓으면 피해자와 가해자 모두의 신원을 숨기기도 더 쉽습니다."

나는 슬라이드를 넘겨 피해자의 머리만 있는 클로즈업 사진을 보여주었다.

"보고 있기 힘들죠. 생각하는 것도 힘들고요. 저도 잘 알아요. 하지만 이러한 행동에 대한 계획, 즉 사지 절단, 전시, 그리고/또는 시신의 보관과 관련된 의사결정을 조사해봄으로써 가해자가 누구이고 그들이 어떤 방식으로 사고할지에 대해 귀중한 정보를 모을 기회를 가질 수 있습니다. 이러한 사례 각각에는 시그니처의 요소가 있습니다. 거기에는 패턴이 있어요. 그 패턴을 드러낼 수 있다면 범인이 또 다시 행동에 나서기 전에 그를 파악하는 데 한 걸음 더 가까이 갈 수 있을 것입니다."

요원들의 얼굴에 어리둥절한 표정이 서리는 것을 보고 질문을 받기 위해 설명을 잠시 멈추었다.

앞줄에 앉은 한 요원이 물었다. "이러한 유형의 행동은 불합리한 행동이라고 볼 수 있는 사례가 아닌가요? 예측 불가능하고 설명 불가능한 종류의 일로요. 제 말씀은, 이와 같은 행동은 너무 지나친 것으로 보여서요."

"꼭 그렇지는 않아요. 대부분의 인간 역사에서 사망 후 의례는 종교 의식에 일반적으로 존재합니다. 아주 최근에서야 그것을 지탱해주는 문화적인 요소들이 줄어서 드물어졌지요. 하지만 제가 본 현대의 사례 모두에서 가해자는 의도적이고 주도면밀하고 나르시시스트적인 가학적 자기 만족에 관심이 있었습니다. 여기에서 드러나는 것은 그들의 광기가 아니라 그들의 의도입니다 에드문드 켐퍼, 테드 번디Ted Bundy, 칼턴 게리Carlton Gary의 사례를 보세요. 그들 모두 이성의 범위 안에서 행동했습니다."

"무슨 말씀이신지 알겠어요." 그 요원이 약간 물러섰다. "하지만 범인의 논리가 그렇게 배배 꼬여 있고 난해하다면, 솔직히 너무 미친 것 같아 보이는데, 그것을 실마리로 쓰는 건 유용성이 없지 않은가요?"

"여기에서 핵심은 이것이 미친 짓 같은지 아닌지가 아닙니다. 핵심은 **가해자가** 자신의 행동에서 일종의 논리를 보고 있고, **가해자가** 논리적인 패턴을 따라 행동하고 있으며, **가해자에게** 그것이 말이 되는 논리라는 점입니다. 자, 이렇게 설명해 볼게요. 제가 행동과학부에서 일하기 시작했을 때 36명의 살인자에게 물어본 근본적인 질문 중 하나는 '첫 살해를 촉발한 트리거가 무엇이었는가'였는데, 예외 없이 모두의 답변이 동일한 논리적 패턴을 따르고 있었습니다. 우선 그들은 기억할 수 있는 아주 오래전부터 자신이 가진 판타지의 삶에 집착했고 그것을 잘 알고 있었다고 했습니다. 그것을 '지배적인 현실'이라고 부르기도 했어요. 그다음, 그들은 이 판타지가 처음에는 폭력에 대한 모호한 생각이었다가 강간, 살인, 타인 통제에 대한 복잡한 집착으로 점점 더 발전해갔다고 했습니다. 마지막으로, 그들은 복잡하게 구성된 판타지 세계가 어느 임계를 넘으면 현실 자체와 막상막하일 정도로 깊은 현실감과 진정성을 갖게 된다고 했습니다."

"바로 이 마지막 부분, 현실과 판타지의 경계가 흐트러지는 부분을 이해하는 것이 가장 중요합니다. 이게 핵심이에요. 바로 이 순간에 살인의 추상적인 매력이 가해자의 머리에서 빠져나와 현실 세계에서 실제 피해자를 목표로 그 자신의 독자적인 삶을 갖게 되기 때문입니다."

"그리고 이 점이 여러분 모두에게 중요한 이유가 여기 있습니다." 나는 슬라이드를 앞으로 넘겨 샌터크루즈 보안관실이 찍은 에드문드 켐퍼의 머그 사진을 보여주었다. "가해자는 자신이 저지른 강간 살해가 가학적 판타지가 표출된 것인 줄은 알고 있지만 그것이 자신의 잘못이라고도, 자신이 현실을 잘못 이해했다고도 생각하지 않습니다. 오히려 그들은 자신의 현실 인식이 다른 이들의 인식보다 명료하다고 생각합니다. 그들은 자신이 원하는 것을 할 자격이 있다고 생각해요. 자신이 살고 있는 세계가 불공평하고, 그곳에서 궁극적인 보상은 통제력의 감각이라고 생각합니다. 그들에게는 **판타지가 곧 현실**입니다. 판타지는 개인적이지만 강력한 실재이고 그 자체의 복잡한 규칙과 의례를 따르고 있습니다. 그리고 다른 이의 생명을 완전히 경시하는 마음 상태를 정당화하는 아전인수식 내러티브를 제공합니다. 그들에게 여기에는 의미가 있습니다. 여러분이 그걸 파악할 수 있다면 여러분에게도 의미가 있을 것입니다."

*

우리 연구가 진행되는 내내 더글러스와 레슬러와 나는 가해자의 본성에 얼마나 많은 층위가 있을 수 있는지 깨달았다. 그들의 발달 과정에 하나의 전반적인 이유 같은 것은 없었다. 그들은 폭력을 좇도록 '예정되어 있지' 않았다. 그들은 살해를 하도록 단순히 조건화되어 있는 것이 아니었다. 실제는 그것보다 훨씬 더 복잡했다. 어린 시절에 학대에 노출되었다든지 하는 공통점이 있었지만 그들이 저지른 파괴적 행동은 과거에 당한 폭력에 입각한 것이 아니었다. 그들이 저지른 성폭력과 살해는 본인의 고유한 사고 패턴에서 동기 부여된 것이었다. 우리가 연구한 살인범들은 자신의 경험을 이해하는 방법으로서 어린 시절의 트라우마를 머릿속에서 반복적으로 재상연하곤 했는데, 그것을 극복하기 위해서가 아니라 그것에 탐닉하기 위해서였다. 판타지가 반복 재생되면서 어린 시절의 트라우마적인 사건이 그들에게 강화되었고 독려되었다. 이것은 일종의 리허설이며, 깊은 인지적 각인을 형성하고 전통적인 인식 수단을 재조정하는 매우 드문 사고 패턴이었다. 이 모든 것은 향후 본인이 저지르는 폭력적인 행동에 대한 의식적 계획을 정당화하는 데 사용되었다.

여기에서 우리가 얻을 수 있는 주된 교훈은 이것이 살인자의 진화에서 무엇을 의미하느냐에 있었다. 그들의 패턴화된 사고와 의도는 본질적으로 강박적이었고, 이 말은 살해의 행위가 판타지의 가장 완벽한 형태를 구현할 수 있도록 지속적으로 연습되고 개선되고 정교해져야 한다는 의미였다. 이런 방식으로, 가해자의 위험한 사고 패턴은 그것이 더 오래 제약받지 않고 지속될수록 더 복잡해지고 더 폭력적이 되었다. 그들의 판타지는 매번의 살인에서 진화했다. 그들은 더 큰 통제와 소유에 집착하고 강간, 고문, 신체 훼손의 의례적인 형태를 확장하면서 점점 더 발전했다. 대부분의 살인자는 판타지가 여기까지 도달하기 전에 붙잡혔지만, 충분히 계산적이고 강박적으로 신경을 써서 체포당하지 않고 이러한 진화와 발전을 거듭할 시간을 더 가질 수 있었던 살인자들도 있었다. 바로 이들이 가장 완전한 형태로 판타지를 실행에 옮기는 자들이었고, 우리에게 자신의 정신이 작동하는 고유한 속성에 대해 가장 깊은 통찰을 줄 수 있는 자들이었다. 또한 바로 이들이 우리가 보아온 중 가장 끔찍한 범죄를 저지른 자들이었다.

나는 행동과학부에서 일하면서 사체 절단 사례를 볼 만큼 보았다. 얼마나 끔찍한 것들이 날것 상태로 펼쳐지든 간에 나는 각각의 사례를 면밀히 조사했다. 물론 그렇다고 이러한 범죄의 끔찍함과 공포에 적응이 되었다는 말은 아니다. 그저 그것을 보지 않을 수 있는 방법이 없다는 것을 알고 있었을 뿐이다. 데이터는 데이터였으니까. 각각의 사례는 유용한 무언가를 보태주었다. 각각이 새로운 관점을 가져다주었고 연쇄살인범을 종합적으로 이해하는 데 정보를 보태주었다. 리서치라는 것이 그렇다. 리서치는 현상의 전체를 고려해야만 이뤄질 수 있다. 불편한 부분을 무시해서는 대상 현상을 제대로 연구할 수 없다. 나는 일찍이 강간 연구를 하면서 이것을 깨달았고, 범죄자 성격 연구에도 이 깨달음을 적용하는 것이 중요하다는 사실을 알고 있었다. 범죄를 온전하게 파악하려면 범죄에 관여된 개인들을 온전하게 파악해야 했다. 얼마나 끔찍하고 공포스럽게 뇌리를 따라다니는 범죄이든 간에 모두 면밀히 살펴봐야 했다.

예를 들어, 제럴드 존 섀퍼 주니어Gerard John Schaefer Jr.는 열두 살 때 결박과 '가학-피학' 판타지가 생기기 시작했다고 했다. "나는 나 자신을 나무에 묶고 자위 행위를 했습니다. 그리고 자해하는 판타지를 떠올렸습니다. 여성의 속옷을 찾아내서 입기도 했습니다. 아버지가 누이를 편애했기 때문에 여자아이가 되고 싶었습니다."

섀퍼의 살해 루틴은 십 대 소녀를 납치해 플로리다주 자연보호구역의 외진 곳으로 데리고 간 뒤, 결박하고 재갈을 물리고 목에 올가미를 매고 나무 뿌리 위에서 균형을 잡고 서도록 한 다음에 목숨을 빼앗는 것이었다. 그 후에는 증거를 없애기 위해 시신을 절단했다. 섀퍼를 핵심 용의자로 지목한 수사팀이 그가 어머니와 살고 있는 집을 수색했을 때 보석, 흉기, 야한 사진, 실종자 신고 보도 내용, 치아, 뼈 등 다양한 피해자에게서 수집한 각종 기념품이 발견되었다. 또한 손으로 쓴 원고와 그림도 100페이지 넘게 발견되었는데, 젊은 여성을 상대로 폭력을 저지르고 신체를 훼손하는 판타지가 상세하게 기록되어 있었다. 하지만 무엇보다 섀퍼의 판타지가 적나라하게 표출된 것은 그가 벽에 기념으로 붙여놓은 포스터들이었다. 연성 포르노 포스터에 자신의 야만적인 사고를 매우 상세하게 시각화해놓은 콜라주였다. 하나에는 한 여성이 손을 등 뒤로 하고 나무에 기대어 있는 모습이 있었고 거기에 섀퍼가 총알 구멍, 결박한 끈, 속옷에 변을 본 흔적 등을 추가로 그려넣었다. 또 어떤 포스터에는 세 명의 벌거벗은 여성이 한 남성 주위에 서 있었는데, 그 위에 섀퍼가 말풍선으로 이렇게 적어넣었다. "이 여자들은 나를 즐겁게 해줄 거야. 그렇지 않으면 광장으로 끌고 가서 다들 보는 데서 밧줄로 묶어 춤을 추게 해야지." 벽의 다른 쪽에는 포스터 몇 장을 겹쳐 붙여놓았는데 젊은 여성들이 나무에 목을 매달고 있는 모습이었다.

섀퍼만 끔찍한 판타지를 가진 것은 아니었다. 카르민 칼라브로Carmine Calabro도 그런 사례였다. 그의 피해자 프랜신 엘버슨Francine Elveson은 26세의 특수 교육 교사였는데, 자신이 살고 있던 브롱크스의 아파트 건물 옥상에서 숨진 채 발견되었다. 그의 시신은 특히나 잔혹하게 훼손되었다. 엘버슨은 죽기 전에 신체에 가혹 행위를 당했고 죽고 나서도 심한 시신 훼손을 당했다. 범인은 그를 알아볼 수 없을 정도로 구타했고 스타킹과 벨트로 결박을 하고서 히브리어 문자 카이처럼 팔다리를 벌린 자세를 취하게 했다(엘버슨이 하고 있던 목걸이에 히브리어 문자 카이가 있었다). 얼굴 전체가 완전히 망가져 있었고 속옷으로 가려져 있었다. 허벅지 안쪽과 무릎 주위에는 치흔이 있었다. 펜나이프로 찔린 자상도 있었다. 가장 주목할 만한 부분은 살해 후 행동에서 명백하게 드러난 심한 성적 좌절이었다. 범인은 피해자의 유두를 잘라내고 성기를 도려냈으며, 배에 음란한 글귀를 적고 우산을 질에 삽입했다. 이에 더해 시신 위에서 자위를 하고 시신 옆에 변을 보고 피해자의 옷으로 덮어놓았다. 피해자의 다리에는 볼펜으로 다음과 같이 적어놓았다. "X발. 당신들은 나를 멈출 수 없어." 경찰에 대한 직접적인 도발이었다.

이 미확인범에 대해 행동과학부가 작성한 프로파일은 그가 다듬지 않은 수염을 가진 외모에 직업이 없고 인근에 부모와 함께 살며(아마도 범행 장소와 동일한 건물에 살고 있을 수도 있다), 고등학교나 대학을 중퇴했고 결박에 대한 포르노를 방대하게 수집해놓았을 것이라고 묘사했다. 또한 최근에 정신 치료 시설에 수용된 적이 있을 것이고 우울증 약을 처방받았을 것이라고 예측했다. 수사팀은 이 정보를 가지고 용의자를 카르민 칼라브로로 좁힐 수 있었다. 그는 피해자 엘버슨이 살던 아파트 건물에 아버지와 함께 살고 있었고 정신 병력이 있었으며 고등학교 중퇴자였다. 사건은 칼라브로가 수사팀이 그의 치아 틀을 뜨도록 협조하면서 해결되었다. 세 명의 전문가가 피해자에게서 발견된 치흔과 일치한다고 각각 진술했고, 칼라브로는 곧바로 체포되었다. 치흔은 살인으로 유죄를 받는 데 결정적인 증거였다.

더글러스는 이렇게 설명했다. "물어 뜯는 것은 강간에서든 살해에서든 성폭행의 일부인 경우가 많습니다. 이것은 다시 통제와 지배 이슈로 돌아가는데요, 이런 행위는 분노, 공격, 권력에 대한 것입니다. 그들에게 이것은 완전한 지배를 뜻해요. 가능한 모든 방법으로 피해자를 소비하는 것이죠. 치아는 그 도구고요. 즉, 그들은 모든 도구를 사용해 자신이 획득한 것을 파괴하는 겁니다."

칼라브로는 유죄 선고를 받았지만 자신의 죄를 인정하지 않았고 1986년 초에 행동과학부에 우리가 작성한 프로파일에 대해 이의를 제기하는 편지를 보내오기도 했다. "이 프로파일이 나를 묘사한 것이라면, 두 개의 작은 오류가 있습니다. 첫째, 나는 고등학교를 졸업했습니다. 둘째, 나는 포르노를 수집하지 않았습니다." 그리고 이렇게 덧붙였다. "당신의 전문가적인 견해로 볼 때 범인이 이 범행의 각 측면을 수행하는 데 시간이 얼마나 걸렸을 것 같습니까? 그가 실제 범행 장소에서 시간을 얼마나 썼을 것 같습니까? 이 답변이 당신에게는 별것 아닐 수 있어도 나에게는 매우 중요합니다. 당신의 답변이 내 기대에 부응한다면 다시 편지를 써서 사실을 알려주겠습니다. 그러면 당신은 이것이 단순히 누군가의 실수였는지 아니면 의도적인 누락이었는지 알아낼 수 있겠죠."

얼마 후에 더글러스와 레슬러는 감옥에 가서 칼라브로를 면담했는데, 칼라브로의 치아가 모두 빠져 있었다. 이유를 물어보자 그는 치흔이 재판에서 불리하게 사용되었기 때문에 자기가 뽑아버렸다고 대답했다. 항소심에서는 그런 일이 일어나게 하지 않을 것이라면서 말이다.

그러니까, 칼라브로는 자기 자신의 신체까지 훼손할 의사가 있어 보였다.

하지만 칼라브로 사건도 몇몇 다른 사건에 비하면 온건해 보일 정도였다. 오하이오주에서 벌어진 사건 하나가 특히 두드러졌는데, 시신 훼손이 어디까지 끔찍해질 수 있는지 보여주는 듯했다. 사건은 몇 년 전에 일어났고 현지 수사팀의 수사는 오랫동안 제자리걸음 중이었다. 이어서 사건이 태스크포스로 넘어왔고 범인이 체포되었으며 사건은 성공적으로 종결된 것으로 마무리되었다. 하지만 나는 의구심이 들었다. 무언가가 맞아떨어지지 않았다. 그들이 엉뚱한 사람을 잡은 것 같았다. 요원들 중에 나처럼 느끼는 사람이 또 있는지, 내 가설을 강의에서 테스트해보고 싶었다.

*

나는 강의에 쓸 사건 자료를 평소와 다르게 준비했다. 다른 내용들은 다 발라내고 뼈만 남도록 최대한 단순하게 만들 생각이었다. 현지 경찰이 최초에 발견한 내용 외에 이후 FBI가 덧붙인 부분은 모두 배제했다. 나는 이 사건이 범행 직후에 현지 수사관들이 보았을 것과 정확히 같아 보이게 발표 자료를 준비했다. 통상적인 강의에서는 행동과학부가 작성한 프로파일까지 사건 전체를 다 설명한다. 그래야 젊은 요원들이 모든 요소가 어떻게 연결되는지를 추측할 필요 없이 우리의 작업을 전체적으로 이해할 수 있기 때문이다. 하지만 오늘은 요원들이 이 사건을 날것 그대로 보기를 원했다. 행동과학부가 내린 결론의 렌즈를 통해서가 아니라 그들 본인의 감과 눈으로 결론에 도달하게 하고 싶었던 것이다.

"안녕하세요, 여러분." 나는 파일들을 내려놓고 곧바로 핵심으로 들어갔다. "오늘은 복수의 피해자가 있는 사건 하나를 검토할 것입니다. 피해자 한 명은 남성이고 이름은 토드 슐츠Todd Schultz입니다. 다른 한 명은 여성이고 아네트 쿠퍼Annette Cooper입니다. 관련된 사람들 사이에 흥미로운 상호작용이 있기 때문에 그것을 먼저 설명하고 이어서 피해자들이 실종된 당일의 일을 시간순으로 말씀드리겠습니다. 그다음에 질문을 받도록 하겠습니다. 이것만 기억하세요, 전에 이 사건을 들어보셨더라도 그게 이 사건에 대해 여러분이 알고 있다는 의미는 아닙니다. 편견은 속도만 늦출 뿐이에요. 자, 시작하겠습니다."

나는 피해자 분석 및 관련자 묘사로 시작해서 실제 프로파일링 세션처럼 강의를 구성했다. 하지만 수사 전략을 연습하려는 용도는 아니었다. 적어도 나한테는 아니었다. 실제로 사람들이 죽었다. 나는 이 상황의 무게를 가능한 한 진실되고 절박하게 느껴야 했고 그들도 그렇게 느끼게 해야 했다.

*

아네트 쿠퍼는 18세였고 오하이오주 남동부의 로건에서 고등학교를 다니면서 만난 19세의 토드 슐츠와 약혼한 사이였다. 쿠퍼는 새아버지 데일 존스턴Dale Johnston, 엄마 새러 존스턴Sarah Johnston, 그리고 십대인 두 의붓 동생과 함께 살았었지만 사건이 일어나기 두 달 전인 1982년 8월 6일에 집에서 나와 약혼자의 집으로 들어갔다. 친구들에 따르면 쿠퍼가 말한 이유는 새아버지가 험악하고 고약하게 굴어서라는 것이었는데, 실제 상황은 이렇게 단순하지 않았을 수 있다. 쿠퍼는 야망 있는 학생이라는 평판이 있었고 학교에서도, 작은 이곳 마을에서도, 다소 아웃사이더였다. 알고 지내는 사람은 많았지만 친한 친구는 거의 없었다. 그와 동시에 그는 전국 단위의 상을 수상한 학생이었고 매우 똑똑했으며 미래가 밝은 젊은이라고 여겨졌다. 체포된 적도 없었고 마약이나 술도 하지 않았다. 이렇게 이중적인 면모 때문에 쿠퍼는 다소 복잡한 인물이 되었다. 공동체 안에서 두 개의 다른 집단에 서로 다른 모습을 보이는 부류의 사람 말이다.

이와 달리 약혼자 슐츠는 인간관계와 사회생활 면에서 더 파악하기 쉬운 유형의 사람이었다. 자원 소방관으로 일하는 모범적인 청년이었고 자유 시간에는 사냥을 하고 공연장에 갔다. 또한 자동차 개조 마니아였다. 때때로 가볍게 마리화나를 했지만 체포된 적은 없었고 대체로 반듯한 학생이었다.

1982년 10월 4일 이른 오후에 쿠퍼와 슐츠는 결혼식 절차를 논의하기 위해 변호사를 만나고 오후 4시경 집(그들이 살고 있는 슐츠 부모님의 집)으로 돌아왔다. 슐츠의 어머니에 따르면 그들은 2층에서 다투었고 쿠퍼가 화가 난 채 아래층으로 내려와서 집 밖으로 뛰쳐나갔다. 슐츠가 뒤따라 길을 달려가서 쿠퍼를 달랬고, 몇 분 뒤에 현관에서 보고 있는 엄마에게 다 괜찮다는 의미에서 손을 흔들어 보였다. 화해한 것이 분명해 보였고 두 사람은 길을 따라 함께 걸어 내려갔다. 이것이 슐츠의 어머니가 두 사람을 본 마지막이었다.

다음 날 오전 8시, 전날 나간 두 사람이 돌아오지 않아서 슐츠의 아버지가 로건 경찰서에 실종 신고를 했다. 열흘 뒤에 수색팀이 인근 웨스트로건의 호킹강에서 피해자들의 상반신을 발견했고, 이틀 뒤에 강 근처 옥수수 밭에 머리, 팔, 다리를 묻어놓은 것이 발견되었다. 두 사람 모두 수차례 총을 맞은 흔적이 있었다.

현장에 과학수사팀이 출동해 있던 동안 한 남성이 옥수수대에 몸 일부를 숨긴 채 무슨 일인지 지켜보고 있는 것을 경찰이 발견했다. 그는 세 블록 떨어진 곳에 사는 마을 주민 케니 린스콧Kenny Linscott으로, 사냥과 낚시를 하러 이 강 근처에 자주 오는 사람이었다. 그는 웬일로 경찰이 온 건지 궁금해서 거기에 있었다고 말했고, 수사팀은 그에게 더 관심을 기울이지 않고 수사를 계속했다. 하지만 곧 사건은 교착 상태가 되었다. 별다른 실마리나 해법이 나타나지 않는 채로 날짜만 속절없이 지나는 동안 동네에 희한한 소문들이 돌기 시작했다. 교회에서는 악마가 로건에 왔고 살인자들이 사탄의 의례를 하고 있으며 누가 다음 번 희생자가 될지 아무도 모른다고 설교했다.

검시관 보고서에 따르면 살해에는 22구경 총이 사용되었고, 슐츠는 여섯 발, 쿠퍼는 두 발을 맞았다. 둘 다 머리에 총상을 입었다. 또한 검시관은, 슐츠가 실종되고 열흘 사이에 사체에서 성기 절단을 당했을 것으로 보았다. 사체가 파묻혀 있던 곳 중 하나에서 양말이 한 짝 발견되었는데 그 안에 신체 조직이 들어 있었다. 처음에는 슐츠의 음낭인 줄 알았지만 나중에 쿠퍼의 질에서 나온 조직임이 밝혀졌다. 검시관 보고서에는 총상에는 구더기와 벌레가 끓고 있었던 반면 칼에 베인 자상 부위는 더 깨끗한 상태였다고 기록되어 있었다. 먼저 시신을 묻었다가 나중에 다시 파내어 사체를 훼손했다는 의미였다. 자상 흔적에 대해서는 마치 사슴 같은 큰 사냥감을 도축할 때처럼 외과의사 같은 정확성을 가지고 의도적으로 낸 상처라고 적혀 있었다.

사건 당일인 10월 4일에 있었던 일은 목격자들의 진술에 따라 시간 순으로 맞춰볼 수 있었다. 오후 4시에 슐츠의 어머니가 집에서 그들을 본 것 외에 또 다른 이웃도 이 사실을 확인해주었다. 그는 슐츠와 쿠퍼가 길을 따라 내려가다가 잠시 멈춰서 포옹하고 키스하는 것을 보았다고 했다. 세 번째 목격자는 그들이 4시 15분경에 철로 근처를 걸어가면서 옛 정류장을 지나가는 것을 보았다. 4시 30분에는 철도 직원 한 명이 그들이 기차역의 교각에 있는 것을 목격했다. 그밖에 여러 증인이 4시 40분에서 6시 30분 사이에 그들이 기찻길을 걸어갔다고 증언했다. 또 다른 증인은 그들이 6시 30분에서 7시 사이에 동쪽을 향해 걸어가다가 멈춰서 처음에는 붉은색 트럭의 운전자와, 그다음에는 골든 이글 지프차 운전자와 이야기를 나누었다고 했다. 또 다른 증인은 세 명이 탄 어떤 차가 멈추더니 한 남자가 내리고 쿠퍼와 슐츠가 차에 탔다고 말했다.

한 증인은 역행 최면hypnotic regression 증언을 했다. 최면을 통해 시간을 거슬러가서 일반적인 의식에서는 떠올릴 수 없었던 기억을 떠올리게 하는 기법인데, 이 목격자는 두 사람이 차에 타기 조금 전에 그들을 보았으며 쿠퍼의 새아버지 데일 존스턴이 매우 화가 나서 슐츠를 두들겨 패겠다고 위협하면서 쿠퍼를 차에 태웠다고 말했다.

*

"여기에 신체 일부가 들어 있던 양말 사진이 있습니다." 마지막 몇 장의 슬라이드를 넘기면서 내가 말했다. "그리고 이건 땅에 핏자국이 난 옥수수밭입니다. 마지막 사진은 남성 피해자입니다. 이 사람이 그 남성이에요. 배 한가운데 긴 자상을 볼 수 있습니다. 내장 기관이 드러났을 것이고 벌레들이 먹었을 것입니다. 자, 오늘 우리 목표는 동기를 알아내는 것이라는 점을 기억하세요. 질문 받겠습니다."

"여성 피해자와 계부와의 관계는 어땠나요?"

"쉬운 관계는 아니었습니다. 사람들의 전언에 따르면 때때로 술을 마시고 아이들을 때렸다고 해요. 또 의붓딸이 슐츠와 사귀는 것을 크게 반대했습니다. 여기까지는 분명합니다."

"그가 사냥을 했나요?" 같은 요원이 이어서 질문했다. "검시관의 묘사를 보면 외과의사 같은 정확성이라는 표현이 있는데, 이것이 핵심적인 차이일 수 있을 것 같아서요."

"저라면 그 말에는 그리 의미를 부여하지 않겠습니다." 내가 말했다. "지역 검시관은 늘상 이 표현을 씁니다. 시골에서 벌어진 이러한 유형의 사건에서 늘 나오는, 헛갈리기 쉬운 표현이에요. 그런데 사진을 보세요. 외과의사 같은 정확성은 보이지 않죠. 혼란스럽고 엉망이고 잘 갈지도 않은 칼날을 쓴 것 같잖아요."

"계부가 22구경 총을 소유하고 있었습니까?"

"소유하고 있었습니다. 얼마 전까지 가지고 있었는데 수사 시점에는 없었어요."

두 번째 질문을 한 요원이 말했다. "계부일 것 같은데요. 하지만 피해자가 매장된 방식에서 의구심이 듭니다. 묻고 나서 온갖 끔찍한 방식으로 시신을 훼손하려고 다시 파헤쳤잖아요. 계부가 대체 왜 그랬을까요?"

내가 대답하기 전에 첫 번째 요원이 끼어들었다. "총알 증거를 없애려고 한 게 아닐까요? 혹은 의붓딸과 딸의 약혼자와 대치 상태였을지도 모릅니다. 그들과 싸웠고 분노에 휩싸여 죽였을 수 있지요. 어쩌면 그때 술에 취해 있었고 나중에 정신을 차리고서는 죄책감을 느꼈을 수도 있습니다. 그다음에는 증거를 남겼을까 봐 걱정이 되기 시작했고 그래서 되돌아가서 시신을 치우려고 한 것이죠. 시신의 상체는 강에 버리고요. 이러한 과정으로 전개되었으리라고 보는 게 그리 지나친 억측은 아닐 것 같습니다."

몇몇 요원이 고개를 끄덕였다. 또 다른 요원이 손을 들었다.

"옥수수밭에 있었다는 사람 말인데요, 린스콧이던가요? 그 사람에 대해서는 후속 정보가 없습니까?"

나는 누군가가 린스콧 이야기를 꺼내주기를 내심 바라고 있었다. 내게도 그가 이 사건에서 매우 중요할지 모른다는 생각이 들었기 때문이다. 하지만 논의를 내가 주도하지 않으려고 노력했다. "있어요. 사건이 있고 한 달여 정도 지나서 두 건의 제보가 들어왔어요. 수사팀에 전화로 온 제보인데, 실종된 날 린스콧의 오른팔에 깊게 베인 상처가 있는 것을 보았다고 했어요. 수사관들은 린스콧의 병원 기록을 확보했지만 린스콧이 창문으로 손을 뻗었다가 긁혀서 난 상처라고 설명한 뒤에는 이 사건과 관련해 더 이상 그를 추적하지 않았습니다."

두 번째 요원이 다시 말했다. "저는 계부 쪽으로 돌아가보고 싶은데요. 여기에 어느 정도 스테이징의 요소가 보이는 것 같습니다. 이 범죄가 성적인 것이었다면 가해자는 나중에 시신을 토막내러 돌아오기보다는 살해 즉시 감행했을 것입니다. 그렇다면 그가 수사의 초점을 흩뜨리려고 한 것이 아닐까요? 그래서 일종의 도끼 살인처럼 보이게 꾸민 겁니다. 하지만 실제로 여기에서 가능한 동기는 하나뿐입니다. 두 젊은이에 대한 분노지요. 1차적인 동기는 계부의 분노로 보입니다."

나는 또 이야기할 사람이 없는지 살펴보았다. 하지만 그런 사람은 없는 것 같았고 강의실 전체가 위 설명을 받아들이는 것으로 보였다.

"자, 좋습니다." 나는 실망한 티를 내지 않으려고 애쓰면서 말했다. "다음 수업엔 사건 후 몇 년 동안 일어난 일을 빠르게 설명하도록 할게요. 다음 주에 봅시다."

*

그날 콴티코 강당에서 교육을 받은 수습 요원들은 현지 수사진과 동일한 논리를 따라갔다. 그들은 계부가 유일하게 합당한 용의자라고 보았다. 동기는 분노였고 아마도 두 사람의 결혼에 반대하고 있었을 것이라고 말이다. 하지만 이것은 이 사건에 관여되었을 가능성이 있는 성적인 동기를 고려하지 않은 추론이었다. 또한 범행 이후의 의례적 행동도 고려하고 있지 않았다. 범행 이후의 의례(이 무렵 내 관심사이기도 했다)가 가해자의 사고 패턴을 가장 명확하게 드러내주는 부분인데도 말이다.

이 사건에서, 가해자가 남녀 피해자의 음부를 도려낸 것은 실제이든 판타지이든 여성과의 성적인 행위를 의미할 뿐 아니라 피해자들 사이의 성적인 관계에 대한 분노도 드러내고 있었다. 계부는 폭력을 행사한 이력이 있었지만 성적인 종류는 아니었다. 49세의 나이에 범행 수법을 갑자기 바꾸었을 법하지는 않았다.

게다가 나는 토막낸 시신을 파묻은 곳에 어떤 중요성이 있으리라는 생각이 자꾸 들었다. 이것도 의례의 일부일 수 있었다. 즉, 유기 현장이 가해자에게 의미 있는 공간일 수 있었다. 켐퍼가 밤에 대화를 나눌 수 있도록 피해자의 머리를 자신의 뜰에 묻었듯이 이 미확인범도 지속적으로 피해자들과의 관계를 유지하고 싶어 했을 것이다. 이 사건의 경우 사체를 묻은 곳의 위치가 갖는 중요성과 관련해 그럴 듯한 이유를 두 가지 생각해볼 수 있었다. 우선, 가해자가 쉽게 접근할 수 있어서 반복적인 쾌락을 위해 다시 찾아와 판타지를 재상연하기 쉬운 장소여서일 수 있었다. 다른 하나는, 가해자가 수사가 어떻게 진행되고 있는지, 현장에서 어떤 일이 벌어지고 있는지를 계속 지켜보기 쉬운 장소여서일 수 있었다. 어느 쪽이든, 계부는 범인일 가능성이 적다는 것을 말해주었다. 해당 장소는 그가 잘 아는 곳이 아니었기 때문이다.

젊고 활동력 있는 피해자를 한 명도 아니고 두 명이나 제압하는 데 필요한 완력도 중요한 점이었다. 특히 이번 사건이 요구하는 육체노동을 생각하면 더욱 그랬다. 시신을 옮겨와야 하고 땅을 파야 하고 팔다리와 성기를 잘라내야 하고 상체를 강으로 가져가야 하는데, 시간과 노력이 아주 많이 드는 일이다. 이십 대 후반에서 삼십 대 초반인 사람 두 명이 저지른 것이면 모를까 49세 남성이 혼자 한 일이라고 생각하기는 쉽지 않았다.

마지막으로, 이 사건이 계획 없이 전개된 우발적 사건이라는 점도 중요했다. 계부는 오랫동안 쿠퍼와 같은 집에 살았는데 그동안 쿠퍼에게 폭력을 행사한 적은 없었다. 이들의 관계를 생각해볼 때, 정말로 쿠퍼를 살해하고 싶었다면 그에게는 그럴 수 있는 기회가 아주 많았을 것이다. 또한 그는 시신이 발견된 직후에 여덟 시간 넘게 조사를 받았는데 어떤 식으로도 관여한 바가 없다고 혐의를 일관되게 부인했다. 우발적인 살인자였다면 극히 불안하고 불확실성이 높은 경향이 있으므로 심문 과정에서 조사관이 그것을 이용[해 범행을 인정하게]할 수 있었을 것이다. 나는 얼핏 보면 존스턴이 지목되기 좋은 조건이긴 하지만 행동과학부의 프로파일에 용의자로 유의미하게 연결시키기에는 깊숙한 곳까지 부합하지는 않는다는 느낌이 계속 들었다. 수사관들은 존스턴을 쉬운 해법으로 삼았다. 하지만 내게는 누가 정말로 진범인지를 입증할 퍼즐 조각이 빠져 있는 것 같아 보였다.

*

나는 1984년 1월 31일에 존스턴이 살인 혐의로 기소되었을 때부터 이 사건의 추이를 지켜보았다. 몇 달 뒤에 그는 유죄 선고를 받았는데, 내게는 합당해 보이지 않았다. 검사의 주장은 최면 상태에서의 목격자 진술, 그리고 피해자의 사지가 발견된 곳 흙바닥의 발자국이 존스턴의 부츠 굽과 일치한다는 인류학자의 진술에 의존하고 있었다.

이 사건에 대해 강의를 하고 몇 개월이 더 지난 1986년 8월이 되어서야 계속 신경 쓰이던 부분에서 내 생각이 맞았음을 알려주는 정보를 레슬러로부터 들을 수 있었다.

"안녕하세요, 앤? 이거 보셨어요?" 그는 시카고 트리뷴을 들고 있었다. "존스턴 사건이 뒤집혔어요. 최면 진술은 증거 능력이 되지 않는다고 본 것 같아요."

"좀 보여주세요." 나는 재빨리 기사를 읽어내려갔다. "이것도 있네요. 검사가 다른 용의자에 대한 증거를 일부러 감추고 있었어요. 여성 피해자에게 반해 있던 동네 정육점 주인이에요."

"앤의 감이 맞았어요."

나는 한참 동안 말을 멈추고 방금 읽은 것을 곰곰 생각해보았다. "하지만 우리가 이자에 대한 프로파일을 작성했잖아요. 수사팀이 우리 작업에 의존했다면 이 결과에는 우리도 책임이 있는 거예요."

"그래요. 그럴 때도 있지요." 레슬러가 말했다.

"그런데 아무렇지도 않으세요? 엉뚱한 사람이 감옥에 갔는데도요?"

"우리 일은 프로파일을 작성하는 거였어요. 우리는 그 일을 했고, 우리가 아는 최선의 방법으로 했어요. 그러고 나면 그것은 우리 손을 떠나는 거예요. 경찰이 쉬운 답을 찾기로 했다면, 그들이 프로파일에 안 맞는 누군가를 지목하기로 했다면, 그것은 그들의 결정이에요. 우리가 할 수 있는 것은 교훈을 얻고 다음 사건에 적용하는 겁니다. 그리고 다음으로 넘어가는 거죠."

레슬러의 말이 맞았다. 나도 알고 있었다. 하지만 안다고 해서 마음이 편해지지는 않았다.

"그러니까 그게 다라고요? 그렇게 두고 넘어가야 하는 거라고요?"

"그렇게 두고 넘어가야 하는 거예요." 레슬러가 말했다.

나도 고개를 끄덕였다. 하지만 이 사건은 이후에도 오랫동안 내 머리에서 떠나지 않았다. 이 사건은 프로파일링 과정에 아직 남아 있는 난제 하나를 우리 앞에 드러내주었다.

행동과학부에서 우리 일은 확보할 수 있는 모든 정보를 사용해서 범인이 어떤 인물일지를 가장 본질적이고 특징적인 요소들로 구성해내는 것이었다. 우리가 그 일을 하고 나면, 프로파일을 어떤 한 인물에 대한 전체적인 묘사로서 제대로 사용할 것인지 여부는 수사관들에게 달려 있었다. 우리의 결과물은 수사관이 용의자를 범죄에 끼워맞추는 데 일부만 임의로 골라 사용할 수 있는 이런저런 특징들의 목록이 아니었다. 프로파일은 범인을 하나의 총체적인 인간으로서 반영하도록, 각각의 조각이 종합적인 전체가 되도록, 신중하고 면밀하게 구성한 그림이었다. 물론 각각의 세부 사항도 중요하지만 그것이 큰 그림 전체의 일부인 한에서만 중요하다. 연쇄살인범도 다른 모든 사람과 마찬가지로 섬세한 심리 안에서 작동한다. 그들은 복잡하다. 그들을 하나나

두 개의 단순한 특징으로 환원해 이해하려는 것은 불합리한 일이다. 프로파일링은 패턴, 행동, 정교하게 구성된 내러티브의 종합을 통해 범인이 어떤 인물일지 드러내준다는 점에서만 효과적일 수 있다. 바로 이러한 총체성이 무엇보다 중요하다.

존스턴 사건은 수사관들이 세부 사항에 빠져 길을 잃었기 때문에 실패했다. 이것을 깨닫고 나자 나는 프로파일링이 "자, 여기 있어요. 행운을 빌어요"로 끝나는 과정에 그쳐서는 안 된다는 생각이 들었다. 우리는 더 오래 사건에 관여해야 했다. 그렇게 하는 것은 충분히 합리적인 일이었다. 프로파일링 과정을 통해 이미 우리가 범인의 심리를 파악하고 있을 것이기 때문이다. 그렇다면 파악한 내용을 수사 전략으로 바꾸어서 더 빠르게 사건이 해결되도록 도와야 했다. 우리는 범인의 패턴과 행동을 역으로 돌려 그들 자신을 겨누는 무기로 사용해야 했다.

13장

행간을 읽기

행동과학부는 늘 도전을 좋아했다. 그런데 1980년대 중반 행동과학부가 〔프로파일 작성 이후에도〕 사건에 더 오래 관여하면서 현장 수사팀에 더 처방적인 조언을 해줄 필요성이 대두되는 가운데, 이번에는 오랫동안 피해왔던 복잡한 문제에 정통으로 맞닥뜨리게 되었다.

처음부터 행동과학부와 언론의 관계는 다소 껄끄러운 면이 있었다. 어떤 때는 혁신적이고 획기적인 작업이라며 언론의 찬사를 받았지만 어떤 때는 '사기꾼', '유사 수사관', '돌팔이'라고 불리기도 했다. 나나 요원들에게는 이런 일이 별 문제가 아니었지만, FBI라는 기관에는 매우 중요한 문제였다. J. 에드거 후버는 이곳 국장으로 있었던 긴 세월의 초기부터도 언론과의 관계가 FBI의 일에 매우 중요하다고 생각했고, 뉴스와 대중문화에서 FBI가 묘사되는 방식을 관리하는 데 막대한 노력을 기울였다. 이를테면 자신을 잊고 일에 몰두하면서 미국에서 가장 위험한 범죄자들을 상대로 정의를 실현하는 일을 오류 없이 척척해내는 G-맨의 영웅적인 내러티브를 만들고자 했다. 'G-맨'(문자 그대로는 '정부 사람'이라는 뜻이다)은 배트맨이나 슈퍼맨과 같은 슈퍼히어로 이미지를 명칭에서부터 반복하고 있다. 후버가 발휘한 독창성으로 FBI 요원은 미국의 상징적인 아이콘이 되었다.

실제 동기*가 무엇이었건 이러한 노력에는 의미가 없지 않았다. 대중이 FBI에 대해 긍정적인 이미지를 가진 덕분에 채용 때 더 뛰어난 사람들을 끌어올 수 있었고 점점 더 많은 예산도 따올 수 있었으며 범죄와 싸울 때 대중의 협력을 구하기도 더 쉬웠다. 이러한 이미지는 〈양들의 침묵〉, 〈엑스 파일〉, 〈미국의 1급 수배범〉 등과 같이 FBI 요원이 이상적으로 묘사된 책, 영화, 라디오, 텔레비전 등에서 이후로도 오래도록 반복되었다.

그런데 행동과학부에서 우리는 언론을 대중과 연결되는 도구로뿐 아니라 가해자들과 연결되는 도구로도 사용할 수 있으리라는 것을 깨달았다. 연쇄살인범들은 종종 자신이 저지른 일을 자랑스러워한다. 자신이 저지른 범행이 신문과 텔레비전에서 어떻게 다뤄지는지는 그들에게 매우 중요하다. 론리 하트 살인범이나 매드 바머 같은 경우에는 언론과의 상호작용이 범행 자체의 핵심 부분이었다. 대부분의 연쇄살

* 후버가 FBI에 대한 대중의 이미지를 관리하려 했을 때 목표로 삼은 것 중 하나는 사람들이 FBI를 충분한 선의와 신뢰의 조직으로 여기게 해서 이러한 평판만으로도 원치 않는 감시나 감독하에 놓일 필요가 없게 하는 것이었다.

인범은 신중하고 조심스러워서 아주 작은 방식으로라도 스스로를 노출하게 될 가능성을 피하려 한다. 하지만 그와 동시에, 범죄 행각을 방해 없이 지속하고자 한다면 경찰이 수사를 어디까지 진전시켰는지 확인해야 할 필요가 있는데, 거리를 유지한 채로 그것을 알아보는 방법 중 하나가 언론 보도를 면밀하게 챙겨보는 것이다.

따라서 우리에게 유리하게끔 언론을 움직일 수 있다면 살인자들을 쫓는 데 사용할 무기고에 귀중한 무기가 추가되는 셈이 될 터였다.

*

행동과학부에서 우리가 날마다 가졌던 가장 중요한 회의 중에 '모닝 리포트'라고 불리는 게 있었다. 하나의 팀으로 정기적으로 모여서 진행 중인 사건의 프로파일링 회의를 하고 외부기관이나 태스크포스에서 의뢰가 들어온 새 사건들을 검토하는 자리였다. 나는 되도록 자주 참석하려고 노력했다. 1980년대 중후반 즈음엔 내가 하는 일 가운데 법정 증언을 포함해 전문가로서 요청받는 일들의 비중이 높아지고 있었으므로 모닝 리포트에 참석하지 못할 때도 있었는데, 그럴 때면 더글러스나 레슬러에게 따로 이야기를 들어서 따라잡았다. 여전히 프로파일링은 내게 몹시 중요했다. 유독 희한하거나 난해한 사건이 들어오면 프로파일링 기법을 올바르게 수정할 수 있도록 그 사건을 여타 사건과 다르게 만든 요인이 무엇인지 분석하고 싶었다. 1987년 겨울의 그날도 그랬다.

행동과학부 부장 데퓨가 늘 하는 인사말로 회의를 시작했다. 행동과학부가 얼마나 중요한지, 짧은 시간 동안 얼마나 많은 진전을 이뤘는지에 대한 치사였다. 그는 현장 수사관들이 일을 더 잘하도록 돕는 것이 우리 일이라고 말했고, 언제나 바짝 살피고 있어야 한다고 강조했다.

하지만 내 관심을 끈 것은 그가 그다음에 한 말이었다. 데퓨는 FBI가 직면하고 있는 새로운 경향 하나에 대해 브리핑을 시작했다. 자신들이 저지르고 있는 범죄에 대해 언론이나 경찰과 소통을 시도하는 범죄자가 급증하고 있었다. 관심을 끌기 위해, 스릴을 느끼기 위해, 폭력을 더 음미하기 위해 등등 이유는 다양했다. 동기는 그들이 보낸 메시지에 분명하게 드러나는 경우가 많았다. 조롱일 수도 있고, 협박일 수도 있고, 자백일 수도 있고, 기사에서 묘사된 바에 대한 분노일 수도 있었다. 이유가 무엇이건, 현지의 경찰서들은 겪어본 적 없는 일이었고 어떻게 반응해야 할지도 모르고 있었다.

데퓨가 말했다. "자, 여기 우리의 임무가 있습니다. 국장님이 이러한 행동의 의미에 대해 완전한 보고서를 원하십니다. 분석과 대응 방식까지 다 포함해서요. 아주 크게 세간의 관심이 집중되고 있는 사건들도 있습니다. BTK 사건 같은 게 그런데, 범인이 다시 나타나서 추가로 두 명을 더 살해했습니다. 그러니까 반전을 빠르게 만들어야 합니다. 이 시점에서 무엇이든 아이디어가 있으신 분 있습니까?"

잠시 침묵이 흘렀다. 누군가가 연필의 지우개쪽을 책상에 천천히 두들겼다. 마침내 침묵을 깨고 레슬러가 말했다.

"1945년 프랜시스 브라운Frances Brown 살인 사건 기억나는 분 있나요?" 레슬러가 물었다.

몇몇 요원이 고개를 끄덕였다.

"그때 저는 겨우 열 살이었습니다. 하지만 신문에 기사가 엄청 많이 나왔다는 것은 기억이 납니다. 살인자가 피해자의 밝은 붉은색 립스틱으로 피해자의 거울에 메시지를 남겼다는 기사가 있었지요. '내가 더 죽이기 전에 나를 잡아줘. 나는 나를 통제할 수 없어'라는 메시지요." 레슬러가 예전 일을 회상했다. "어쨌든 그 사건은 이후로도 계속 내게 남아 있었습니다. 내가 연쇄살인범에게 흥미를 갖게 된 계기일지도 몰라요. 세 명의 동네 친구들과 우리끼리 수사팀을 꾸리기도 했지요. 이후 두어 주 동안 신문에서 읽은 범인을 어떻게 잡을지 메모를 주고받으며 보냈습니다."

더글러스가 레슬러를 보고 씨익 웃으며 말했다. "굉장해요, 선배. 경찰한테 동네 아이들을 수사에 참여시키라고 말하면 되겠어요. 아이들은 당장 팔 걷고 나설 거예요. 문제 해결!"

레슬러도 웃었다. "아직 내가 끝까지 말 안 했잖아. 내 말은요, 이들이 언론에 메모를 보낸다면 우리도 그들에게 메모를 보내는 데 언론을 이용해야 한다는 겁니다."

*

행동과학부의 전형적인 방식대로 우리는 곧바로 일에 착수했다. 첫 단계는 옛 사건 파일로 돌아가서 가해자가 언론에 접촉을 시도한 유형이 있었는지 찾아보는 것이었다. 우리가 가지고 있는 사건은 가해자가 경찰서로 직접적인 협박 메시지를 보낸 것이 대부분이었다. 하지만 헤이즐우드가 (애초에 그가 연쇄 범죄에 관심을 갖게 만든 계기였던) 하비 글래트먼, 일명 '론리 하트 살인마' 사건에서 실마리를 발견했다. 헤이즐우드는 협박 메시지를 보내는 것이 아닌 다른 목적으로 그가 언론과 상호작용 했음을 짚어냈다. 글래트먼은 잠재적인 피해자에게 접근하는 수단으로 신문을 이용했다. 신문에 모델 구인 광고를 낸 다음에 연락해오는 사람을 강간하고 살해한 것이다.

헤이즐우드가 말했다. "메시지 내용 자체는 중요하지 않습니다. 그것은 그냥 맥락일 뿐이고, 우리의 초점은 이 메시지가 발신자에 대해 무엇을 알려주는가여야 합니다. 그게 우리 접근의 초점이어야 해요."

더글러스가 헤이즐우드의 생각을 이어받아 이야기를 이어갔다. 행동과학부는 전에 언어심리학(언어의 심리적 측면에 대한 연구)을 연구한 적이 있었는데, 이와 같은 새로운 유형의 언론 관련 사건에 언어심리학을 적용해볼 만한 가치가 있다고 생각했다. 가해자의 메시지를 분석하는 것도 프로파일링의 여타 측면들과 다르지 않았다. 가해자가 다른 이들과 어떻게, 언제, 왜 소통하는지의 핵심 요소를 분해함으로써 가해자의 사고에 대해 깊은 통찰을 얻는 것이다. 더글러스는 유명한 린드버그 아기 유괴 사건으로 이것을 설명했다. 그때 범인은 아이를 유괴하고 창턱에 다음과 같은 메시지를 남겨놓았다.

선생님께,

5만 달러를, 2만 5000달러는 20달러 지폐로, 1만 5000달러는 10달러 지폐로, 10000달러는 5달러 지폐로 준비하시오. 2~4일 정도 뒤에 그것을 어디로 가져갈지 알려주겠습니다. 대중이나 경찰에 어떤 것도 anyding 알리지 마시라고 경고하는 바입니다. 아이는 잘gut 있습니다.

서신에 대한 지침은 의미성 있습니다.*

더글러스는 이 사건에서 언어 분석이 갖는 중요성을 조목조목 설명했다. 그에 따르면 스펠링과 구문, 단어 선택, 지나치게 격식을 갖춘 어휘 등이 작성자가 독일 출생이고 아마도 아직 독일어 억양을 가지고 있음을 암시했다. 영어 단어 'good'이 아니라 독일어 단어 'gut'을 사용했고 이후의 메모에서 'money'를 'mony'로, 'should'를 'shuld'로 발음대로 표기한 것도 독일어가 모국어인 사람이 할 법한 실수였다. 수사관들이 읽는 법을 알고 있었다면, 실마리는 이미 여기에 다 들어 있었다.

"당시 수사팀은 인질금의 수표 번호를 추적해서 범인을 잡았어요. 하지만 언어 분석을 사용했다면 더 쉽게 결론에 도달할 수도 있었을 겁니다. 우리는 그러한 분석을 위한 기법을 개발해야 합니다."

*

더글러스가 이 새로운 기법, 그러니까 훗날 '언어심리학적 분석'이라고 불리게 될 기법을 연구하는 것을 돕다가 혁신적인 도약의 순간을 경험했을 때가 기억난다. 어느 날 우리가 더글러스의 사무실에서 일을 하고 있는데 전화가 왔다. 시카고에서 벌어진 사건 때문이었다. 경찰

* 원문은 "Instruction for the letters are signature"이라고 쓰여 있다. 영어가 서툰 범인이 significant를 signature와 헛갈렸을 수 있지만 정확히 무엇을 의미하려 했는지는 이것만으로 알 수 없다. '유의미' '중요함' 등의 의미를 살리되, 단어를 잘못 사용하여 문장이 매우 어색하게 읽혀야 한다는 점을 표현하고자 이와 같이 옮겼다. 옮긴이

이 발신자를 추적할 수 없는 편지를 받았는데 어느 은행을 폭탄으로 공격하겠다는 협박이 담겨 있었다는 것이었다.

더글러스는 몇몇 요원을 불러 사건을 설명했다. "시카고에 있는 은행인데, 최근에 사람들을 해고하고 있었다고 합니다. 대면으로가 아니라 서면으로요. 흥미로운 점은, 경찰이 받은 서신에는 어떤 사람도 언급되어 있지 않다는 거예요. 그저 은행에 대한 협박만 담겨 있습니다. 그럼, 이 경우에는 '피해자-가해자' 분석을 어떻게 할 수 있을까요?"

"은행이 피해자네요." 내가 말했다.

"왜 그렇죠?" 더글러스가 물었다.

"공격의 초점이니까요." 내가 설명했다.

요원들은 이해가 잘 안 가는 듯했다. 그래서 설명을 덧붙였다. "은행이 사람이 아니라는 점 때문에 헛갈리지 마세요. 그건 핵심이 아니니까요. 중요한 것은 피해자와 가해자가 어떻게 연결되어 있느냐입니다. 범인은 은행을 전반적인 문제의 원인으로 보고 있어요."

"좋아요. 그러면 왜 굳이 경찰에 서신을 보내는 수고를 했을까요?" 더글러스가 물었다.

헤이즐우드가 대답했다. "내게는 공갈 협박으로 보입니다. 아마도 직장을 잃었는데 그에 대해 불만을 토로할 사람이 아무도 없는 사람일 겁니다. 자신이 대단한 사람인 것처럼 여기고 싶은 사람일 것이고요."

"다만, 현지 수사팀이 이 사건을 가볍게 다룰 이유를 주지 않도록 조심합시다." 내가 말했다. "지금으로서는 공갈 협박일 수도 있지만, 그가 더 오래 숙고할수록 그의 머릿속에서는 공갈이 점점 더 현실화될 겁니다. 꽤 빠르게 무언가가 트리거로 작용할 수도 있어요."

더글러스가 고개를 끄덕였다. 회의가 끝나고 다들 사무실에서 나가자 더글러스는 시카고 경찰에 그 은행에서 오래 일했다가 최근에 해고된 사람을 찾아보도록 조언하면서 아마도 동료 직원들에게 은행이 돌아가는 방식에 대해 불평한 적이 있는 백인 남성일 가능성이 높다고 이야기했다. 험악한 범죄자 유형이 아니라 탄탄한 질문 한두 개면 무너질, 그런 평범한 사람을 찾아야 했다. 일단 찾아내면, 그런 질문 한두 개면 충분할 터였다.

그 주 후반에 시카고 경찰이 더글러스에게 연락해서 협박 편지를 보낸 사람을 찾았다고 알려왔다. 최근에 그 은행에서 해고된 중년의 백인 남성이고 은행이 엉망진창으로 운영된다며 불만을 이야기한 적이 있는 사람이라고 했다.

이렇게 해서 언어심리학 분석이 프로파일링의 중요한 도구로 자리잡았다.

매우 합리적인 결과였다. 언뜻 보면 언어심리학은 너무 기술적인 것으로 보이지만 사실은 인간의 행동에 전적으로 뿌리를 두고 있다. 언어심리학 연구는 행동과학부에서 내가 가장 흥미롭고 매력적이라고 생각한 혁신적인 분야였다. 범죄 수사 세계의 다른 이들이 테크놀로지로 군비 경쟁을 벌이고 있는 동안, 특히 FBI와 늘 함께 거론되는 CIA가 소련과의 냉전 시기에 컴퓨터, 데이터베이스, 첨단 감시 시스템 등을 점점 더 많이 사용하는 동안, 우리는 계속해서 인간적 측면에 초점을 맞추었다. 안전과 안보를 위협하고 범죄를 저지르는 것은 결국 사람이었고, 우리는 여기에 초점을 두는 것을 잊지 않았다.

물론 우리가 완전히 러다이트Luddite는 아니었다. 행동과학부에 도움을 주는 새로운 테크놀로지의 가치를 우리가 잘 인식하게 되는 순간도 있었다. 한번은 우리 일곱 명이 프로파일링 사례 연구를 발표하러 볼티모어에서 열리는 컨퍼런스에 참가하게 되었다. 차 두 대로 이동해 홀리데이 인에서 만나기로 했는데, 볼티모어에 홀리데이 인이 여러 개였고 정확히 우리가 만날 곳이 어디인지를 사전에 제대로 이야기하지 못한 채였다. 늦은 시간까지 헤매고 있다가 차 두 대 모두 공중전화로 FBI 아카데미에 전화해서 연락을 취했다. 우리는 볼티모어의 어느 다리 아래에서 겨우 만날 수 있었고 거기에서부터 무사히 행선지를 찾아갔다. 나중에 닉 그로스(교정시설에서 연구한 적이 있고 FBI 아카데미에서 강간범에 대해 강의도 했던 심리학자)가 나를 돌아보면서 말했다. "이 사람들이 FBI 요원들이라는 거죠? 자기들끼리도 서로 못 찾는데 범인을 어떻게 찾는 걸까요?"

행동과학부는 곧 호출기를 장만했다.

*

이후 1986년의 가을 거의 전체와 초겨울에 걸쳐 몇 달 동안 나는 행동과학부의 대형 캐비닛 여섯 개에 보관되어 있는 사건 기록들을 살펴보았다. 과거 사건 중 언어심리학적 분석을 했더라면 도움이 되었을 법한 커뮤니케이션을 범인이 시도한 사례를 찾기 위해서였다. 많지는 않았다. 그도 그럴 것이, 대부분의 연쇄살인범은 잡힐지 모르는 실마리를 남기게 될 상호작용은 무엇이건 피할 정도의 상식은 가지고 있었다. 물론 범인이 거의 고전이 된 유명한 메시지를 남긴 사건들이 있긴 했다. '잭 더 리퍼Jack the Ripper'("잡히기 전까지는 살인을 멈추지 않을 것이다. 마지막 일은 위대할 것이다. 나는 여자들이 움찔할 틈도 주지 않을 것이다"), 데이비드 버코위츠David Berkowitz("개똥, 토사물, 썩은 와인, 오줌, 피가 가득한 뉴욕시 하수구에서 안부 전해요"), 그리고 캔자스주 위치타의 아직 잡히지 않은 유명한 살인마("이 괴물이 어디로부터 저의 머릿속에 들어오는지 저는 결코 알지 못합니다. 그러나 그것은 여기에 와서 머물고 있습니다") 등이 그런 사례였다. 하지만 나는 유명한 사례들 말고 오하이오주의 작은 마을에서 벌어진 금품 갈취 사건에 자꾸 눈길이 갔다. 범인의 메시지가 유독 정교한 것이 흥미로웠다. 십 대 소녀가 실종되었고 그다음 날 범인의 연락이 시작되었다. 그는 부모에게 전화해서 "당신의 딸을 데리고 있다. 8만 달러를 원한다. 그렇지 않으면 딸을 다시는 못 볼 것이다"라는 메시지를 전했다. 경찰은 발신지를 추적했지만(마을 외곽의 작은 집이었다) 실종된 소녀의 옷 일부와 지도 하나만 발견했을 뿐이었다.

수사관들은 지도를 따라 두 번째 장소인 샌더스키 강 주변의 수풀이 우거진 곳에 도착했고 또 다른 지도를 발견했다. 지도 위에는 해독하기 어려운 그림이 가득 그려져 있었고 근처에는 소녀의 나머지 옷가지들이 있었다. 이 장소를 면밀하게 조사해보니 차에서 무언가를, 아마도 시신을 질질 끌고 나와 강에 버린 것으로 보이는 흔적이 있었다. 그런데 며칠 뒤에 부모는 인질금을 가져오지 않으면 딸을 다시 못 볼 거라며 이러저러하게 돈을 가져오라는 전화를 또 받았다.

나는 지도가 궁금해서 더글러스의 사무실에 들러 이 사건에 대해 그가 기억하고 있는 것을 물어보았다.

"네, 그 사건 알아요." 그가 말했다. "8만 달러를 요구했는데 내가 보기에는 너무 작은 금액이었어요. 처음에는 범인이 별로 안 똑똑한가 보다 생각했는데 그가 돈을 갈취하기 위해 보낸 메모는 상당히 잘 고안되어 있었어요."

"그게 무슨 말이에요?" 내가 물었다.

"그러니까, 우선 그는 단어를 스탠실을 사용해서 적었어요. 그리고 '어느어느 장소에 있는 공중전화 부스에서 아래쪽을 보면 전화기 바닥에 테이프로 붙여놓은 메시지가 있을 것이다'와 같은 식으로 지시를 했지요. 그는 수사팀이 거위를 쫓는 것처럼 우루루 앞의 실마리를 따라가게 만들었어요. 그렇게 해서 자신이 저지른 살인에서 수사의 관심이 멀어지게 했지요. 하지만 동일한 패턴을 반복했기 때문에 미끄러졌어요. 우리가 그 동네 전화 부스 모두를 감시했거든요. 그래서 그가 전화기 아래에 테이프로 메모를 붙이는 모습을 카메라로 찍을 수 있었어요."

"알았어요. 그러니까 그는 경찰의 일을 쉽게 만들어준 거네요. 헨젤과 그레첼이 그랬듯이 빵 부스러기로 흔적을 남긴 거예요. 그럼 추측을 한번 해볼게요. 그는 살인을 할 의도는 아니었어요. 그런데 강간을 하고 나서 일이 틀어진 거죠. 무언가가 그에게 트리거가 되었을 겁니다. 그다음에 머릿속에서 모든 것이 뒤죽박죽이 되어서, 살인을 가리기 위해 갈취 사건인 것처럼 꾸민 거예요. 자신을 사건에서 분리하려고 했지만, 반사회적인 유형의 사람이기에 그 행동의 위험 감수적인 측면에 매력을 느꼈고 그래서 빠져나오지 못했지요. 이렇게 요약이 될까요?"

"딩동댕!" 더글러스가 고개를 끄덕였다. "그런데 갑자기 이 사건은 왜 궁금해지신 거예요?"

"이 사건 같은 옛 사건들을 살펴보는 중이었어요. 언어심리학 분석이 도움이 되었을 만한 사건이 있었나 보려고요. 우리 팀에 온 지 얼마 안 된 프로파일러들에게 좋은 자료가 될 것 같았거든요. 하지만 이 사건은 그런 사례로는 그다지 도움이 안 될 것 같네요."

"그렇지도 않아요. 이자는 전화 부스에서 잡힐 만큼 연락을 계속해야 할 이유가 없었어요. 그는 지나치게 공을 들이고 있었어요. 버코위츠나 '조디악 살인마Zodiac killer'도 그런 모습을 보였죠. 이들은 그 과정에서 술이나 마약에 취한 것처럼 고양된 상태가 되었어요. 번디, 윌리엄스, 다 그랬어요. 범죄가 갖는 위험 감수적인 측면에 빠져든 거예요. 위험 감수적인 성격에 잘 부합하지요."

"잠깐만요." 내가 끼어들었다. "그게 중요한 지점 같아요. 우리와 상호작용하기를 원하는 자들, 경찰이나 신문을 조롱하려는 자들은 기본적으로 관심을 갈구하고 있는 거예요. 그들이 스릴을 좇고 있다면 그들에게 스릴을 던져줘볼 수 있지 않을까요? 그들이 남긴 빵 부스러기를 집어들고 그들이 얼마나 똑똑한지를 이야기하면서 그들의 에고를 자극하는 거예요. 상호작용이 계속될수록 그들은 우리에게 더 강한 인상을 남기려고 할 겁니다. 기본적으로, '인정 추구 행동' 개론이라 할 만해요. 그들이 절박하게 관심을 갈구하고 있다는 사실을 미끼로 이용해 덫에 걸려들게 할 수 있을 것 같아요."

14장
결박하고 고문하고 죽인다

1987년에 FBI가 연쇄살인범이 왜 언론의 관심을 끌려 하는지 알아내라는 임무를 행동과학부에 내렸을 때, 이것은 특정한 살인자 한 명을 염두에 두고 내린 지시였다. 자칭 'BTK 살인자'('결박하고 고문하고 죽인다Bind them, Torture them, Kill them라는 구절의 머리글자)가 활동을 재개한 것이다. 그는 1974년 1월부터 1977년 12월까지 일곱 명을 죽인 살인마인데 이후 10년 가까이 잠잠하다가 1985년 봄에 두 명을 더 죽이면서 활동을 재개했다. 또한 언론과 캔자스주 위치타 경찰 모두와 의사소통을 시도하는 익숙한 습관도 재개했다. 희한했다. 잡히지 않았는데 갑자기 스스로 살인을 중단한 것만 해도 연쇄살인범으로서는 이상한 일이었는데(다른 사건으로 감옥에 갔다가 나중에 살인을 자백하는 경우가 있긴 하다), 자신이 저지르는 범행의 핵심 요소로 인정과 관심을 추구하는 유형인 BTK 같은 범죄자가 이렇게 오랜 휴지기를 갖는 것은 전에 본 적이 없는 일이었다.

"이런 자들은 한 번에 몇 년씩 그냥 멈추지는 않습니다." 레슬러가 말했다.

일을 더 복잡하게 만든 것은, 행동과학부가 지난 몇 년간 BTK 사건을 몇 번 다루었지만 체포에 성공하지 못했다는 점이었다. 이 살인마는 전적으로 상황을 자신의 통제하에서 주무르고 있었다. 때로는 판타지에 대한 집착을 암시하는 정교한 낱말 찾기나 콜라주를 보내 수사를 조롱했고, 때로는 제발 자신을 잡아달라고 사실상 애걸했다. 지역 언론인 위치타 이글에 메시지를 보내 대낮에 어느 집에 침입해 식구 네 명을 죽인 이야기를 끔찍하도록 생생하게 묘사하더니 나중에는 문법과 철자 실수가 가득한 편지로 횡설수설 사죄의 내용을 보내왔다. "사회에 이런 일이 일어나서 유감입니다. …… 나도 멈출 수가 없습니다. 괴물이 계속하고 있고 사회만큼이나 나에게도 상처를 입힙니다. 당신들은 그 괴물을 멈추게 할 수 있을 것입니다. 나는 그럴 수 없어요. 괴물 잡기에 성공하시기 바랍니다."

BTK는 유령처럼 따라다니며 행동과학부를 괴롭히는 사건이었다. 그는 모호했고 소재가 자주 바뀌었고 파악할 수 없었고 중서부 도처에 실질적인 위협을 제기하고 있었다. 우리는 그가 언제 다시 나타날지 알 수 없었다. 다만, 다시 나타나리라는 것만은 분명했다. 그는 행동과학부가 검거하려고 최선을 다했는데도 두 번이나 미꾸라지처럼 빠져나간 바 있었다. 한 번은 1979년이었고, 1984년에 우리가 그를 꾀어내려 시도했을 때 또 빠져나갔다. 하지만 이제 FBI의 국장 윌리엄 웹스터가 내린 새로운 임무와 함께 우리 팀은 과거의 실수에서 얻은 교훈을 활용할 기회를 한 번 더 갖게 되었다. 우리는 마침내 일을 바로잡고 이 위험한 범죄자를 철창에 넣을 수 있을 것이었다.

*

우리가 처음 이 사건에 관여하게 된 것은 위치타 경찰서의 살인 사건 담당 형사가 우리에게 연락해 몇 가지 질문을 하면서였다. 위치타 경찰서는 BTK 사건 같은 극악한 흉악 범죄에 대해 경험이 없었고 용의자로 추정할 만한 사람도 없었다. 그들이 가진 것은 범죄 현장 사진과 또 공격하겠다는 위협이 담긴 두 통의 서신 뿐이었다. 위치타의 형사는 우리가 연쇄살인범에 대해 연구하고 있고 이런 사건에서 성공한 적이 있다는 이야기를 들었다며 도와줄 수 있는지 물었다. 우리 팀은 당연히 관심이 있었고, 우리가 일에 속도를 낼 수 있도록 일주일 뒤에 위치타 경찰서의 경위가 콴티코로 직접 날아왔다.

신문 기사만 보더라도 우리가 매우 인정 욕구가 높은 자를 상대하고 있음을 알 수 있었다. 그는 자신이 너무 중요한 인물인데도 사회가 자신을 알아보지 못한다고 생각하는 사람이었고 자기 주장이 강한 유형이었다. 범죄를 자신에게 마땅한 관심을 기울이라고 명령하는 수단으로 볼 정도로 불만이 가득했다. 하지만 이것은 단지 표면일 뿐이었다. BTK는 그를 한두 가지 측면만으로 단순하게 환원해 묘사하는 신문 기사가 암시하는 어느 것보다도 복잡한 인물이었다. 그의 편지들, 그리고 피해자들이 마치 버려진 인형 같은 포즈를 취하고 있는 범죄 현장 사진들을 보면서 나는 그가 얼마나 영리하고 강박적인지를 처음 실감하게 되었다. 그는 인정받기 위한 도구로, 자신이 생각하는 가장 진정한 자아를 표현하기 위해 사회의 제약 밖으로 나오는 수단으로, 사회에서 받아들여지기 위한 방법으로, 살인을 사용하고 있었다. 그리고 이것은 시작일 뿐이었다. BTK가 살인을 더 저지를 것이 분명했다. 우리가 그의 머릿속에 들어가 그보다 한 발 먼저 생각하지 않는다면 말이다.

그런데 여기에는 어려움이 있었다. BTK가 현재 활동 중인 살인자였으므로 우리는 그가 당시에 우리가 진행하고 있던 연쇄살인범 연구에 영향을 미치는 일이 없도록 매우 조심해야 했다. 이제까지 우리는 이미 형이 확정되어 복역 중인 살인자로만 대상을 한정하고 있었으므로, 대상을 뒤섞어 연구 결과의 일관성이나 탄탄함이 훼손되지 않게 하는 것이 매우 중요했다. 하지만 내게 이 사건은 너무 흥미로웠다. 레슬러와 헤이즐우드와 더글러스도 크게 관심을 보였고 FBI에 일반적으로 들어오는 사건에 비해 이것이 얼마나 특이한 사건인지를 열띠게 이야기하곤 했다. 그들은 특히 이 범인이 언론 및 경찰과 이야기하려 한다는 데 흥미를 느꼈다. 자신을 노출할지도 모르는 행동을 피하려 하는 대부분의 연쇄살인범과 달리 BTK는 대중의 관심에 대해 강렬하고 무모하기까지 한 열망을 드러냈다. 심지어 그의 글은 진실해 보였고 가면을 벗은 것처럼 보였다. 이 모든 것이 심리 연구와 수사 모두에서 예전과는 다르게 접근해야 할 새로운 유형의 살인자가 나타났음을 의미했다.

이 모든 새로운 점에도 불구하고 BTK의 페르소나를 구성하고 있는 요소에는 다른 연쇄살인범들과 공통된 점들도 있었다. BTK가 자신의 범죄가 언론에서 어떻게 다뤄지는지를 집착적으로 확인하고 있다는 점을 생각할 때, 이러한 공통점은 충분히 이해할 만한 일이었다. 그러한 집착은 그의 소외된 속성, 자만심, 자신이 제대로 사회에 잘 녹아들지 못하고 있다는 감각을 보여주었다. 그는 자신을 다른 살인자들과 비교하고, 다른 이들의 눈을 통해 자신을 가늠하며, 자신이 동원할 수 있는 모든 수단을 끌어들여 자신에 대한 대중적 서사를 최대한 주무르려 하는 유형이었다. 이런 점에서 BTK는 '샘의 아들' 데이비드 버코위츠(1976년 여름에 무방비 상태의 피해자들을 총으로 쏘고 현장에 메모를 남기면서 뉴욕을 공포에 떨게 했던 살인마)와 가장 비슷했다. 둘 다 자기 내면의 살인마적인 쪽을 '괴물'이라고 일컬었고, 스스로 별명을 지어서 언론에 알렸으며, 다음에 누구를 죽일지 암시하는 실마리를 남김으로써 경찰을 도발했다. 이러한 점은 1979년에 행동과학부가 BTK 사건을 처음 맡았을 때 분석한 핵심 요소였고 당시 우리가 위치타 경찰에 제안했던 전략에서도 핵심이었다.

그때 우리의 제안은 "그가 계속해서 말을 하게 하고 어떤 적대감도 그에게 드러내지 말라"라는 것이었다. 우리는 보고서에서 이 미확인범이 자신이 저지른 범죄의 의미와 관련해 대중으로부터 모종의 인정을 받을 자격이 있다고 생각한다고 설명했다. 그는 자신의 부풀어진 자아에 먹이를 주어야만 할 것이고 따라서 관심을 **갈구하게** 될 것이었다. 바로 이것이 수사에 기회가 될 수 있었다. 우리는 경찰과 지역 신문이 협업해서 범인이 스스로를 노출하도록 유도하는 선제적 언론 전략을 쓰라고 제안했다. 경찰이 범인과 지속적으로 소통할 수 있는 채널을 공개적으로 만들면 가능했다. 그러면 그는 자만심 때문에 스스로를 드러내게 될 것이었다.

초창기에 행동과학부가 BTK 사건에서 맡았던 역할은 여기까지였다. 그래도 우리는 계속해서 사건의 경과를 살폈고 특히 BTK가 지역 경찰과 연락을 주고받던 초기에는 더욱 그랬다. 하지만 더는 협조 요청이 없었고, 의뢰받지 않은 일을 하기에 우리는 연쇄살인범 연구로 너무 바빴다. 이후 몇 년 동안 편지가 한 통씩 나타날 때마다, 또 피해자가 한 명씩 나타날 때마다, 우리도 다른 모든 사람들처럼 사건의 전개를 옆에서 바라볼 수밖에 없었다.

*

1979년에 처음 협조 요청이 있은 지 5년 뒤인 1984년에 위치타 경찰이 다시 한번 도움을 요청해왔다. 이들이 BTK 태스크포스(훗날 '고스트버스터즈 태스크포스'라고 불리게 된다)를 꾸리고 있던 초창기였다. 이들은 이 사건의 행동적 요소를 분석하는 데 외부의 시각이 필요했다. 이제까지 경찰 보고서, 목격자 진술, 스케치, 방대한 현장 사진, 부검 보고서, 가해자가 보낸 십수 통의 편지와 콜라주 등을 수집했지만 이 모든 것을 가지고 무엇을 해야 할지 모르고 있었다. 범인에 대해 일관성 있고 종합적인 프로파일을 만들려면 이들은 도움이 필요했다. 그래서 1984년 10월에 태스크포스팀 형사 두 명이 하루 일정으로 콴티코에 브리핑을 하러 왔다. 우리가 마지막으로 이 사건을 업데이트한 이후로 사건과 관련된 모든 내용을 알려줄 사람들이었다.

이 사건을 담당한 더글러스가 태스크포스팀 형사들을 지하 회의실로 안내하고 우리 팀에 그들을 소개했다. 다들 자리에 앉을 때까지 기다렸다가 더글러스가 이야기를 시작했다. "브리핑을 시작하기 전에 질문이 하나 있습니다. 왜 지금 BTK를 다시 쫓는 건가요? 우리가 아는 바로 그는 지난 몇 년간 잠잠했는데요. 여러분의 브리핑 자료에 따르면 그가 위치타 경찰과 연락을 시도하는 것도 얼마 전에 멈추었고요. 그런데 왜 지금 그를 다시 추적하나요?"

"네, 궁금하실 만합니다." 두 형사 중 키가 큰 사람이 말했다. "사실은 위치타 경찰서장을 오래 맡으셨던 분이 은퇴를 앞두고 계세요. 이 사건은 늘 그분을 괴롭힌 사건이었죠. 서장님은 은퇴 전에 이 유령을 떨구기를 원하십니다."

"연막을 피워서 BTK를 꾀어내시려는 거군요." 더글러스가 말했다.

"그렇습니다."

"좋습니다. 여러분이 제안하는 바가 어떤 의미인지 명확히 알고 계시는 것으로 알겠습니다. 지금 여러분은 연쇄살인범을 자극하려 하고 있습니다. 일이 잘못되면 여러분과 서장님의 책임이 될 겁니다."

그 주의 후반부에 우리는 프로파일링 회의를 열어서 태스크포스팀이 새로 알려준 자료를 검토하고, 우리가 연구한 다른 사건들과 비교하면서 BTK의 프로파일을 정리하는 일에 착수했다. 하지만 진척이 느렸다. 솔직히 이런 유형의 범인은 선례가 없어서 시사점을 끌어낼 만한 유사 사례가 없었다. 유명한 살인자들의 패턴을 따라하고 있었고 심리를 파악해서 범주화할 수 있는 익숙한 행동을 하기는 했지만, 그의 범죄는 전체적인 범위에서 예전 경우들과 달랐다. 그의 범죄는 더 복잡하고 더 혼란스러웠다. 그가 피해자의 신체에 대해 보이는 잔혹함, 의례로서의 결박, 그것의 성적인 속성, 각 범행에 들어가기 전에 세운 계획의 수준 등 모든 것이 매우 고도의 범행이라는 점을 말해주고 있었다. 정신질환으로 진단할 수 있는 지점도 일반적인 수준을 훌쩍 넘어섰다. BTK는 성도착장애*의 징후를 일곱 차례나 보였고 그 외에도 수많은 성격장애가 지목되었다. 평균적으로 연쇄살인범은 많아야 두세 개의 정신장애가 있고 나르시시즘과 사이코패스적 성향이 가장 일반적이다. BTK는 우리가 전에 다뤄본 적이 없는, 지극히 복잡하고 다층적인 가해자 심리를 보여주고 있었다.

헤이즐우드가 말했다. "목록을 계속 적자면 한도 없을 겁니다. 이자는 과장된 자아 인식을 가지고 있고 타인에 대한 공감을 결여하고 있습니다. 죄책감, 후회, 두려움 같은 게 없어요. 뭐를 떠올리든 다 이자에게 해당될 겁니다."

또 다른 어려움은, 연쇄살인범치고 이례적으로 긴 휴지기를 어떻게 설명할 것인가였다. 대개의 연쇄살인범은 점점 더 판타지에 깊이 빠져들고 머릿속에서 그린 이상적인 방식으로 분노를 표출하려 하면서 범행의 빈도가 높아지는 경향이 있다. 우리는 BTK가 피해자들의 소지품을 챙겨간 것이 장기간의 휴지기를 유지하는 데 도움이 되었을지 모른다고 생각했다. 살인자들이 피해자에게서 기념품을 취해 이후에 머릿속에서 살인을 지속적으로 재상연하는 도구로 쓴다는 것을 알고 있었기 때문이다. 하지만 이것은 시간이 갈수록 효과가 떨어지는 일시적 수단밖에 될 수 없었다.

---

* 아동, 시신, 동물, 동의하지 않은 성인 등 전형적이지 않은 대상, 상황, 사물에 대해 반복적이고 맹렬하게 지속되는 성적 판타지나 행동을 일컫는다. 핵심 특징은 고통, 괴로움, 모멸에, 그리고 해를 끼칠 수 있는 가능성에 초점을 둔다는 것이다.

그의 긴 휴지기를 설명할 수 있는 또 다른 가능성도 생각해볼 수 있었다. 현장 사진들을 보면 가해자가 긴 시간을 들여서, 따라서 내재적인 위험을 감수하면서, 피해자의 시신이 성적인 포즈를 취하도록 해놓은 것을 알 수 있었다. 그가 피해자의 사진을 찍었으리라 짐작할 수 있는 대목이다. 또한 이것은 기념품을 판타지를 연장하기 위한 도구로 사용한다는 개념과도 부합했다. 자신의 폭력 행위를 재상연함으로써 판타지를 연장하고자 할 때 사진이 있으면 훨씬 더 쉬울 터였다. 타당한 설명으로 보였다. 이는 BTK가 다른 연쇄살인범들을 잘 알고 있고 그들을 모방하고 있다는 점과도 일치했다. 이를테면 사진을 사용하는 범행 수법을 가진 하비 글래트먼에 대한 경의의 표시일 수 있었다. 글래트먼은 피해자들을 결박하고 강간한 뒤 공포에 질린 얼굴을 사진으로 찍어서 오래도록 그 경험을 반추하며 즐긴 바 있다.

회의가 끝날 무렵 우리는 BTK에 대해 세 페이지 분량의 프로파일을 작성할 수 있었다. 또한 우리는 적대감을 자극해 그가 범행을 더 저지르게 하지 않으면서 그와 대화를 시도하는 방법을 조언했다. 그를 동등한 인간으로 대하고 상호 신뢰와 존중의 감각을 일굼으로써 그의 에고를 건드리라는 것이 우리의 제안이었다. 이 전략은 1980년대 초 캘리포니아주에서 있었던 한 사건을 해결하는 데 효과를 낸 바 있었다. 그때 더글러스는 '슈퍼 경찰super-cop'이라는 전략을 사용해 기자회견을 열어서 살인자에게 직접 메시지를 보냈다. 더글러스는 살인자의 정신 상태를 언급하지 않는 것이 중요하다고 강조하면서 슈퍼 경찰은 자신이 언론이나 정신과 의사보다는 살인자와 더 교감하고 있다는 느낌을 주어야 한다고 설명했다. BTK가 스스로를 중요한 사람이라고 느끼고 싶어 한다면 수사관들은 그가 중요한 사람이라고 느끼게 해주어야 했다. 그러다 보면 언젠가 그 관심에 심취해 범인이 실수를 저지르게 될 것이었다.

프로파일상에서 BTK는 성적인 사디스트이고 생생한 판타지의 삶을 가지고 있는 사람이라고 분류되었다. 우리는 입수 가능한 모든 증거(당시에 그리 많지는 않았다)를 사용했고 주제에 따라 각 절로 나누었다. 우선, 시신들을 의도적으로 인형 같은 포즈로 놓은 것을 볼 때 BTK가 살인 판타지를 실현하고 있다고 유추했다. 살인을 저지르며 그는 인생에서 처음으로 자신이 중요하고 지배적인 위치의 사람이라고 느꼈을 것이다. 이 모든 것이 살인에 대해 그가 오랜 판타지를 가지고 있었음을 말해주었고, 그 판타지는 어린 시절의 환상에서 시작되었을 가능성이 컸다. 또한 그의 행동과 그가 살인을 저지른 지역들을 볼 때 엄격하고 종교적인 방식으로 양육되었으리라고 추정할 수 있었다. 가령 과도하게 권위주의적인 어머니가 엄격한 규율로 가정교육을 하는 식으로 말이다. 또한 우리는 많은 미확인범들과 마찬가지로 그의 아버지도 그가 어린 시절에 집을 나갔을 것이라고 추정했다.

범인이 피해자의 시신을 잔혹하게 훼손한 방식이 프로파일 작성에서 특히 중요하게 고려되었다. 헤이즐우드가 말했다. "이것을 보면 그가 이러한 유형의 범죄를 면밀히 연구했다는 것을 알 수 있습니다. 그가 폭력을 행사하는 데 거리낌이 없다는 것도요. 그는 기억할 수 있는 아주 오래전부터 폭력적인 생각을 했을 겁니다. 아마도 어린 시절에 동물을 학대했을 것이고, 나중에는 옥외 활동을 하는 사람이 되었을 것이며, 자기 자신 및 자신과 비슷한 사람들에 대한 심리학과 범죄학에 관심을 갖게 되었을 것입니다. 또한 피해자들의 포즈를 볼 때, 전에 이런 것을 본 적이 있을 겁니다. 따라서 근처에서 성인 서적 가게를 운영하는 사람이라면 그를 알고 있을 겁니다. 그는 판타지에 끌리는 성향이에요."

피해자 분석도 중요했다. 범인의 초기 범행은 남녀노소를 가리지 않았다. 하지만 최근의 피해자들은 중년의 싱글 여성이 주 타깃이었다. 이것은 범인 자신이 나이가 들고 있다는 것을 의미했다. 자신이 더 쉽게 통제할 수 있는 사람으로 범행 대상이 바뀐 것이다. 그에게 살해 행위는 절대적 지배력을 행사할 기회이기 때문이다. 또한 그는 자신이 쉽게 들키지 않을 수 있는 익숙한 동네에서 피해자를 고르는 경향이 있을 것이었다. 익숙한 지역을 선택하고 그곳에서 대상자들을 관찰하면서 그들의 일정과 일과 등을 알게 되었을 것이다. 또 일이 잘못되었을 경우 쉽게 도망갈 수 있는 경로도 생각해두었을 것이다.

그의 편지가 드러내는 공식적이고 지나치게 격식을 차린 매너("이 괴물이 어디로부터 저의 머릿속에 들어오는지 저는 결코 알지 못합니다. 그러나 그것은 여기에 와서 머물고 있습니다. 어떻게 하면 저 자신을 치료할 수 있겠습니까? 네 명을 죽였다고 말하면서 도와달라고 하면 그들은 웃거나 공포에 휩싸여 경찰에 연락을 취하지 않겠습니까?")를 볼 때 우리는 그가 군 경험이 있고/있거나 경찰 흉내를 내고 있다고 생각했다. 또한 그는 무단 침입 전과가 있을 것이고, 그때 훔친 것은 그리 중요치 않은 물건이었을 것이며, 다른 목적보다는 패티시나 범행이 주는 스릴을 위해서였을 것이라고 보았다.

프로파일에서 우리는 이런 부류의 범인은 자신을 수사관과 동일시하는 일이 드물지 않으며 경찰들이 자주 가는 곳에 가서 같이 어울리면서 경찰들이 사건 이야기를 하는 것을 듣기도 한다고 언급했다(에드문드 켐퍼가 자주 그랬다). 이번 사건의 경우, 범인이 자부심이 강하고 대담한 것으로 미루어볼 때 사건 현장이 발견되고 초기에 무슨 일인가 보러온 호기심 많은 이웃이나 행인인 척 범죄 현장을 다시 찾아갔을 가능성이 있었다. 이로써 자신의 에고를 충족시키는 동시에 우월감을 가질 수 있었을 것이다. 이것은 수사관에게 유리한 점이기도 한데, 범인이 자신의 방식에서 벗어날 수 없다는 의미이기 때문이다. 그는 반드시 실수를 하게 될 것이었다. 하지만 실수를 하기 전에 범행을 또 저지를 가능성이 있었다.

*

프로파일링 회의가 끝난 뒤 떠오른 어떤 생각 하나에 대해 의견을 묻기 위해 더글러스를 따로 불러냈다. BTK가 다른 연쇄살인범을 모방하는 성향을 보이는 것에 대해 더글러스가 어떻게 생각하는지 알고 싶었다. BTK가 몇몇 가장 악명 높은 예전 연쇄살인범의 습관을 가져와서 자신의 범행 루틴에 적용하고 있다는 사실이 매우 중요해 보였다. 이는 지금 우리가 상대하고 있는 자의 에고 유형을 확인해주는 것이기도 했고, 예전 살인범들만큼 유명해지고 싶다는 그의 열망을 말해주는 것이기도 했다. 하지만 BTK가 과거 연쇄살인범들을 열심히 공부하고 있다면 그들이 어떻게 잡혔는지도 알고 있을 터였다. 이 사건의 전략을 짤 때 이 점을 염두에 두는 것이 매우 중요했다. 특히 우리는 BTK가 굉장히 잘 알고 있는 것으로 보이는 '샘의 아들' 데이비드 버코위츠 사건에 신경을 써야 했다.

"그가 커뮤니케이션에서 사용한 상징 표식에 대해 어떻게 생각하세요? 샘의 아들과 매우 비슷해요. 하지만 악마적이라기보다는 에로틱하죠." 더글러스에게 내가 물었다.

"이제까지 이자의 머릿속에서는 그게 그의 예술의 일부일 거예요. 그것이 자신의 중요성을 더해준다고 생각하겠지요. 그런데 왜요? 무언가가 더 있을 것이라고 보세요?" 더글러스가 말했다.

"잘 모르겠어요. 모종의 효과를 노리고 하는 게 아닌가 싶어서요. 하지만 자신의 이니셜을 성적으로 보이는 여성의 상체 그림으로 바꾸어 그리는 것은 너무 명시적입니다. 어느 면에서는 절박하다고도 볼 수 있지요. 자신의 신화를 지속적으로 만들고 유지해야 할 강박을 느끼는 것 같아요."

"레슬러 선배와 함께 버코위츠를 면담했을 때 BTK에 대해 물어보았어요. 그의 말문을 트이게 한 계기가 바로 그 질문이었습니다. 우리는 이렇게 접근했지요. '여기 캔자스주에 새로운 살인자가 있는데, 당신을 우상화하는 것 같고 당신을 모방하고 있어'라고요."

"그에게 상징 이야기도 했나요?"

"그럴 틈이 없었습니다. BTK를 언급하자마자 '샘의 아들'은 다섯 시간을 내리 자신의 범죄에 대해 상세히 설명하는 데 썼어요. 말을 멈추게 할 수가 없을 정도였습니다. 그는 누군가가 자신의 성공에 숟가락을 얹고서 명성을 가로채려 하는 것에 분개했습니다. 자신의 사건에 대해 언론이 잘못된 이야기만 하고 있다고도 화를 냈어요."

"기억이 나요. 그는 자신이 '괴물'이라고 불리는 것은 괜찮았지만 여성 혐오자라고 불리는 것에는 '깊이 상처를 받았다'라고 했지요." 내가 말했다.

"네. 나 원 참, 연쇄살인범 감정이 상처받을 걱정까지 해야 하다니요." 더글러스가 어이없다는 듯 눈을 굴리며 말했다. "그런데 상징 표식 이야기는 왜 하신 거예요?"

"자신이 저지른 살인의 소유권자로 인식되기를 얼마나 원하는지 보여주거든요. 버코위츠처럼요. 하지만 그들에게는 그것이 정확한 방식으로 되어야만 하지요. 이자들은 언론이 자신이 스스로를 보는 방식대로 자신을 묘사해주길 바라고 있어요. 그 상징 표식이 BTK에게는 자신이 만들고자 하는 자기 이미지의 일부이고요. 그는 섹스와 통제력으로 유명해지고 싶어 해요."

*

이 생각을 입증하기까지는 몇 년이나 더 걸렸다. 하지만 결국 자만심이 BTK의 아킬레스 건이라는 우리의 판단은 옳았다. 2004년 1월 15일, BTK가 오테로 씨 가족을 끔찍하게 살해한 지 13주년이 되는 날에 일이 진전되기 시작했다. 대중이 다시금 이 사건에 관심을 보이고 있었다. 1월 17일에 위치타 이글은 BTK가 죽었거나 다른 사건으로 감옥에 있을지 모른다고 보도했고, BTK 본인이 이 기사에 반응했다. 그가 마지막으로 살인을 한 지 10년이 넘었고 마지막으로 경찰과 연락을 취하고자 한 지도 몇 년이 되었지만, 위치타 이글에 자신의 범죄에 대해 소유권을 주장하는 듯한 반응을 빠르게 보내왔다. 그는 반송 주소에 비웃듯이 '빌 토머스 킬먼Bill Thomas Killman'(BTK와 이니셜이 같다)

이라고 적었다. 봉투 안에는 생명을 잃은 여성 피해자가 성적인 포즈를 취하고 있는 사진과 그 여성의 운전면허증 사본이 들어 있었다. 피해자의 이름은 비키 웨젤Vicki Wegerle이었고 1986년에 살해되었는데 공식적으로 BTK가 저지른 범행으로 여겨지지 않았던 사건이었다. 그리고 이 편지는 시작일 뿐이었다.

다시 한번 수사를 재개하기 위해 사건 파일들을 살펴보면서 수사관들은 BTK가 하고 있는 모든 일, 그가 드러내고 있는 모든 면모가 1980년대 중반에 작성된 행동과학부의 프로파일과 일치한다는 것을 깨달았다. 그 프로파일에는 BTK가 수사관과 자신을 동일시하고 싶은 욕망을 가지고 있을 것이라는 내용까지 적혀 있었는데, 실제로 BTK는 한 편지에서 자신을 '동료 법 집행관'이라고 언급하기도 했다. 이때 태스크포스팀은 다시 한번 FBI에 도움을 요청했다. 그들은 행동과학부가 처음 제안했던 슈퍼 경찰 전략으로 BTK를 유인하고자 했는데, 그러다 행여나 살인자를 더 자극하게 될까 봐 걱정하고 있었다.

행동과학부의 전략은 간단했다. BTK가 수사관과 자신을 동일시하고 싶어 한다면 그렇게 하도록 돕자는 것이었다. 구체적으로는, 기자회견을 열어서 특정한 수사관 한 명이 매번 BTK에게 이야기한다는 것이 계획이었다. 이 수사관은 BTK를 반영하는 인물이 될 것이었다. 즉 BTK가 이 사건에 슈퍼 경찰이 보이는 열정을 자신에 대한 이해와 동료애의 일종으로 여길 수 있도록 슈퍼 경찰을 그의 헌신적인 짝으로 만드는 것이었다. 슈퍼 경찰 전략은 BTK가 인정받고 싶어 하고, 자신의 에고를 달래고 싶어 하며, 자신이 중요한 사람이라는 느낌을 갖고 싶어 하고, 권위 있는 인물에게 개인적으로 친밀한 수준에서 받아들여지고 싶어 하는 지속적인 욕구가 있다는 데 착안한 것이었다. 본질적으로 슈퍼 경찰은 거울이었다. 자신의 머릿속에 존재하는 복잡한 판타지 세계에서 BTK는 머지않아 슈퍼 경찰에게서 자기 자신을 보게 될 것이었다. 그는 슈퍼 경찰을 친구로서 믿고 의지하게 될 것이었다.

이후 11개월 동안 위치타의 살인 사건 담당 수사관 켄 랜드워Ken Landwehr가 슈퍼 경찰 역할을 맡았다. 그는 커피와 담배에 기대 장시간 일하는 말쑥하고 직설적인 형사였다. 그가 이 수사의 얼굴이 되어 정기적으로 기자회견을 열고서 (BTK가 기자회견을 보고 있으리라는 것을 아는 상태로) BTK에게 직접적으로 말을 걸며 그의 에고를 건드렸다.

BTK는 우리의 계획대로 바로 걸려들었다. 그는 전에 없던 관심을 받게 된 새로운 상황에 빠르게 빠져들었다. 이후 수개월 동안 편지, 퍼즐, 이전 범행 현장을 본떠 결박한 인형들이 담긴 소름 끼치는 소포 등을 통해 추가로 열 건의 메시지를 보내 수사진을 조롱했다.

2005년 1월에 BTK는 일부러 경찰이 발견하게끔 시리얼 상자를 놔두고 그 안에 인쇄물로 다음과 같은 메시지를 남겼다. "컴퓨터가 추적되지 않게 플로피(디스크)로 이야기할 수 있겠습니까? 솔직하게요." 그는 답이 '예스'라면 위치타 이글의 광고란에 "렉스, 그렇게 해도 좋아요"라고 광고를 내라고 랜드워에게 요청했다.

수사관들은 요청대로 광고를 내고 기다렸다. 초조하게 2주가 지난 뒤 플로피디스크가 들어 있는 소포가 당도했다. BTK는 몰랐지만 플로피디스크에는 추적이 가능한 메타데이터가 담겨 있어서, 마지막으로 저장한 사람의 사용자 이름이 '데니스Dennis'이고 장소는 인근의 크라이스트 루터파 교회라는 것을 알아낼 수 있었다. 이 교회 웹사이트를 보니 회중 장로 이름이 데니스 레이더Dennis Rader였다. 경찰은 드디어 용의자를 갖게 되었다. 이제 확실한 증거로 조여가야 했다.

레이더에게 DNA 샘플을 달라고 하면 거부할 게 뻔했다. 하지만 딸의 조직 샘플을 구할 수 있었다. 그의 딸은 최근에 어떤 검사를 위해 병원에 간 적이 있었다. 24시간 뒤에 DNA 검사 결과가 나왔다. 케리 레이더Kerry Rader가 BTK와 가족 관계로 나타났다. 경찰은 곧 영장을 받았고 2월 25일 점심 시간에 위치타 준법 감시인인 데니스 레이더가 그의 집에서 얼마 떨어지지 않은 곳에서 신호등에 멈춰 있었을 때 그를 체포했다.

슈퍼 경찰 전략이 어찌나 효과가 있었던지, 레이더는 랜드워가 자신의 체포에 관여했다는 사실을 알고서 정말로 충격을 받았다. 신뢰가 배신당했다는 생각에 마음이 무너진 것 같았고 이렇게 묻기까지 했다. "어떻게 나한테 거짓말을 할 수 있어? 어떻게 나한테 거짓말을 할 수 있어?"

"당신을 잡으려고 했으니까." 랜드워가 대답했다.

이 순간 레이더는 무너졌다. 그는 이후 32시간에 걸쳐 자백을 했다. 시간순으로는 다소 뒤죽박죽이었지만 열 명을 어떻게 고문하고 살해했는지 매우 상세하게 설명했다. 피해자 중에는 아홉 살 소년도 있었고 열한 살 소녀도 있었다. 그는 자신의 어린 시절에 대해 이렇게 말했다. "스케치를 하곤 했습니다. [배우] 아네트 푸니셀로Annette Funicello가 미키 마우스 클럽에 출연했을 때 내 판타지의 단골이 되었습니다. 나는 푸니셀로를 납치해서 성적인 짓을 하는 상상의 이야기를 만들었습니다. 미이라도 좋아했어요. 사람을 묶어두니까요."

그는 범행의 단계도 이야기했다. "먼저 관찰을 합니다. 물색 단계죠. 그다음에 스토킹을 합니다. 그다음에는 가둡니다. 기본적으로 물색, 스토킹, 가두기의 단계이고, 이 패턴을 계속합니다. …… 그 뒤에 판타지가 옵니다. 어떻게 할지, 어디에서 할지 등을 상상하기 시작하는 것이지요. 그러다가 때가 왔다 싶으면 챙길 것들을 챙기고 날짜를 정해서 시도를 합니다."

이어서 살해 행위 자체를 설명했다. "목을 졸라 죽이는 건 어렵습니다. (그들의) 자세를 제대로 해놓고 조르지 않으면 곧 손이 마비되어 얼얼해집니다. 2, 3분 정도 걸리는 것 같아요. 아주 세게 눌러야 하고 목을 감싸야 합니다. 1초만 느슨하게 해도 공기가 들어가서 곧바로 되살아나거든요. …… 발로 차고 몸을 뒤틀고 하면서요."

여러 날에 걸쳐 레이더는 믿을 수 없을 정도로 상세하게 범행 과정을 설명했다. 하지만 뉘우치는 기미는 없어 보였다.

랜드워는 이렇게 말했다.

"그는 자기 자신만이 중요합니다. 늘 그랬고 앞으로도 그럴 겁니다."

15장

에고가 너의 나락이 될 것이다

BTK가 첫 살인 폭주를 벌이고 나서 1년 뒤인 1978년에 새로운 연쇄 범죄자가 나타나 언론을 장식했다. 그는 BTK와 놀라우리만치 유사했고, 동시에 이 둘은 다른 연쇄살인범들과 굉장히 달랐다. 매우 흥미로운 특이성이었다. BTK처럼 새로운 미확인범도 상징 기호들을 포함한 메시지를 보냈고, 이는 미국 전역의 주요 언론과 직접 연락을 취하고 싶어 하는 지속적인 욕구로 발달했다. BTK처럼 이 미확인범도 잡히지 않았고 주도면밀한 조심성을 발휘해 경찰이 찾아낼 만한 흔적을 남기지 않았다. 하지만 그는 모방 범죄를 하는 것이 아니었다. 둘의 범행 수법은 이보다 더 다를 수 없었다. BTK가 직접적인 신체 접촉에서 만족을 얻었고 목을 졸라서 생명을 서서히 앗아갔다면 새로운 살인자는 피해자와 거리를 두었다. 그는 폭탄범이었고 대중을 공포와 히스테리에 빠뜨리는 데서 만족을 얻었다. 그는 세상을 **자신이 생각하기에 마땅히 그래야 하는** 이상적인 바대로 재구성하고 싶어 했다. 이것은 그의 마음 속에서 반복적으로 상연된, 좀처럼 달성되지 않는 판타지였다.

그의 범행에 대해 우려가 높아지고 있었지만 공식적으로 의뢰받지 않은 사건은 관여하지 않는다는 것이 행동과학부의 원칙이었다. 그래서 1978년 5월부터 1980년 6월까지 주요 전국 뉴스에 폭탄 사건이 계속해서 보도되던 동안 옆에서 지켜보는 수밖에 없었다. 우리도 다른 모든 사람들처럼 그저 바라만 보는 처지였다.

첫 범행은 1978년 5월 25일이었다. 한 주차장에 소포가 버려져 있어서 반송 주소에 적힌 대로 노스웨스턴 대학 버클리 크리스트Buckley Crist 교수에게 보내졌는데, 소포에는 그의 이름이 적혀 있었지만 그는 이 소포를 본 적도, 따라서 당연히 보낸 적도 없다고 했다. 크리스트는 학교의 경비 담당자 테리 마커Terry Marker에게 연락했고 마커가 소포를 열었을 때 그 안에 들어 있던 수제 폭탄이 터졌다. 마커는 왼손에 가벼운 상처를 입었고, 다행히 추가적인 피해는 없었다. 두 번째 공격도 노스웨스턴 대학 캠퍼스에서 벌어졌고 이번에도 (비교적) 경미한 상처만으로 끝났다. 이번 피해자는 무심코 소포를 연 대학원생 존 해리스John Harris였다.

다음 두 번의 사건에서는 범행 수법이 현저하게 달라졌다. 개인을 타깃으로 하는 대신 항공사를 타깃으로 함으로써 사건의 중대성을 높였다. 자신감이 커지고 있다는 것을 보여주는 일이었고 사건의 층위에 새로운 복잡성이 한층 더해졌음을 의미했다. 이 두 번 중 첫 범행은 1979년 11월에 일어났다. 아메리칸 항공 444편 항공기에서 폭탄이 점화돼 비행기가 짙은 연기로 가득찼고 기장은 비상 착륙을 했다. 두 번째 범행은 이듬해에 일어났다. 유나이티드 항공 회장 퍼시 우드Percy Wood가 집에서 소포를 받았는데, 열면 터지게 되어 있는 폭탄이 들어 있었다. 이 폭발로 그는 얼굴과 몸에 심한 화상을 입었다. 피해자가 생명을 잃지는 않았지만 이 공격은 신체적 피해의 면에서 이제까지 중 가장 성공적인 범행이었다.

원래 이 사건은 미국 우편 공사와 주류 담배 화기 단속국 관할이었다. 하지만 항공사 공격으로 범인의 자기 표현 방법이 빠르게 진화하고 있다는 것이 명확해졌으므로 행동과학부가 관여하게 되었다. 이때 법과학 조사관들이 범죄 현장에서 수거된 폭발물들을 분석해 램프 코드 조각, 조임쇠, 접합 스위치 등이 일관성을 보인다는 것을 확인했다. 범행에 사용된 폭발물들은 매우 독특하게 설계되어 있었다. 거의 모든 부품이 나무로 면밀하게 수제 세공되어 있었다. 나사까지 손으로 만든 것이었다. 그래서 쓰인 부품들을 추적하는 것이 불가능했고, 그렇게 만들어진 폭탄은 매우 독특했다. 연쇄 폭탄범의 소행인 것이 분명했다.

행동과학부는 이 범행의 행동적 측면을 분석해 1차 프로파일을 작성해 전달해야 했다. 하지만 폭탄 파편과 범행 대상들 외에는 얻을 수 있는 정보가 없었다. 사건의 암호명도 우리가 얼마나 아는 것이 없었는지를 보여준다. 우리는 이 사건을 '유나밤UNABOM'이라고 불렀는데, '대학UNiversity', '항공사Airline', '폭탄 테러BOMbing'를 합친 이름이었다. 1982년 7월 2일에 일곱 번째 범행이 있고서야 이 시점에는 '유나바머'라고 불리고 있던 범인에 대해 공식적인 프로파일링을 시작해볼 만한 정보를 갖게 되었다. 더글러스가 그의 경력에서 처음으로 주무 프로파일러를 맡게 되었다.

"프로파일링을 하기 정말 어려운 사건이네요." 그가 인정했다. "폭탄과 피해자는 있는데 상호작용도 없고 전형적인 범죄 현장도 없습니다. 일을 시작해볼 만한 재료가 너무 부족합니다."

"폭탄에서 시작해보죠." 내가 말했다. "폭탄은 그의 도구입니다. 그가 직접 만들었다는 것을 알고 있고요. 따라서 거기에 무언가 의미가 있을 것입니다. 지금까지 폭탄에 대해 알게 된 것들에 무엇이 있나요?"

더글러스가 대답했다. "추적이 불가능하다는 것입니다. 첫 두 번의 폭탄은 간단한 파이프 폭탄이었어요. 성냥, 배터리, 그리고 나무로 된 몇몇 부품으로 만든 것이었습니다. 세 번째 폭탄은 아메리칸 항공의 비행기 화물칸에서 발견된 건데, 고도계로 조작되는 기폭 장치가 있었습니다. 터지지는 않았지만 폭발물 설계가 유나바머의 범행 수법이 새로운 수준의 복잡성에 도달했다는 것을 보여주었지요."

"여섯 번째 폭탄이 가장 흥미로운데요, 연기가 나지 않는 분말을 밴더빌트 대학으로 보냈어요. 이것은 어떻게 생각하세요?" 레슬러가 화기 전문가인 데이브 아이코브Dave Icove를 바라보며 물었다. 아이코브는 이 사건에 필요한 전문가로 회의에 참석한 참이었다.

"그가 자신이 하고 있는 일을 개선해가고 있다고 생각합니다. 우리가 평균 이상의 지능을 가진 사람을 다루고 있는 게 분명하고요. 그가 혼합한 화학물질과 그가 만들기 시작한 기폭 장치는 고등학교 화학 수준이 아닙니다. 대부분의 사람들은 그런 시도를 했다면 지금쯤 본인을 날려버렸을 겁니다."

"앤 교수님, 피해자 분석은 어떤가요? 여기에서 무언가 보이는 것이 있나요?" 더글러스가 물었다.

"피해자는 대학이거나 항공사예요. 현재까지는요. 대상이 된 개인들을 연결시키는 공통점은 없어요. 따라서 실제 피해자보다 메시지 자체가 더 중요하다고 여겨집니다. 지금 생각으로는 우리가 이데올로기적인 범죄자를 상대하고 있는 것 같아요. 그가 보내려고 하는, 혹은 공격하려고 하는 메시지가 무엇일까요?"

"의례적인 요소에 대해 더 알아야 할 것 같습니다." 더글러스가 잠시 말을 멈추고 생각에 잠겼다. "그는 나무를 깎아서 부품을 직접 만들었습니다. 아무 철물점에나 가도 싼 전자 부품을 살 수 있었을 텐데도요. 폭탄 케이스도 정교한 목공으로 직접 만들기 시작했습니다. 피해자들 또한 나무와 관련이 있어요. 이름이나 주소에 '우드wood'라는 단어가 들어갑니다."

"폭탄 테러 사건의 원형으로 돌아가보아야 할 것 같아요." 레슬러가 말했다. '조지 메테스키 사건'*을 보면, 이러한 유형의 범죄에서 시그니처가 중요하다는 것을 알 수 있습니다. 명함 같은 것이죠. 메테스키는 폭탄에 편지를 두는 것, 또 자신이 결핵에 걸린 것에 대해 컨솔리데이티드 에디슨을 비난하는 분노에 찬 편지를 신문사에 보내는 것으로 이를 드러냈습니다. 이 편지들은 그가 불만을 품은 직원이라는 것을

---

* '매드 바머'라고도 불리는 뉴욕의 악명 높은 폭탄 테러범으로, 직장이던 컨솔리데이티드 에디슨에서 해고된 후 개인적인 복수심에서 눈에 띄는 장소들에 전략적으로 폭탄을 두어서 뉴욕을 공포에 빠뜨렸다.

알아내는 데 도움을 주었지요. 그를 체포하는 데로도 이어졌고요."

"하지만 이 미확인범은 편지를 쓰지 않았습니다." 아이코브가 말했다. "그리고 그의 폭탄 제조 방식은 그가 되도록 자신을 드러내지 않기 위해 모든 노력을 다하고 있다는 것을 보여줍니다. 접착제조차 사슴 발굽을 녹여서 직접 만들었어요.. 그가 자신이 누구인지를 우리에게 알리기 시작했을 리는 없어 보입니다."

"꼭 그렇지도 않을 것 같아요." 내가 말했다. "이 미확인범이 이러는 데는 이유가 있어요. 그는 자신의 주장을 정당화하려 하고 있습니다. 행동 측면에서 그를 다른 사람들과 구별해주는 속성은 그가 지극히 신중하고 조심스럽다는 점이에요. 그는 자신의 행동을 합리화하며 대대적으로 자신을 드러낼 시점을 향해 가고 있습니다. 이것은 연쇄 범죄자의 속성이에요. 하지만 그 전에 자신이 받을 스포트라이트가 충분히 커지게 하고 싶은 것이죠."

"저도 같은 생각이에요.' 더글러스가 말했다. "이자는 무언가를 향해 차곡차곡 범행을 지어가고 있습니다. 그리고 지금은 그가 스스로에 대해 꽤 만족스러워하고 있을 것 같아요."

"그래요." 레슬러가 말했다. "그러니까 그것을 역으로 뒤집어 그를 향해 사용해야지요. 이자가 계속 뉴스에 등장할 수 있게 우리가 가진 모든 것, 그러니까 사진, 분석, 세부 사항 등을 계속 언론에 내보내야 해요. 그의 에고를 건드리는 겁니다. 그가 자신의 일에 대해 인정을 받기 위해 경계를 느슨히 풀 때 우리는 그를 잡을 준비가 되어 있을 겁니다."

*

3년간 잠잠하던 유나바머가 1985년 5월에 활동을 재개했고 12월에 우리가 우려하던 최악의 두려움이 현실로 나타났다. 캘리포니아주 새크라멘토의 컴퓨터 가게 주인 휴 스크러튼Hugh Scrutton이 가게 밖에서 목숨을 잃은 것이다. 유나바머의 첫 인명 피해 사례였고 매우 우려스러운 전환점을 암시하는 사건이었다. 유나바머는 기술자 유형의 폭탄 테러범, 즉 장비를 성공적으로 설계하고 만들고 터뜨리는 데서 만족을 느끼는 테러범에서 권력으로 동기 부여된 폭탄 테러범, 즉 파괴와 공포로 만족을 얻는 데 집착하는 테러범으로 전환했다. 이것은 유나바머가 더 이상 기능적인 무기를 만드는 데에서만 만족하지 않는다는 의미였다. 이제 그의 의도는 살해였다.

스크러튼의 사망은 유나바머에게 정확히 그가 원하는 것을 제공했다. 미국 전체가 깜짝 놀랐고 몇 주 내내 관련 기사가 언론을 도배했다. 이것은 이제 권력 게임이 되었고 유나바머는 자신이 얼마나 큰 장악력을 가질 수 있는지 막 깨닫기 시작하고 있었다. 상황이 이렇게 되자, 이제까지 옆에서 조언하는 역할 정도만 했던 FBI가 수사에 직접 관여하게 되었다. 하지만 수백 명의 요원과 상당한 자원을 투여했는데도 별 진전이 없었다. 유나바머가 커다란 계획을 가지고 있는 것은 분명했는데, 그는 그것이 무엇인지를 숨기는 데 끔찍하리만큼 굉장한 수완을 가지고 있었다.

"보세요." 12월 말에 지하 회의실로 우리를 소집한 더글러스가 말했다. "이제 본부가 이 사건을 관리하고 있습니다. 그분들은 우리 생각을 묻지 않고 우리 생각에 관심도 없는 것 같아요. 하지만 곧 관심을 갖게 될 겁니다. 언젠가는 이 사건에서 그분들이 우리를 필요로 하게 될 거예요. 그때 우리는 준비가 되어 있어야 합니다."

"추가로 들어온 정보는?" 레슬러가 물었다.

"지금으로서는 많지 않습니다." 더글러스가 대답했다. "위에서 입을 꾹 다물고 있어요. 그분들은 그게 낫다고 생각하시는 것 같아요."

"그게 어떻게 말이 되지?" 레슬러가 주위를 둘러보며 물었다.

"말이 안 되죠." 더글러스가 대답했다. "그분들은 3년 전에 우리가 제안한 전략과 정반대로 하고 있어요. 이 작자의 에고를 건드리려면 최대한 정보를 공유하고 대중의 도움을 받아야 하는데도 말이에요."

"위에서는 모방 범죄를 우려하고 있다고 들었어요." 헤이즐우드가 말했다.

"허, 그러면 그다음에는요? 이자가 원하는 대로 폭탄을 펑펑 터뜨리게 두면서 우리는 뒷북이나 치는 걸 정당화하는 것 아닌가요?"

"나는 그냥 우리가 말한 대로는 안 될 거라고 이야기하는 거예요." 헤이즐우드가 말했다. "이 사건으로 FBI에 쏠린 시선을 생각해보면 더욱 그렇죠. 그들은 장막 뒤에 있으면서 최대한 오래 분석적인 접근을 할 겁니다."

더글러스와 레슬러가 동시에 말을 하려고 했지만 내가 끼어들었다. "이번 범행 주기에서는 추가 공격이 많을 것 같지 않아요. 이 미확인범은 전에 휴지기를 가진 적이 있는데, 이것은 그가 강박적인 성격임을 말해줍니다. 지금으로서는 잠시 상황이 진정되기를 바라고 있을 겁니다."

“이자가 자신이 받고 있는 관심에 끌리고 있다는 데는 우리 모두 동의하는 거죠? 그리고 공격을 정당화하고 그게 자기 소행이라고 주장할 무언가를 준비하고 있다는 것도요.” 레슬러가 말했다.

“저는 그렇게 생각합니다. 하지만 그의 범행은 그에게 감정적으로 중요한 일이기도 할 겁니다.” 내가 말했다. “그가 이러한 공격을 저지르는 이유 중 일부는 기저에 있는 이데올로기, 그게 무엇이건 간에요, 그것을 아직 정교화하고 있는 중이어서인 것 같아요. 이것이 아직 우리가 모르는 부분입니다. 그가 왜 공격을 하는지 말이에요. 우리가 아는 것은 이 공격들이 그가 자신의 동기에 초점이 쏠리게 하는 데 도움이 되고 있다는 점이고 동시에 그가 강박적이 되도록 만들고도 있다는 점이에요. 이것은 긴 휴지기를 설명해줍니다. 휴지기는 그가 받고 있는 매우 상이한 유형의 입력값들을 해소하기 위한 노력의 일환인 것 같습니다.”

“저도 같은 생각입니다.” 더글러스가 말했다. “그리고 이것은 우리가 범인을 충분히 빠르게 잡지 못한 요인이기도 한 것 같고요. 그는 다음 단계를 계획하고 있고, 우리는 그에 따라 그의 프로파일을 조정해야 할 겁니다.”

“좋아요.” 레슬러가 동의했다. “그러면 본부가 의견을 물을 때 뭐라고 제안하는 게 좋을까요?”

“전략은 달라지지 않았습니다.” 더글러스가 대답했다. “전에 제안했던 것을 그대로 말해야 합니다. 모든 정보를 공개하고 우리가 사건에 대해 아는 모든 것을 드러내자고 말이에요. 이자가 반응을 하도록 압박해야 합니다. 우리는 이자가 느끼는 통제감을 건드려야 하고 그가 실수를 하도록 몰아가야 합니다."

*

그 후 몇 주간 행동과학부 팀은 이례적으로 사건이 많이 쏟아져서 눈코 뜰 새 없이 바빴다. '뷰티 퀸 살인마Beauty Queen Killer'가 남부 전역에서 여성들을 스토킹하며 살해하고 있었고, 워싱턴주에서는 '롱뷰 연쇄살인마Longview Serial Killer'가 십 대들을 살해하고 있었으며, 죽인 사람 숫자로 수위에 드는 '그린 리버 살인마Green River Killer'는 서부 연안 지역을 누비며 여성과 소녀 들을 목 졸라 죽이고 있었다. 모두 늦게까지 일을 하고 있는데 누군가가 말했다. "더글러스가 또 사라진 것 같네요."

나는 하던 일을 멈추었다. 그 짧은 말이 무슨 뜻인지 나는 정확하게 알고 있었다. 행동과학부 사무실에는 소음이 그치지 않았다. 전화가 계속 울렸고 복사기가 계속 종이를 뱉어냈고 팩스가 도저히 신경쓰지 않을 수 없는 높은 톤으로 쉬지 않고 삑삑거렸다. 더글러스는 때때로 이 모든 것으로부터 멀어져서 조용히 신경을 쉬게 하면서 생각을 정리할 시간이 필요했다. 그는 어디로 가는지 아무에게도 말하지 않았지만 나는 어디 가면 그를 찾을 수 있을지 알고 있었다. 그래서 엘리베이터를 타고 FBI 아카데미의 꼭대기층에 있는 도서관으로 올라가 북서쪽 구석을 찾았다. 늘 앉는 자리에 더글러스가 있었다. 공식 서류가 가득한 폴더와 책장에 부분적으로 가려진 자리였다. 그는 내가 다가오는 것을 알아차리지 못했다.

"아래에서 다들 요원님을 찾고 있어요." 내가 말했다.

더글러스는 올려다보지 않고 답했다.

"잠시 쉬러 왔어요." 그가 한숨을 쉬었다. "아래에 있으면 너무 정신이 없어져서요."

내가 고개를 끄덕였다. "우리가 제 발로 여기에 들어왔다는 게 믿어지세요?"

보통은 농담으로 받아쳤을 더글러스가 이번에는 웃지 않았다. "여기 올라와야 볼 수 있는 관점이 좋아요. 땅에 있는 모든 것이 작고 멀어 보이거든요. 중요하지 않게 보여요. 그러니까, 정말 중요하지 않다는 말이 아니라 사건들이 덜 압도적으로 느껴진다는 의미에서요."

"어떤 사건을 생각하고 있는데요?" 내가 물었다.

"그 폭탄범 사건이요. 지금쯤이면 그를 체포했어야 하잖아요. 우리가 조언한 대로 하기만 했다면……."

"속상해하지 말아요. 프로파일링은 모두의 예상보다 훨씬 더 발전했어요. 효과가 있지요. 문제는, 우리가 그 점을 입증한 순간 그것이 FBI가 통제하는 도구가 된다는 거지만요. 그것을 언제 사용할지, 어느 조언을 채택할지는 그분들이 결정하겠지요."

"알아들었어요." 더글러스가 말했다. "우리는 더 이상 전처럼 가욋일로 하는 프로젝트를 진행하고 있는 게 아니니까요. 그냥 때로는 그 때처럼 일했으면 좋겠다는 생각이 들어요. 누구에게도 설명하거나 대답할 필요가 없던 시절이요. 그때는 우리가 옳다고 알고 있는 것이 있으면 그냥 그것을 하면 되었잖아요."

"그게 성공의 대가 아니겠어요. 고치려고 했던 시스템의 일부가 되는 것이요."

"아이구, 기운 빠지는 생각이네요."

"이 문제로 너무 걱정하지 마세요, 존. 금방 집중해야 할 다른 문제가 생길 테니까요."

이 말에 마음이 좀 누그러졌는지 더글러스가 웃었다. "이제 가서 팀이 어쩌고 있는지 볼까요?"

*

유나바머의 궁극적인 실수는 자신의 범죄에 쏟아진 스포트라이트를 자신의 이득을 위한 지렛대로 삼으려 한 데서 나왔다. 그 일은 1995년 6월에 벌어졌다. 새크라멘토에 있는 캘리포니아주 삼림협회 회장 길버트 P. 머리Gilbert P. Murray의 사무실에 보낸 폭탄이 터져 그가 사망한 지 두 달이 채 안 되었을 때였다. 의외의 행보로, 유나바머가 3만 5000 단어 분량의 선언문 "산업 사회와 그 미래Industrial Society and its Future"를 뉴욕 타임스와 워싱턴 포스트에 보내왔다. 그는 1993년부터 서신을 통해 언론과 잠재적인 피해자에게 감질나게 연락을 취하고 있었지만 자신의 범행 이유를 드러낸 것은 이 선언문이 처음이었다. 그는 "전 세계적인 산업 시스템을 파괴"하고 싶어 했다. 그리고 이러한 목적과 이제까지 저지른 범행을 테크놀로지가 왜 악인지를 설명함으로써 정당화하려 했다. 그는 자신을 일종의 예언자, 구세주로 여기고 있었고 테크놀로지 시스템을 부수고 농촌 부족 사회로 돌아가도록 사회의 나머지 사람들을 각성시키는 것이 자신의 책임이라고 생각했다. 또한 그는 FBI를 '한심이'라고 불러서 당연하게도 FBI의 높은 사람들을 분개하게 만들었다.

내게 유나바머의 메시지는 그리 중요하지 않았지만, 그가 우리에게 선제적으로 접근함으로써 귀한 기회를 제공했다는 사실은 매우 중요했다. 우리가 기다리고 있던, 대중에게 관심을 끌고자 하는 행동이었다. 정확하게 프로파일이 일찍이 예측했던 바대로였고, 사건을 해결할 수 있을지도 모를 추가적인 정보에 닿을 수 있을 기회였다. FBI의 언어심리학자들은 서신과 선언문에서 유나마버의 작문 스타일을 분석해 교육 수준, 심리, 배경, 인구통계학적 정보, 동기 등을 알아낼 수 있었다. 우리는 이렇게 알게 된 것들을 대중의 도움을 구하는 수단으로 사용할 수 있을 터였다. 그런데 문제가 하나 있었다. 유나바머는 자신의 선언문이 전국 신문에 게재되어야만 살해를 멈출 거라고 했다. 본인이 명확하게 그렇게 요구했다. 선언문 게재 결정을 내리는 데 3개월이 걸렸다.

이것은 직접적인 도발이었다. FBI를 '한심이'라고 부르는 것만 해도 충분히 나쁜데 이러한 최후통첩을 보낸 것은 FBI 전체를 부글부글 끓게 만들었다. 언론에 선언문을 게재함으로써 FBI가 취약한 위치에 처하게 될 가능성이 있었다. 그럼에도 열띤 토론 끝에(부분적으로는 몇몇 수사관이 폭력 범죄자에게 이렇게 공적인 장을 열어주는 것이 안 좋은 선례로 남을 것이라고 우려했기 때문이었다) 합의에 도달했다. 선언문은 1995년 9월 19일에 워싱턴 포스트의 간지 여덟 개 면에 걸쳐 게재되었다. 유나바머가 뉴욕 타임스와 워싱턴 포스트 둘 다에 게재하라고 요구한 것에 대해서는 두 신문사가 공동 성명을 실어 "대중의 안전을 위해" 선언문을 게재하기로 했으며 "비용은 두 신문사가 분담하되 인쇄는 배달 물량 전체에 별도 섹션을 인쇄해 넣을 수 있는 기계를 갖추고 있는 워싱턴 포스트에서만 하기로 했다"라고 설명했다.

즉각적으로 수많은 사람에게서 제보가 왔고, 그중 하나가 두드러지게 눈에 띄었다. 데이비드 카진스키David Kaczynski라는 사람의 제보였는데, 선언문이 자기 형의 문체와 비슷하고 거기 쓰인 장황한 이데올로기도 형이 전에 말한 것과 비슷하다는 것이었다.* FBI는 데이비드에게 무엇이든 좋으니 형이 작성한 문서를 제공해달라고 요청했다. 그가 형이 보낸 23페이지짜리 문서 하나를 보내왔을 때 신문에 게재된 선언문의 초기 버전처럼 보일 만큼 비슷했고, 언어학자들은 두 문서가 동일 저자가 쓴 것일 가능성이 높다고 판단했다.

3개월 뒤인 1996년 4월 3일에 요원들은 테드 카진스키Ted Kaczynski를 몬태나주 링컨에 그가 직접 지은 오두막집에서 체포했다. 집을 수색했을 때 완성된 폭탄 하나, 여러 폭탄 부품, 4만 단어 분량의 손으로 쓴 일기 등이 발견되었다. 일기에는 각각의 범죄와 폭탄 제조 방법이 상세하게 적혀 있었다.

행동과학부의 주요 목적 중 하나는 으레 예상할 수 있는 어느 정도보다 훨씬 빠르게 연쇄범죄자를 찾아내고 체포할 수 있는 기법을 개발하는 것이었지만, 그렇다고 우리가 늘 범인을 며칠이나 몇주 사이에 잡을 수 있다는 말은 아니었다. 때로는 수년이 걸리기도 했다. BTK와 유나바머 사건 모두 그들을 정의의 심판대에 세우기까지 수십 년이 걸

* 데이비드가 선언문을 지역 도서관에서 온라인으로 찬찬히 다시 읽고 지난 몇 년간 형이 보냈던 분노한 편지들과 비교해보는 데 3주가 걸렸다. 그리고 어느 날 그는 아내가 아침으로 콘플레이크를 먹는 동안 어려운 결정을 내렸다. 그는 아내를 보면서 말했다. "혼, 있잖아. 50대 50의 확률로, 테드 형이 이 선언문을 썼을 수도 있을 것 같아."

렸다. 하지만 두 사건 모두에서 우리의 초기 제안과 프로파일은 로드맵을 제시할 수 있었고, 범인이 자신의 목적을 좇다가 저지르는 오류와 행동적 심리에 초점을 맞추어 범인을 특정해내는 데 더 가까이 갈 수 있게 수사에 지침을 줄 수 있었다.

카진스키가 체포되었을 무렵 내 일의 비중은 행동과학 연구에서 연쇄 범죄 관련 재판에서 전문가 증언을 하는 쪽으로 이동하고 있었다. 수사관들 곁에서 그들이 이러한 유형의 범죄를 더 잘 이해하도록 돕는 일에 직접 관여한 지 수십 년이 된 지금, 이제는 그와 비슷한 일을 법정에서 하고 싶었다. 그래도 1996년의 어느 봄날 저녁에 나는 다른 모든 사람과 마찬가지로 텔레비전 앞에 붙어 앉아 카진스키 보도가 뉴스 프로그램을 장식하고 있는 것을 지켜보았다. 우리의 원래 프로파일이 예측했던 것보다 나이가 많았고 지쳐 보였다. 하지만 일을 시작해볼 만한 정보가 거의 없는 상태에서도 우리는 많은 부분을 정확하게 짚어냈다. 그는 시카고 근처에서 자랐고, 사회로부터 스스로를 고립시켰으며 몬태나주에서 은둔자처럼 살았다. 그리고 나중에는 인정받고자 하는 에고의 욕망에 빠져들었다. 더 중요하게, 선제적으로 미디어를 사용하려 했던 우리의 전략이 효과가 있었다. 16차례의 폭탄 테러와 23건의 부상, 3명의 사망이 있고 나서야, 수사 방향을 노출하거나 모방범죄를 일으킬지 모른다는 우려(이런 일은 일어나지 않았다) 때문에 오랫동안 쓰이지 못했던 이 전략이 사용되었고 대중의 도움을 구한 것이 사건 해결의 핵심 열쇠가 되었다. 그리고 이것은 법 집행기관과 언론이 어떻게 협업할 수 있는지에 대한 선례가 되었다.

그렇더라도 이런 식으로 언론이 관여한 사건과 언론에서 연쇄 범죄자가 묘사되는 방식에는 우려되는 면이 있었다. 이것은 〔사람들의 기대와 태도가 특정하게 학습되는〕 조건화 효과conditioning effect를 일으켰다. 대중은 연쇄살인범을 미국의 고전적인 전설의 일종으로 받아들이기 시작했고, 그 과정에서 에드 게인Ed Gein이나 존 웨인 게이시John Wayne Gacy 같은 자들을 처음 접했을 때 받았던 충격이 역겨움에서 매력으로 바뀌고 있었다. 경찰의 몽타주 전문가가 그린 유나바머 스케치는 티셔츠 문양이 되었다. 경악스러웠다. 끔찍하고 잔혹한 범죄자인 게 명백하고 피해자에게 말 못할 고통을 주었는데도, 그들은 낭만화되고 있었고 새로운 유형의 유명인사가 되고 있었다. 그러면서 그러한 내러티브에 방해가 되는 모든 불편한 세부 사항들, 가령 그들이 타인의 생명을 빼앗았다는 것, 정신 건강상의 문제들, 피해자들이 받은 고통 등은 간단하게 간과되고 있었다. 나는 이것을 용납하고 싶지 않았다.

16장

심연을 바라보며

불편한 마음 없이 연쇄살인범을 생각하게 되는 날은 결코 오지 않는다. 그러려니 하게 되는 때도 결코 오지 않는다. 적어도 나는 그랬다. 하지만 감각을 무디게 하는 것은 가능하다. 나는 요원들이 피해자의 혈액이 바닥과 벽의 아래쪽 3분의 1 정도에 낭자하게 뿌려져 있는 지독히 끔찍한 범죄 현장에서도 더 이상 눈 하나 깜짝하지 않게 되는 것을 보았다. 또 그들은 더 이상 사건 내용을 오래 생각하는 것보다 모드를 바로 전환해 생각을 다른 데로 돌리는 것이 더 낫다고도 생각하지 않았다. 이 시점이면 그들은 더 이상 그들의 일이 갖는 끔찍한 요소들과 삶의 나머지 사이에 칸막이를 치지 않았고 그저 자신이 하는 일의 속성을 받아들였다. 때로 철학자 같은 면모를 보이던 레슬러는 니체를 인용해 이렇게 말했다. "괴물과 싸울 때는 그 과정에서 자신이 괴물이 되지 않게 조심해야 한다. …… 심연을 오래 들여다보면 심연도 당신의 내면을 들여다본다."

1995년, 나도 이 말이 맞다는 것을 깨닫고 있었다. 나는 가능한 한 총체적으로 연쇄살인범을 이해하기 위해 그들의 마음을 충분히 깊이, 또 충분히 오래 들여다보았다. 그 과정에서 그들 또한 나를 연구하고 분석했다. 몇몇은 내 아이들의 이름을 알았고, 또 몇몇은 내가 출판한 글을 다 읽었으며, 한 명은 매년 크리스마스 카드를 보내오기도 했다. 그들과 나 사이에 경계선이 얇아지고 있었다. 다음 단계로 넘어가야 할 때였다.

그래서 그해 여름에 나는 FBI에서 맡던 역할에서 잠시 벗어나 범죄심리학의 사법적 측면에 집중하면서 대학에서 강의와 연구를 계속했다. 분명히 해두자면 FBI 일을 공식적으로 그만둔 적은 없고 지금까지도 그렇다. 나는 요청이 들어오는 사건들에 대해 계속 조언을 했다. 단지 내 전문성을 새로운 방향에서 적용해보기로 했을 뿐이었다. 1980년대 중반에 도서관에서 더글러스와 '고치고 싶은 시스템의 일부가 되어버린' 느낌에 대해 대화를 나눈 이후로 다음 단계를 계속 생각하고 있었다. 변화가 오고 있다는 것은 알고 있었는데, 그 변화가 무엇이고 언제 올지를 모르고 있었다. 하지만 그 변화가 왔을 때는 계시처럼 대번에 알 수 있었다.

1995년 여름의 어느 날 아침에 언제나처럼 종종거리며 콴티코의 복도를 지나가는데 두 명의 젊은 요원이 어떻게 해서 FBI에 오게 되었는지 이야기하는 게 들렸다. 첫 번째 요원의 이야기는 꽤 일반적이었다. 군 경력이 있었고 해외에서 4년간 복무한 뒤 이곳에 오게 되었다고 했다. 그런데 두 번째 요원이 FBI로 오게 된 경로에 대한 이야기가 내 관심을 끌었고 나는 더 잘 듣기 위해 걸음의 속도를 늦추었다. 그는 행동과학부에 대해, 그리고 우리가 성공했던 사건들에 대해 다룬 기사를 언급하고 있었는데, 다음의 대목에서 나는 걸음을 멈추었다.

"그런데 켐퍼 사건 말이야. 들어봤는지 모르겠는데, '여대생 살인마'라고도 불리는 자야. 엄청 미친 짓을 했고 여러 해 동안 잡히지 않았어. 내가 제일 좋아하는 연쇄살인범이야."

마지막 문장이 내 머리를 딩 하고 때렸다. 무척 이상한 말이었다. "제일 좋아하는 연쇄살인범"이라니 대체 이게 무슨 뜻인가? 이어서 갑자기, 그리고 너무나 명료하게, 이 말의 중요성을 깨닫게 되었다. 연쇄살인범들이 범죄로 유명해지고 있었다. 대중이 연쇄 범죄자들에게 매력을 느끼게 되면서 그들에 대한 신화도 점점 더 커지고 있었다. 그들의 이야기는 친숙해지고 설득력을 얻어가고 있었으며 엔터테인먼트적인 속성까지 있었다. 인간 본성 중 드러난 적이 없었던 가장 어두운 면모들을 볼 수 있게 해주니 말이다. 살인마들이 그들이 저지른 극악스럽고 끔찍한 학살에서 분리되어 문화적 아이콘의 지위로 초월해 올라가고 있었다. 그리고 이 모든 것이 그들을 엄청나게 매력적인 인물로 만들었다. 사람들은 인간의 본성이 얼마나 어두울 수 있는지 보여주는 끔찍한 현실에 매력을 느꼈다. 사람들은 사회적 규범이 완전히 벗겨져 나가거나 완전히 무시될 때 인간이 얼마나 무한한 암흑으로 떨어질 수 있는지에 끌리는 듯했다. 사람들은 분노에 대해, 심지어는 차마 자신은 행동에 옮기지 못하지만 〔살인자들이 보여주는〕 또 다른 인간을 향한 폭력적인 사고에 대해서까지도 공감할 수 있었다. 대중은 연쇄살인범에게서 가면을 벗고 제약을 풀어버린, 그리고 전적으로 가능한, 자기 자신을 발견했다.

그 순간 나는 내가 연쇄살인범 연구에서 얻은 통찰을 더 폭넓은 대중에게 알려야 할 책임이 있음을 깨달았다. 내 연구를 정부기관의 지하 6층 깊이 사무실에 묻어두면서 계속 고립되어 있을 수만은 없었다. 데이터를 정교화하는 것만으로는 더 이상 충분하지 않았다. 그것을 대중이 알게 해야 했다. 1970년대 말에 강간에 대해 대중의 잘못된 인식을 바꾸기 위해 노력했듯이, 이제 연쇄살인범을 둘러싼 잘못된 생각들을 바로잡기 위해 노력해야 했다. 아직은 바로잡을 수 있는 기회가 있었지만 이 기회의 문은 빠르게 닫히고 있었다. 연쇄살인범에 대한 신화가 너무 커져서 통제할 수 없게 되기 전에 그렇게 할 방법을 찾아야 했다.

그때 나는 이미 현실과 허구의 경계가 무너져서 한쪽에서 다른 쪽으로 흘러넘치는 것을 볼 수 있었다. 〈양들의 침묵〉, 〈텍사스 전기톱 학살〉, 〈올리버 스톤의 킬러〉 같은 영화들이 실제 연쇄살인범에게서 모티브를 얻어 엔터테인먼트에 적합한 악당의 전형을 만들고 있었는데, 이를 위해 과도한 단순화를 하고 있었다. 지극히 끔찍한 범죄심리의 미세하고 복잡한 뉘앙스와 현실을 선과 악의 익숙한 내러티브로 축소해서 대중이 이해하고 소비하고 공감하기 쉬운 인물을 창조했다. 그리고 이 기법은 효과가 있었다. 이러한 영화들의 성공은 텔레비전에서도 범죄물의 붐을 가져왔고, 대중이 범죄자들에 대해 더 알고 싶어 하게 되면서 감옥에 편지가 쇄도했다. 연쇄살인범 팬클럽 비슷한 것까지 생겨서 사랑을 고백하며 청혼을 하는 사람들도 있었다.

놀랍게도, 이 모든 현상이 충분히 일리 있는 일이었다. 연쇄살인범에 대한 병적인 호기심은 에드거 후버가 지속적으로 진행했던 홍보 캠페인의 논리적 귀결이었다. G-맨의 영웅적인 이미지만으로는 대중의 상상력을 오래 사로잡을 수 없었다. 대중의 관심이 반영웅인 범죄자 쪽으로 이동하는 것은 시간문제였다. 물론 여기에는 결과가 뒤따랐다. 늘 그렇듯이 엔터테인먼트의 스포트라이트는 범죄자의 가장 매력적이고 호소력 있는 형태에 집중되었다. 〈양들의 침묵〉의 한니발 렉터처럼 살인자는 종종 카리스마 있고 심지어는 좋아할 수도 있을 것 같은 사람으로 묘사되었다. 그들은 공감할 수 있고 매력 있는 인물의 요소들을 부여받았고, 이는 상상하기도 어려운 극악한 범죄로부터 그들을 쉽게 분리할 수 있게 해주었다. 그들은 인간이 되었다. 하지만 이것은 편리한 단순화일 뿐이었다. 내가 연구를 통해 알게 된 바는, 물론 연쇄범죄자들도 감정을 가지고 있지만 이 감정에는 깊이가 없다는 것이었다. 연쇄 범죄자들은 다른 이들을 신경쓰지 않았다. 그들은 친구를 만들고 싶어 하지 않았고 공감 능력을 가지고 있지 않았다. 그들은 피해자를 원할 뿐이었다. 연결(매력, 아부, 유머 등을 통한)은 그들에게 연기의 일부였고 목적을 위한 수단일 뿐이었다. 이러한 자기중심적 토대는 그들이 세상을 항해할 때 지침으로 삼는 틀이었고, 그러한 틀 속에서 그들은 자유로울 수 있었다. 그들은 자신이 하고 싶은 대로 했다. 바로 이것이 그들을 위험한 인물로 만드는 요인이었다.

대중문화에서 전개되고 있는 상황을 보면서 아이러니를 느끼지 않을 수 없었다. 어느 면에서는 웃고 싶기도 했다. 행동과학부에서 나는 연쇄 범죄자의 마음을 분석하면서 그들이 누구인지를 수사관들이 더 잘 이해할 수 있게 도왔다. 그리고 이제 미디어가 비슷한 접근을 취하고 있었다. 하지만 그들의 목적은 엔터테인먼트였지 진실이 아니었다. 이것이 갖는 함의는 막중했다. 엔터테인먼트는 외부와 단절된 거품 속에 얌전히 들어앉아 있지만은 않는다. 엔터테인먼트는 조건화 효과를 일으킨다. 대중은 점점 더 연쇄살인범에게 공감하게 되고, 이는 피해자에게 고통과 해를 입힐 수 있다. 나는 이런 일이 어떻게 전개되는지를 현실의 법정에서 이미 목격한 바 있었다. 현실 세계의 배심원들이 허구의 믿음에 영향을 받고 신화에 사로잡혀 있었다. 수년 전 강간 사건들에서도 나는 이와 비슷한 일을 보았다. 진정으로 역사는 되풀이되고 있었다. 하지만 이번에는 내가 더 준비되어 있었다.

행동과학부에서 일하던 시기에 나는 피해자학, 트라우마, 연쇄살인 등에 대해 전문성을 인정받았고, 기이한 유형의 사건에서 법정 증언을 할 수 있는 소수의 전문가 중 한 명으로서 지난 몇 년간 점점 더 많이 법정에 증인으로 서고 있었다. 미디어에서 연쇄살인범이 묘사되는 방식에 일일이 대응할 만큼의 여력은 없었지만 가장 중요한 장소라고 할 수 있는 곳, 즉 법정에서 내 몫의 역할을 할 수는 있을 것이었다. 나는 배심원이 가진 잘못된 개념, 과도한 단순화, 편리한 환원주의를 깨뜨려줄 수 있었다. 나는 다른 이들은 거의 알지 못하는 진실을 말할 수 있었고 이를 통해 피해자와 가족이 절박하게 요구하는, 그리고 마땅히 실현되어야 할 정의가 이뤄지게 하는 데 도움을 줄 수 있었다.

*

1996년 여름에 기회가 왔다. 헨리 루이스 월리스Henry Louis Wallace

라는 연쇄살인범 재판에서 전문가 증언을 해달라는 요청이 나와 레슬러에게 들어왔다. 이 사건은 모든 요소를 다 갖추고 있었다. 주목받는 사건이었고 눈길 끄는 놀라운 요소들이 있었으며 이미 전국 매체의 관심을 끌고 있었다. 사건 자체도 굉장히 독특했다. 윌리스는 이 시점에 1992년에서 1994년 사이에 아홉 명의 여성을 강간, 살해했다고 자백했고 나중에 두 건의 살해를 더 자백한 자인데, 우리가 본 최초의 흑인 연쇄살인범이었다. 게다가 그는 자신이 살해한 사람 모두와 면식이 있었다. 그 전에 우리가 연구한 사례들은 대부분 백인 남성이 낯선 사람을 상대로 범행을 저지른 경우였다. 따라서 윌리스는 미디어에만이 아니라 행동과학부에도 완전히 새로운 범죄자 프로파일을 보여줄 수 있었다.

그런데 문제가 하나 있었다.

우리에게 도움을 요청해온 건 검사 쪽이 아니라 변호인 쪽이었다.

너무나 새로운 사건이어서 가해자 변호인들도 어려움을 겪고 있었다. 그들은 윌리스의 범죄 동기가 무엇이었는지, 얼마나 의도적이었는지, 정신 건강 상태가 어떠한지 등을 알고 싶어 했다. 즉, 그들은 재판에 들어가기 전에 레슬러와 나만큼의 전문성을 갖춘 사람으로부터 윌리스에 대해 공식적인 분석과 평가를 들을 필요가 있었다.

너무나 뜻밖의 요청이었다. 나는 연쇄살인범 변호는 정의에 반하는 것이라는 생각을 가지고 있었다. 하지만 레슬러는 생각이 달랐다. 이 무렵 레슬러는 FBI를 은퇴하고 사법 체계의 작동 방식에 관심을 가지고 있었다.

"앤, 우리는 여기에 편을 들려고 있는 것이 아닙니다. 원래부터도 편드는 건 우리 일이 아니었어요. 우리 일은 언제나 복잡한 무언가를 이해될 수 있게 만드는 것이었습니다. 우리 일은 언제나 진실을 찾는 것이었어요."

레슬러가 옳았다. 연쇄살인범을 비난하는 것이 목적이 아니었다. 우리는 그보다 더 큰 것을 추구해왔다. 연쇄살인범을 둘러싼 신화를 꿰뚫어서 배심원들이 범죄자의 심리가 정말로 어떻게 작동하는지 알게 하는 것이 우리의 목적이었다. 변호인 쪽이든 검사 쪽이든 우리가 연구에서 알게 된 바를 사용할 수 있었고, 그건 중요하지 않았다. 중요한 것은 진실을 드러내는 것이었다. 사실 간단한 문제였다.

그다음 주인 1996년 6월의 어느 날 레슬러와 나는 윌리스가 수감되어 있는 노스캐롤라이나주 샬롯의 메클렌버그 카운티 교도소로 갔다. 하지만 행동과학부에서 범죄자들을 면담했던 시절과는 많이 달랐다. 레슬러가 현직 요원이었을 때는 그의 FBI 배지면 어느 감옥이든 곧바로 들어갈 수 있었다. 질문도, 복잡한 절차도 필요 없었다. 그가 은퇴한 지금은 더 이상 우리에게 존재하지 않는 특권이었다. 다른 모든 사람들과 마찬가지로 우리도 관료제의 자비에 내맡겨진 신세였다. 우리는 윌리스의 공동 변호인 이사벨 데이Isabel Day와 제임스 P. 쿠니 3세James P. Cooney III가 서명한 서신, 법원의 면담 허용 서류, 주에서 발급받은 운전면허증 없이는 한 발짝도 안으로 들어갈 수 없었다. 예전과는 완전히 다른 절차였다.

30분 넘게 기다린 뒤 드디어 교도관의 안내를 받아 세 곳의 보안 검색대와 일련의 금속 탐지기를 거쳐 안으로 들어갔다. 그리고 잠겨 있는 이중 문 앞에서 또 다른 교도관이 올 때까지 기다리라는 말을 들었다. 다시 5분이 지나자 천천히 문이 열렸고 안에서 누가 들어오라고 손짓을 했다. 침묵 속에서 우리는 교도관을 따라 긴 복도를 지나갔다. 양옆의 감방에서 수감자들이 우리를 쳐다보고 있었다. 나는 시선을 똑바로 앞으로만 향했다. 남성만 있는 교도소에 온 여성 방문자가 되는 경험은 영화에 나오는 것과 전혀 달랐다. 새된 소리나 음란한 말이나 창살을 요란하게 두드리는 소리 같은 것은 없었다. 그러한 행동은 쉽게 무시할 수 있었다. 순진하고 유치한 행동이니까. 하지만 이 침묵은 너무나 압도적이었다. 어마어마했고 절대적인 무게감으로 나를 짓눌렀다. 모두가 집중하고 있는 느낌이었다. 그리고 나는 그 침묵의 소리를 들을 수 있을 만큼 충분히 많은 연구를 한 사람이었다. 나는 그들이 무엇을 생각하고 있는지 알 수 있었다.

교도관은 우리를 작은 접견실로 안내했다. 탁자 하나, 의자 세 개, 그리고 직원용 작은 주방이 있었다. 그는 "편히 계세요"라고 말하고는 월리스를 데리러 갔다. 레슬러는 곧바로 비디오 카메라를 설치하기 시작했다.

면담에 최적인 분위기를 만들려면 조용한 곳이 필요했는데, 이곳은 적절해 보였다. 나는 창살로 감싼 형광등, 밋밋한 벽 등을 둘러보다가 주방 시설 옆에 수건이 걸려 있는 것을 보고 기겁을 했다. 충격적이었다. 이 사람은 피해자 대부분을 수건으로 목 졸라 죽인 사람이었다. 나는 황급히 달려가서 문이 열리기 직전에 수건을 서랍 안에 넣었다. 문 뒤에는 190센티미터에 135킬로그램이 넘는 월리스가 서 있었다. 그가 머리를 살짝 숙이고 안으로 들어올 때 불빛이 약간 가려졌다. 그는 수갑과 족쇄를 차고 있었고 좁은 보폭으로 어색하게 걸어 들어왔다. 두

꺼운 금속이 덜그락거리는 소리가 바닥의 콘크리트에서 메아리를 울렸다. 그의 옆에 있으니 교도관이 아이처럼 작아 보였다.

때가 왔다.

헨리 루이스 월리스는 '샬롯 교살자', 또는 '타코 벨 교살자'라고 불렸다. 후자는 〔패스트푸드 점〕 타코 벨의 매니저로 일하고 있어서 생긴 별명이었다. 피해자는 거의 대부분 직장 동료, 친구, 아니면 여자친구의 직장 동료였다. 그의 여자친구는 인근의 보쟁글스 레스토랑에서 일하고 있었다.

레슬러가 손을 내밀면서 소개를 했다. "밥 레슬러입니다. 은퇴한 FBI 요원입니다."

"펜실베이니아 대학의 앤 버지스예요." 나도 소개를 하며 손을 내밀어 수갑을 찬 월리스와 어색하게 악수를 했다. "우리는 당신의 변호인 팀으로 왔습니다. 오늘 만남을 고대하고 있었습니다."

"기다리고 있었어요." 월리스가 말했다. 그는 예의 바른 사람 같았고 우리의 눈을 보면서 활짝 미소를 지었다. "이제까지……." 그가 말을 시작하는데 복도 스피커에서 소음이 들렸다. 지직지직 하는 소리가 나더니 수감자들에게 모임을 알리는 공지 사항이 방송되었다.

"이런 메시지를 온종일 듣습니다." 월리스가 사과하듯 말했다. "멈추지를 않아요."

레슬러는 월리스에게 앉으라고 권했다. 몸집이 큰 월리스가 카메라 맞은편에 있는 의자에 털썩 앉았다. 우리도 그의 건너편에 앉았다. 그의 동의를 얻기 위해 서명을 받을 종이를 꺼내면서 재판과 연구 목적으로 면담을 녹화해도 되겠냐고 물어보았다.

"나에 대해 무언가를 아실 수 있길 바랍니다." 천천히 서명을 하면서 그가 말했다. "왜냐하면 내가 한 일을 왜 했는지 나도 잘 모르겠거든요."

잠시 침묵이 흘렀다. 그가 그곳에 있다는 것 자체가 방 안 분위기를 숨막히게 만들었다. 레슬러가 서류가방을 열더니 『트루 디텍티브』 잡지를 한 무더기 꺼냈다.

윌리스는 의자에서 꼿꼿하게 자세를 고쳐 앉았다. 그는 고개를 기울이고 레슬러가 잡지를 펼쳐놓는 것을 유심히 바라보았다.

"우리는 당신에 대한 기록을 모두 읽었습니다." 레슬러는 가장 위에 있는 잡지 표지를 그가 보도록 툭툭 치면서 말했다. "어렸을 때, 어머니가 즐겨 보던 연속극, 그리고 범죄 잡지들 보는 것을 좋아했다고 하던데요."

레슬러가 잡지 무더기에서 하나를 집어 탁자 중앙에 내려놓으면서 이렇게 말하자 윌리스는 고개를 끄덕였다. 그 잡지 표지에는 거의 다 찢어진 옷을 입고 있는 한 여성의 사진이 있었다. 입에는 재갈이 물려 있었고 두 손은 머리 위로 묶여 있었으며 한 남성이 그 여성의 커다란 가슴에 사냥용 칼을 들이대고 있었다. 여성은 두려워서 움츠린 모습이었다.

"어떤 상황처럼 보이나요?" 레슬러가 물었다.

윌리스는 표지를 내려다보고 말했다. "남성이 이것을 즐기는 것처럼 보입니다."

레슬러는 다른 잡지를 꺼내서 그 위에 올려놓았다. "그러면 이것은요? 이 그림은 무엇을 의미하는 것 같습니까? 여기에서 당신의 판타지는 무엇인가요?"

"내 눈에는 포르노 스타가 보입니다. 남자에게 공격적인 여자요. 이들은 역할 바꾸기를 하고 있습니다."

이러한 문답은 한 시간 가까이 계속되었다. 열다섯 권의 잡지에 대해 이야기하기에 충분한 시간이었다. 윌리스는 눈에 띌 정도로 점점 더 생기 있어졌다. 그는 거의 의자에서 몸을 일으키다시피 하며 가장 마음에 드는 사진들을 손으로 가리키기 시작했다.

레슬러는 결박된 모습을 담은 표지가 있는 잡지 하나를 들어 보였다. "이것이 당신의 판타지와 일치합니까?"

윌리스가 주저없이 말했다. "핵심은 통제입니다. 나는 강요된 관계를 좋아했습니다. 여자친구도 있었고 데이트 상대도 있었어요. 하지만 강요된 관계여야 내가 원하는 권력을 줄 수 있다고 생각합니다." 여기에서 '데이트 상대'는 성매매 여성을 의미하는 그의 표현이었다.

윌리스는 잡지들을 보니 청소년 시절로 돌아간 것 같다고 말했다. 당시 그는 방에서 잡지와 포르노를 보다가 때로는 자위를 하고 때로는 그냥 벌거벗은 채로 발기한 채 서 있었다고 했다. 이때 레슬러는 잡지를 서류가방에 다시 집어넣었다. 윌리스는 손을 탁자 아래로 내리고 의자에서 몸을 약간 들썩였다. 사진들을 보니 흥분이 된다고 했다.

나는 관찰한 내용을 노트에 이렇게 기록했다. "**결박이 그의 포르노다.**"

물론 이 잡지들은 첫 테스트일 뿐이었다. 다른 폭력범들도 동일한 방식으로 반응했다. 예를 들어, BTK 살인마 데니스 레이더는 자신이 직접 그린 그림과 자신이 죽인 피해자들의 사진을 보여주는 수사관들에게 "단단해진다"라고 말했다. 하지만 윌리스의 경우, 체계적으로 설정된 환경에서 그의 반응을 관찰하는 것이 중요했는데, 기준점을 세워야 했기 때문이다.

우리는 그에게 다른 살인범들과 다른 점이 있다면 그것이 무엇인지 알고 싶었다. 적나라한 탐정 잡지와 특정한 성범죄 사이의 관련성은 이미 잘 알려져 있었고, 따라서 적어도 지금까지는 월리스도 평균적인 연쇄살인범이었다. 이제 그가 가진 강간과 살해 판타지를 더 파고들어야 했다. 언제 판타지가 시작되었는지, 어떻게 발달해갔는지, 무엇이 그 판타지를 사디스트적 폭력 행동으로 전환시킨 트리거였는지 같은 것들 말이다.

우리는 어린 시절과 각각의 살해에 대해 이야기해달라고 했다. 샬롯에서 조사를 받을 때 형사들에게 이미 이야기한 적이 있었지만 그때는 기관의 서류 양식을 채우는 것이 더 주된 용도였고, 우리는 더 깊은 무언가에 관심이 있었다. 월리스가 제약 없는 분위기에서 보이는 반응은 우리가 정말로 찾고 있는 것에 대해 답을 줄 수 있을 터였다. 즉, 그가 자기 자신을 어떻게 보는지를 드러내줄 터였다. 하지만 그의 가장 깊은 심리에 닿으려면 우선 우리를 신뢰하게 만들어야 했다. 잡지를 보여준 것은 선의의 커뮤니케이션을 하고자 하는 우리의 의도를 드러내는 한 가지 방식이었다. 우리는 그가 다시 자신에게 통제력이 있다는 느낌을 갖게 해주어야 했다.

*

연쇄살인범이 하는 모든 일에서 핵심은 통제력이다. 이것은 그들이 고도로 패턴화된 사고를 따르고 있음을 보여주는 징후다. 이것은 그들이 가진 판타지의 프레임이고 그들이 피해자와 하는 상호작용의 프레임이다. 또한 이것은 그들이 우리와 상호작용할 때의 프레임이기도 했다. 그래서 우리는 면담 전에 윌리스의 배경에 대해 모두 숙지했음에도 그에게 어린 시절을 이야기해달라고 했다. 그가 포장해서 말하는지 거짓을 꾸며내는지 등을 알기 위해서였다. 그가 진실을 다르게 말한다 해도 그것을 지적하지는 않을 것이었다. 우리는 윌리스가 긴장을 풀고 마음을 열게 하고 싶었다. 그렇더라도, 우리가 알고 있는 사실을 그가 어떻게 조작하는지 파악할 필요는 있었다. 또한 그것을 알고 있으면 우리가 잘 모르는 모호한 부분에 대해 그가 어떤 식으로 꾸며 이야기할지 예측하는 데도 도움이 될 것이었다.

우리는 면담을 구조화할 때도 통제력과 관련된 동태적 과정이 갖는 중요성을 고려했다. 예전의 면담 경험을 통해 우리는 특정한 주제나 특정한 인물에 대해 한 사람이 질문을 전담하는 것이 더 효과적이라는 사실을 알게 되었다. 그러면 가해자가 화가 났거나 정신이 교란되었을 때 두 번째 질문자가 배턴을 이어받아서 빠르게 주제를 다른 것으로 바꿈으로써 앞의 질문이 유발한 부정적인 연상에서 관심을 돌릴 수 있었다.

이번에는 내가 주 질문자 역할을 할 차례였다. 나는 윌리스가 나를 대할 때는 강박과 경계가 누그러진다는 것을 알고 있었다. 물론 그는 여전히 나의 반응을 살피고 있었고 내가 무엇을 암시하는지 알아내려고 여러 각도로 시도하고 있었지만, 이렇게 가늠하는 과정이 나에 대해서는 더 빠르게 이뤄졌다. 늘 그랬다. 가해자가 보기에 나는 그저 여성이었고 여성은 위협 요인이 전혀 아니었던 것이다. 이는 성폭력 가해범이 생각하는 방식이었고 매우 예측 가능한 그들의 오만이었다. 그리고 나는 이 점을 내게 유리하게 사용하는 법을 터득해 알고 있었다.

나는 어린 시절 이야기부터 시작하자고 했고 그는 익숙한 이야기를 다시 말하는 데 관심이 없는 사람 같은 단조로운 톤으로 대답했다. 자신이 수도도 전기도 안 들어오는 집에서 자랐으며 물은 우물에서 길었고 커다란 항아리를 변기로 썼다고 했다. 변기를 비우는 일은 그의 몫이었다. 집안에는 갈등이 아주 많았다. 그는 증조할머니를 사랑했고 증조할머니가 그의 어린 시절에 육아를 돕기도 했지만 그의 어머니와 증조할머니는 서로 잘 지내지 못했다고 했다. 어머니가 양말 공장에서 장시간 근무를 하고 돌아온 뒤에 두 사람이 밤늦게까지 싸우는 일이 많았다. 윌리스는 어머니를 욱하는 성격과 폭력적인 성향을 가진 엄격한 사람이었다고 묘사했다. 어머니는 그가 두 살도 되기 전에 체벌을 시작했고, 그는 오줌을 싸거나 짜증내며 울거나 그 밖에 아기들이 하는 정상적인 행동 때문에 종종 매를 맞았다. 어머니는 자주 소리를 질렀고 그가 태어나지 말았으면 좋았겠다고 말했다. 너무 피곤한 날이면 윌리스의 누나 이본에게 밖에 나가서 회초리를 가져오라고 했다. 세 살 위인 누나 이본은 되도록 동생을 보호하려고 노력했지만 어머니가 지켜보는 동안 동생을 회초리로 때려야 했다. 이런 식의 양육은 윌리스가 키가 190센티미터가 넘는 성인이 된 뒤에도 오랫동안 깊이 각인된 공포를 남겨놓았다.

"중학교 때부터 고등학교 때까지 엄마가 나를 죽일지도 모른다는 두려움이 있었습니다."

"왜 엄마가 당신을 죽이지요?"

"엄마는 나를 심하게 때렸어요. 죽일 거라고 말하기도 했고요. 한번은 부엌칼로 찌르려고 하기도 했어요. 내가 피해서 벽이 크게 깨졌지요. 엄마는 사랑을 주거나 표현하는 사람이 아니었어요. 엄마가 사랑 표현을 한 적은 정말이지 거의 없는 것 같아요. 엄마가 나를 사랑한다는 것은 짐작으로만 알 수 있었습니다."

"누나 이야기를 해봅시다." 나는 화제를 바꾸었다.

"나는 늘 이본 누나를 좋아했고 많이 따랐습니다. 우리는 욕실이 없는 작은 집에 살았어요." 어린 시절 내내 그의 누나는 자신이 할 수 있는 한 최대한 동생을 이끌고 돌보았다. 어머니 이야기를 할 때의 감정 없고 무뚝뚝한 어조와 다르게 이본 이야기를 할 때 윌리스의 목소리는 눈에 띄게 부드러워졌다.

윌리스가 계속해서 말했다. "아버지가 누구이고 어떻게 생긴 사람인지 늘 궁금했습니다. 사진을 한 번 본 적이 있는데 엄마에게 아버지에 대해 물었더니 고등학교 때 선생님이었다고만 말했습니다. 한번은 아버지가 집으로 전화를 해서 나를 만나러 오기로 했었어요. 아버지를 보려고 학교도 안 가고 집에서 기다렸습니다. 지나가는 모든 차를 지켜보면서 목이 빠져라 기다렸는데 결국 아버지는 오지 않았습니다."

나는 롤 모델이 있었는지, 존경하는 남자가 있었는지 질문했다.

윌리스가 대답했다. "엄마에게 애인이 있었고 나는 그 사람을 좋아했어요. 하지만 그가 아버지가 아니라는 것을 알고 있었고 그가 내 롤모델도 아니었습니다. 그는 유부남이었고 엄마와는 재미로 만난 것이었어요."

윌리스가 묘사한 어린 시절은 놀랍지 않았다. 편모 가정, 잦은 폭력,

남성 롤 모델의 부재 등 연쇄살인범 연구에서 익히 보았던 일반적인 특성에 부합했다. 그의 경우에는 누나와 증조할머니와의 애착이 있어서 그나마 남들보다 나은 편이었다. 하지만 이들과의 연결만으로는 충분하지 않았다. 그에게는 그를 지배하고 있는 판타지의 삶이 있었다. 초등학교 때 동네에서 집단 강간을 목격하면서 생겨난 판타지였다.

"그게 첫 성적 경험이었나요? 그것에 대해 기억나는 것을 말해주세요."

"아니에요." 윌리스는 다소 주저했다. 그리고 탁자 쪽으로 몸을 기울여 별 표정 없이 나를 응시했다. 이어서 그는 주변에 "아이들 무리"가 있었는데 늘 사건사고가 따라다녔다며 "싸움일 수도, 총기 사고일 수도, 칼부림일 수도 있었다"라고 했다. 첫 성관계는 여덟 살인가 아홉 살인가 되었을 때였고 상대는 십 대 소녀였다.

"나는 큰일났다고 생각했어요. 여자애의 엄마가 딸을 두들겨패는 것을 보았거든요. 그리고 그애 엄마가 우리 집으로 건너와서 우리 엄마에게 나하고 자기 딸하고 하는 짓을 봤다고 말했습니다. 나는 나도 얻어맞을까 봐 걱정하고 있었어요. 그런데 누나와 엄마는 웃으면서 나를 놀리기 시작했습니다. 왜 더 예쁜 여자애를 고르지 않았느냐고요. 나를 가장 괴롭힌 것은 그 놀림이었습니다."

그리고 얼마 지나지 않아 그는 집단 강간을 목격했다고 했다.

"다들 고등학교 미식축구 경기를 보러 갔어요. 그런데 경기가 끝나고 남자들 몇 명이 성이 부시인가 하는 여자아이를 끌고 나갔어요. 나는 친구와 따라가보았죠. 우리는 여자가 거의 공중에 매달려 있고 남자들이 강간을 하는 것을 보았어요. 여자는 계속해서 '잠깐만, 잠깐만'

이라고 외쳤습니다."

"이 생각을 자주 했나요? 범행을 저지를 때 이 생각이 다시 났나요?"

"아 네. 나는 그게 완벽한 방법이었다고 생각해요." 그가 웃었다.

나는 그가 부시라는 여자아이가 어떻게 모욕당하고 통제당했는지 묘사하면서 **"완벽한"**이라는 표현을 쓴 것에 표시를 해두었다. 이 기억은 명백히 그를 즐겁게 해주는 것 같았다. 그는 이 기억을 자신의 판타지에 연료로 사용했을 것이다.

"다음 날 인근에 살던 두 명이 강간으로 기소되었다는 것을 알게 되었습니다. 그들이 법적으로 문제에 처했다고 하니 이 일이 더 흥미롭게 느껴졌습니다. 나는 누군가가 끈으로 결박되는 것을 원하게 되었는데 그때 남자들이 그렇게 하고 있는 것을 본 게 계기가 된 것 같아요."

나는 원래의 메모에 부시라는 여자아이의 강간을 목격한 일이 윌리스에게 새로운 가능성을 열어주었을 것이라고 추가로 적어넣었다. 그는 폭력을 어린 시절의 트라우마를 재생하는 도구로 여기기 시작했다. 다만, 이번에는 그가 운전대를 잡은 사람이었다. 그는 통제력을 갖는 경험에 강하게 끌렸다.

이 부분을 이야기하는 내내 윌리스의 자신감은 눈에 띌 정도로 커져 있었다. 공격적이 되거나 하지는 않았지만 자부심 같은 것이 드러났다. 기억 속으로 들어가서 익숙하고 편한 세계에 딱 자리를 잡은 것처럼 보였다. 어느 면에서 그는 우리에게 매우 사적인 면들을 공유해주고 있었다. 미세한 행동 변화였지만, 그가 매우 강한 시각 기억을 가지고 있고 과거 사건을 묘사할 때 매우 신중했으며 세부 사항에 관심을 많이 기울이는 사람이었음을 고려할 때, 이것은 윌리스가 우리에게 마음을 열어주는 신호 같았다.

여기서부터는 우리가 딱히 독려하지 않아도 스스로 이야기를 이어갔다. 그는 우리가 그에 대해 조사했으며 그가 저지른 일에 진심으로 관심이 있다는 것을 알고 있었다. 그래서 그는 이야기를 했다. 그는 1979년에 고등학교에 다니기 시작했고, 학교 친구들이 그를 좋아했으며, 선생님들도 그를 협조적이고 예의 바른 학생으로 보았다. 축구팀에 들어가고 싶었지만 엄마가 허락하지 않아서 치어리더 팀에 유일한 남자로 합류했다. 여학생 치어리더들에게 위협적이었을 법도 하지만 아무도 그를 두려워하지 않았다. 친구들은 그가 낙관적이고 열정적이고 창의적이라고 생각했다. 윌리스는 학교 친구들과의 우정에 자부심을 느꼈고 자신이 또래 집단에 받아들여졌다고 느꼈다. 하지만 집에서는 다른 사람들보다 키가 크고 어둡고 느리다는 이유로 괴짜나 외부인 취급을 받는 것처럼 느꼈다.

1983년 5월에 고등학교를 졸업하고 누나처럼 대학에 다니려고 해보았다. 하지만 학업에는 동기 부여가 부족했고 공부보다는 여성에 대한 판타지에 빠져드느라 두 학기 동안 두 학교를 다니면서 그곳에서 모두 낙제했다. 이러한 실패를 이야기할 때 그가 눈에 띄게 낙담한 듯 보이길래, 그 시기에 자신이 성공적이라고 느꼈던 일이 있었는지 물어보았다. 이 질문에 그는 자세를 꼿꼿하게 고쳐 앉더니 잠시 생각을 고르고 이렇게 말했다. "지역 라디오 방송국인 WBAW에서 저녁에 디제이로 일하는 것을 정말 좋아했어요." 그는 '미드나잇 라이더'라는 예명으로 활동했고 부드럽고 깊은 목소리 덕분에 인기도 있었다. 그는 전설적인 로큰롤 디제이 울프먼 잭Wolfman Jack을 따라했다. 매일 밤 방송을 했고 좋은 음악들, 특히 많이 알려지지 않은 흑인 음악들을 방송하는 것으로 꽤 알려져 있었다. 하지만 그 일을 오래하지는 못했다. 몇 달 뒤에 라디오 방송국의 CD를 훔치다 잡혀서 해고당했기 때문이다.

대학이 잘 안 풀리고 라디오 방송국 일도 꺾이자 진로를 바꾸어 해군 예비군에 들어갔다. 이 시기가 그의 인생 중 가장 안정적인 시기였다. 1984년 12월부터 8년 동안 문제를 일으키지 않았고 뛰어난 해군이라는 평판도 쌓아서 상병으로 승진했다. 이 기간 동안 장기간 만났다 헤어졌다 반복하던 여자친구 마리에타 브라밤Marietta Brabham과 결혼해 브라밤의 남편이 되었고 브라밤이 전 남편과의 사이에서 낳은 딸의 새아버지가 되었다. 하지만 신혼의 달콤함은 오래가지 못했고 기저에서 긴장이 높아지고 있었다. 윌리스는 자신의 아이를 갖기를 간절히 원했지만 마리에타는 그에 대해 고려하는 것조차 거부했다. 그 실망감은 견딜 수 없을 만큼 컸다. 윌리스는 코카인 등 마약에서 탈출구를 발견했고, 나중에는 2급 절도죄로 체포돼 2년 형을 선고받기도 했다. 마리에타는 그를 떠났고 윌리스는 어쩔 수 없이 노스캐롤라이나주 샬롯 인근의 엄마와 누나 집으로 다시 들어와야 했다.

"마리에타를 죽일 생각을 한 적이 있나요?" 내가 물었다.

윌리스는 눈길을 아래로 내려 탁자를 보면서 말했다. "네, 그랬어요. 심지어 마리에타 집에 가서 오랫동안 밖에 서 있기도 했어요. 하지만 그냥 돌아왔어요. 할 수가 없었어요."

"다시 돌아와서 치워야 할 것을 알아서요?" 레슬러가 물었다.

"피와 지문이 가장 걱정되었어요." 윌리스가 부드럽게 말했다. 하지만 후회하는 어조는 오래가지 않았다.

윌리스는 빠르게 주제를 바꾸어 샬롯으로 이사한 것이 새출발의 기회였다고 말했다. 새로운 여자들을 만났고 여자친구 중 한 명이 임신했을 때 매우 기뻤다고 했다. 관계가 오래 지속되지는 않았지만 마침내 아빠가 될 수 있었다. 아기는 1993년 9월에 태어났고 그는 아이 이름을 켄드라라고 지었다. 그는 딸을 세상 무엇보다 소중하게 여겼다.

"무엇이 당신을 살인으로 이끌었습니까?" 윌리스가 지나치게 감상적이 되어 말을 줄이게 될지도 모르는 주제에서 멀어지게 하려고 내가 물었다.

"돈은 아니었어요. 돈 문제는 없었어요. 내 직업은 꽤 좋았거든요. 나는 월마트의 분실방지팀에서 일했습니다. 그 일이 좋았지만 좀도둑질을 하다가 걸렸어요. 직원이라는 점을 이용해서 카메라 같은 장비를 훔쳤습니다. 잡히지 않았다면 깔끔하게 할 수 있었을 거예요. 창고에 자물쇠로 잠긴 공간이 있었는데 볼트커터로 그것을 열었습니다."

"아내 마리에타와 헤어지고서 아내에게 분노를 느끼기 시작했습니다. 아내는 대학에서 강간을 당했고 그때 임신을 했다고 했어요. 우리가 섹스하는 동안 강간 생각이 났냐고 물었더니 그렇다고 하더군요. 그다음부터는 섹스할 때마다 내가 아내를 강간하는 것 같았어요. 그때부터 어린 시절의 기억이 되살아났고 그것을 행동으로 표출하기 시작했습니다. 이 모든 것이 저를 완전히 다른 마음 상태로 가게 했어요. 나는 코카인을 더 많이 하게 되었고 살인을 시작하게 되었습니다."

윌리스는 해군에서 전역하고 2년 뒤인 1990년 초에 고향 사우스캐롤라이나주 반웰에서 첫 살인을 저질렀다. 그는 지인인 타숀다 베티아

Tashonda Bethea를 총으로 위협해 차에 태웠다. 총을 겨눴는데도 베티아는 저항했다. 윌리스는 나무가 울창한 곳으로 차를 몰고 가서 구강성교를 강요하고, 강간하고, 아무도 너를 못 찾을 거라고 말했다. 그리고 피해자의 목을 칼로 긋고 시체를 연못에 던졌다.

"다음 날 아침에 심한 강박에 시달렸습니다. 그 여자가 죽었는지 확실하지가 않았습니다. 그래서 연못에 다시 가보았습니다. 연못은 그리 깊지 않았는데 시신을 찾을 수 없었습니다. 나는 연못을 향해 총을 쏘았어요. 그리고 도로 쪽으로 다시 와서 시신이 떠내려와 있지 않은지 살펴보았습니다. 틀림없이 경찰이 올 것 같아서 신경이 곤두섰습니다. 하루이틀 정도는 정말 스트레스를 받았어요. 그곳에 계속 다시 가보았습니다. 서너 번은 갔을 거예요. 하지만 시신은 발견하지 못했습니다."

몇 주 뒤 베티아의 시체가 떠내려왔다. 베티아가 실종되고서 경찰은 증거가 거의 없는 상황에서 베티아의 지인들을 대상으로 조사를 했다. 윌리스도 그중에 포함되어 있었는데, 전과가 있었으므로 '요주의' 대상이 될 만했지만 한 번도 유력한 용의자로 여겨지지는 않았다.

윌리스의 두 번째 살인은 1992년 5월 성매매 종사자이자 전과가 있는 마약상 샤론 낸스Sharon Nance와 (그의 표현으로) '데이트'를 하다가 일어났다.

"내가 항문 섹스를 원한다고 말하자 샤론은 '그게 당신이 좋아하는 방식인가요?'라고 물었습니다. 그런데 이 질문이 나를 확 열받게 했어요. 섹스 후에 샤론은 돈을 요구했고 나는 돈이 없었습니다. 실랑이가 벌어졌고 내가 샤론을 때려서 숨지게 했습니다. 그리고 차에 시신을 싣고 철길 근처의 인적 드문 곳으로 가서 밖으로 던졌어요."

샤론의 시신은 며칠 후에 발견되었다.

범죄를 저지를 때마다 윌리스의 자신감은 조금씩 더 높아졌다. 그는 별다른 계획이나 노력 없이도 경찰의 수사망을 피해갈 수 있었다. 그래서 스스로를 무슨 짓을 해도 처벌을 면할 수 있는 사람, 누구도 손댈 수 없는 존재라고 생각하기 시작했다.

"유일한 문제는 어머니와 함께 살고 있다는 것이었어요." 윌리스가 이 말을 할 때 약간의 긴장이 느껴졌다. "사이가 너무 나빠져서 전화선을 따로 두어야 했어요. 엄마는 내가 스물다섯 살인데도 열다섯 살인 것처럼 대했어요. 또 내가 집에 데려온 여자들 중 몇몇을 엄마가 좋아하지 않았어요. 내 차 열쇠도 엄마가 가지고 있었고 엄마는 나를 '바보'라고 불렀습니다."

레슬러가 물었다. "보통 어느 지점에서 자제력을 잃었습니까?"

"피해자마다 다릅니다." 윌리스가 대답했다. "쇼나와는 한 시간을 앉아서 그냥 이야기만 했어요. 그리고 일어나서 늘 그랬듯이 포옹을 하고 키스를 했지요. 그때 괴물이 나타났어요. 점퍼의 경우에는 내가 점퍼의 집에 들어가고 나서 곧바로 공격으로 이어졌습니다. 쿵! 벌써 하고 있었어요. 점퍼와 이런 일이 생길 거라고는 생각한 적이 없었습니다. 보컴의 경우에는, 그때, 그 일이 벌어진 날, 그저 잘못된 시간에 집에 있어서 그렇게 되었어요. 슬로터의 경우에는, 슬로터 아니라 누구라도 그렇게 될 수 있었을 겁니다."

"분노, 화, 적대감은요? 마지막 피해자는 서른여덟 번이나 칼로 찔렀는데요."

"그것은 나중에야 온 거예요. 하지만 강간 시기에서 살인 시기로 가던 사이의 기간에 성매매하는 여자들을 여러 차례 강간했습니다. 살인까지 가기 전에 많은 섹스 파트너가 있었어요. 그때 내가 강압적인 섹스를 좋아한다는 것을 알게 되었지요."

"이걸 한번 물어볼게요. 내 생각에는 한 명 빼고는 피해자가 모두 원래 알고 지내던 사람이었다는 점이 중요해 보이는데, 이유가 뭐죠?"

"내 성격이 그들이 나를 신뢰하게 만들기 때문인 것 같아요."

"좋아요. 그러면 왜 낯선 사람은 안 골랐죠?" 레슬러가 집요하게 물었다.

"내가 사람들을 만날 때, 그들은 엄마, 누나, 아내 등 내 과거와 연결되는 성격을 가지고 있어요." 윌리스가 설명했다. "낯선 사람들에게서는 그것을 끌어낼 수가 없어요."

*

오후에 짧게 휴식 시간을 가진 뒤, 나는 다른 접근법을 취하기로 했다. 백지와 색연필 더미를 꺼내 윌리스에게 그가 한 살인을 그림으로 그려보면 어떻겠냐고 물었다. 그는 고개를 끄덕였다. 그다음부터는 더 독려할 필요도 없었다. 윌리스는 즉시 막대 모양 사람을 그려서 자신이 선호하는 목 조르기의 패턴을 묘사하는 데 집중했고, 그와 비슷한 간단한 이미지로 강간과 교살 장면을 스케치했다. 자신이 침입한 여러 집과 방도 깔끔한 선과 기본적인 도형을 사용해 본 기억대로 묘사했다. 이미지의 단순성은 그가 느끼는 무심한 거리감을 드러내고 있었다. 또한 신중하게 머릿속의 기억들을 빈 종이로 옮기는 그의 표정도 무심한 거리감을 나타내고 있었다.

이 모든 것이 폭력 자체는 그에게 핵심이 아니었음을 말해주었다. 그가 정말로 스릴을 느낀 것은 머릿속에서 범행을 마지막 하나의 세부 사항까지 생생하게 되살려 기억하면서 정교화하는 일이었다. 그는 이 기억을 갖기 위해 범죄를 저질렀다. 이것은 그가 사람들하고 쌓는 데 실패했던 감정적 연결을 형성하고 유지하는 방법이었다.

레슬러는 윌리스의 그림 중 하나를 다시 보고 이렇게 말했다. "당신이 위에 있으면서 모든 것을 내려다보는 것 같네요." 윌리스가 고개를 끄덕였다. "그렇게 느껴집니다. 내가 내려다보고 있는 것처럼요. 위에 떠서 관찰을 하고 있지요. 나는 연결되어 있지 않아요. 때로는 살인 이후에 붕 떠 있다가 다시 내려오기까지 몇 시간이 걸립니다. 그래서 내가 범죄 현장에 되돌아가는 거예요."

"당신이 원했다면 멈출 수도 있었을 거라고 보세요?" 내가 물었다.

"아니요." 윌리스는 고개를 저었다. "일단 거기에 닿으면 그것으로 끝이에요. 멈추는 걸 생각해볼 수는 있겠지만 그건 이미 내 통제를 벗어난 일입니다."

"당신이 한 일에 대해 어떻게 생각하세요?" 나는 무언가 그가 말하려고 한 바를 우리가 완전히 알아듣지 못한 것 같았다.

"그건……." 윌리스는 주저했다. "한 껍질 안에 두 사람이 있는 것처럼 느껴집니다. 하나는 사악한 사람이고 그는 어떤 상황에도 적응합니다. 다른 하나는 믿을 수 있는 사람이죠. 좋은 사람이요. 이 사람은 어떻게든 자신의 또 다른 정체성을, 광기와 분노에 휩싸여 있고 폭발적이고 파괴적인 사람을 꾀어내어 감추려 하지요."

이 설명, 즉 같은 몸 안에 두 사람이 있다는 설명이 정말로 내 관심을 끌었다. 독특한 통찰이었고 다른 연쇄살인범들의 일반적인 패턴과 달랐다. 우선 윌리스의 사례는 초년기에 겪은 복잡한 스트레스 환경에 대응해 이중성이 발달해가는 과정을 보여주었다. 둘째로, 윌리스가 말한 '나란히 존재하는 두 개의 정체성'으로의 진화는 자신 안에서도, 사회 안에서도, 근본적으로 통합되지 못한 상태를 보여주는 것이었다. 이는 그에게 주변 세계와 연결되지 못하고 있다는 느낌을 주었다. 예전의 인터뷰에서도 이중성의 사례를 본 적은 있었다. 이를테면 켐퍼도 자신 안에 좋은 면과 나쁜 면이 있다고 말했다. 하지만 윌리스의 독특한 점은 이 단절을 그가 온전하게 인식하고 있다는 점이었다. 이 정도로 스스로를 잘 관찰하고 있는 연쇄살인범은 많지 않다.

"어떤 생각으로 시작합니까? 밤에 나갔을 때 당신의 계획은 무엇이었습니까?"

"그건 내가 아니에요." 윌리스가 방어적으로 말했다. "배회하고 있는 것은 또 다른 사람입니다. 그는 숨어 있을 때 더 편하게 느낍니다. 그는 사람들을 스토킹하겠지요." 그가 말을 이었다.

"버네사 맥Vanessa Mack을 몇 달 동안 스토킹했습니다. 버네사와 거친 섹스를 하고 싶은 환상을 가지고 있었습니다. 매우 매력적인 여자였어요. 몇 번 데이트를 했지만 그다음에 거절당했습니다. 버네사는 저녁 식사 데이트를 좋아하지 않았어요. 버네사는 우리가 친구 이상인 사이라고 내가 믿게 하고서는 다른 사람의 아이를 임신했습니다."

"버네사가 살해되던 날 밤에 나는 버네사가 집에 있는 것을 알았습니다. 나는 검정색 점퍼를 입었습니다. 버네사가 거기에 있는 것을 알았어요. 버네사가 아이를 낳은 이후로는 본 적이 없었어요. 하지만 나한테 화가 났다는 것을 알 수 있었습니다. 내가 갑자기 사라졌었거든요. 그날 나는 코카인을 많이 한 상태였습니다. 버네사에게 돈이 있냐고 물어보았어요. 그리고 버네사를 안으려고 했는데 버네사가 나를 밀었습니다. 술을 달라고 했지만 버네사는 나에게 아무것도 주려 하지 않았습니다. 그래서 다시 시도했습니다. 뒤로 가서 목을 졸라서 술을 내놓게 했습니다. 그다음 다시 뒤에서 공격했죠. 꼼짝을 못하더라고요. 나는 협조하는 게 좋을 거라고 말했습니다. 우리는 방으로 갔고 나는 옷을 벗으라고 했어요. 나도 한 손으로 옷을 벗었습니다. 먼저 구강성교를 하고 그다음에 강간을 했습니다. 버네사가 옷을 입는 동안 나는 베갯잇을 버네사의 목에 묶었고 버네사는 기절했습니다. 그 뒤에 아기 담요를 버네사의 목에 둘렀어요. 아기는 방에서 자고 있었습니다."

"아기에게도 무언가를 했나요?"

"아니요. 나는 아기가 걱정되었습니다. 나도 아이가, 어머니가, 누나가 있었어요. 지금 생각해보니, 그때 벌어지고 있던 일에 대해 멍하니 아무 생각이 없었던 것 같습니다. 버네사의 큰딸이 그때 거기에 없었어서 다행이에요. 아니었으면 딸도 죽였을 거예요."

"왜죠?"

"그냥 그랬을 것 같습니다. 굳이 되짚어 가보자면, 십 대 시절에 내가 성적으로 수치심을 느낀 일과 다른 이들에게 성적으로 수치심을 준 일을 생각해볼 수 있을 것 같네요. 나는 누군가 다른 사람이 나를 멈춰 주어야만 했습니다."

*

면담의 말미에 레슬러와 나는 윌리스에게 각각의 살인에 대해 말해 달라고 했다. 그는 하나씩 그의 사고 과정, 피해자들의 마지막 말, 강간 전 그의 트레이드마크인 목 조르기로 피해자들을 무력화할 때 그들의 눈에 서린 고통 등을 소름 끼치게 자세히, 그러나 기계적으로 건조하게 설명했다.

그는 범행 당일까지 몇 주간 여자친구 새디 맥나이트Sadie McKnight의 친구였던 캐럴라인 러브Caroline Love를 강간하는 상상을 했다고 했다. 러브에 대한 생각을 멈출 수 없었다. 그는 판타지대로 행동해야만 통제력을 되찾을 수 있다는 것을 알고 있었다. 그래서 러브의 아파트에 침입해 텔레비전을 보는 러브의 뒤로 몰래 다가가 목을 팔로 감아 조른 뒤 방으로 옮겨 옷을 벗기고, 결박하고, 의식이 없는 동안 강간했다. 그다음에 목 졸라 죽이고 시신을 마을 가장자리의 얕은 협곡에 던졌다.

"이틀쯤 뒤에 그곳에 가보았습니다. 시신은 가죽, 아니 ET 인형처럼 보일 정도로 부패해 있었습니다. 심하게 썩어 있었어요. 일주일쯤 지나서 다시 가보았더니 뼈만 남아 있었습니다."

이와 대조적으로, 쇼나 호크Shawna Hawk의 살해는 우발적이었다. 쇼나는 타코 벨에서 윌리스와 함께 일했다. 두 사람은 친했고 때때로

---

* 놀림은 윌리스에게 확실한 트리거였다. 놀림을 받으면 어린 시절의 고통스러운 기억이 봇물처럼 터져나왔다. 어린 시절에 이웃 아이들이 지속적으로 그를 놀렸고 그는 그때마다 통제할 방법이 없다고 느꼈다.

퇴근 후에 어울리기도 했다. 그날 퇴근 후에 윌리스가 쇼나의 집에 들렀다. 그런데 쇼나가 최근에 윌리스가 여자친구와 싸운 것을 가지고 놀리기 시작했다. 갑자기 그에게서 분노가 촉발되었다.* 그는 쇼나를 밀쳐서 방으로 데리고 들어간 뒤 옷을 벗게 했다. 그리고 구강 성교를 시켰다. 쇼나는 겁이 나서 내내 울었는데 윌리스는 그것이 좋았다. 상대 여성이 맞서 싸우려 들면 더 화가 나곤 했다. 윌리스는 다시 옷을 입고 욕실로 가라고 한 뒤 쇼나가 정신을 잃을 때까지 목을 졸랐다. 떠나기 전에 욕조에 물을 채워 쇼나의 시신을 넣었고 집에서 나오면서 쇼나의 지갑에서 50달러를 훔쳤다.

오드리 스페인Audrey Spain도 윌리스의 직장 동료였다. 오드리도 우정 때문에 목숨을 잃었다. 오드리는 윌리스와 함께 자기 아파트에서 마리화나를 피우고 난 뒤 피해자가 되었다. 그의 범행 수법은 이제 익숙한 패턴을 따르고 있었다. 목을 졸라 방으로 데리고 가서 강간하고 다시 목을 졸라 죽였다. 그 뒤 차에 기름을 넣기 위해 오드리의 신용카드를 훔쳤고 그날 밤 늦게 오드리의 아파트로 다시 돌아와 오드리의 전화를 사용했다. 경찰이 오드리의 사망 시각을 추정하려고 할 때 헷갈리게 하기 위해서였다.

발렌시아 점퍼Valencia Jumper는 가볍게만 알던 대부분의 다른 여성과 달리 여동생 같은 사람이었다. 발렌시아를 죽일 계획은 전혀 없었다. 그냥 그렇게 되고 말았다. 그는 1993년 8월 10일 저녁에 발렌시아의 아파트에 두 번 들렀다. 처음은 그냥 얘기하려고 들렀고 두 번째는 죽이러 들렀다. 윌리스는 평소대로 목을 졸랐지만 점퍼가 해치지 말아달라고 애원해서 손을 느슨하게 풀었다. 발렌시아는 섹스를 하게 해줄 테니 살려달라고 했고, 윌리스는 그러겠다고 했지만 섹스를 한 후에 점퍼를 목 졸라 죽였다. 살려두면 다른 사람에게 이야기를 할 것이고 그러면 자신이 잡힐지 모른다고 생각했다. 그는 화재 경보기에서 배터리를 빼고 불을 지르기 위해 부엌 스토브를 세팅했다. 그다음 점퍼의 시신에 럼주를 뿌리고 성냥으로 불을 질렀다. 나오는 길에 보석을 훔쳐서 동네 전당포에 팔았다.

"점퍼하고만 강한 유대감이 있었습니다. 다른 사람들하고는 가벼운 관계였거나, 몇 주 혹은 몇 달 동안 연락이 없던 사이였습니다."

이야기는 이런 식으로 한동안 계속되었다. 윌리스는 지인이던 여성들을 어떻게 죽였는지, 어떻게 목을 조르고 구강 성교를 강요하고 강간하고 살해했는지를 냉정하게 회상했다. 범행 수법은 그대로였지만 범행의 속성은 점점 더 강도가 세졌다. 욕구를 충족시키기 위해서는 더 큰 폭력이 필요했고 잡힐 수도 있다는 더 큰 리스크가 필요했다. 윌리스는 점점 희미해져가는 절정의 순간을 좇고 있었다. 횟수를 더할수록 살인의 이유는 적어졌고 절박성은 높아졌다. 그는 더 이상 자신의 판타지를 충족시킬 수 없었다. 그리고 자제력을 잃었다. 끝에서 두 번째 피해자인 브랜디 준 헨더슨Brandi June Henderson 사건에서 이 점이 가장 분명하게 드러났다.

윌리스는 몇 년 동안 친했던 헨더슨의 남자친구 버네스 우즈Berness Woods를 통해 헨더슨을 알게 되었다. 그는 1994년 3월 9일 저녁에 살인을 계획했다. 그 시간이면 우즈는 일터에 있고 헨더슨이 집에서 10개월 된 아들 T. W.를 돌보고 있으리라는 것을 알고 있었다. 오후 5시쯤, 윌리스는 친구가 무언가를 집에 가져다 놔달라고 해서 들렀다고 말했다. 헨더슨이 안으로 들어오라고 하고서 윌리스에게 마실 것을 가져다주려고 돌아섰을 때, 윌리스가 뒤에서 헨더슨의 목을 조르고서 방으로 들어가라고 했다.

윌리스는 물건을 훔치려는 것이라고 말하면서 돈을 요구했다. 헨더슨은 20달러 정도의 동전이 담긴 프링글스 캔을 주면서 이게 다라고 했다. 윌리스는 헨더슨에게 옷을 벗으라고 한 뒤 헨더슨의 아들 T. W.를 헨더슨의 가슴에 눕혔다. 윌리스가 헨더슨을 강간할 때 그들 사이에 아기가 끼어 있었다. 내게는 이 점이 특히나 끔찍하게 느껴졌다. 아마도 윌리스가 자기 자신에게서 보는 어린아이, 혹은 마리에타와의 사이에서 가지고 싶었지만 그럴 수 없었던 아기를 죽이는 상징적인 행동이 아니었나 싶다.

그다음에 헨더슨에게 옷을 입으라고 하고서 수건을 가지러 화장실에 갔다. 그리고 핸더슨을 목 졸라 죽였다. 시신을 T. W.의 침대에 가로질러 놓았을 때 T. W.가 울기 시작했다. 윌리스는 딸랑이를 주고 아이에게 먹일 것이 없는지 보러 냉장고를 열어보았지만 아무것도 없었다. 당황한 그는 수건을 하나 더 가져와서 아이의 목에 단단히 두르고 아이가 소리내지 않을 때까지 당겼다. 나오면서 스테레오와 텔레비전, 그리고 배달 음식과 동전 든 통을 챙겼다. 스테레오는 전기상에서 175달러에 팔았고 그 돈으로 코카인을 샀다.

*

심지어 우리에게도 윌리스는 매우 드문 사례였다. 그는 이전에 확립된 범죄 프로파일에 맞지 않는 자백한 연쇄 강간범이자 살인자였다.

그가 오랫동안 추적을 피할 수 있었던 것이 바로 이러한 차이 때문이었을 것이다. 레슬러는 그가 "스펙트럼 전체에 걸쳐 있다"고 말했다. "왜 이런 짓을 했는지에 대해 그에게서 결코 딱 떨어지는 설명을 얻을 수 없었습니다."

윌리스가 이해하기 어려운 유형이라는 레슬러의 말은 정말 옳았다. 한 가지 이유는 피해자의 유형과 '가해자-피해자' 관계가 특이해서였고, 또 다른 이유는 윌리스가 우리가 본 최초의 비백인 연쇄살인범이었기 때문이었다.

또한 연쇄살인범에게 흔히 보이는 아웃사이더 기질이 몇 가지 있긴 했어도 그는 상당히 독특하고 연쇄 범죄자들이 보이는 잘 알려진 패턴과는 다른 신념과 태도를 가지고 있었다. 흔히 예상되는 외로운 늑대형 포식자와 달리 윌리스는 자신이 사람들에게 좋은 친구라는 사실에 대해 자부심을 가지고 있었다. 피해자들이 그와 알고 지내던 사이였다는 점을 생각하면 희한한 자부심이다. 아무튼 그는 세상에서 자신의 자리를 찾는 데 어려움을 겪지 않았고 세상을 불공정하다고 보지도 않았다. 때때로 집착과 강박을 보이기는 했지만 이것은 약물 때문이었을 수 있다. 그는 사회의 권위와 자신의 삶이 불합치하거나 예측 불가능하거나 불안정하다고 보지도 않았다. 오히려 자신의 폭주하는 범행이 언젠가는 끝날 것을 알고 있었다. 그는 권위를 믿었고 결국에는 법이 자신을 찾아내어 사법 체계의 심판을 받게 만들 것이라고 믿었다.

윌리스가 정말 다른 이들과 구별되는 점은 통제력에 대한 매우 높은 수준의 강박이었다. 그는 우리가 인터뷰했던 다른 어떤 연쇄살인범보다 훨씬 더 많이 지배에 대한 집착에 지배당하고 있었다. 이것이 그가 지인을 범행 대상으로 택한 이유였다. 익숙한 주위 세계와 근접한 곳에서 더 완전한 장악력을 행사하기 위해서였던 것이다. 세상의 결함(이라고 그들이 생각한 것)을 바로잡기 위해 폭력과 통제력을 사용하려 한 다른 연쇄살인범들과 달리 윌리스는 세상을 고치는 데는 관심이 없었다. 그는 완전한 현실을 창조하고 유지하는 데 관심이 있었다. 그는 자기 안의 괴물인 '배드 헨리'(그의 표현이다)가 지상에서 끔찍한 폭력을 저지르는 것을 공중에서 내려다보면서, 스스로를 자신의 범죄 위에 떠 있는 신처럼 여겼다. 꼼꼼하게 만들어진 그의 판타지 세계는 그가 자신을 보는 방식과 자신의 범죄를 보는 방식 사이의 거리에 대해 일종의 완충을 제공해주었다.

하지만 윌리스의 통제 강박은 그보다 더 깊었다. 강간 행위는 지배자로 **보이고** 싶은 욕구를 충족시켜주었지만, 지배자라고 **느끼고** 싶은 근본적인 욕구를 충족시키기에는 충분하지 않았다. 이것은 타인의 생명에 대한 절대적인 경시를 통해서만 달성될 수 있었다. 궁극적으로 강간에서 살인으로의 전환은 자기 주권의 표현이었다. 살인은 그가 완성된 하나의 행동 안에서 창조자인 동시에 파괴자가 될 수 있게 해주었다. 그것은 세상만 재구성하는 것이 아니라 과거, 현재, 미래를 재구성하는, 완전한 지배의 방식이었다. 원래의 내용이 남지 않을 때까지 닳고 닳도록 카세트 테이프에 다시 녹음을 하는 것처럼, 윌리스는 자신의 과거를 폭력과 공포의 소리로 문질러 없애면서 어린 시절의 트라우마가 가장 희미한 메아리로만 남게 될 때까지 피해자들을 이용해 자신의 역사를 재녹음했다.

17장

내면의 괴물

'미드나이트 라이더'라는 별명으로 불리기도 한 헨리 루이스 월리스가 샬롯 여기저기에서 흑인 여성 아홉 명을 살해하던 2년 내내 이 사건들은 대체로 무시되었다. 경찰도 언론도 대중도 관심을 갖지 않았다. 이상한 일이었다. 피해자의 숫자만 보더라도 관심을 끌었어야 하지 않는가. 게다가 범행 수법의 끔찍함까지 생각하면, 강한 반응이 나오지 않았던 것은 더더욱 의아했다. 샬럿 경찰서는, 자신들은 노력했고 1994년 초에 FBI에 도움을 요청했지만 FBI가 연쇄살인범 프로파일에 맞지 않는 사건으로 판단했다고 주장했다. 각각의 살인이 개별적으로 어떻게 처리되었는지를 보면(일부 피해자는 실종자로 신고되었고 신고가 아예 안 된 사람도 있었으며 피해자 대부분이 목이 졸려 사망했다는 것을 지역 검시관이 일관되게 밝혀내지도 못했다), FBI가 그렇게 판단한 데에도 어느 정도는 일리가 있었다. 하지만 나는 명백히 인종 문제도 큰 요인이었다고 생각했다.

윌리스의 피해자는 백인이 아니라 흑인이었다. 예전에 강간 피해자 연구를 할 때 많이 보았듯이, 낙인이 정의 실현의 강력한 적이 될 수 있음을 보여주는 또 다른 사례였다. 피해자의 어떤 측면이 틀에 맞지 않거나 왠지 위협적으로 보이거나 수사관을 불편하게 할 경우, 그 사건을 무시할 수 있는 방법은 아주 많았다. 이것은 윌리스의 범행이 그렇게 오래 지속될 수 있었던 가장 큰 이유 중 하나였다. 윌리스의 네 번째 피해자 쇼나 호크의 어머니 디 섬터Dee Sumpter는 "피해자들은 사회경제적 지위를 가진 저명한 사람들이 아니었다"고 말했다. "그들은 특별하지 않았어요. 그리고 흑인이었죠."

그런데 190센티미터에 135킬로그램이 넘는 거구의 윌리스가 범인임이 밝혀지자 곧바로 광풍이 불었다. 살인의 규모와 방식(손아귀 힘으로 속수무책인 여성의 생명을 서서히 목 졸라 앗아가는 것)은 대중이 그를 완벽한 괴물로 여기게 했고, 그의 피부색은 이러한 종류의 묘사에 한 층 더 강한 설득력을 부여했다. 이렇게 해서, 연쇄살인범에 대한 전형적인 대중의 이미지가 새로운 반전을 맞게 되었다. 샬롯 옵저버는 그를 "계산적이고 냉혈한 살인마"라고 묘사했다. 뉴욕 타임스는 수사 부팀장의 말을 인용해 "이 마을 여성들은 이제 침대로 갈 때 좀 더 안전하다고 느낄 것"이라고 언급했다. 타임은 아예 노골적으로 괴물 이미지를 불러와서 윌리스 관련 기사에 "늑대 인간과 춤을"이라는 제목을 붙였다.

동시에, 언론 기사들은 윌리스가 체포 후 무너져내려서 기도를 하고 울면서 용서해달라고 했다고도 보도했다. 또한 그가 똑똑하고 신사답고 매력적이라고 묘사한 친구들의 전언도 언급했다. 타임 기사조차 "그의 부드러운 미소와 배려하는 태도, 호감을 주는 외모에 끌려 여성들이 그에게 신뢰를 느꼈다"라고 언급했다.

언론의 전략은 익숙한 것이었다. 윌리스는 모든 연쇄살인범을 그릴 때 사용하는 것과 동일한 굵고 투박한 붓으로 그려지고 있었다. 공포와 엔터테인먼트의 적절한 조합으로 말이다. 그는 극단적인 폭력 행동이 아직 그의 내면 깊은 곳 어딘가에 남아 있는 인간적인 면과 충돌해 고통받는 사람으로 묘사되었다. 이것은 환원적인 묘사였지만(윌리스를 평면적인 이미지로 단순화해 축소하고 있다) 그를 더 접근 가능하고 더 그럴 듯하게 만들어주었다. 이런 식으로 과도하게 단순화됨으로써 그는 선과 악의 대결이라는 편리한 서사가 또 한 번 반복된 사례에 불과하게 되었다. 그에 대해 그것 이상은 아무것도 없었다.

연쇄살인범에 대한 현대판 신화가 익숙함과 반복을 통해 미국에서 수백만 명의 마음속에 고착되고 있었다. 배심원이 특정 사건의 뉴스를 읽었는지 아닌지는 중요하지 않았다. 윌리스가 이전의 모든 연쇄살인범과 본질적으로 다르다는 사실도 중요하지 않았다. 패턴은 이미 확립되었고, 재확인되었고, 강화되었다.

바로 이것이 내가 직면한 문제였다.

*

윌리스의 재판은 1996년 9월에 메클렌버그 카운티 법원에서 시작되었다. 실내는 익숙했다. 낡은 마룻바닥에 판사석 앞에는 속기사의 작은 책상이 있었으며 옆에는 층층으로 된 배심원석이 있었다. 거기서 열두 명이 평결을 내리기 위해 조용히 증거들에 대한 설명을 귀담아 들을 것이었다. 익숙한 내부였지만 나는 긴장했다. 윌리스는 지난 몇 년 동안 강간, 연쇄살인범, 범죄심리 등에 대해 내가 알게 된 모든 것의 정점이었고, 이 사건에는 법조계뿐 아니라 대중의 관심도 집중되고 있었다. 윌리스가 묘사되는 방식, 그의 범죄가 특징지워지는 방식, 피해자가 고결함이 손상을 입지 않은 채로 기억되는 방식 모두 중요했다. 내게 이것은 점점 커지는 연쇄살인범의 신화를 깨뜨릴 수 있는 기회였다. 연쇄살인범이 정말로 누구인지에 대해 그 핵심에서부터 날것의 진실을 드러낼 수 있는 기회였다. 나는 모든 세부 사항을 옳게 바로잡아야 했다.

변호인 팀의 변론 계획은 간단했다. 이 사건은 사형선고를 받을 만한 사건이었고 윌리스가 이미 자신의 범죄를 자백했기 때문에(그의 자백은 법정 기록으로 공식 인정되었다) 유일하게 남은 선택지는 그가 온전하게 제정신에서 저지른 일이 아니었다고 배심원을 설득하는 것이었다. 즉, 재판의 범위를 형량의 문제(사형이냐 종신형이냐)로 가져가는 전략이었다. 이 전략으로 레슬러와 나의 어깨에 사건의 부담이 정면으로 떨어졌다. 소송의 목적과 관련된 전문가(이 사건의 경우, 연쇄 범죄자, 범죄 분류, 심리사회적 발달 과정, 정신 상태 분야의 전문가)로서 우리는 가중 요인과 감경 요인에 대해 배심원들의 이해를 돕는 책임을 맡았다.* 윌리스의 경우, 강간 중 살인, 아동 앞에서의 살인, 여러 건의

---

* 가중 요인은 유사 범죄자의 유사 범행에 비해 해당 범죄가 더 심각함을 가늠할 수 있도록 범죄의 맥락을 설명하는 방식이다. 감경 요인은 해당 범죄자의 삶의 경험에 대한 맥락을 제공한다. 감경 요인은 종종 그의 신체적, 심리적, 지적 장애에 초점을 맞추며, 피

살인 등 가중 요인이 심각했다. 그러나 배심원이 고려해야 할 감경 요인도 많았다. 레슬러와 나는 살인 당시 윌리스의 심리를 행동 요인에 영향을 미쳤을 과거의 삶의 맥락에 놓음으로써 다른 누구도 제공하기 힘든 맥락적 통찰을 제공할 수 있었다. 우리는 지난 몇 년 동안 우리가 알게 된 연쇄살인범의 행동에 대한 과학을 배심원에게 설명할 수 있었다.

물론 이것은 간단한 임무가 아니었다. 윌리스에 대해 배심원이 이미 가지고 있던 편견은 도전이 불가능할 정도로 강했고, 무엇보다 그는 자백을 한 연쇄살인범이었다. 검사는 배심원 앞에서 여러 차례 "피해자의 가족들을 보고 그 입장에 서 보라"라고 극적으로 이야기함으로써 감정적으로 설득력 있는 주장을 펼친 바 있었다. 그렇지만 레슬러와 나는 감정에 호소하지 않을 생각이었다. 우리도 윌리스에 대해 잘 파악하고 있었고 어머니, 누나, 그리고 교정시설의 간호사인 약혼녀까지 만나보았다. 감정에 호소하려고 마음만 먹으면 우리도 그렇게 할 수 있었다. 하지만 그렇게 하지 않을 것이었다. 우리는 사실에만 집중하기로 했다. 더 어려운 길이지만 우리가 늘 해온 방식이었다. 행동과학부에서 보낸 시간 동안 우리는 우리 방법론의 적합성을 외부의 압력이나 의구심에 상관없이 신뢰할 수 있게 되었고, 그 방법론을 지금 타협해야 할 이유는 없었다. 우리가 할 수 있는 일은 범행 당시 윌리스의 심리 상태에 대해 과학적으로 알 수 있는 행동적, 심리적 지식을 최선

고의 발달과 행동에 대해 그것이 왜 전적으로 피고의 책임이라고는 할 수 없는지를 보이고자 한다.

을 다해 진술하고 그의 어린 시절과 관련된 맥락적 배경을 제공하는 것이었다. 우리는 편파적이지 않은 진리를 말할 생각이었다. 그다음의 판단은 배심원단의 몫이었다.

레슬러가 먼저 증인석에 올라 윌리스의 심리적 불안정 징후를 드러내는 증거를 제시했다. "윌리스는 늘 한 발 앞으로 갔다가 두 발 뒤로 가는 듯했습니다. 가령 기념품들을 취해와서 그것을 태워 없애려고 스토브에 넣고는 스토브에 불켜는 것을 까먹곤 했습니다."

이어서 레슬러는 윌리스의 범죄가 체계적 특징과 비체계적 특징을 함께 보인다고 말했다. 또 윌리스의 행동들이 위축된 정신 역량, 혹은 정신질환과 연관됨을 보여주는 직접적인 사례들을 제시했다. 특히 그는 윌리스가 두 번째 피해자인 샤론 낸스의 살해 이유에 대해 우리와 나눈 면담에서 직접 한 말을 인용했다.

"그가 제시한 이유는 샤론이 자신을 '확 열받게' 한 질문을 했기 때문이라는 것이었습니다. 그런데, 섹스를 한 다음에 샤론이 돈을 요구했을 때 샤론을 때려서 죽였습니다." 레슬러는 잠시 멈추었다가 이렇게 덧붙였다. "그는 스펙트럼의 모든 곳에 걸쳐 있습니다. 저는 왜 이런 짓을 했는지에 대해 그에게서 결코 딱 떨어지는 설명을 얻을 수 없었습니다. …… 그가 연쇄살인범이 될 운명이었다 해도, 엉뚱한 방식으로 그렇게 되고 있었던 셈입니다."

그가 말하려는 결론은 간단했다. 이러한 유형의 비계획적 살인자들은 그 원인을 정신적, 정서적 교란의 영향에서 찾을 수밖에 없다는 것이었다. 윌리스는 특히 심하게 교란된 상태였다. 그리고 일단 이러한 교란이 그에게 영향을 미치면 그것이 그를 지배했다.

다음은 내 차례였다. 나는 증인석에 앉아 생각을 가다듬은 다음 윌리스가 어떤 인물인지, 그의 마음이 어떻게 작용하는지에 대해 내가 직접 조사해 알게 된 바를 솔직하게 증언했다.

"피고는 특정 고의를 형성하거나 미리 계획된 동기를 실행할 능력이 없다고 자신 있게 말씀드리기에 충분할 만큼 정신질환의 요소를 보이고 있습니다. 그는 정교한 판타지를 만들어내고 그 판타지에 따라 행동하며 머릿속 세계와 실제 세계를 구별하지 못합니다. 이는 지인을 범행 대상으로 노리는 패턴에서 확연히 드러납니다. 제 전문가적 견해로, 윌리스는 정신질환을 가지고 있으며 이는 특정 고의를 구성하는 능력을 무효화한다고 봅니다."

계속해서, 윌리스가 여러 면에서 연쇄살인범이 될 후보로 보이지 않았다는 사실부터 시작해 내 추론을 설명했다. 그는 학교에서 모두가 좋아하는 학생이었고 매력적이고 사교적이었으며 해군에서도 잘 생활했다. 하지만 모든 범죄 행위가 더 폭넓은 문화 전반에서 촉발의 요인을 얻는 것과 마찬가지로, 연쇄살인범의 본성은 항상 진화하고 있고 일어날 수 있는 것과 일어날 수 없는 것에 대한 우리의 선입견을 시험한다. 폭력은 특정한 성격들의 유동적인 표현이다. 그것은 환경에 반응하고 지극히 개인적인 방식으로 표출된다.

윌리스의 경우, 진정한 감정을 경험하고 싶은 고투에서 모든 것이 비롯되었다. 이것이 촉매였다. 시작은 가족, 특히 엄마와 아내였다. 그들은 그를 공격하는 사람들이었던 동시에 그가 유일하게 긍정적인 감정적 애착을 가지고 있는 사람들이었다. 윌리스는 지인들을 범행 대상으로 택함으로써 실패했던 과거의 감정적 연결을 해결하고자 시도했다. '연결'에 대한 이러한 혼란스러운 이해는, 월리스의 자아가 가진 이중성에 의해 한층 더 방향을 잃었다. 하지만 내면의 혼란이 무엇이었건 간에 외부로 표출된 범행 방식은 차분하고 침착했다. 그는 증오, 섹스, 살인을 이용해 권력과 통제에 대한 그의 이상을 실현했다.

월리스의 범행 수법도 마찬가지로 특이했다. 대부분의 경우 그는 체계적인 살인자였다. 하지만 지인들을 스토킹하고 우정을 이용했으며, 비대한 자아감을 강화하고 억제 요인을 느슨하게 하기 위해 마약을 사용했다. 월리스만큼 사회성이 풍부한 연쇄살인범은 거의 없었다. **그는** 자신이 사람들과 단절되었다고 느꼈지만 사람들이 **그와** 연결되어 있다고 느끼게 하는 능력이 있었다. 이것은 월리스의 무기고에서 중요한 무기였고, 여러 건의 살인을 저지르고도 오랫동안 들키지 않을 수 있었던 요인이기도 했다.

나는 월리스가 어린 시절과 청소년 시절에 발달시켜온 판타지의 중요성도 강조했다. 그는 어머니에게 반복적인 학대를 당하고 아버지로부터 버려짐으로써 주변 세계와 극도의 단절을 느꼈고, 결국 자신만의 세계를 만들고 통제하는 데 집착하게 되었다. 타인과의 의미 있는 관계가 부재했다는 점은 그가 구성하는 판타지의 틀이 되었을 뿐 아니라 그가 범행 대상을 정하는 배경이 되기도 했다. 하지만 그것이 표출되는 방식은 직관적이지 않았고 독특하게 잔인했다. 월리스는 낯선 사람에게는 증오, 공격성, 복수, 두려움의 감정을 표출할 수가 없었다. 그보다, 지인들의 신뢰를 저버림으로써 그러한 감정을 분출했다. 문제적인 어린 시절에 겪은 막대한 공허감 주위로 판타지 세계를 형성하고 그 안에서 오랫동안 살아온 후에, 이것이 그가 반응하는 방식이었다.

그는 긍정적인 승인을 받고 싶어 했고 자신에게 사랑을 보여준 사람을 살해하는 의례에서 출구를 찾았다. 이로써 윌리스는 자신을 통합된 전체로 바라볼 수 있었다. 즉, 살인은 그가 가장 강력하게 연결의 감각을 얻는 방식이었다.

증언의 마지막 부분에서는 윌리스가 현실과 판타지를 분리하는 능력이 없음을 반복해서 설명했다. 나는 그가 이중적인 성격을 가졌으며 그에게는 둘을 구별하거나 지속적인 통제력을 발휘해 둘 모두를 아우를 능력이 없다고 말했다. 이것과 그 밖의 몇 가지 요소를 그의 불균형한 정신 상태를 보여주는 근거로 제시했다. "제 생각에, 그의 범죄가 갖는 끔찍한 속성과 별개로 윌리스는 자신의 행동에 온전히 책임을 질 능력이 없습니다. 그의 범죄는 불가피했습니다. 정신 구조와 심리, 유전적 특징, 그가 노출된 환경이 결합해 그는 살인자가 되었습니다. 그렇다고 윌리스 본인이 믿는 것처럼 그의 내면에 괴물이 있다는 뜻은 아닙니다. 단지 그가 위험한 위협을 가하지 않고는 사회에서 기능할 수 없는, 복잡하고 결함이 깊은 인간이라는 의미입니다."

*

재판이 진행된 넉 달 동안 100명 이상의 증인이 진술을 하고 400건의 증거가 제출되었고, 1997년 1월 7일에 열두 명의 배심원은 피고가 아홉 건의 1급 살인에 대해 유죄라고 평결했다. 노스캐롤라이나주 대법원 판결문에 따르면 〔1심에서〕 "각 혐의는 사악하고 사전에 계획되었으며 의도적으로 이뤄졌다"고 판단되었다. 3주 뒤인 1월 29일, 동일한 배심원단이 윌리스가 목숨으로 대가를 치러야 한다고 평결했다. 판사 로버트 존스턴Robert Johnston은 강간과 그 밖에 윌리스가 기소된 수많은 범죄도 포함해 최종적으로 아홉 차례의 사형을 언도했다.

나는 이 판결에 동의하지 않았지만 이해는 할 수 있었다. 그리고 배심원단이 40건의 감경 요인을 고려하도록 했고 그들이 그중 절반 이상이 피고와 관련 있다고 판단했다는 점에서 위안을 얻을 수 있었다. 애초부터 이것이 윌리스를 위해 증언하기로 한 결정의 핵심이었다. 연쇄살인범이 잔인한 괴물이라는 익숙한 묘사보다 훨씬 더 복잡한 인물임을 알리는 것 말이다. 우리는 배심원들에게 심리적 요인, 어린 시절, 개인 발달 과정의 다층적인 측면 전체, 그리고 특히 비정상적으로 발달해갈 수 있는 여러 경로 등을 고려해달라고 요구할 생각이었다. 그리고 적어도 배심원들은 우리의 말을 들었다.

선고 후에 발언을 할 기회가 주어지자 윌리스는 이것을 피해자의 가족에게 이야기할 기회로 사용했다. 나로서는 놀랍게도, 그의 말은 내가 전혀 그에게 기대하지 않았던 공감과 이해를 담고 있었다. "이 여성분 중 누구도, 여러분의 딸들, 어머니, 누이, 가족 중 누구도, 그들이 당한 일을 당해야 할 이유가 전혀 없었습니다. 그들은 나로 인해 그러한 죽음을 당할 만한 일을 아무것도 하지 않았습니다."

*

그 시기에 나는 이 사건을 찬찬히 다시 되짚어볼 시간은 고사하고 숨을 고를 시간도 없이 바빴다. 법정 증언을 준비해야 할 사건이 계속해서 쏟아졌고 대학에서 수업도 해야 했으며 행동과학부에서 해야 할 일도 여전히 있었다. 그렇지만 때때로 윌리스 생각을 하지 않을 수 없었다. 그의 사건은 나에게 터닝포인트였다. 이후에 나는 '메넨데스 형제Menendez brothers 사건', '빌 코스비Bill Cosby 사건', '듀크대학 라크로스 팀Duke Lacrosse 사건' 등 여러 유명 사건의 재판에서 전문가 증인으로 법정에 나와달라는 요청을 받았다. 그렇지만 바쁜 와중에도 때때로 시간을 내어 윌리스의 항소심이 어떻게 되고 있는지 챙겨보았고 그의 범죄를 파악해 설명하려 시도한 기사들도 살펴보았다.

또한 나는 윌리스에게만 관심이 있는 것이 아니었다. 그의 변호인팀으로 면담을 하던 때에 윌리스의 삶에 있었던 여성들도 알게 되었다. 그들도 그들 나름대로 피해자였다. 그들과 이야기를 하면서 일종의 교감이 쌓였다. 윌리스의 엄마 로티 메이Lottie Mae와 누나 이본, 약혼녀 베키 모두 윌리스를 파악하는 데 도움이 되는 귀중한 통찰을 제공해주었다. 또한 그들의 이야기를 듣고 예전에 강간 피해자들에게 전문적인 상담 치료를 제공하면서 알게 되었던 바들을 적용하면서, 나 역시 그들에게 귀중한 무언가를 제공할 수 있었다.

로티 메이는 자신이 어렸을 때 어머니가 숨졌고 아버지가 가족을 버렸다고 했다. 윌리스의 친부에 대해 물었더니, 고등학교 때 유부남이었던 선생님과 점심시간에 학교 강당에서 성관계를 했다고 했다. 그는 로티를 두 차례나 임신시켰다. 처음에는 사고였겠거니 하고 넘어갔지만 로티가 또 임신하자 그는 화를 내면서 한 번 실수는 이해하지만 두 번은 안 된다고 말했다. 그는 로티를 버리고 학교를 그만두고서 가족에게 돌아갔다. 로티도 곧 학교를 자퇴했다. 이것은 로티에게 트라우마가 되었고, 되돌아보면 자신이 그 분노를 윌리스에게 풀었을지도 모르겠다고 했다.

윌리스의 누나 이본은 동생과 가까웠으며 늘 동생을 보호하려 했다고 말했다. 하지만 그들은 쉽지 않은 어린 시절을 보냈고 특히 윌리스가 힘겨웠을 것이라고 했다. 아버지 없는 집에서 자란 남자아이였는데다 몸집은 큰데 목소리는 부드러워서 늘 동네 아이들에게 놀림거리가 되었기 때문이다. 이본은 이웃 여자아이들이 다른 아이들보다 훨씬 체형이 큰 윌리스를 성적인 방식으로 놀린 일이 그에게 특히 견디기 어려웠을 거라고 했다.

아름다운 금발의 구치소 간호사 레베카 토리하스Rebecca Torrijas는 재판 기간 중 윌리스가 카운티 구치소에 수감되어 있던 동안 그를 만났고 사랑에 빠졌다. 그와의 연애 때문에 구치소 간호사 일은 그만두었다. 레베카는 이렇게 말했다. "나도 내가 선을 넘었다는 것을 알아요." 레베카는 윌리스의 범행을 모두 알면서도 재판 기간 내내 매번 법정에 나가고 윌리스에게 깨끗이 빨래한 옷을 가져다주면서 옥바라지를 했다. 레베카는 그가 오해받고 있다고 생각했다. 레베카와 윌리스는 15분만에 간단한 결혼식을 올렸고 윌리스의 국선 변호사 이사벨 데이가 공식적인 혼인 증인이자 사진사 역할을 했다. 결혼식은 그가 사형당할 전기실 옆에서 열렸다. "교수님은 헨리의 더 부드러운 측면을 모르세요." 레베카는 전화로 내게 이렇게 말했다.

물론 레베카의 말이 맞았다. 윌리스가 때때로 사건 소식을 알려주는 편지를 보내오긴 했지만 나는 그의 더 부드러운 측면을 알지 못했다. 내가 아는 것은 그의 복잡성이었다. 내가 아는 것은 현실 세계에서 실제의 폭력으로 갈라져나오는, 그의 머릿속에 존재하는 막대한 긴장이었다. 그래서 윌리스에 대해 계속 생각하게 되었고 그럴수록 연쇄살인 현상에 대해 새로운 것을 더 깨닫게 되었다. 윌리스 사건 전까지는 연쇄살인이라는 현상을 임상의 눈으로만 보았다. 연쇄살인이 마치 내가 추적하고 병리화하고 예측하는 법을 알아내야 하는 질병인 것처럼 말이다. 하지만 윌리스가 '내면의 괴물'을 묘사한 것이 나의 관점을 넓히는 데 도움을 주었다. 그는 정말로 자신을 두 명의 다른 사람으로 보고 있었다. 심지어 과거의 행동은 '좋은 헨리'가 한 일이거나 아니면 '나쁜 헨리'가 한 일이거나였지 이 둘이 통합된 누군가가 한 일이 결코 아니게 되었다. 이것은 자아를 분절적으로 이해하는 방식이었고, 그가 삶을 분절된 조각들의 집합으로 경험하고 있다는 사실을 나타냈다. 대부분의 연쇄살인범처럼 윌리스가 다른 이들에게 가한 고통은 속성상 방어적이었고 자신이 어린 시절에 겪은 고통을 바로잡으려는 행동이었다. 적어도 시작은 그랬다. 하지만 스위치가 눌리고 난 뒤에는 다른 무엇도 고려의 대상이 아니었다. 폭력은 영구적이다.

인간이 다른 인간을 죽이도록 추동하는 요인은 무엇일까? 무엇이 그들을 다른 사람들과 구별되게 하는 것일까? 나는 이것을 알아내는 데 내 경력을 바쳤다. 하지만 답은 그렇게 간단하지 않다.

타인을 강간하고 고문하고 살해하는 것은 인간 조건의 가장 근본적인 기대를 깨뜨리는 일이다. 인류를 하나로 묶어주는 암묵적인 사회적 계약을 깨뜨리는 일이다. 이것은 신성 모독이고 부패다. 그러나 살인자의 눈으로 보면, 인류의 가장 바깥쪽 경계에 존재하는 사람들의 눈으로 보면, 이와 같이 전적으로 타인의 생명을 경시하는 행위는 자신만의 의미를 짓는 방법이기도 하다. 그것은 목적에 대한 감각을 준다. 그것은 균형을 되찾는 길이다. 살인자에게 폭력은 신성한 무언가의 표현이다.

범죄자의 마음에서 흥미로운 사실은, 그것이 우리에게 너무 낯선 동시에 두렵게도 우리 자신과 가깝기도 하다는 점이다. 그렇지만 '알아내는 것', 즉 퍼즐을 푸는 것에만 집착하면 우리가 하는 일의 목적과 이유를 잊기 쉽다. 이 일이 왜 중요한지를 잊게 되는 것이다.

연쇄살인범을 연구한 수십 년 동안 내게 이것은 고양이와 쥐 게임 같은 게 아니었고 이들이 엔터테인먼트로서 흥미롭다고 생각해서 한 일도 아니었다. 그들의 고통에 공감했기 때문이거나 그들을 갱생하려는 목적이 있어서도 아니었다.

내게 이 일의 목적은 언제나 피해자였다.

내가 끈질기게 이 일을 했던 이유, 내가 계속해서 그 어둠 속으로 내려갔던 이유는 언제나 피해자들이었다. 피해자는 연쇄살인범이 자아를 발견하겠다며 다른 이들에게 치르게 만든 비극적인 인간의 비용이다. 그리고 피해자는 우연과 상황에 의해 무력하게 희생된 사람들이다. 신문 기사나 통계 숫자로 환원될 수 없는, 무한한 가능성을 가진 살아 있고 숨쉬는 사람들이다. 많은 이들이 역사에서 사라지거나 연쇄살인범과 그들이 저지른 범죄 이야기의 각주로 밀려났지만, 나는 한 사람도 잊지 않을 것이다.

중요한 사람은 피해자다. 이 이야기는 나의 이야기인 만큼이나 피해자들의 이야기이기도 하다.

보너스 챕터*

개념을 검증하다

다가오는 발소리를 못 들었다. 5시가 넘은 시각이었고, 나는 구겨진 냅킨과 스티로폼 컵이 아무렇게나 놓여 있는 테이블에 앉아 카세트테이프에서 흘러나오는 목소리에 집중하고 있었다.

"무슨 일이 벌어지고 있는 것인지 그들이 미처 깨달을 새도 없게 아주 빨리 해치우자는 게 원래 생각이었습니다." 바로 내 앞에 놓인 녹음기에서 차분한 목소리가 흘러나왔다. "그들이 나를 막아서 못하게 될까 봐서가 아니라 그들이 고통을 느끼지 않게 하려고요. 그게 말이죠, 나는 사람들의 생명을 빼앗는 정말 안 좋은 문제를 가지고 있었습니다. 이것은 그들을 죽이는 행위라기보다 죽인 후에 그들의 신체를 소

* 이 챕터는 저자가 보급판(페이퍼백)에 싣기 위해 별도로 추가한 원고이다.

유하는 행위였습니다. 누군가의 신체에서 그 사람을 내쫓는 것 같다고 할까요? 너무 냉정하게 들린다면 미안합니다만, 그게 적절한 비유 같습니다."

나는 여기에서 일시정지를 누르고 펜을 들었다. 아무리 많이 들어도 연쇄살인범들의 면담 녹음을 듣는 것은 견디기 쉬워지지가 않았다. 범죄자 프로파일링 분야 전문가이고 이 시점인 1980년대 초 무렵이면 이러한 녹음 기록을 수없이 듣고 연구해본 나 같은 사람한테도 말이다. 특히 이 사람은 독특한 어휘 선택 때문에 유난히 더 신경이 쓰였다.

'희한해.' 나는 이렇게 생각하며 노트에 메모를 하기 시작했다. '[정서적으로 완전히 분리된] 해리성 행동과 공감이 독특하게 혼재된 이 에드문드 켐퍼라는 인물을 어떻게 해석해야 할까?'

그 순간 누가 나를 쳐다보고 있는 것을 깨닫고 화들짝 놀라 헉 소리를 냈다. 내가 너무 소스라친 모양인지, 더글러스 요원이 진정하라는 듯이 두 손을 앞으로 들어 보이면서 한 발 뒤로 물러섰다. "괜찮으세요? 유령이라도 보신 사람 같아요."

"네, 괜찮아요. 다 퇴근하고 아무도 없는 줄 알았어요."

"뭐 하고 계셨어요?"

"수감된 범죄자들 면담한 녹음 기록을 다시 듣고 있었어요. 그들 사이의 추가적인 유사성이나 패턴을 더 찾아낼 수 있을까 싶어서요. 그들의 말에서 행간을 읽을 수 있다면…… 기본적으로 이 녹음 기록들은 거르거나 편집하거나 손보지 않은, 순전하게 날 것 그대로의 원자료잖아요. 그리고 우리가 아는 것은, 이 테이프들에서 더 많은 정보를 추출해낼 수 있다면 이들이 정말로 어떤 방식으로 생각하는지, 그러니까 그들의 동기, 트리거, 범행 수법 등이 무엇인지를 더 잘 파악할 수 있다는 것이고요." 내가 설명하자 더글러스가 이어받아 이렇게 덧붙였다.

"그들을 더 잘 파악하게 되면 우리가 아직 못 잡고 있는 자들을 찾아내는 것도 더 쉬워질 테고요."

"바로 그거예요."

"아무튼 우리가 찾아내거나 프로파일을 작성해야 할 살인자들이 가까운 시일 안에 동날 일은 없어요. 행동과학부의 어떤 작은 팀에 대해 벌써 소문이 꽤 많이 났거든요. 본부는 우리가 성취한 일을 인정하는 것도, 어떤 실질적인 지원을 해주는 것도 미적거리고 있지만, 이미 전국 각지의 경찰들이 우리에게 사건을 보내오고 있어요. 제 책상에 쌓인 거 한 번 보셔야 해요. 높이가 1미터는 될걸요?" 더글러스가 웃으면서 말했다.

"어느 시점엔가는 제발 본부가 좀 나서서 우리에게 절실히 필요한 인력과 자원을 할당해주어야 한다고 생각해요." 내가 한숨 섞인 소리로 말했다. "우리가 연쇄살인범 연구를 한 지도 벌써 몇 년이나 되었고, 또 우리가 연구를 통해 알게 된 것을 실험실에 꽁꽁 싸매둔 것도 아니었잖아요. 이미 우리는 지역 경찰들이 난해한 사건들을 해결하는 데 실시간으로 도움을 주었어요. 다른 수사 전략들이 다 실패한 것 같은 상황에서도 말이에요. FBI의 높은 분들한테 우리의 새로운 접근법이 얼마나 획기적이고 커다란 변화를 가져올 수 있는 것인지 증명하기 위해 우리가 뭘 더 해야 하죠?"

"제 생각 정말 알려드려요?"

"네, 알려주세요."

"저는 우리가 증명은 이미 다 했다고 생각해요. 윗분들도 알고 계실 거고요. 하지만 반드시 그래야만 할 상황이 아니라면 그분들은 고개를 쑥 내밀고 공개적으로 그것을 인정하지는 않을 겁니다. 진정한 변화에는 시간이 걸려요. 그리고 많은 결과가 쌓여야 하죠. 그래서 각지의 경찰서에서 미제 사건들을 우리에게 보내오는 게 중요한 거예요. 본부가 우리를 더 이상 무시하지 못하게 하려면 본부가 도저히 무시할 수 없는 사건들을 다룰 필요가 있으니까요."

*

한 달쯤 뒤의 어느 봄날 오후, 대번에 눈길을 끄는 사건 하나가 로이 헤이즐우드 요원의 책상에 떨어졌다. 포트 로더데일 경찰서에서 보내온 사건이었고, 전직 뉴욕 의원의 딸인 26세 여성이 피해자였다. 경찰에 신고가 들어온 것은 1월 말이었고, 스태디움 펍이라는 이름의 우중충한 술집 건물 뒤 쓰레기장에서 시신을 발견했다는 신고였다. 스태디움 펍은 I-95번 주간 고속도로에서 막다른 길을 따라 1.5킬로미터쯤 벗어난 곳에 있었고 지역 사람들이 즐겨 찾는 술집이었다. 현장에 출동한 경찰은 백인 여성의 시신이 파나소닉 텔레비전 상자에 들어 있는 것을 발견했고, 나중에 시신의 신원은 패트리샤 니그로라는 이름의 여성으로 밝혀졌다. 처음부터 이 사건은 이상한 점투성이였다. 우선, 얼핏 보기에는 시신을 대충 버린 것 같았지만 자세히 보니 상자를 던져 놓고 간 것이 아니라 **잘 놓아두고** 간 것이었다. 또 이틀 동안 비가 많이 온 뒤였는데도 시신과 종이상자 모두 젖어 있지 않았다.

"이 사건은 뭐 하나 간단하지가 않아요." 그날 아침 콴티코의 지하 회의실에 우리 여섯 명이 모였을 때 헤이즐우드가 말했다. "그리고 내용 중 많은 것이 신뢰하기에는 불안정한 상태인 목격자 한 명에게 의존한 내용이에요. 그 사람은 용의자는 아니지만, 무언가 더 알고 있는데 말하기를 꺼리고 있는 게 분명해 보여요. 프로파일링을 진행할 때 다들 이 점을 염두에 두고 계시면 좋겠습니다."

헤이즐우드는 불을 끄고 반대쪽 벽에 프로젝터의 초점을 맞추고서 끔찍한 사진들을 하나씩 넘기며 사건 개요를 설명하기 시작했다.

*

시신을 발견한 사람은 마크 스프링어라는 이름의 19세 백인 남성이었다. 스프링어는 그 술집에서 파트타임 조리 보조 겸 잡역부로 일하고 있었고 술집 바로 근처의 저렴한 아파트에 월세를 살고 있었다. 그가 범행에 관여했을지 모른다고 생각한 경찰이 긁힌 자국이나 몸싸움을 한 흔적 등이 있는지 보려고 재빨리 그의 팔을 살펴보았지만 아무것도 없었고, 그래서 경찰은 잠재적 용의자 풀을 더 넓혀야 했다.

다음 날, 경찰은 피해자가 몰던 캐딜락이 어느 주유소 바로 길 건너편의 진창에 처박혀 있는 것을 발견했다. 옆에는 블랙 뱁티스트 교회가 있었다. 자동차는 휘발유가 거의 떨어져 있었고 차 문은 잠겨 있지 않았으며 차 안에 피해자의 비옷이 있었다. 피해자의 지갑은 발견되지 않았다.

캐딜락은 마이애미주에 등록된 차량이었고 소유자는 니그로의 남자친구 존 사비오였다. 하지만 사비오는 용의선상에서 곧바로 배제되었다. 그는 마이애미 국제공항 정비공이었는데, 피해자가 실종된 시각에 근무 중이어서 많은 동료가 그가 일터에 있는 것을 보았다. 사비오는 1월 20일 낮에 니그로와 점심을 먹었고 니그로가 자신을 일터에 내려주었다고 했다. 그리고 그날 니그로가 포트 로더데일에 사시는 삼촌댁에 갈 거라며 길 막히는 시간을 피하기 위해 6시 전에는 삼촌댁에서 나올 거라고 말했다고 했다. 니그로는 지난번 삼촌댁에 갔을 때 두고 온 향수, 양말, 잠옷을 가지러 갈 참이라고 그에게 말했다.

블랙 뱁티스트 교회에 있던 사람 몇몇이 7시가 조금 지난 시각에 니그로의 인상착의와 일치하는 여성이 캐딜락 자동차 옆에 서 있는 것을 보았다고 했고, 목격자 모두가 그 여성의 자동차에 무언가 문제가 생긴 것 같아 보였다고 말했다. 경찰은 남자친구가 적어준 방향을 토대로 그날 니그로가 갔을 법한 길을 되밟아보았고 시속 90킬로미터 정도로 달렸다고 했을 때 I-95번 도로 외곽의 이 장소에 도착한 시각이 7시에서 7시 45분 정도일 것으로 추정했다. 목격자들의 진술과 일치했다.

외진 곳이긴 했지만 캐딜락 차량이 발견된 곳은 굳이 분류하자면 비즈니스 지구라고 볼 수 있었다. 근처 건물은 대부분 산업용 건물이었다. 하지만 소규모의 주거 지역도 있었는데, 인종적으로는 혼합되어 있었고 주로 저소득층이나 중하위층 세입자들이 살았다. 또 인근에 숲지대와 물류창고 단지도 있었다. 시신이 발견된 현장 근처에서 전에 납치나 강간 사건이 발생했던 적은 없었다. 또한 그 술집은 길에서 10미터 정도 안쪽으로 들어가 있어서 지나가는 사람들에게는 쓰레기장이 보이지 않았다. 근방 건물 중 CCTV 카메라가 설치된 곳은 하나도 없었다.

실마리가 없는 상황에서 사건은 3개월 동안 공전했다. 그런데 5월 4일에 마크 스프링어(시신을 처음 발견해 신고한 사람)가 경찰에 다시 연락을 해와서 사건에 대해 말할 것이 더 있다고 했고, 그날 오후 형사 한 명이 사건 현장 가까운 곳으로 그를 만나러 갔다. 노련한 형사들은 누군가가 아는 것을 다 말하지 않고 있는 것 같을 때 범행 장소나 그곳의 맥락을 사용해서 은근히 압박을 가하는데, 이번에도 효과가 있었다. 스프링어는 30분쯤 횡설수설하더니 울기 시작했다.

그가 새로이 설명한 바에 따르면, 1월 20일 밤에 술집에서 일하고 있는데 웬 자동차가 주차장을 가로질러 들어오더니 건물을 돌아서 쓰레기장 쪽으로 가는 게 보였다. 11시 반 정도였다. 신경이 쓰인 여성 바텐더가 스프링어에게 그 차가 뭐 하고 있는지 가서 좀 보라고 했다. 스프링어가 나가 보니 백인 남성 한 명이 자동차 뒷좌석에 실려 있던 파나소닉 스테레오 상자를 버리려 하고 있었다. 앞좌석에 "브라이언"이라고 쓰여진 명찰이 있었다. 스프링어는 여기다 버리면 안 된다고 했지만 그 사람은 여기 버려도 괜찮다며 상자 내리는 거나 좀 도와달라고 했다(명백히 스프링어는 다른 사람 말에 영향을 잘 받는 유형의 사람이었다). 상자 안에 든 게 뭐냐고 물어보지는 않았지만 아무튼 느낌이 이상했다. 퇴근해 집에 돌아온 다음에도 생각이 떨쳐지지가 않았다. 자동차에서 상자를 내리려고 들어올렸을 때 안에 있는 묵직한 무언가가 왼쪽으로, 또 오른쪽으로 부딪히는 것 같았는데, 왠지 사람 몸뚱이가 연상되었다. 몇 시간이나 잠 못 들고 뒤척이다가 다음 날 출근해서 상자 안을 확인해보기로 했다.

새로 진술했을 때 거짓말 탐지기를 통과했지만 경찰은 여전히 스프링어가 아는 것을 다 말하지는 않았다고 생각했다. 경찰은 숙련된 심리학자를 불러 스프링어와 면담을 하게 했는데, 답을 얻었다기보다는 궁금한 점만 더 많아졌다. 심리학자의 감정 결과는 다음과 같았다.

> 스프링어 씨는 주된 스트레스 요인이 있을 때 심리적 방어 기능이 상실되어 정신병적 상태로 쉽게 들어가는, 정신적인 교란이 있는 인물이다. 그는 어머니, 아버지와의 관계에서 고통을 겪은 적이 있고 가까운 사람이 자신을 버릴지도 모른다는 상실감을 강하게 느낀다. 환영을 겪은 적이 있을 것으로 보이며 주된 스트레스 상황에서 환영이 또 나타날 가능성이 크다. 추가적인 검사 없이는 뇌에 손상이 있는지까지는 알 수 없다. 주된 스트레스 상황에 처했을 때 완전한 정신병적 상태로 들어가게 될 가능성이 있으며, 그 상태에서는 경찰이 그에게서 아무런 정보도 얻지 못할 것이고 본인도 큰 손상을 입을 것이다.

*

"현재로서는 여기까지입니다." 헤이즐우드가 다시 우리 쪽을 보면서 말했다. "가장 기대를 걸어볼 만한 것은 여기 있는 현장 사진들이에요. 첫 묶음을 보시면, 니그로가 신발만 안 신고 다른 옷은 다 입은 채로 상자 안에 있는 게 보이지요. 벨루어 직물로 된 스웨터와 청바지를 입었고 청바지는 지퍼가 채워져 있지 않습니다. 팬티는 제대로 입고 있고요. 목에 값나가는 금목걸이 두 개를 하고 있었고 왼쪽 손목에 터키석이 박힌 시계를 차고 있었습니다. 신발은 발견되지 않았습니다."

헤이즐우드가 빠르게 사진을 몇 장 더 넘겼다. 사진들은 점점 더 명시적인 모습을 보여주고 있었다. "다음은 부검 사진입니다. 흉부와 복부에 타박상이 있습니다. 목에는 가는 끈 같은 것으로 조른 흔적이 있고요, 마지막 사진을 보시면 양손 모두에 여러 군데의 자상이 있습니다. 사망 추정 시각은 1월 20일 밤 11시에서 21일 새벽 2시 사이입니다."

"자, 이제 질문을 받으면서 프로파일링을 시작하기로 하죠."

"차량 말인데요, 발견되었을 때 잠겨 있었나요?" 론 워커 요원이 물었다.

"잠겨 있지 않았습니다. 훼손된 부분도 없었어요. 피해자가 I-95번 도로에서 유턴을 하거나 주유소에 들르려고 길 옆으로 차를 뺐다가 진창에 처박힌 것으로 보입니다." 헤이즐우드가 대답했다.

"잠깐만요." 내가 끼어들었다. "프로파일링으로 들어가기 전에 피해자 정보를 조금 더 들을 수 있을까요?"

"어디 봅시다." 헤이즐우드가 노트를 뒤적이며 말했다. "피해자는 전직 뉴욕 의원의 딸이고, 이 의원은 자녀가 여섯 명입니다. 나이는 26세, 체구는 167센티미터에 62킬로그램 정도이고요. 긴 생머리를 한 백인이고 아주 매력적이었습니다. 아버지는 딸이 조용한 편이었다고 했어요. 비서 학교와 모델 학교를 모두 다녔고 마이애미로 이사오기 전에는 코네티컷에 살았습니다. 그리고 한두 달 전에 남편하고 이혼한 상태였습니다."

"포드 로더데일의 삼촌 집은 이혼하고부터 자주 방문하기 시작했다고 합니다. 삼촌 말에 따르면, 삼촌 집에 왔을 때 옷차림에 매우 신경을 섰고 근방에서 아주 좋은 식당에만 갔다고 해요. 삼촌 집에 온 어느 날 사비오를 만났다고 합니다. 그리고 둘은 사귀기 시작했고요. 사비오의 집으로 들어간 것은 니그로에게 새출발의 기회였어요."

"제가 제대로 이해했는지 확인 좀 할게요." 워커가 말했다. "남자친구의 알리바이는 확실한가요? 전과나 체포된 이력 같은 것은요? 또 둘 사이의 관계에 문제는 없었나요?"

"여러 명의 경찰이 그는 용의자가 아니라고 판단했어요. 조사 때마다 용의선에서 배제해야 할 만한 내용들이 있었거든요. 그 사람한테는 아무것도 없어요." 어깨를 들썩해 보이면서 헤이즐우드가 말했다.

"스프링어라는 젊은이가 범인에 대해 추가로 묘사한 것은 없나요?" 특수수사관 로버트 레슬러가 물었다.

"없습니다. 그는 어두워서 잘 못 봤고 여기 사람이 아닌 것 같았다고 했어요."

"그건 좀 이상한데요." 레슬러가 말했다. "일단 우리는 피해자 쪽 리스크는 컸다는 것을 알고 있습니다. 익숙하지 않은 지역에 있었고 낯선 사람에게 도움을 구해야 하는 상황이었으니까요. 반면 가해자는, 시간대가 밤이었고 딱히 주거 지역이 아니었다면 이 지역을 잘 아는 사람이었을 겁니다. 차에 몸싸움이나 저항의 흔적도 없었어요. 교회에 목격자도 여럿 있었습니다. 그러니까, 그는 거기에 있는 것이 어색해 보이지 않는 사람이었을 것이고 그저 도움을 주려는 사람처럼 보였을 겁니다."

"진창에 차가 박혔을 때 피해자의 행동은 어땠을까요?" 주드 레이 요원이 물었다.

헤이즐우드가 미처 대답하기 전에 레슬러가 끼어들었다. "신발이 없었다는 것을 눈여겨봐야 할 것 같습니다. 전화 걸 곳을 찾으러 진창길을 걸어가기 위해 스스로 벗었을까요? 상자와 시신이 젖은 상태가 아니었다는 점과 비가 오고 있었다는 점을 고려하면, 시신을 어딘가에 한동안 두었다가 버렸을 것 같은데 교회나 주유소가 피해자를 두었던 장소일 수 있을까요?"

"그랬을 것 같지는 않습니다." 헤이즐우드가 말했다. "주유소에는 시신을 숨길 만한 장소가 없습니다. 그리고 교회에 있었던 사람은 모두 용의선상에서 배제할 만한 이유가 있었어요. 휘발유가 8분의 1 정도 밖에 남아 있지 않았던 걸로 볼 때, 제 생각에는 차에 기름을 넣으러 했던 것 같습니다. 그런데 차가 진창에 빠졌으니 일단 차에서 내려 〔도움을 청하러〕 주유소에 먼저 가야 했겠지요. 그러니까 가해자는 피해자의 차가 진창에 빠진 다음에, 그리고 피해자가 주유소에 도달하기 전에 피해자에게 접근한 것으로 보입니다. 주유소에서는 그날 밤에 피해자를 본 사람이 없으니까요."

"자, 범행 장소와 용의자를 하나씩 지워보죠." 워커가 말했다. "용의 장소에서 교회 배제, 주유소 배제. 그리고 용의자에서 시신을 발견한 젊은이도 배제해야 합니다. 그는 열아홉 살이고 살인 같은 것을 저지를 수 있는 사람이 아닌 것 같습니다. 성격적 특성이 살인자 유형에 맞아떨어지지 않고 범죄 이력도 없어요. 게다가 차도 없습니다. 피해자는 매력적인 스물여섯의 여성이고 스프링어에게 위협적인 인물이 아니었어요. 그리고 그는 거짓말 탐지기를 통과했는데, 이게 그가 한 일이었다면 거짓말 탐지기를 통과하지 못했을 겁니다. 이 사람은 아니에요."

"부검에서는 더 나온 것이 없나요?" 조금 더 큰 틀에서 보려고 노력하면서 내가 물었다. 현장에서 더 알아낼 수 있는 것이 없다면, 피해자의 시신에서 살인자가 남겨놓은 무언가를 찾을 수 있을지 모른다.

"네, 챙겨볼 점이 있는 질문입니다." 헤이즐우드가 부검 보고서를 보면서 말했다. "피해자의 시계가 밤 11시 35분 경에 고장난 채로 멎어 있었다고 하고요, 엄지손가락에 밴드에이드가 붙어 있었습니다. 깊게 베인 상처에 붙인 것이었어요. 남자친구 말로는 그날 아침에 보았을 때는 밴드에이드가 없었대요. 그러니까, 그 상처는 새로 생긴 상처입니다. 그리고 신체는 온통 상처투성이였어요. 허벅지, 팔다리 아래쪽, 손목, 팔 위쪽, 흉벽 안쪽, 그리고 눈하고 목에 멍자국이 있었고 얼굴은 심하게 부어 있었습니다. 왼쪽 상복부에는 3센티미터 정도 크기의 동그란 타박상이 하나 있었고요. 눈두덩이도 멍이 들어 있었어요. 한마디로, 잔혹하게 폭행을 당했습니다. 한 시간 가까이, 장시간 폭행을 당한 것 같아요. 엄지손가락에 방어흔이 있고, 그 다음에는 '아이고 저런, 미안해요' 유형의 행동이 있었던 것 같습니다. 그러니까, '내가 반창고 붙여줄게요,' 이런 식으로요. 아마도 가해자는 피해자의 신뢰를 다시 얻어서 더 이상은 폭력을 행사하지 않겠다는 것을 보여주려고 한 것 같아요. 어쩌면 차 있는 데까지 데려다주겠다고 제안했을 수도 있습니다."

"사진으로 알 수 있는 것 또 하나는 발바닥이 매우 깨끗하다는 거예요. 신발을 신고 있었다는 뜻입니다. 한쪽 발바닥에서 담뱃재가 약간 발견되었고, 사람 머리카락도 약간 발견되었습니다. 그리고 심한 성폭행이 있었음을 보여주는 흔적도 있습니다. 부검에서 정액은 확인하지 못했습니다. 대변 물질이 있어서였는데요, 항문 삽입 강간을 해서일 가능성이 있습니다."

"제가 보기에는 이렇습니다." 더글러스가 자신의 가설을 설명했다. "술집 젊은이, 그 스프링어라는 젊은이요, 그 사람 이야기는 사실일 법해 보입니다. 하지만 가해자가 그 지역에 매우 익숙한 사람이었다는 것을 생각하면, 이를테면 가해자는 시신을 어디에 버려야 할지를 정확하게 알고 있었어요, 스프링어가 전에 본 적이 있는 사람일 거라는 논리적인 추론이 가능합니다. 아는 사람이어서 스프링어가 상세히 이야기하기를 주저한 것은 아니었을까요? 범인은 스프링어보다 나이가 많을 겁니다. 스물여섯이나 일곱 정도? 스프링어를 자기 휘하에 두고 있었을 겁니다. 큰형 같은 관계였달까요? 그리고 스프링어는 가족을 잃은 적이 있으니 이 모든 일이 혼란스러우면서도 어떤 충성심 같은 것도 있었을 겁니다."

"그럴 수 있겠네요." 워커가 고개를 끄덕였다. "텔레비전 상자는 어떤가요? 그것에 대해서는 정보가 더 없습니까?"

"그게 또 다른 막다른 골목이에요." 헤이즐우드가 말했다. "경찰은 그게 어디에서 나온 건지 추적하지 못했어요. 상자 날개 안쪽에서 지문을 하나 발견하긴 했는데 스프링어와 일치하지 않았어요. 아, 기억하신다면 우리가 배제할 수 있는 게 하나 더 있습니다. 피해자에게서 장신구는 하나도 없어지지 않았어요. 그러니까 범행 동기가 강도는 아니라고 보아도 무방합니다. 지갑은 없어졌지만요."

"상황이 말이 되려면 살인자가 이 지역을 잘 아는 사람이어야 할 것 같습니다." 레슬러가 말했다. "얼마나 고립된 곳인지 좀 보세요. 그리고 그는 쓰레기장 위치를 알고 있었고 그곳을 유기 장소로 일부러 골랐어요. 이 근처에서 살거나 일하는 사람일 겁니다. 피해자와 상자 모두 젖지 않았다는 것은 피해자와 범인이 내내 차 안에 있었다고 보면 설명이 됩니다. 아마도 피해자를 차 안 어딘가에 두었을 것이고 내내 차에서 나오지 않았을 겁니다."

"하지만 그날 피해자가 당한 일을 전체적으로 보면, 그 모든 것이 다 차 안에서 벌어질 수 있었을까요?" 더글러스가 이의를 제기했다. "차량이 밴이라면 그럴 수 있을지도 모르지만요. 가슴팍을 발로 찼고 정강이도 찼고 목도 졸랐습니다. 피해자가 실내에 있기는 했을 텐데요, 피해자가 누군가의 주거지에 있었다면 위치가 꽤 가까운 곳일 겁니다. 범인이 편하게 느끼는 곳이어야 하니까요. 그가 여기에서 피해자를 납치해서 한 50킬로미터쯤 차를 달려 다른 곳에 갔다가 다시 그 길을 달려 돌아왔을 것 같지는 않습니다. 거기에서 피해자를 버리려 했겠지요."

"가까운 곳에 있는 어느 주거지로 피해자를 데리고 갔다고 해봅시다. 그러면 어떤 것을 추론할 수 있을까요?" 레슬러가 물었다. "그는 혼자 살고 사회경제적으로 낮은 계층일 겁니다. 주거용 건물이 아닌 곳으로 데리고 갔을 수도 있습니다. 물류창고나 사무 건물 같은 곳이요. 가령, 업무 시간이 끝나 비어 있는 시간에 자신이 일하는 건물로 갔을 수도 있습니다. 피해자의 상태가 꽤 깔끔한 것으로 봐서, 실외에서 몸싸움을 하지는 않았습니다. 또 그가 피해자를 아파트 건물로 데려가지는 않았을 겁니다. 재갈을 물리지 않은 걸 보면요. 조용히 시킬 필요가 없었다는 것이죠. 이 근처에는 물류창고가 많아요. 상자는 물류창고 중 하나에서 주운 게 아닐까 합니다."

"프로파일링으로 들어가기 전에 잠시만요." 헤이즐우드가 말했다. "먼저 우리는 이 범죄가 체계적인 유형인지 비체계적인 유형인지 판별해야 할 것 같습니다. 체계적이라면 계획, 사전 숙고 등의 흔적이 있어야 하고 현장에는 실마리가 거의 남아 있지 않아야 합니다. 비체계적이라면 충동적이고 무모한 면이 있어야 하고요."

"체계적인 유형의 특징에 다 맞아떨어지는 것 같네요." 내가 말했다. "경찰이 실마리를 거의 찾지 못했고, 용의자를 특정하지 못한 채 시간이 많이 지난 것도 그렇고요, 살해 장소도 모르고요, 기타 등등, 이 모든 면에서 체계적인 범죄 유형이라는 것은 분명해 보입니다. 알려진 것은 유기 장소뿐이에요. 그리고 가족들의 진술을 보면 피해자는 꽤 까다롭고 조심성 있는 여성이었다고 하니, 옷차림이 부적절한 사람과 함께 어디를 가지는 않았을 겁니다. 이건 중요한 사항 같아요."

"범인은 마초 유형의 남성일 것 같습니다." 워커가 덧붙였다. "개소리와 사기성 짙은 말을 잘 하고 통제력을 유지하는 능력도 있는 사람이었을 겁니다. 신체적으로도 강하지만 불결하게 보이지는 않았을 겁니다. 그의 직업은 옷차림이나 행동거지에서 반영이 되었겠지요. 기름때 묻은 작업복 차림은 아니었을 겁니다. 그는 명찰이 있는 직업을 가지고 있어요. 핀으로 고정하는 파란색 명찰을 차에 두고 있었잖아요. 그러니까 의료 쪽 종사자나 실험실 같은 데서 일하는 사람이 아니었을까 합니다."

"서핑, 낚시, 요트 같은 것을 좋아했을 수 있을 것 같아요." 레이가 워커의 묘사에 이어서 말했다. "하지만 풀타임 일자리를 가지고 있었을 것 같지는 않습니다. 그는 윗사람들과 잘 지내지 못했을 겁니다. 석

달쯤 되면 다른 일자리로 옮기는 식으로, 직장을 여러 차례 바꾸었을 겁니다. 나이는 20대 후반 정도, 그리고 이 시점에 연애 관계에 영향을 미칠 정도의 돈 문제가 있었을 것이고 이것이 분노를 유발했을 겁니다. 가족이나 친구와 문제가 있었을 수도 있습니다."

"전에도 이와 비슷한 프로파일을 본 적이 있어요." 헤이즐우드가 말했다. "이러한 유형은 일반적으로 이혼을 했고 결혼 생활이 아마도 순탄하지 못했을 겁니다. 강압적이고 군림하려는 성향이었을 거고요. 아내는 한동안은 참고 살다가 나가버렸을 겁니다."

"학력은 어떨까요?" 워커가 물었다.

"고졸보다 더 높지는 않을 겁니다." 더글러스가 추론했다. "그리고 체포된 적이 있을 거예요. 주로는 폭행으로요. 특히 과거에 연애한 사람이 여럿이었다면 더욱 그럴 겁니다. 그의 행위는 좌절과 분노의 행위입니다. 과거에 실패했던 관계에서 나온 감정을 피해자에게 쏟았어요. 그는 우월감을 느끼고 싶었을 겁니다. 그는 상황을 잘 알았고 자기가 이기리라는 것도 알았을 겁니다."

"백인이고 20대 중후반이라고 추론해도 안전할 것 같습니다." 레슬러가 덧붙였다. "군 복무를 했을 가능성도 있습니다. 하지만 그렇다면 지상군이었을 거고 그리 뛰어나지는 못했을 겁니다."

"연령대를 추론하신 근거는요?" 더글러스가 물었다.

"통제력과 체계적인 정도요." 레슬러가 설명했다. "이 모든 것을 해낸 능력을 보세요. 그는 꽤 자신감이 있습니다. 그리고 시신을 넣은 상자 관련해서, 술집 젊은이가 나와서 여기에 버리면 안 된다고 했을 때 그는 매우 인상적일 만큼 침착함을 내내 잘 유지했어요. 심지어 그는 상자 내리는 걸 그 젊은이가 **돕게 만들기까지** 했습니다."

더글러스가 고개를 끄덕였다. "그렇겠네요. 그리고 그는 외모에 신경을 쓰는 유형일 거예요. 겉모습이 멀쩡하지 않았다면 피해자가 그와 함께 가지 않았겠지요. 총 같은 것으로 위협을 당한 게 아니라면요. 그는 금요일 밤을 고대하고 마이클 잭슨 스타일 옷을 입고 놀러 나가는, 그런 유형의 사람이었을 겁니다."

"그의 차량도 그의 성격적 특성을 드러내는 모습이었을 겁니다." 워커가 말했다. "하지만 경제 사정 때문에 제약이 있었겠지요. 아무튼 유지 관리는 잘 했을 거라고 생각합니다. 그리고 범행 이후의 행동으로서도 차를 신경 써서 관리했을 겁니다. 피라든가 그 밖의 흔적을 지우면서요. 지금쯤 차를 다른 것으로 바꿨을 가능성도 생각해볼 수 있겠습니다."

"자, 좋습니다, 여러분." 헤이즐우드가 일어나서 불을 다시 켜며 말했다. "이 정도면 충분한 것 같습니다. 프로파일을 작성해서 포드 로더데일 경찰서에 보내겠습니다. 추가 상황이 있으면 업데이트 회의를 다시 열겠습니다."

*

한두 달 뒤, 패트릭 제임스 톰슨Patrick James Thompson이라는 남성이 패트리샤 니그로 살해 혐의로 체포되었다. 우리 팀이 프로파일을 현지 경찰에 보내서 그들이 용의자 풀을 좁힐 수 있게 도왔고 그들은 포드 로더데일의 언론사와 경찰서에 프로파일을 널리 배포했다. 그러다 한 경찰서가 우리가 작성한 프로파일과 1981년에 성폭력으로 체포된 사람에 대한 옛 신문 기사가 유사하다는 것을 발견했다. 범인이 전과가 있으리라는 우리의 묘사를 토대로, 경찰은 캐딜락이 발견된 곳 근처에서 백인 남성이 체포된 수년치의 기록을 뽑았는데, 여기에 톰슨도 포함되어 있었던 것이다. 그의 주소는 피해자의 자동차가 발견된 곳에서 200~300미터 정도 밖에 떨어져 있지 않았고 교회 주차장 근처에서 성폭행을 저질러 체포된 적이 있었다. 이를 바탕으로 경찰은 그의 지문을 채취해 스테레오 상자 안쪽에서 발견한 지문과 대조했고 스물아홉 개 확인 지점이 일치했다(스무 개 이상 일치하면 동일인으로 판단한다).

우리가 작성한 프로파일의 다른 부분들도 정확했다. 기록에 의하면 톰슨은 이혼했고 아이가 하나 있었다. 또한 성폭행으로 10년간 보호관찰 중이었다. 그때 톰슨은 무기를 가지고 있지 않았지만 수건 아래 총을 가지고 있다는 거짓말로 피해자를 위협해 자신의 차량으로 납치했고, 성폭행했다. 범행 이후에 그는 피해자에게 이야기를 하기 시작했는데, 자신이 "잘 했는지" 그리고 자신을 또 만나고 싶은지 물었다. 이 사건은 법정으로 갔고 톰슨은 유죄를 선고받았다. 하지만 이후에 피해자 가족과 친구들을 구워삶아 피해자가 거짓말을 했을 뿐 아니라 동의에 의한 성관계였다고 믿게 만들었다. 가족까지 피해자를 비난하는 류의 신화에 설득되었다는 사실이 믿어지지 않지만, 이 경우에는 가해자의 사기에 피해자 가족이 넘어갔다. 하지만 톰슨의 아내는 그의 행동을 꿰뚫어보았고 곧바로 그를 떠났다.

우리의 프로파일은 톰슨의 배경 정보와도 대부분 일치했다. 포드 로더데일 경찰은 톰슨이 청소년 시절에 몇몇 경미한 비행을 저질렀다는 것을 발견했다. 또 가출도 했고 학교도 중퇴했다. 그리고 직업 교육을 받았다.

지능은 평균적이었다. 또한 우리가 프로파일에서 밝힌 신체적 묘사도 일치했다. 그는 27세의 백인에 키가 167센티미터, 몸무게가 61킬로그램이었고 꽤 말쑥한 외양이었다. 또한 여러 일자리를 전전했고 어느 것도 오래 유지하지는 못했으며 대부분 판매직이나 서비스직이었다.

"하나 더요." 헤이즐우드가 업데이트 회의에서 말했다. "명백히 톰슨은 붙잡힌 두 번 모두 지극히 비협조적이었습니다."

"예전 범행은 어디에서 이뤄졌나요?" 레슬러가 물었다.

"예상하시는 바대로, 그가 사는 곳에서였어요." 헤이즐우드가 대답했다. "이자는 사기 치는 데 도가 트였어요. 특히 여자들에게요. 그의 집을 수색한 경찰은 다량의 포르노 잡지를 발견했고 여성 속옷과 팬티스타킹도 발견했습니다. 그리고 그날 7시 45분 경에 그가 피해자와 있는 것을 보았다는 추가 목격자가 있었어요. 이 목격자는 톰슨과 피해자가 차 옆에서 평범한 대화를 나누는 것 같아 보였다고 했습니다."

"시신이 들어 있던 상자는요?" 레이가 물었다.

"그는 최근에 텔레비전을 하나 배달받았어요. 하지만 시신이 발견되기 한참 전에, 혹은 경찰에 신고가 들어가기 한참 전에 상자를 버렸다고 주장했습니다." 헤이즐우드가 말했다.

"술집 젊은이는요?" 더글러스가 물었다. "이자에게 협박을 당해서 이야기를 더 안 하려고 한 것이었나요? 그가 이자를 알았을 것 같은데요."

"사실, 그에 대해서는 추가적인 게 별로 없어요." 헤이즐우드가 어깨를 들썩하며 말했다. "그 젊은이는 정말로 그를 몰랐어요. 상자 내리는 걸 도운 것 때문에 경찰서에서 문제가 될까 봐 걱정한 것이었더라고요."

"톰슨이 애초에 피해자를 어떻게 만나게 된 건가요?" 내가 물었다. 사망하기 불과 몇 시간 전만 해도 니그로는 미래가 창창한 젊은 여성이었고 늘 하던 대로 친한 친척을 방문했다. 이 여성을 덮친 끔찍한 불행을 생각하니 마음이 너무 무거웠다.

"우연히요. 차를 몰고 지나가다가 차량에 문제가 생겨서 서 있는 피해자를 본 거죠." 헤이즐우드가 대답했다. "목격자들의 말을 토대로 볼 때, 그는 총으로 위협했다기보다 말로 사기를 친 것 같아요. 칼이 있긴 했는데 총은 없었어요. 또 그는 우리가 추론한 것처럼 옥외 활동을 즐기는 사람이었습니다. 사냥이랑 낚시를 좋아했어요. 우리 프로파일의 거의 모든 항목이 맞아떨어집니다."

헤이즐우드는 서류가방을 열더니 신문 몇 부를 꺼내 우리가 보도록 탁자에 흩어놓았다.

"이 사건은 선 센티넬에도 실렸어요. 처음인 것 같네요. 우리 일이 언론에서 인정받는 거요. 다들 수고 많으셨습니다."

그는 노트를 덮고 회의실을 한 번 둘러보고서 자신의 사무실로 돌아갔다. 다른 요원들도 고개를 끄덕이면서 회의실에서 나갔다. 하지만 나는 더글러스와 레슬러에게 잠깐 남아달라는 몸짓을 했다.

우리 셋만 있게 되었을 때 레슬러가 물었다. "왜 그러세요?"

"이거예요. 바로 이게 그 사건이에요."

더글러스와 레슬러는 영문을 몰라 눈만 꿈뻑거렸다.

"보세요. 늘 우리의 계획은 프로파일링 시스템을 먼저 만들고 나서 우리가 그 시스템을 통해 가장 난해한 사건도 해결할 수 있다는 것을 지역 수사 당국이 알게 하자는 것이었어요. 그렇죠?"

둘 다 고개를 끄덕였다.

"바로 이 사건이 그것을 한 것 같아요. 우리 계획이 효과가 있었다는 것을 보여준 거예요. 프로파일링이 어떤 종류의 효과를 낼 수 있는지를 보여준 거죠. 프로파일링 기법이 FBI가 연쇄살인범 수사에 접근하는 방식 전체에 얼마나 큰 변화를 가져올 수 있는지를요. 이것은 '개념 검증'이나 마찬가지예요. 특정 살인자를 규정하는 것은 그가 저지른 살인들의 맥락이라는 개념, 그의 범행이 그가 누구인지에 대해 알려준다는 개념을 검증한 거예요."

"교수님이 기뻐하시니 저도 좋긴 한데요, 요점이 무엇인지 모르겠어요." 더글러스가 말했다.

"제 요점이요? 요점은, 이게 무언가 큰 것의 시작이리라는 거예요. 우리가 얼마나 많은 잠재적 피해자를 도울 수 있을지 생각해보세요. 살인자를 최대한 이른 시기에 잡아서 얼마나 많은 사람을 구할 수 있을지 생각해보세요. 프로파일링이 갖게 될 전체적인 영향을 생각해보세요. 이제 언론이 그것을 알아보았으니, 두고 보자고요." 나는 아직 탁자에 있는 선 센티넬을 가리키며 말했다. "이제 FBI의 윗분들도 알아보셔야 할 거예요. 바로 이 사건이 프로파일링 프로젝트가 내내 필요로 했던, 윗분들을 밀어붙이는 압력이 되어줄 사건이에요. 그게 제 요점이에요."

*

1주일 뒤에 더글러스, 레슬러, 내가 레슬러의 사무실에서 사건 자료들을 보고 있는데 전화가 왔다. 레슬러가 무뚝뚝하게 전화를 받았다.

"네." 일하는 도중에 방해가 되어서 짜증이 묻어난 목소리였다. 그런데 갑자기 말투와 태도가 부드러워졌다. "물론입니다. 하지만……" 수화기 저쪽에서 차분하던 소리가 커졌다. "네, 바로 가겠습니다."

"무슨 일이에요?" 내가 물었다.

"윗분 중 몇몇은 플로리다 사건에 대해 신문에 난 것이 맘에 안 드시는가 봅니다. 이야기 좀 하자고 하시네요."

"어떤 기사요? 신문에서 우리의 관여는 거의 언급을 안 했는데요." 더글러스가 말했다.

"나하고 같이 올라가겠나?"

"아뇨, 사양하겠습니다." 더글러스가 고개를 저었다.

레슬러가 양복 재킷을 집으며 말했다. "오래는 안 걸릴 겁니다. 심한 질책은 언제나 짧게 끝나죠."

*

그다음 20분 동안 더글러스와 나는 행동과학부가 있는 지하층의 기다란 복도의 엘리베이터 옆에서 말없이 기다리고 있었다. 그때 덜덜거리는 소리가 나더니 철제 케이블이 풀리는 소리와 함께 엘리베이터의 아코디언 스타일로 된 문이 끽 소리를 내며 열렸다.

레슬러는 우리 쪽을 보지도 않고 자신의 사무실로 돌아가면서 뭔가에 깊이 집중한 듯 바닥만 뚫어져라 바라보았다. 그 뒤를 나와 더글러스가 졸졸 따라갔다.

"어떻게 됐어요? 그분들이 뭐라세요?" 더글러스가 물었다.

레슬러는 대답하기 전에 단어를 신중하게 고르려고 조심하는 것 같았다.

"음, 우선, 그분들은 플로리다 신문 기사가 행동과학부를 언급한 것이 맘에 들지 않으신대요. 그분들은 우리의 '작은 프로파일링 프로젝트'가 이미 FBI에 골칫거리가 되고 있다며, 아직 공식적으로 승인된 것도 아니라고 했어요."

"안 좋은 소식 같네요." 더글러스가 얼굴을 찌푸리며 말했다.

"안 좋은 소식이지. 하지만 다 안 좋기만 한 건 아니야." 레슬러가 마침내 고개를 들고 우리를 바라보며 말했다. "그분들은 프로파일링 프로젝트를 명백히 마음에 들어하지 않으세요. 그건 더할 나위 없이 명료하게 표현하셨어요. 하지만 우리를 꾹꾹 눌러서 멈추기에는 너무 늦었다는 것도 깨달으셨어요. 특히 언론에 의해 우리 일이 밖으로 알려졌으니까요. 그러니까, 네, 맞아요, 등을 두드려주었다거나 격려의 말을 해주었다거나 그런 건 없었지만, 자금 지원은 해준대요. 그 대신 우리는 우리 일을 세세한 것까지 모두 최대한 오류 없이, 또 절차대로 해야 합니다. 우리에게 한 번의 기회를 준 거예요. 그리고 우리가 이 기회를 망치면 바로 거두어갈 겁니다."

레슬러는 우리가 상황을 파악하도록 잠시 기다렸다가 나를 보고 말했다.

"교수님 말씀이 맞았어요." 그의 얼굴에 마침내 미소가 나타났다. "이제 시작이에요. 자, 그럼 연쇄살인범을 찾으러 가시죠."

감사의 말

다음 분들을 기리며 이 책을 바칩니다.

린다 라이틀 홈스트롬(1939~2021)

비전 있는 학자이자 다학제간 협업의 개척자였다. 나는 보스턴칼리지 신임 교수 시절에 린다를 만났고, 보스턴칼리지에서 우리는 의료건강에 대한 과목 하나를 공동으로 가르쳤다. 세월이 이렇게 지난 뒤에도 뉴잉글랜드의 어느 맑은 날 오후에 린다가 나에게 여성의 삶과 젠더 간 관계에 대해 새로운 연구 주제를 진전시키고 싶다고 말한 것이 생생히 기억난다.

린다는 페미니스트 문헌과 1960년대 말 의식 고양 단체들의 기록을 읽고서 성폭력에 관심을 갖게 되었는데, 연구자들이 폭력 행위를 연구 주제로 택하는 경우가 거의 없다는 것을 알아차렸다. 이 대목이 나의 관심을 끌었다. 나는 학문적인 접근으로 이 주제에 대해 무언가 배울 점이 있으리라고 생각했다. 강간 피해자가 제도적인 과정을 어떻게 밟아가는지, 즉 그들이 경찰, 병원, 법원 시스템과 어떻게 상호작용하는지를 따라가보면 중요한 내용을 알 수 있지 않을까? 그 연구에 정신 상담을 추가하자고 제안하자 린다는 "사회학자와 정신의학 간호사가 협업을 할 수 있을까요?"라고 물었다. 우리는 그 답을 직접 알아보기로 했다. 이렇게 새로운 형태의 협업을 기꺼이 추구하려는 마음이 성폭력 피해자에 대해 새로운 개념을 만드는 데로 이어졌다.

린다는 매우 엄정한 연구자였다. 어느 것도 린다의 날카로운 눈을 피해갈 수 없었고 린다는 어떤 세부 사항이나 데이터 포인트도 놓치지 않고 기록했다. 린다가 강간과 관련한 연구 및 활동에 남긴 족적은 미래 세대의 여성과 학자 들에게 영구적인 유산이 되었다.

로버트 로이 헤이즐우드(1938~2016)

한 사람이 범죄 수사 실무와 학문적 연구 둘 다에서 중요한 족적을 남기는 것은 매우 드문 일이다. 더욱 드문 일은 로이 헤이즐우드처럼 매우 큰 족적을 남기는 것이다. 그는 법 집행, 과학수사, 프로파일링에 큰 영향을 남겼다. 로이는 그가 집중하는 모든 것에 열정, 공감, 헌신을 쏟아부었고 그치지 않고 정의를 추구했다. 하지만 뭐니 뭐니 해도 그가 남긴 가장 큰 유산은 학자, 법과학자, 수사 실무관 사이에 협업적인 상호작용과 지적인 의사 교환을 일구면서 상이한 분야 간에 어떻게 다리를 놓을 수 있는지를 실천으로 보여주었다는 사실일 것이다.

로버트 케네스 레슬러(1937~2013)

밥은 FBI 행동과학부의 전설이었다. '괴물과 싸우려는' 그의 비전과 용기는 폭력 범죄의 속성을 이해하려는 노력의 일환이었고 매우 놀라웠다. 그는 '**연쇄살인범**'이라는 용어를 만든 사람이고, 과학수사의 경계를 넓히는 일에 쉬지 않고 매진했다. 하지만 더 중요하게 밥은 범죄가 피해자에게 미치는 트라우마적 영향을 알고 있었고 범죄 수사를 늘 피해자 분석 중심으로 구성했다. 그는 언제나 공감했고 열린 마음을 가지고 있었으며 가족, 동료, 친구에게 항상 시간을 내어주었다. 요원들 사이에서 훌륭한 리더였고 학생들에게는 영감을 주는 선생님이었으며 독자들에게는 영웅이었다. 그가 남긴 유산은 미국을 넘어 국제적으로도 영향을 미쳤다.

이 책이 나오는 과정에서 큰 도움을 주신 많은 분들에게도 감사를 전한다.

에이전트 앨리스 마텔Alice Martell은 이 연구의 중요성을 빠르게 알아봐주었고 첫날부터 맹렬히 지원해주었다. 편집자 캐리 나폴리타노Carrie Napolitano의 열정과 관심은 우리에게 큰 영감과 격려가 되었다. 또한 하셰트 출판의 모든 분들이 프로젝트 내내 도움을 주었다. 다음 분들에게 감사를 전한다. 미셸 아일리Michelle Aielli, 마이클 클락Michael Clark, 크리스티나 팔라이아Christina Palaia, 애쉴리 키드로스키Ashley Kiedrowski, 로렌 로젠탈Lauren Rosenthal, 린지 리케츠Lindsay Ricketts, 제프 스티펠Jeff Stiefel, 아만다 케인Amanda Kain, 메리 앤 네이플스Mary Ann Naples, 마이클 바스Michael Barrs, 모니카 올루웩Monica Oluwek, 줄리 포드Julie Ford, 그리고 HBG 영업팀 모두.

로버트 레슬러와 초창기 연쇄살인범 연구를 함께 진행한 존 더글러스, 그리고 켄 래닝에게 감사를 전한다. 두 사람 모두 콴티코의 스타였고 한 번도 추진력을 잃지 않았다.

FBI의 의사결정자로서 이 연구를 믿어주고 우리를 지원해준 다음 분들께 가장 큰 감사를 전한다. 윌리엄 웹스터 국장, 제임스 매켄지 부국장, 래리 먼로 부국장, 켄 조지프 부국장, 앨런 E. 버지스Alan E. Burgess 부장, 존 헨리 캠벨John Henry Campbell 부장, 로저 데퓨 부장.

이 책 프로젝트에 많은 지원을 해주었을 뿐 아니라 여러 편의 논문을 공동 집필하기도 한 FBI 행동과학부의 다음 동료들에게 특별한 감사를 전한다. 딕 얼트Dick Ault, 앨 브랜틀리Al Brantley, 그레그 쿠퍼, 빌 헤이그마이어, 조 하폴드Joe Harpold, 짐 혼Jim Horn, 데이브 아이코브, 신디 렌트Cindy Lent, 주드 레이, 짐 리스, 론 워커, 아트 웨스트비어Art Westveer, 짐 라이트.

법무부의 다음 분들에게서도 큰 도움을 받았다. 캔디스 드롱(시카고 FBI), 밥 헤크Bob Heck(미국 법무부), 존 레이번John Rabun(실종 및 학대 아동 방지 센터, 범죄자 성격 분석 자문 위원회), 제임스 L. 캐버노 주니어James L. Cavanaugh Jr.(의사), 허먼 체노프Herman Chernoff(의사), 찰스 R. 피글리Charles R. Figley(박사), 토머스 골드먼Thomas Goldman(의사), 윌리엄 헤먼William Heiman(법무 석사), 마빈 J. 홈지Marvin J. Homzie(박사), 조이스 켐프 레이버Joyce Kemp Laber(RN, 법무 석사), 밸로리 G. 라스롭Vallory G. Lathrop(RN, DNSc), 리처드 래트너Richard Ratner(의사), 케네스 리클러Kenneth Rickler(의사), 조지 M. 세이거George M. Saiger(의사).

수많은 시간을 들여 속기록을 문서로 풀고 데이터 입력과 분석을 진행하고 보고서를 작성해준 보스턴 시립병원의 다음 동료들에게 감사를 전한다. 앨 벨랜저Al Belanger(프로그래머), 앨런 G. 버지스Allen G. Burgess(DBA, 서베이 디자인), 홀리 진 채플릭Holly-Jean Chaplick(행정 조교), 모린 L. 클락Marieanne L. Clark(논문과 책 편집), 랠프 B. 다고스티노Ralph B. D'Agostino(보스턴 대학 통계학자), 레니 굴드Renee Gould(연구 조교), 캐롤 R. 하트먼Carol R. Hartman(DNSc, 심리역동학 데이터 분석), 데버라 러너Deborah Lerner(행정 담당), 알린 매코맥Arlene McCormack(박사, 데이터 해석), 캐럴라인 몬테인Caroline Montane(녹취록 문서화), 캐런 울펠Karen Woelfel(녹취록 문서화).

미래적인 수사 기법인 프로파일링의 개념을 믿고 각자 귀한 가르침을 전해준 다음 동료들에게 감사를 전한다. A. 니컬러스 그로스, 캐롤 하트먼Carol Hartman, 수전 J. 켈리Susan J. Kelley, 애나 라즐로Anna Laszlo, 모린 P. 매카우스랜드Maureen P. McCausland, 알린 매코맥Arlene McCormack, 로버트 프렌키Robert Prentky, 웬디 울버트 웨이랜드Wendy Wolbert Weiland.

우리의 연구를 지원해준 보스턴칼리지의 동료와 경영진에게도 감사를 전한다. 수전 제나로Susan Gennaro(코넬 간호대학원 학장), 윌리엄 P. 리어히William P. Leahy SJ(총장), 데이비드 퀴글리David Quigley(교무 부총장), 크리스토퍼 그릴로Christopher Grillo, 트레이시 비넌Tracy Bienen, 메리 캐더린 하트Mary Katherine Hart.

펜실베이니아 대학의 동료 클레어 패긴Claire Fagin(학장), 엘런 베이어Ellen Baer, 재클린 포싯Jacqueline Fawcett, 네빌 스트럼프Neville Strumpf, 연구 조교 크리스틴 그랜트Christine Grant에게도 감사를 전한다.

끝으로, 저녁 식사 자리의 대화 소재로는 적절치 않은 이야기들을 참아준 우리의 가족 앨런 버지스, 엘리자베스 버지스, 벤톤 버지스, 클레이튼 버지스, 새러 버지스, 그리고 모니카 콘스턴틴과 마일로 콘스턴틴에게 감사를 전한다. 함께 있어주어서 정말 고마웠어요.

참고 문헌

Burgess, Ann Wolbert, and Lynda Lytle Holmstrom. "Rape Trauma Syndrome." *American Journal of Psychiatry* 131 (1974): 981–986.

____________________, "The Rape Victim in the Emergency Ward." *American Journal of Nursing* 73 (October 1973): 1741–1745.

Lanning, K. V., and A. W. Burgess. "Child Pornography and Sex Rings." *FBI Law Enforcement Bulletin* 53, no. 1 (January 1984): 10–16. NCJ Number 93131.

Ressler, R. K., and A. W. Burgess, eds. "Violent Crimes." *FBI Law Enforcement Bulletin* 54, no. 8 (1985): 1-31.

Ressler, R. K., A. W. Burgess, and J. E. Douglas, *Sexual Homicide Patterns and Motivation*. New York: Free Press, 1988.

찾아보기

옮긴이 김승진

서울대학교 경제학과를 졸업하고 〈동아일보〉 경제부와 국제부 기자로 일했으며, 미국 시카고 대학교에서 사회학 박사학위를 받았다. 옮긴 책으로 『계몽주의 2.0』, 『20 vs 80의 사회』, 『정치적 부족주의』, 『예언이 끝났을 때』, 『힘든 시대를 위한 좋은 경제학』, , 『앨버트 허시먼』, 『그날 밤 체르노빌』, 『커리어 그리고 가정』, 『인종이라는 신화』 등이 있다.

살인자와 프로파일러

1판 1쇄 2023년 2월 24일
1판 2쇄 2023년 3월 27일

지은이 앤 울버트 버지스, 스티븐 매슈 콘스턴틴
옮긴이 김승진
펴낸이 김정순
편집 신원제 유지현 허영수
마케팅 이보민 양혜림 정지수

펴낸곳 (주)북하우스 퍼블리셔스
출판등록 1997년 9월 23일 제406-2003-055호
주소 04043 서울시 마포구 양화로 12길 16-9(서교동 북앤빌딩)
전자우편 editor@bookhouse.co.kr
홈페이지 www.bookhouse.co.kr
전화번호 02-3144-3123
팩스 02-3144-3121

ISBN 979-11-6405-199-1 03180